평생에 한 번은 꼭 맹자를 읽어라

평생에 한 번은 꼭 맹자를 읽어라

지은이 · 맹자 | **엮은이** · 이용원

펴낸이 · 오광수 외 1인 | **펴낸곳** · 주변인의길

주소 · 서울시 용산구 백범로97 이안오피스텔 103동 1005호

TEL · (02) 3275-1339 | **FAX** · (02) 3275-1340

jinsungok@empal.com

초판 1쇄 인쇄일 · 2019년 4월 19일 | **초판 1쇄 발행일** · 2019년 4월 25일

ⓒ 주변인의길

ISBN 978—89—93536—54—6 (03100)

孟子

평생에
한 번은 꼭
맹자를
읽어라

맹자 지음 | 이용원 엮음

주변인의길

사람의 마음을 얻어 천하를 다스린다
옳은 마음과 사랑하는 마음이 평화를 가져온다

「맹자」는 유창하다.

그 유창함은 혼란한 시대를 살아내기 위해 맹자 자신이 확고부동한 사상 혹은 신념 같은 것을 지니고 있었던 데에서 비롯되었다고 할 수 있다. 중국 대륙 전체가 중심을 잃고 오로지 힘으로써만 헤게모니를 움켜쥐려고 전쟁을 일삼던 혼란한 전국시대에 맹자는 평생을 바쳐 '민본'과 '왕도'를 주장했다. 전국시대에는 수많은 유세가들이 여러 나라를 떠돌며 저마다의 논리를 펼쳤지만 맹자가 그들과 달랐던 점은, 그는 패권을 단호하게 부정하고 줄기차게 왕도를 권하며 돌아다녔다는 것이다. 맹자는 아무리 작은 나라에서도 자신이 주장하는 왕도가 제대로 실행되기만 하면 곧바로 천하의 중심에 설 수 있고, 점차 주변의 나라들이 그에 감화되어 중국 땅 전체에 왕도가 실현될 수 있으리라고 생각했다. 그만큼 맹자는 자신의 생각에 자신이 있었고, 그리하여 제후들 앞에서도 당당하게 특유의 달변을 구사하였던 것이다. 그러나 그의 뜻은 결국 당대에는 실현되지 않았지만, 인애로써 민심을 얻어 천하를 다스린다는 그의 사상은 후대에 지대한 영향을 끼쳤다.

맹자의 탄생 연대에 대해서는 정확하게 알려지지 않았으나, BC 372년경에 공자가 태어난 노나라 창평향 추읍과 가까운 곳에 있는 추라는 작은 나라에서 태어났다는 주장이 유력하다. 사망 연대도 64세, 혹은 84세를 살았다는 기록이 전해지고 있다. 맹자는 부모의 이름도 모를 정도로 태어날 당시 가정이 불우했던 것으로 추측되지만, 그의 어머니에 얽힌 맹모삼천·맹모단기 등의 고사는 유명하다.

저서로서의 「맹자」는 여러 제후나 제자들과 주고 받은 문답 형식으로 씌어져 있다. 「논어」와 비교하여 「맹자」는 여러 질문에 대해 대단히 거침이 없고 기지와 비유가 뛰어나다. 청나라 말기의 사상가인 양계초는 '「논어」는 밥과 같은 주식이라 살찌게 하는 데 좋고, 「맹자」는 약초와 같은 치료제이니 온갖 질병을 없애는 데 좋다.'고 말했다.

저서 「맹자」는 맹자 자신도 끝머리에 말하고 있듯이, 공자의 사상을 보완하여 당대와 후세의 사람들에게 전해줄 목적으로 지어졌다. 모두 7편으로 구성된 「맹자」는 논어의 보완판이라 할 수 있으며, 맹자가 살았던 당대에는 단지 제자백가 중에 유교의 한 지류로서의 위치 밖에 확보하지 못했다. 그러나 약 1천 년 뒤인 송나라 때 성리학이 자리를 잡으면서 주희에 의해 사서의 하나로 편입, 비로소 유교의 경전으로 읽히게 되었다. 그리고 7편에 상 · 하의 구분이 있는 것은 후한 때 조기가 주를 달면서 그렇게 된 것이다.

공자의 사상이 한마디로 '인'을 중시한 것이라면, 맹자는 '의'라고 할 수 있다. 즉 사람은 태어나면서부터 본성이 착하다는 성선설을 바탕으로 하여 꾸준히 옳은 것[義]을 행해 나가도록 힘써야 한다고 주장했다. 그리하여 그 옳은 마음을 가지고 백성을 사랑하는 '민본정치'를 펴는 것이 곧 '왕도정치'이고, 그러한 정치가 천하에 실현될 때 비로소 모든 사람들이 평화롭게 살 수 있을 거라고 믿었던 것이다. 이러한 맹자의 사상은 민주주의의 기본에 부합되는 것으로써 높이 평가될 만하다. 또한 맹자는 공자의 사상을 전파하는 데 힘쓰는 한편, 이단의 논리에 대해서는 맹렬한 공격을 가했다. 맹자가 살았던 전국시대에는 장자 · 묵자 · 양자 등의 사상가가 저마다의 철학을 설파하고 있었는데, 맹자는 특히 묵자와 양자를 신랄하게 비난했다. 두 사람이 모두 유교에서 중시하는 예를 무시한 사상을 갖고 있었기 때문이었다. 그만큼 맹자는 공자의 인과 예의 사상을 이어받아 후세에 전하는 데 모든 노력을 다했다.

  앞서 「논어」의 문장을 따라가면서도 그랬지만, 한문학을 전공하지도 않은 문외한이 현란한 「맹자」의 문장을 추적했다는 점은 여러 혜안을 가진 분들께 송구스럽고 부끄럽기 그지없다. 이 책 역시 '한문적'인 사고에 익숙하지 않은 세대가 「맹자」를 읽은 독후감쯤으로 여겨졌으면 한다. 다만 자신 있게 말할 수 있는 것은 「맹자」는 분명히 일독의 가치가 있는 책이며, 특히 선하다는 것이 무엇인지를 모르고 우왕좌왕하는 이들에게 바른 길로 인도하는 지침서로서의 역할을 훌륭하게 수행해 내리라고 믿는다.

이용원

제 1 장 상
梁惠王
章句 · 上

양혜왕 장구 · 상

이익보다 인의를 앞세워라

맹자가 양혜왕을 만났을 때, 왕이 이런 말을 꺼냈다.
「선생께서 천리 길을 멀다 하지 않고 이렇게 오셨으니, 그것은 내 나라를 이롭게 해주시려고 그런 것 아닌지요?」
맹자가 대답했다.
「임금께서는 왜 하필 이익을 말씀하십니까? 나라를 통치하는 데는 오직 인과 의만 필요할 뿐입니다. 한번 생각해 보십시오. 임금께서 어떻게 하면 우리 나라를 이롭게 만들 것인가에 대해서만 말씀하시면, 대부들은 어떻게 하면 내 집을 이롭게 만들 것인가를 말하게 되고, 관리들이나 백성들은 어떻게 하면 내 자신을 이롭게 만들 것인가를 말할 것입니다. 이렇게 아래위가 각자의 이익만을 추구한다면 결국 나라가 위태롭게 되고 말 것입니다.
만승의 나라를 다스리는 천자를 죽이는 자가 있다면 그는 필시 천승의 나라를 다스리던 제후일 것이고, 천승의 나라를 다스리는 제후를 죽이는 자가 있다면 그는 필시 백승의 나라를 다스리던 제후일 것입니다.
천승의 나라를 다스리는 제후는 만승의 나라의 천자가 녹으로 준 10분의 1에 해당하는 땅을 다스리는 것이고, 백승의 나라를 다스리는 제후 역시 천승의 나라에서 10분의 1에 해당하는 땅을 녹으로 받아 다스리는 것입니다.
하지만 천승의 나라 제후나 백승의 나라 제후들이 인의를 무시하고 자기 이익만을 생각한다면 나머지 땅을 다 차지하지 않고는 만족하지 못할 것입니다.
옛날부터 인을 행하면서 자기 부모를 버린 자는 없었으며, 의를 행하면서 임금을 뒷전으로 돌려둔 자도 없었습니다. 그렇기 때문에 임금께서는 인과 의만을 말씀하시면 되는 것입니다. 굳이 이익을 말씀하실 필요가 없다는 말씀입니다.」

孟子見梁惠王　王曰　叟不遠千里而來　亦將有以利吾國乎　孟子對曰
맹자견양혜왕　왕왈　수불원천리이래　역장유이리오국호　맹자대왈

王何必曰利　亦有仁義而已矣　王曰何以利吾國　大夫曰何以利吾家
왕하필왈리　역유인의이이의　왕왈하이리오국　대부왈하이리오가

士庶人曰何以利吾身　上下交征利而國危矣　萬乘之國弑其君者　必
사서인왈하이리오신　상하교정리이국위의　만승지국시기군자　필

千乘之家　千乘之國弑其君者　必百乘之家　萬取千焉　千取百焉　不爲
천승지가　천승지국시기군자　필백승지가　만취천언　천취백언　불위

不多矣　苟爲後義而先利　不奪不饜　未有仁而遺其親者也　未有義而
부다의　구위후의이선리　불탈불염　미유인이유기친자야　미유의이

後其君者也　王亦曰仁義而已矣　何必曰利
후기군자야　왕역왈인의이이의　하필왈리

시라쿠사 왕에게는 사랑스런 누이동생인 제스타가 있었다. 제스타의 남편은 나라의 재상인 포리크테나스이다.

시라쿠사 왕이 폭정을 일삼자 포리크테나스가 참다 못해 반기를 들었다. 왕과 교전을 벌였으나 재상이 패배를 하고 간신히 외국으로 몸을 피하였다.

왕은 반란을 일으킨 포리크테나스의 가족을 잡아오게 하였다. 왕이 직접 잡혀 온 누이동생을 심문했다.

"제스타야, 너는 네 남편이 도망치는 것을 알고서도 어찌하여 나에게 알리지 않았느냐?"

제스타는 오빠인 왕의 심문에 당당하게 말을 하였다.

"오라버님, 저는 남편이 하고자 한 일이 얼마나 중요한 일인지 알고 있습니다. 불행하게도 일이 잘 안 되어 위험에 처했다고 해서 남편을 헌신짝처럼 내버리고 나의 평안을 누릴 수는 없습니다. 저는 편히 앉아서 폭군의 누이동생이라고 불리기보다는 차라리 이 나라에서 쫓겨나더라도 의인의 아내로 살고 싶습니다."

이 말을 들은 왕은 그제서야 자신의 죄를 깨닫고 포리크테나스 부부를 용서해 주고 어진 왕이 되었다.

성인은 백성과 더불어 즐겨

맹자가 양혜왕을 만나러 갔더니 왕은 연못가에 서 있었다. 양혜왕은 연못가에서 놀고 있는 기러기와 사슴들을 바라보고 있었는데, 그것들을 둘러보는 자신을 자랑스럽게 생각하며 맹자에게 부럽지 않느냐는 듯 이렇게 물어보았다.

「현자들에게도 이러한 즐거움이 있습니까?」

맹자가 왕이 물어본 뜻을 꿰뚫어보고 이렇게 대답했다.

「그게 무슨 말씀이십니까? 현자라야 비로소 그것을 즐길 수가 있는 것입니다. 현자가 아닌 사람은 비록 그런 연못과 동물들을 가지고 있다 해도 즐길 수가 없습니다. 〈시경〉에 이런 구절이 있습니다.

'대를 지을 계획을 세운 뒤 땅을 재고 푯말을 세워놓았더니
백성들이 자기 일인 듯 나서서 공사를 해 며칠 안 가 이루어졌네.
서두르지 말라고 아르셨으나 백성들이 자식처럼 몰려들었네.
왕께서 동산을 거닐면 암사슴은 놀라지 않고 엎드려 잠을 자고,
암사슴은 살이 쪄 윤기가 흐르며, 백조는 희고도 곱네.
왕께서 연못에 나오시면, 아아 물고기가 가득 뛰놀고 있었다네.'

이 시에서처럼 주나라 문왕께서는 대를 만드시고 연못을 만들었지만, 오히려 백성들이 이를 더 즐거워했습니다. 그리하여 백성들은 그 대를 영대라 하고, 소를 영소라 이름을 붙이고 그 안에서 뛰노는 사슴과 물고기들을 자기들 것처럼 여기며 문왕과 더불어 함께 즐거워했습니다.

옛날의 현인들은 이처럼 백성들과 더불어 즐거움을 같이 했기 때문에 진정으로 즐거워할 수 있었던 것입니다.

그러나 〈서경〉의 탕서에는 문왕의 경우와는 반대되는 내용이 적혀 있습니다. 하나라의 마지막 임금인 걸왕을 해에 비유하여 '이 해는 언제나 기울까. 나도 너와 함께 망하리라.' 라고 말입니다. 이처럼 백성들이 함께 망하기만을 바란다면, 아무리 훌륭한 정원과 아름다운 새나 동물들을 가지고 있다한들, 과연 혼자서만 즐길 수가 있겠습니까?」

孟子見梁惠王 王立於沼上 顧鴻雁麋鹿曰, 賢者亦樂此乎 孟子對曰
맹자견양혜왕 왕립어소상 고홍안미록왈 현자역락차호 맹자대왈

賢者而後樂此 不賢者 雖有此 不樂也 詩云 經始靈臺 經之營之 庶
현자이후락차 불현자 수유차 불락야 시운 경시영대 경지영지 서

民攻之 不日成之 經始勿亟 庶民子來 王在靈囿 麀鹿攸伏 麀鹿濯
민공지 불일성지 경시물극 서민자래 왕재영유 우록유복 우록탁

濯 白鳥鶴鶴 王在靈沼 於牣魚躍 文王以民力 爲臺爲沼 而民歡樂
탁 백조학학 왕재영소 어인어약 문왕이민력 위대위소 이민환락

之 謂其臺日靈臺 謂其沼日靈沼 樂其有麋鹿魚鼈 古之人 與民偕樂
지　위기대왈영대　위기소왈영소　락기유미록어별　고지인　여민해락

故能樂也 湯誓日時日害喪 予及女偕亡 民欲與之偕亡 雖有臺池鳥
고능락야　탕서왈시일갈상　여급여해망　민욕여지해망　수유대지조

獸 豈能獨樂哉
수　기능독락재

- 흙이나 돌을 높이 쌓아 사방을 바라볼 수 있도록 만든 높은 곳이나 그곳에 지은 집.
- 문왕(文王)은 BC 12세기경 중국 주(周)나라의 창건자인 무왕(武王)의 아버지를 가리킨다. 성은 희 (姬)이고, 이름은 창(昌)이다. 어진 정치를 펼쳐 후세 사람들이 이상적인 왕이라고 일컫고 있다. 태공망 (太空望) 등의 현자를 등용시켜 주왕조의 기초를 단단하게 다졌다.
- 「서경」의 편명으로, 은나라 탕왕(湯王)이 하나라 걸왕을 칠 때 신하들에게 서약한 말이다.

＊ • • • • • •

　어느 마을에 윤씨 성을 가진 부자가 있었다. 그는 이웃 마을까지 부자라고 소문이 났지만 그 집에 사는 하인들은 잠시도 쉴 틈이 없이 하루종일 고되게 일만 하였다.

　하인 중에 아주 나이가 많은 늙은 하인이 있었는데, 그는 평생을 너무 고되게 일만 하여 하루종일 일한 후에 잠자리에 들면 이내 코를 골고 깊은 잠에 빠져들었다. 잠잘 때는 일을 하지 않기 때문에 그 늙은 하인은 언제나 잠자는 시간을 좋아했고 잠자는 시간만을 기다렸다.

　게다가 늙은 하인은 잠만 들면 꿈 속에서 신분이 바뀌었다. 낮에는 주인에게 온갖 시달림을 받았지만 잠만 자면 그는 언제나 임금이 되어 신하를 호령하고 만백성을 다스리는 꿈을 꾸었던 것이다.

　그러나 그 집의 주인 윤씨는 정반대였다.

　그는 밤마다 잠이 들면 남의 집 종이 되어 주인에게 호되게 매를 맞고 꾸

지람을 듣고 허리가 끊어질 듯이 일만 하는 꿈을 꾸었다.

윤씨는 너무 괴로워 친한 친구에게 꿈이야기와 괴로운 심정을 이야기했다.

묵묵히 윤씨의 말을 듣고 있던 친구가 한참 후에 입을 열었다.

"자네는 소문난 부자이고 하인을 많이 거느리면서 부귀영화를 누리고 있지 않은가. 그러니 밤마다 꿈 속에서 남의 집 종이 되어 고통을 당하는 것은 자연의 이치 아닐까. 인생은 편안함과 고통을 함께 맛보며 사는 것일 텐데 이것이 바로 자연의 이치가 아니겠는가? 인생의 반은 낮이고, 반은 밤이니, 낮에 그토록 부귀영화를 누리는 자네가 밤에 꿈 속에서의 고통까지 피하려고 한다면 되겠는가."

그후 윤씨는 하인들에게 심하게 대하지 않고 관대해졌으며 그의 악몽 또한 차츰 나아져 갔다.

오십보백보

양혜왕이 맹자에게 물었다.

「나는 나라를 다스리는데 진심으로 전력을 다해왔습니다. 하내지방에 흉년이 들면 그 지방 사람들을 하동으로 옮기고, 하동지방에 남아 있는 곡식을 하내지방으로 옮겨 보충했습니다. 하동지방에 흉년이 들었을 때도 마찬가지로 했습니다. 그런데 이웃나라의 정치를 살펴보니 그 나라의 임금이 나처럼 신경을 많이 쓰는 것 같지도 않은데, 그 나라 인구는 더 줄어들지 않고 우리 나라의 인구 역시 더 늘어나지 않고 그대로입니다. 이게 어찌 된 일인가요?」

맹자가 대답했다.

「임금께서 전쟁을 좋아하시니까 전쟁 이야기를 예로 들어보겠습니다. 북이 둥둥 울리고 양군이 칼과 창을 맞부딪치며 한창 전쟁이 벌어지고 있는데, 적군의 기세가 무서워 갑옷을 벗어 던지고 병기를 끌면서 도망친 병사가 있다고 해보지요. 한 병사는 백 보를 도망치고, 또 한 병사는 오십 보를 도망쳤습니다. 그런데 오십 보를 도망친 병사가 백 보를 도망친 병사에게, 백 발짝이나 도망쳤으니 너는 겁쟁이라고 비웃었다면 어떻겠습니까?」

혜왕이 웃음을 지으며 말했다.

「당치도 않은 말이오. 다만 백 보를 도망가지 않았을 뿐 전쟁중에 도망간 건 둘 다 마찬가지가 아니오?」

맹자가 다시 말했다.

「그러한 이치를 아신다면 임금께서는 이웃나라보다 백성이 늘어나기를 바라지 마십시오. 임금께서 부역을 위해 농사철에 백성들을 동원하지 않으시면 곡식은 다 먹을 수 없을 만큼 거둘 수 있을 것이고, 너무 촘촘한 그물로 고기 잡는 것을 금하신다면 물고기가 넘쳐나 이루 다 먹을 수 없을 만큼 많아질 것이며, 도끼로 산의 나무를 베는 계절을 제한하신다면 재목은 이루 쓸 수 없을 만큼 많아질 것입니다. 곡식과 물고기가 이루 다 먹지 못할 만큼 쌓이고, 목재도 이루 다 쓸 수 없을 만큼 많다면, 백성들이 산 사람을 먹여 살리고 죽은 자를 장사 지내는 데 별다른 불만을 품지 않을 것입니다. 이것이 바로 왕도정치의 시작입니다.

5묘의 텃밭에 뽕나무를 심으면 오십 노인이 비단옷을 입을 수 있을 것이고, 닭·돼지·개 같은 가축도 번식할 시기를 놓치지 않고 잘 기르면 칠십 노인이 고기를 먹을 수 있을 것입니다. 그리고 1백 묘의 땅에 농사를 지을 때도 농번기에 일손만 빼앗지 않는다면 몇 식구의 집안이 굶주리지 않을 수 있으며, 학교에서 교육을 신중하게 하여 효를 되풀이하여 가르치면 백발 노인이 무거운 짐을 지고 길을 다니는 일은 없을 것입니다. 칠십 노인이 비단옷을 입고 고기를 먹으며, 백성들이 굶주리거나 추위에 떨지 않게 하면서도 임금 노릇을 제대로 하지 못한 예는 아직 없었습니다.

한쪽에서는 개·돼지가 사람 먹을 것을 먹고 있는데도 제지하지 않고, 길바닥에 굶어죽은 이들의 시체가 나뒹구는데도 나라의 곡식창고를 열어 구하지 않으며, 사람이 죽으면서 말하기를 이건 내 탓이 아니라 흉년 탓이라고 한다면, 사람을 칼로 찔러 죽이고서 내가 죽인 것이 아니라 칼이 죽인 것이라고 하는 것과 무엇이 다르겠습니까? 임금께서 흉년을 탓하며 죄를 돌리시지만 않는다면 천하의 백성들은 저절로 모여들 것입니다.」

梁惠王曰 寡人之於國也 盡心焉耳矣 河內凶 則移其民於河東 移其
양 혜 왕 왈　과 인 지 어 국 야　진 심 언 이 의　하 내 흉　칙 이 기 민 어 하 동　이 기

粟於河內 河東凶 亦然 察隣國之政 無如寡人之用心者 隣國之民
속 어 하 내　하 동 흉　역 연　찰 린 국 지 정　무 여 과 인 지 용 심 자　인 국 지 민

不加少 寡人之民 不加多何也 孟子對曰 王好戰 請以戰喩 塡然鼓
불 가 소　과 인 지 민　불 가 다 하 야　맹 자 대 왈　왕 호 전　청 이 전 유　전 연 고

之 兵刃旣接 棄甲曳兵而走 或百步而後止 或五十步而後止 以五十
지　병 인 기 접　기 갑 예 병 이 주　혹 백 보 이 후 지　혹 오 십 보 이 후 지　이 오 십

步笑百步 則何如 曰不可 直不百步耳 是亦走也 曰王如知此 則無望
보 소 백 보　즉 하 여　왈 불 가　직 불 백 보 이　시 역 주 야　왈 왕 여 지 차　즉 무 망

民之多於隣國也 不違農時 穀不可勝食也 數罟 不入洿池 魚鼈不可
민 지 다 어 린 국 야　불 위 농 시　곡 불 가 승 식 야　촉 고　불 입 오 지　어 별 불 가

勝食也 斧斤 以時入山林 材木不可勝用也 穀與魚鼈 不可勝食 材
승 식 야　부 근　이 시 입 산 림　재 목 불 가 승 용 야　곡 여 어 별　불 가 승 식　재

木不可勝用 是使民養生喪死無憾也 養生喪死無憾 王道之始也 五
목 불 가 승 용　시 사 민 양 생 상 사 무 감 야　양 생 상 사 무 감　왕 도 지 시 야　오

畝之宅 樹之以桑 五十者可以衣帛矣 鷄豚狗彘之畜 無失其時 七十
묘 지 택　수 지 이 상　오 십 자 가 이 의 백 의　계 돈 구 체 지 축　무 실 기 시　칠 십

者可以食肉矣 百畝之田 勿奪其時 數口之家可以無飢矣 謹庠序之
자 가 이 식 육 의　백 묘 지 전　물 탈 기 시　수 구 지 가 가 이 무 기 의　근 상 서 지

敎 申之以孝悌之義 頒白者不負戴於道路矣 七十者衣帛食肉 黎民
교　신 지 이 효 제 지 의　반 백 자 불 부 대 어 도 로 의　칠 십 자 의 백 식 육　여 민

不飢不寒 然而不王者 未之有也 狗彘食人食而不知檢 塗有餓莩而
불 기 불 한　연 이 불 왕 자　미 지 유 야　구 체 식 인 식 이 부 지 검　도 유 아 부 이

不知發 人死則曰 非我也 歲也 是何異於刺人而殺之曰 非我也 兵
부 지 발　인 사 칙 왈　비 아 야　세 야　시 하 이 어 자 인 이 살 지 왈　비 아 야　병

也 王無罪歲 斯天下之民至焉
야　왕 무 죄 세　사 천 하 지 민 지 언

– 춘추시대 때만 해도 인구의 많고 적음에 따라 국력이 좌우되었다. 그래서 어떻게든 인구를 늘리려고 애썼는데, 출생에 의한 자연 증가는 너무 많은 시간이 필요했기 때문에 이웃나라의 인구를 흡입하는 정책을 많이 썼다. 그것은 자기 나라의 인구가 불어나는 대신에 이웃나라의 인구는 감소한다는 일거양득의 효과를 누릴 수 있었기 때문이었다.

– 묘(畝)는 면적을 나타내는 단위이다. 오늘날의 단위로 1묘는 100평 정도 된다.

❀ • • • • • •

동양의 한 도시에서 어떤 가난한 여인이 황제에게 억울한 일이 있다며 탄원을 했다.

황제가 여인을 불러 탄원한 이유를 물었다.

그러자 가난한 여인은 자기가 잠을 자고 있는 사이에 도둑이 들어 물건을 훔쳐 갔다고 했다.

황제가 물었다.

"그대는 어째서 자고 있었는가?"

그러자 가난한 여인이 대답했다.

"저는 황제께서 항상 깨어 있다고 생각했습니다. 그래서 황제를 믿고 잠을 잤습니다."

황제는 자신이 모든 백성들을 돌보아 준다고 믿는 그녀의 믿음이 단순하지만 황제를 믿어주는 그 마음이 기뻐서 그녀가 잃은 것보다도 더 많은 것을 주었다.

백성을 살게 하는 게 정치의 기본

양혜왕이 맹자에게 말했다.

「오늘은 마음을 차분히 가라앉히고 가르침을 받고자 합니다.」

그러자 맹자가 이렇게 반문했다.

「사람을 죽이는 데 있어서 몽둥이를 쓰는 것과 칼을 쓰는 것이 다를 게 있겠습니까?」

「다를 게 없겠지요.」

「그럼 칼로 죽이는 것과 정치로 죽이는 것은 다를 게 있겠습니까?」

「그것도 다를 것이 없겠지요.」

「임금의 주방에는 맛있는 고기가 있고 마구간에는 살찐 말이 있지만, 백성은 굶주려 얼굴에 핏기가 없고 들에는 굶어 죽은 시체가 뒹굴고 있다면, 이것은 짐승을 충동질해서 사람을 잡아먹게 하는 것과 다를 바가 없는 것입니다.

사람들은 짐승끼리 서로 잡아먹는 것조차도 미워하는데, 백성의 부모가 되어 정치를 행하는 임금께서 짐승을 몰아와 사람을 잡아먹게 하는 것과 마찬가지 상황이라면 어찌 백성의 부모라 하겠습니까? 공자께서는, 맨 처음으로 나무를 깎아 사람의 형상(俑)을 만들어 무덤에 함께 묻는 제도를 만들어낸 자는 자손이 끊어질 것이라고 했습니다. 이는 사람의 모양을 본떠서 무덤에 함께 묻었기 때문입니다. 공자께서는 나무 인형을 만들어 함께 묻는 것조차 싫어하셨는데 살아 있는 백성들을 굶주려 죽게 만드는 일이야 말할 나위 있겠습니까?」

梁惠王曰 寡人願安承敎 孟子對曰 殺人以梃與刃 有以異乎 曰無以
양혜왕왈　과인원안승교　맹자대왈　살인이정여인　유이이호　왈무이

異也 以刃與政 有以異乎 曰無以異也 曰庖有肥肉 廏有肥馬 民有飢
이야　이인여정　유이이호　왈무이이야　왈포유비육　구유비마　민유기

色 野有餓莩 此率獸而食人也 獸相食 且人惡之 爲民父母 行政 不
색　야유아부　차솔수이식인야　수상식　차인오지　위민부모　행정　불

免於率獸而食人 惡在其爲民父母也 仲尼曰 始作俑者 其無後乎 爲
면어솔수이식인　오재기위민부모야　중니왈　시작용자　기무후호　위

其象人而用之也 如之何其使斯民 飢而死也
기상인이용지야　여지하기사사민　기이사야

– 맹자의 언변은 가히 당대 최고였다고 전해지는데, 이 절에도 그의 교묘하면서도 논리적인 말솜씨가 유감없이 펼쳐지고 있다.

옛날에는 장사를 지낼 때 사람 모습을 한 나무 인형을 함께 묻었는데, 나중에 이것이 순장제도를 낳았다.

순장은 왕이나 귀족 등 신분이 높은 사람이 죽었을 때 평소 그를 시중들던 신하나 병사를 함께 묻는 것을 말한다.

시간이 흘러 순장은 사람을 죽여 묻는 대신 사람의 모습을 한 나무나 흙 인형을 묻었는데, 이것이 '용(俑)'이다.

공자는 이러한 어질지 못한 '불인'을 몹시 못마땅하게 생각하여 처음으로 그런 제도를 만든 사람은 자손이 끊어질 것이라고 말했다.

이처럼 공자는 나무 인형을 함께 묻는 것조차도 용서하지 않았는데, 산 사람을 굶어 죽게 한다면 얼마나 끔찍한 일이냐고 맹자가 말한 것이다.

인자무적(仁者無敵)

양혜왕이 맹자에게 물었다.

「진(晉)나라가 이 세상에서 가장 강했다는 사실은 선생께서도 아실 것입니다. 하지만 나의 시대에 이르자, 동쪽으로는 제나라에 패하여 큰아들이 전사했고, 서쪽으로는 진(秦)나라에게 7백 리나 되는 땅을 빼앗겼으며, 남쪽으로는 초(楚)나라에게 참패를 당하는 수모를 겪었습니다. 나는 정말 부끄러워서 못 견디겠습니다. 먼저 세상을 등지고 간 이들의 한을 씻고자 하는데 어떻게 하면 좋겠습니까?」

맹자가 대답했다.

「땅을 빼앗긴 것은 걱정할 게 못됩니다. 사방 1백 리의 땅에서도 임금 직분을 훌륭하게 수행할 수가 있는 것입니다. 임금께서 어진 정치를 백성에게 베푸셔서 형벌을 간략히 하시고 세금을 가볍게 하신다면, 백성들은 농사일을 열심히 할 것이고, 젊은이들은 시간이 날 때마다 틈틈이 효제충신의 덕을 배워 집에 들어가서는 부형을 섬기고 밖에 나와서는 어른을 공경할 것입니다. 그렇게 된다면 몽둥이를 가지고도 진나라와 초나라의 견고한 갑옷과 날카로운 병기를 마음먹은 대로 쳐부술 수가 있을 것입니다.

저쪽 나라 임금들이 한창 농사 지을 시기에 백성들을 징발하여 밭을 갈고 김을 매지 못하게 한다면 부모를 봉양할 수 없게 될 것입니다. 그리 되면 부모가 굶주림에 떨고 형제와 처자가 뿔뿔이 흩어지게 될 것입니다.

이처럼 저들이 백성을 괴로움 속에 빠뜨렸을 때 임금께서 정벌을 나선다면 누가 임금께 대적할 수 있겠습니까? 옛말에 '어진 이에게는 대적할 자가 없다.'고 한 것은 이를 두고 한 말이니, 임금께서는 부디 의심하지 마십시오.」

梁惠王曰 晉國天下莫强焉 叟之所知也 及寡人之身 東敗於齊 長子
양혜왕왈 진국천하막강언 수지소지야 급과인지신 동패어제 장자

死焉 西喪地於秦七百里 南辱於楚 寡人恥之 願比死者 一洒之 如
사언 서상지어진칠백리 남욕어초 과인치지 원비사자 일세지 여

之何則可 孟子對曰 地方百里而可以王 王如施仁政於民 省刑罰 薄
지하칙가 맹자대왈 지방백리이가이왕 왕여시인정어민 생형벌 박

稅斂 深耕易耨 壯者以暇日 修其孝悌忠信 入以事其父兄 出以事其
세렴 심경이누 장자이가일 수기효제충신 입이사기부형 출이사기

長上 可使制梃 以撻秦楚之堅甲利兵矣 彼奪其民時 使不得耕耨 以
장상 가사제정 이달진초지견갑리병의 피탈기민시 사부득경누 이

養其父母 父母凍餓 兄弟妻子離散 彼陷溺其民 王往而征之 夫誰與
양기부모 부모동아 형제처자이산 피함익기민 왕왕이정지 부수여

王敵 故曰 仁者無敵 王請勿疑
왕적 고왈 인자무적 왕청물의

백화점 왕으로 유명해진 존 워너메이커의 일화 중 하나이다.

직원 채용광고를 내자 한 청년이 면접을 보러 왔다. 워너메이커는 직접 면접을 보는데, 청년은 그의 질문에 자신감 있게 한치의 망설임도 없이 "Yes." 또는 "No."라고 대답했다.

학력도 좋고 용모도 단정하고 당당함까지 갖춰서 그 자리에 있던 사람들은 누구나 청년이 합격될 거라고 생각했다.

그런데 워너메이커는 청년을 불합격시켰다.

주위 사람들이 고개를 갸웃거리며 물었다.

"자신감도 있고, 당당한 모습이 꽤 괜찮은 청년 같은데, 왜 불합격을 시켰습니까?"

그러자 워너메이커는 이렇게 설명했다.

"그 청년은 모든 질문에 'Yes, No'라고 무뚝뚝하게 대답할 뿐, "Yes Sir, No Sir."라는 정중한 표현을 사용하지 않았습니다. 그런 사고방식이라면 틀림없이 고객에게도 친절하게 대하지 않을 겁니다. 그런 사람을 어떻게 친절이 기본인 우리 회사에 고용할 수 있겠습니까?"

그런 다음 워너메이커는 덧붙여 말했다.

"월요일 아침에 사장이 기분 좋게 '안녕!' 하고 인사하면 직원들은 일주일 동안 즐겁게 일할 수 있지 않을까요."

이렇듯 워너메이커의 밝은 모습이 전염되어 직원들은 즐겁게 일하고, 회사는 번창해 나갔다.

살상하지 않는 임금이 성군

맹자가 양양왕을 만나보고 나와 제자에게 말했다.

「멀리서 바라보았지만 임금같이 보이지를 않았으며, 가까이 가서 보았지만 두려운 데를 찾아볼 수 없었다. 양 임금이 '천하는 어떻게 결판이 나겠는가?' 하고 갑자기 묻기에 나는 '하나로 정해질 것입니다.' 하고 대답했다.

또 '그렇다면 누가 통일을 하게 되는가?' 하고 묻기에 나는 '살인을 좋아하지 않는 사람이 통일할 수 있을 것입니다.' 하고 대답했다.

그러자 또 '누가 그런 사람에게로 돌아가겠는가?' 하고 묻기에 나는 '세상 사람 중에 그 누구도 돌아가지 않을 자가 없을 것입니다. 임금께선 곡식의 싹에 대해 아시겠지요. 7·8월에 날이 가물면 싹이 말랐다가도, 하늘에 구름이 뭉게뭉게 일어나 마침내 시원스럽게 비가 쏟아지면 싹이 생기 있게 솟아납니다. 이렇게 되면 아무도 그 형세를 막아낼 수 없을 것입니다. 지금 세상을 통치하는 군주 중에 사람 죽이길 좋아하지 않는 자는 없습니다. 만일 살인을 좋아하지 않는 군주가 있다면 천하의 사람들이 목을 길게 빼고 그를 우러러 볼 것입니다. 정말 그렇게 된다면 백성이 그에게로 돌아가는 것은 마치 물이 낮은 데로 흘러내려가는 것과 같은 것이니 누가 그 형세를 막을 수 있겠습니까?' 하고 대답했다.」

孟子見梁襄王 出語人曰 望之不似人君 就之而不見所畏焉 卒然問
맹자견양양왕 출어인왈 망지불사인군 취지이불견소외언 졸연문

曰 天下惡乎定 吾對曰 定於一 孰能一之 對曰 不嗜殺人者能一之
왈 천하오호정 오대왈 정어일 숙능일지 대왈 불기살인자능일지

孰能與之 對曰 天下莫不與也 王知夫苗乎 七八月之間 旱則苗槁矣
숙능여지 대왈 천하막불여야 왕지부묘호 칠팔월지간 한칙묘고의

天油然作雲 沛然下雨則 苗浡然興之矣 其如是 孰能禦之 今夫天下
천유연작운 패연하우칙 묘발연흥지의 기여시 숙능어지 금부천하

之人牧 未有不嗜殺人者也 如有不嗜殺人者 則天下之民 皆引領而
지인목 미유불기살인자야 여유불기살인자 칙천하지민 개인령이

望之矣 誠如是也 民歸之 由水之就下 沛然孰能禦之
망지의 성여시야 민귀지 유수지취하 패연숙능어지

– 양혜왕의 아들로서, 이름은 혁(赫)이며, 양(襄)은 그의 시호이다.

밀라노의 어떤 공작은 잔혹한 행위를 일삼았다. 사람들은 그를 증오하며 그가 벌받기를 밤낮없이 기도했다. 그런데 한 늙은 부인이 매일 해질 무렵 교회에 가서 공작이 건강하고 장수하라고 기도했다.

이 소문이 퍼지자 공작은 자신이 그런 기도를 받을 만큼 착한 사람이 아니라는 것을 알기 때문에 그녀를 불러 왜 그런 기도를 하는지 물어보았다.

"제가 어렸을 때 매우 잔인한 성주가 있었는데 그가 죽기를 바란 적이 있었죠. 그러나 그가 죽은 후 더 나쁜 성주가 통치를 하게 되었어요. 이제 당신은 세 번째 성주입니다. 그리고 이전의 두 성주보다 훨씬 악하고 잔인하군요. 저는 당신이 죽은 후에 당신보다 더 악한 사람이 성주가 될까 봐 너무 두렵습니다. 그래서 저는 당신이 오래 살기를 기원하는 것입니다."

공작은 너무 부끄러워 그렇게 대답한 여자를 죽음이기는커녕 자기를 깨닫게 해준 그녀에게 감사했다.

왕도정치의 구체적 실천 방법

제선왕이 맹자에게 물었다.

「패자였던 제환공과 진문공의 이야기를 들려주시겠습니까?」

맹자가 대답했다.

「공자의 제자들이 환공과 문공의 일에 대해서는 말을 하지 않아 후세에 전해오는 게 없으며 저 또한 듣지 못했습니다. 그래도 이야기가 듣고 싶으시다면 패도가 아닌 왕도에 대해 말씀드리지요.」

제선왕이 다시 물었다.

「그렇다면 어떠한 덕을 갖추고 있어야 훌륭한 임금이 될 수 있습니까?」

「백성들의 생활을 안정되게만 하면, 그 사람이 임금이 되는 것을 아무도 막지 못할 것입니다.」

「나 같은 사람도 백성들의 생활을 안정되게 할 수 있겠습니까?」

「물론 할 수 있습니다.」

「무엇을 가지고 내가 그렇게 할 수 있다는 것을 아십니까?」

「일전에 제가 임금께서 총애하는 신하인 호흘에게 이런 말을 들었습니다. 임금께서 당상에 앉아 계실 때 소를 끌고 당 아래로 지나가는 사람이 있어 '어디로 소를 끌고 가느냐.'고 물으시니, 그 자가 대답하기를 '새 종이 완성되었기에 거기에다 피를 바르는 의식을 치르려고 합니다.'라고 했답니다. 그러자 임금께서 '놓아주어라. 나는 차마 그 소가 아무 죄도 없이 벌벌 떨면서 사지로 끌려나가는 것을 못 보겠다.'고 하시자, 그가 '그러면 새 종에다 피를 바르는 의식은 하지 않아도 된다는 말씀이십니까?' 하고 말하니 다시 임금께서 '그만둘 수야 없지. 다만 소 대신 양으로 바꿔서 의식을 행하라.'고 하셨다는데, 잘은 모르겠습니다만 그런 일이 있었습니까?」

「예, 있었습니다.」

「임금께서 그런 마음씨를 갖고 계시다면 훌륭한 임금이 되시기에 충분합니다. 백성들은 모두 임금께서 소를 양으로 바꿔 제물에 인색하다고 생각하는 모양입니다만, 저는 처음부터 임금께서 가엾이 여기는 마음이 있었기 때문이라고 생각했습니다.」

「그렇습니다. 정말 그런 생각을 하는 백성들이 있는 것 같습니다. 하지만 우리 제나라가 비록 작기는 하지만 내 어찌 소 한 마리를 아끼겠습니까? 나는 단지 그 소가 죄도 없이 사지에 끌려가며 벌벌 떨고 있기에 불쌍하게 생각되어 양으로 바꾸라고 한 것입니다.」

「임금께서는 백성들이 제물을 아낀다고 생각하는 것을 이상하게 여기지 마십시오. 큰 것 대신 작은 것으로 바꾸라고 하셨기 때문에 백성들은 그 사실만 보고 생각한 것입니다. 백성들이 어찌 측은하게 여기셨던 임금의 마음까지 읽을 수 있었겠습니까? 문제는 그것이 아닙니다. 임금께서 만일 그 소가 죄 없이 사지로 끌려나가는 것을 측은하게 여기셨다면, 그것은 소나 양이나 다를 바가 없지 않았겠습니까?」

그러자 제선왕이 웃으며 말했다.

「하긴 그렇군요. 그런데 그때 나는 대체 무슨 마음이었을까요? 물론 나는 제물을 아끼려고 소를 양으로 바꾸라고 말한 것은 아니었지만, 아무튼 백성들이 나를 인색하다고 한 것도 무리는 아닌 것 같군요.」

「그렇다고 백성들의 평판에 신경 쓰실 필요는 없습니다. 그런 것이야말로 인에 도달하는 방법입니다. 임금께서는 그때 소는 보시고 양은 보지 못했을 뿐입니다. 군자는 금수에 대해서 살아 있는 것을 본 것만으로도 죽는 모습을 차마 못 보겠다는 마음이 생기며, 울음소리를 들은 것만으로도 차마 그 고기를 먹지 못하겠다는 마음이 생깁니다. 그렇기 때문에 군자는 푸줏간을 멀리 하는 것입니다.」

맹자의 말을 듣고 제선왕이 기뻐하며 말했다.

「〈시경〉에 '다른 사람이 먹은 마음을, 내가 샅샅이 헤아리네.' 라는 구절이 있는데, 그게 바로 선생을 두고 한 말인 것 같군요. 내가 일을 행하고 돌이켜 생각해보아도 깨달아지는 바가 없었는데, 선생의 말을 듣고 나니 그때의 느낌이 확실하게 되살아나는 것 같군요. 그런데 이러한 측은한 마음을 갖는 것이 임금이 되는 데 족하다는 건 무슨 뜻입니까?」

「어떤 사람이 임금께 말씀 올리기를, 자신의 힘은 3천 근이나 나가는 물건을 들어올릴 수는 있어도 새털 하나는 들어올리지 못하고, 자신의 시력은 새나 짐승의 솜털까지 구별할 수는 있으나 수레에 가득 실린 나무는 볼 수 없다고 한다면, 이 말을 믿으시겠습니까?」

「그야 당치도 않은 말이지요.」

「지금 임금의 은혜는 능히 금수에게까지 미칠 정도이지만, 그 은혜가 백성들에게는 미치지 못하는 것은 왜 그렇겠습니까? 무릇 새털 하나를 들어올리지 못하는 것은 힘을 쓰지 않기 때문이지 못 드는 것이 아닙니다. 또한 수레에 가득 실은 나무가 보이지 않는 것은 그 뛰어난 시력을 쓰지 않기 때문이지 못 보는 건 아닙니다. 백성들이 안심하고 생활할 수 있도록 보호받지 못하는 것은 임금께서 은혜를 베풀지 않기 때문입니다. 그러므로 임금께서 훌륭한 왕 못 되신 것은, 단지 안 하신 것이지 되실 수 없기 때문이 아닌 것입니다.」

「하지 않는 것과 못하는 것은 어떻게 다릅니까?」

「태산을 끼고 북해를 뛰어넘는 일을 한 사람이 '나는 못한다.' 고 한다면 이는 정말로 못하는 것입니다만, 노인을 위해 나뭇가지 하나를 꺾는 일을 다른 사람에게 '나는 못한다.' 고 한다면 이는 하지 않는 것이지 못하는 것은 아닙니다. 그런데 임금께서 진정한 임금이 되지 못하신 것은 적어도 태산을 끼고 북해를 뛰어넘는 유(類)의 것은 아닙니다. 임금께서 정녕 임금다운 임금이 못 되신 것은 나뭇가지 하나를 꺾지 않은 유의 것입니다.

내 집안의 어른을 공경하는 것으로 시작하여 그 마음을 남의 집 노인에게까지 미치게 하고, 내 집안의 아이를 사랑하는 것으로 시작하여 그 마음을 남의 집 아이에게까지 미치도록 하면, 천하를 손바닥 위에서 움직일 수가 있는 것입니다. 〈시경〉에 이르기를 '아내에게 법도 있게 대하여 그 마음이 형제에게 이르고, 더 나아가 나라를 다스리는 데까지 이르렀네.' 라고 하였는데, 이는 가까운 자에게 베푸는 마음을 가져다가 다른 사람들에게 미치도록 한다는 말입니다. 그러므로 은혜를 널리 베풀어 나가면 능히 사해를 자기 것으로 만들 수 있고, 은혜를 베풀지 않으면 처자조차도 보전하지 못할 것입니다. 옛날 성인 군자들이 보통 사람들보다 월등하게 뛰어났던 것은 무슨 별다른 점이 있었던 게 아니라, 이런 마음씨에서 우러나온 행위를 널리 펼쳐갔던 것뿐입니다.

지금 은혜가 능히 금수에게까지 미치지만, 공덕이 백성들에게 베풀어지지 않는 까닭은 무엇입니까? 저울에 달아 본 뒤에야 가볍고 무거움을 알고, 자로 재 본 뒤에야 길고 짧음을 아는 법입니다. 모든 물건들이 다 그렇습니다만 무엇보다 마음은 꼭 재보아야만 합니다. 그러니 임금께서는 부디 마음을 헤아려 보시기 바랍니다.

대체 임금께서 전쟁을 일으키시어 군사와 신하를 위태롭게 만들고, 상대국 제후들과 원수 관계를 맺은 다음이라야 통쾌하시겠습니까?」

「그건 아닙니다. 내가 어찌 그런 일을 통쾌하게 여기겠습니까? 나는 장차 큰 욕망을 이루려는 것입니다.」

「임금께서 갖고 계신 욕망을 들어볼 수 있겠습니까?」

제선왕이 웃으며 말을 하지 않자 맹자가 말했다.

「임금께 큰 욕망이 있다 함은, 살찌고 맛있는 음식이 식욕을 만족시켜주지 못하기 때문입니까? 가볍고 따뜻한 옷이 육체를 만족시켜주지 못해서입니까? 온갖 장식적인 색깔들이 눈에 차지 않기 때문입니까? 아름다운 음악이 귀를 만족시켜주지 못하기 때문입니까? 총애하는 신하가 뜻을 충분하게 받들지 못하기 때문입니까? 이런 정도라면 신하들이 훌륭하게 만족시켜드릴 수 있을 터인데, 설마 이런 것들이 불만이신 것은 아니시겠지요?」

「예. 그런 것들 때문은 아닙니다.」

「그렇다면 임금께서 욕망이라고 한 것을 알만하군요. 영토를 넓히고 진(秦)나라나 초나라 같은 대국을 복종시키며 천하에 군림하여 사방의 오랑캐들에게까지도 위엄을 보이시려는 것 아닙니까? 그러나 지금 하시는 방법으로 그런 큰 욕망을 채우시려는 것은 마치 나무 위에 올라가 물고기를 찾는 것과 같습니다.」

「그토록 심한 것인가요?」

「그보다 더 심합니다. 나무에 올라가 물고기를 찾는 것은 물고기를 얻지 못하더라도 후환은 없지만, 임금과 같은 방법으로 임금께서 갖고 계신 욕망을 채우려 한다면 마음과 힘을 다 기울여 노력한다 해도 끝에 다다르면 반드시 재앙이 있을 것입니다.」

「어떤 후환이 있을까요?」

「추나라와 초나라가 싸운다면 누가 이길까요?」

「그야 당연히 힘센 초나라가 이기겠지요.」

「그렇습니다. 작은 나라가 큰 나라에 대적할 수는 없는 것이고, 적은 인구로 많은 인구를 가진 나라에도 대적할 수 없으며, 약한 나라가 강한 나라에 대항할 수는 없다는 말이 됩니다. 지금 중국 땅에서 사방 천리의 영토를 가진 나라는 아홉이나 되는데, 임금의 제나라 영토는 모두 모은다고 해봐야 그 아홉 나라 중의 하나에 지나지 않습니다. 그 하나로써 다른 여덟 나라를 굴복시킨다는 것이 어찌 추나라가 초나라에 대적하는 것과 다르겠습니까? 제가 지금 바라는 것은 임금께서 왕의 근본으로 돌아오시라는 것입니다.

이제 임금께서는 새로운 마음으로 정치를 시작하여 인을 베푸시라고 말씀드리고 싶습니다. 그렇게 하여 천하의 모든 관리들로 하여금 임금의 조정에서 벼슬하고 싶다는 마음이 들도록 하고, 모든 농부들로 하여금 임금의 들에서 밭 갈고 싶다는 마음이 들도록 하며, 모든 상인들로 하여금 임금의 영토 안에 있는 시장에다 상품을 내놓고 싶다는 마음이 들도록 하고, 모든 길손들로 하여금 임금의 영토 안에 있는 도로로 다니고 싶은 마음이 들도록 하며, 자기 나라 임금에게 반감을 가지고 있는 사람들로 하여금 모두 임금에게 달려와서 호소하고 싶다는 마음이 들도록 만드십시오. 이렇게 된다면 임금께 쏠리는 천하의 대세를 누가 막을 수 있겠습니까?」

「나는 어리석어서 그러한 경지에까지는 이르지 못할 것 같습니다. 원컨대 선생께서 나를 도우시어 잘 알아듣도록 가르쳐 주십시오. 내 비록 불민하지만 선생의 말씀대로 한번 해 보겠습니다.」

「일정한 생업이 없이 꾸준하게 양심[恒心]을 지킬 수 있는 것은 오직 꿋꿋한 인품을 지닌 선비만이 할 수 있는 일이고, 대부분의 일반 백성들은 일정한 생업이 없으면 꾸준하게 양심을 지키지 못합니다. 진실한 양심이 없으면 사람이 방탕해지고 편벽해지며 사악하고 사치해지게 되어 못하는 짓이 없게 됩니다. 그렇게 되면 죄를 짓게 되고, 형벌을 가하게 됩니다. 하지만 이는 백성을 속이는 일입니다. 나쁜 짓을 하도록 만든 다음에 법이라는 그물로 그들을 옭아매는 것이나 마찬가지입니다. 인자한 임금이 왕위에 있으면서 어찌 백성들을 속이는 짓을 할 수 있단 말입니까?

그러므로 현명한 임금은 백성들에게 생업을 마련해 주되, 반드시 위로는 부모를 봉양하는 데 부족함이 없고, 아래로는 처자를 먹여 살리는 데 부족함이 없도록 해주며, 풍년이 들면 일생을 배불리 먹게 해주고, 흉년이 들더라도 천명을 다 살지 못하고 죽는 일만은 없도록 해줍니다. 그렇게 해준 뒤에 현명한 임금은 백성들을 선(善)의 길로 인도하는 것인데, 그 때는 백성들이 임금에게 아무런 반발심도 갖지 않을 것입니다.

그러나 지금 각 나라의 임금은 그렇게 하지 못하고 있습니다. 많은 백성들이 현재 가지고 있는 생업으로는, 위로는 부모를 봉양하기에 부족하고, 아래로는 처자를 먹여 살리기에 부족하며, 풍년이 들어도 평생 고생만 하고, 흉년이 들면 죽음을 면치 못하게 됩니다. 이래 가지고서야 백성들을 죽음에서 구제해 주기에도 시간과 힘이 모자랄 터인데, 임금께서는 어느 겨를에 예를 행하고 인을 펼치겠습니까? 임금께서 천하에 군림하시고자 하는 뜻을 가지고 계신다면 왜 왕도의 근본으로 돌아오시지 않는 것입니까?

5묘의 텃밭에 뽕나무를 심으면 오십 노인이 비단옷을 입을 수 있을 것이고, 닭·돼지·개 같은 가축도 번식할 시기를 놓치지 않고 잘 기르면 칠십 노인이 고기를 먹을 수 있을 것입니다. 그리고 1백 묘의 땅에 농사를 지을 때도 농번기에 일손만 빼앗지 않는다면 여덟 명 가족이 굶주리지 않을 수 있으며, 학교에서 교육을 신중하게 하여 효를 되풀이하여 가르치면 백발 노인이 무거운 짐을 지고 길을 다니는 일은 없을 것입니다. 노인이 비단 옷을 입고 고기를 먹으며, 백성들이 굶주리거나 추위에 떨지 않게 하면서도 임금 노릇을 제대로 하지 못한 예는 아직 없었습니다.」

齊宣王問曰 齊桓晉文之事 可得聞乎 孟子對曰 仲尼之道 無道桓
제선왕문왈　제환진문지사　가득문호　맹자대왈　중니지도　무도환

文之事者 是以 後世 無傳焉 臣未之聞也 無以則王乎 曰德何如 則
문지사자　시이　후세　무전언　신미지문야　무이칙왕호　왈덕하여　칙

可以王矣 曰保民而王 莫之能禦也 曰若寡人者 可以保民乎哉 曰可
가이왕의　왈보민이왕　막지능어야　왈약과인자　가이보민호재　왈가

曰何由 知吾可也 曰臣聞之胡齕 曰王坐於堂上 有牽牛而過堂下者
왈하유　지오가야　왈신문지호흘　왈왕좌어당상　유견우이과당하자

王見之 曰牛何之 對曰 將以釁鐘 王曰 舍之 吾不忍其觳觫若無罪
왕견지　왈우하지　대왈　장이흔종　왕왈　사지　오불인기곡속약무죄

而就死地 對曰 然則廢釁鐘與 曰何可廢也 以羊易之 不識 有諸 曰
이취사지　대왈　연즉폐흔종여　왈하가폐야　이양역지　불식　유저　왈

有之 日是心 足以王矣 百姓皆以王爲愛也 臣固知王之不忍也 王曰
유지 왈시심 족이왕의 백성개이왕위애야 신고지왕지불인야 왕왈

然誠有百姓者 齊國雖褊小 吾何愛一牛 卽不忍其觳觫若無罪而就
연성유백성자 제국수편소 오하애일우 즉불인기곡속약무죄이취

死地 故以羊易之也 曰王無異於百姓之以王爲愛也 以小易大 彼惡
사지 고이양역지야 왈왕무이어백성지이왕위애야 이소역대 피오

知之 王若隱其無罪而就死地則 牛羊何擇焉 王笑曰 是誠何心哉 我
지지 왕약은기무죄이취사지칙 우양하택언 왕소왈 시성하심재 아

非愛其財而易之以羊也 宜乎百姓之謂我愛也 曰無傷也 是乃仁術
비애기재이역지이양야 의호백성지위아애야 왈무상야 시내인술

也 見牛未見羊也 君子之於禽獸也 見其生不忍見其死 聞其聲不忍
야 견우미견양야 군자지어금수야 견기생불인견기사 문기성불인

食其肉 是以君子遠庖廚也 王說曰 詩云 他人有心 予忖度之 夫子
식기육 시이군자원포주야 왕열왈 시운 타인유심 여촌탁지 부자

之謂也 夫我乃行之 反以求之 不得吾心 夫子言之 於我心有戚戚焉
지위야 부아내행지 반이구지 부득오심 부자언지 어아심유척척언

此心之所以合於王者 何也 曰有復於王者曰 吾力足以擧百鈞而不足
차심지소이합어왕자 하야 왈유복어왕자왈 오력족이거백균이부족

以擧一羽 明足以察秋毫之末而不見輿薪 則王許之乎 曰否 今恩足
이거일우 명족이찰추호지말이불견여신 칙왕허지호 왈부 금은족

以及禽獸而功不至於百姓者 獨何與 然則一羽之不擧 爲不用力焉
이급금수이공부지어백성자 독하여 연칙일우지불거 위불용력언

輿薪之不見 爲不用明焉 百姓之不見保 爲不用恩焉 故王之不王 不
여신지불견 위불용명언 백성지불견보 위불용은언 고왕지불왕 불

爲也 非不能也 曰不爲者與不能者之形 何以異 曰挾太山以超北海
위야 비불능야 왈불위자여불능자지형 하이이 왈협태산이초북해

語人曰 我不能 是誠不能也 爲長者折枝 語人曰 我不能 是不爲也
어인왈 아불능 시성불능야 위장자절지 어인왈 아불능 시불위야

非不能也 故王之不王 非挾太山以超北海之類也 王之不王 是折枝
비불능야 고왕지불왕 비협태산이초북해지류야 왕지불왕 시절지

之類也 老吾老以及人之老 幼吾幼以及人之幼 天下可運於掌 詩云
지류야 노오노이급인지노 유오유이급인지유 천하가운어장 시운

刑于寡妻 至于兄弟 以御于家邦 言擧斯心 加諸彼而已 故推恩足以
형우과처 지우형제 이어우가방 언거사심 가저피이이 고추은족이

保四海 不推恩無以保妻子 古之人所以大過人者無他焉 善推其所
보사해 불추은무이보처자 고지인소이대과인자무타언 선추기소

爲而已矣 今恩足以及禽獸而功不至於百姓者 獨何與 權然後知輕
위이이의 금은족이급금수이공부지어백성자 독하여 권연후지경

重 度然後知長短 物皆然心爲甚 王請度之 抑王興甲兵 危士臣構怨
중 도연후지장단 물개연심위심 왕청도지 억왕흥갑병 위사신구원

於諸侯然後快於心與 王曰否 吾何快於是 將以求吾所大欲也 曰王
어제후연후쾌어심여 왕왈부 오하쾌어시 장이구오소대욕야 왈왕

之所大欲 可得聞與 王笑而不言 曰爲肥甘 不足於口與 輕煖不足於
지소대욕 가득문여 왕소이불언 왈위비감 부족어구여 경난부족어

體與 抑爲采色不足視於目與 聲音不足聽於耳與 便嬖不足使令於
체여 억위채색부족시어목여 성음부족청어이여 변폐부족사령어

前與 王之諸臣 皆足以供之 而王豈爲是哉 曰否吾不爲是也 曰然則
전여 왕지제신 개족이공지 이왕개위시재 왈부오불위시야 왈연칙

王之所大欲 可知已 欲辟土地 朝秦楚 莅中國而撫四夷也 以若所爲
왕지소대욕 가지이 욕벽토지 조진초 리중국이무사이야 이약소위

求若所欲 猶緣木而求魚也 王曰若是其甚與 曰殆有甚焉 緣木求魚
구약소욕 유연목이구어야 왕왈약시기심여 왈태유심언 연목구어

雖不得魚 無後災 以若所爲 求若所欲 盡心力而爲之 後必有災 曰
수부득어 무후재 이약소위 구약소욕 진심력이위지 후필유재 왈

可得聞與 曰鄒人 與楚人戰 則王以爲孰勝 曰楚人勝 曰然則 小固不
가득문여 왈추인 여초인전 칙왕이위숙승 왈초인승 왈연칙 소고불

可以敵大 寡固不可以敵衆 弱固不可以敵彊 海內之地 方千里者九
가이적대 과고불가이적중 약고불가이적강 해내지지 방천리자구

齊集有其一 以一服八 何以異於鄒敵楚哉 蓋亦反其本矣 今王發政
제집유기일 이일복팔 하이이어추적초재 개역반기본의 금왕발정

施仁 使天下仕者 皆欲立於王之朝 耕者皆欲耕於王之野 商賈皆欲
시인 사천하사자 개욕립어왕지조 경자개욕경어왕지야 상고개욕

藏於王之市 行旅 皆欲出於王之塗 天下之欲疾其君者皆欲赴愬於
장어왕지시 행려 개욕출어왕지도 천하지욕질기군자개욕부소어

王 其若是孰能禦之 王曰吾惛 不能進於是矣 願夫子 輔吾志 明以
왕 기약시숙능어지 왕왈오혼 불능진어시의 원부자 보오지 명이

教我 我雖不敏 請嘗試之 曰無恒產而有恒心者 惟士爲能 若民則無
교아 아수불민 청상시지 왈무항산이유항심자 유사위능 약민칙무

恒產 因無恒心 苟無恒心 放辟邪侈 無不爲已 及陷於罪然後 從而
항산 인무항심 구무항심 방벽사치 무불위이 급함어죄연후 종이

刑之 是罔民也 焉有仁人在位 罔民而可爲也 是故明君制民之產 必
형지 시망민야 언유인인재위 망민이가위야 시고명군제민지산 필

使仰足以事父母 俯足以畜妻子 樂歲終身飽 凶年免於死亡然後 驅
사앙족이사부모 부족이축처자 낙세종신포 흉년면어사망연후 구

而之善 故民之從之也輕 今也制民之產 仰不足以事父母 俯不足以
이지선 고민지종지야경 금야제민지산 앙부족이사부모 부부족이

畜妻子 樂歲終身苦 凶年不免於死亡 此惟救死而恐不贍 奚暇治禮
축처자 악세종신고 흉년불면어사망 차유구사이공불섬 해가치례

義哉 王欲行之則 盍反其本矣 吾畝之宅 樹之以桑 五十者可以衣帛
의재 왕욕행지칙 합반기본의 오묘지택 수지이상 오십자가이의백

矣 鷄豚狗彘之畜 無失其時 七十者可以食肉矣 百畝之田 勿奪其時
의　계돈구체지축　무실기시　칠십자가이식육의　백묘지전　물탈기시

八口之家可以無飢矣 謹庠序之敎 申之以孝悌之義 頒白者不負戴
팔구지가가이무기의　근상서지교　신지이효제지의　반백자불부대

於道路矣 老者衣帛食肉 黎民不飢不寒 然而不王者未之有也
어도로의　노자의백식육　여민불기불한　연이불왕자미지유야

🔅 ・・・・・・

통치자는 아랫사람의 됨됨이를 볼 줄 알아야 하며 사람을 사귈 때도 현명한 지혜가 필요하다. 여기에 적는 두 가지 얘기는 한 현명했던 왕이 신하들 가운데서 쭉정이를 골라내기 위한 묘안에 관한 것이다.

첫 번째 얘기는 다음과 같다.

왕이 손톱을 깎다가 손톱 하나를 손 안에 감추고는 능청스럽게 말했다.

"손톱이 하나 없어졌구나, 빨리 찾도록 하라."

왕이 얼른 찾아내라고 성화를 하자 한 신하가 자기 손톱을 몰래 잘라가지고 와서 말하였다.

"여기 찾았습니다."

왕은 그 신하의 간교함을 알게 되었다.

이번엔 두 번째 얘기이다.

왕이 궁을 거닐다가 신하들 앞에서 화들짝 놀라는 척하며 말했다.

"저기 사라지는 것이 흰말이 아니더냐?"

"글쎄요, 못 보았는데요."

다들 그렇게 말했는데 갑자기 한 신하가 왕이 가리키는 쪽으로 황급히 뛰어갔다 오더니 숨을 헐떡이며 말했다.

"예, 흰말이 맞습니다."

왕은 그 신하의 불성실함을 알게 되었다.

梁惠王
章句 · 下

양혜왕 장구 · 하

백성과 함께 즐기는 풍류

장포라는 제선왕의 신하가 맹자를 찾아와 물었다.

「제가 우리 임금을 뵈었더니 음악을 좋아하신다고 말씀하셨습니다만, 저는 뭐라고 대답하지 못했습니다. 왕이 음악을 좋아하는 것이 좋은 일입니까, 나쁜 일입니까?」

맹자가 대답했다.

「당신의 임금께서 음악을 매우 좋아하신다면 제나라는 이상적인 나라에 접근한 셈입니다.」

며칠 후, 맹자가 선왕을 찾아가 이렇게 물었다.

「일전에 임금께서 장포에게 음악을 좋아하신다고 말씀하셨다는데, 정말 그런 적이 있었습니까?」

그러자 선왕이 낯빛을 붉히며 말했다.

「내가 좋아하는 것은 선왕의 정악이 아니라, 요즘 유행하는 세속적인 음악을 좀 즐기는 것뿐입니다.」

「임금께서 그처럼 음악을 좋아하신다면 제나라는 머지않아서 이상국가가 될 것입니다. 현대의 음악이나 옛날의 고전음악이나 다를 바가 없습니다.」

「그건 왜 그런가요?」

「임금께서는 혼자 음악을 즐기는 것과 백성들과 함께 음악을 즐기는 것 중 어느 것이 더 즐겁다고 생각하십니까?」

「그야 백성들과 함께 즐기는 것이 더 즐겁겠지요.」

「그렇다면 몇몇 백성들과 함께 음악을 즐기는 것과 많은 백성들과 함께 음악을 즐기는 것 중에서는 어느 것이 더 즐겁다고 생각하십니까?」

「물론 많은 백성들과 함께 즐기는 것이 더 즐겁겠지요.」

「임금을 위해서 제가 지금부터 음악을 즐기는 일이란 어떤 것인지에 대해 말씀을 드려보겠습니다. 지금 임금께서 이곳에서 음악을 연주하신다고 했을 때, 백성들이 임금께서 연주하시는 종소리와 북소리, 피리소리를 듣고 모두 골치를 앓고 얼굴을 찡그리면서 '우리 임금은 백성들이야 어찌되었건 상관없이 혼자서만 음악을 좋아하는구나! 어찌해서 우리를 이와 같은 궁지에 빠트린단 말인가. 부자간에 서로 만나보지도 못하고, 형제와 처자를 뿔뿔이 흩어지게 만들었지 않았는가.' 라고 말을 했다고 하지요.

또 지금 임금께서 이곳에서 사냥을 하신다고 했을 때, 백성들이 임금의 수레와 말이 움직이는 소리를 듣는 동시에 아름답고 호화스런 깃발을 보고 골치를 앓고 얼굴을 찡그리면서 '우리 임금은 백성들이야 어찌되었건 상관없이 혼자서만 사냥만 좋아하는구나! 어찌해서 우리를 이와 같은 궁지에 빠트린단 말인가. 부자간에 서로 만나보지도 못하고, 형제와 처자를 뿔뿔이 흩어지게 만들었지 않았는가.' 라고 말했다면 그 이유는 다른 데 있는 것이 아니라 백성들과 함께 즐거움을 나누지 않았기 때문인 것입니다.

그리고 또 다른 경우를 보겠습니다.

지금 임금께서 이곳에서 음악을 연주한다고 했을 때, 백성들이 임금께서 연주하시는 종소리와 북소리, 피리소리를 듣고 모두들 얼굴에 기쁜 빛을 띠면서 서로 돌아보며 '우리 임금께서는 다행히 건강하신 모양이구나. 만약 병이 있다면 어찌 저리 연주를 잘 하실 수 있을까.' 하고 말했다고 하지요.

또한 지금 임금께서 이곳에서 사냥을 한다고 했을 때, 백성들이 임금의 수레와 말이 움직이는 소리를 듣는 동시에 아름답고 호화스런 깃발을 보고 저마다 얼굴에 기쁜 빛을 띠고는 서로 돌아보며 '우리 임금께서는 다행히 건강하신 모양이구나. 만약 병이 있다면 어찌 사냥을 하실 수 있을까.' 하고 말했다면 그 이유는 다른 데 있는 것이 아니라 백성들과 함께 즐거움을 나누었기 때문입니다.

그러니 임금께서 백성들과 즐거움을 함께 하신다면 제대로 된 임금의 역할을 수행하시게 될 것입니다.」

莊暴見孟子曰 暴見於王 王語暴以好樂 暴未有以對也 曰好樂 何如
장포견맹자왈 포현어왕 왕어포이호락 포미유이대야 왈호락 하여

孟子曰 王之好樂甚 則齊國其庶幾乎 他日見於王曰 王嘗語莊子以
맹자왈 왕지호락심 칙제국기서기호 타일현어왕왈 왕상어장자이

好樂 有諸 王變乎色曰 寡人 非能好先王之樂也 直好世俗之樂耳
호락 유제 왕변호색왈 과인 비능호선왕지락야 직호세속지락이

曰王之好樂甚 則齊其庶幾乎 今之樂 由古之樂也 曰可得聞與 曰獨
왈왕지호락심 칙제기서기호 금지락 유고지락야 왈가득문여 왈독

樂樂 與人樂樂孰樂 曰不若與人 曰與少樂樂 與衆樂樂孰樂 曰不若
락락 여인락락숙락 왈불약여인 왈여소락락 여중락락숙락 왈불약

與衆 臣請爲王言樂 今王鼓樂於此 百姓聞王鐘鼓之聲 管籥之音 擧
여중 신청위왕언락 금왕고락어차 백성문왕종고지성 관약지음 거

疾首蹙頞而相告 曰吾王之好鼓樂 夫何使我至於此極也 父子不相
질수축알이상고 왈오왕지호고락 부하사아지어차극야 부자불상

見 兄弟妻子離散 今王田獵於此 百姓聞王車馬之音 見羽旄之美 擧
견 형제처자리산 금왕전렵어차 백성문왕차마지음 견우모지미 거

疾首蹙頞而相告 曰吾王之好田獵 夫何使我至於此極也 父子不相
질수축알이상고 왈오왕지호전렵 부하사아지어차극야 부자불상

見 兄弟妻子離散 此無他 不與民同樂也 今王鼓樂於此 百姓聞王鐘
견 형제처자리산 차무타 불여민동락야 금왕고락어차 백성문왕종

鼓之聲 管籥之音 擧欣欣然 有喜色而相告曰 吾王庶幾無疾病與 何
고지성 관약지음 거흔흔연 유희색이상고왈 오왕서기무질병여 하

以能鼓樂也 今王田獵於此 百姓聞王車馬之音 見羽旄之美 擧欣欣
이능고락야 금왕전렵어차 백성문왕차마지음 견우모지미 거흔흔

然有喜色而相告曰 吾王庶幾 無疾病與 何以能田獵也 此無他 與民
연유희색이상고왈 오왕서기 무질병여 하이능전렵야 차무타 여민

同樂也 今王與百姓同樂則王矣
동락야 금왕여백성동락칙왕의

베토벤의 '월광 소나타'를 듣고 감동하지 않는 사람은 아무도 없을 것이다. 그것은 달밤의 말할 수 없는 아름다운 모습을 소리로 바꾼 가장 훌륭한 해석의 하나이다. 이 아름다운 음악은 베토벤이 자기 자신과 자기가 가진 재능의 일부를 한 눈먼 소녀에게 바치려고 쓴 것이라는 이야기가 있다.

이 소녀는 달밤의 아름다움을 볼 수 없었다. 눈이 멀어서 그녀는 나무와 관목과 풀잎 위의 은색 광채를 보지 못했다. 그리고 하늘의 은하수 세계도 볼 수 없었다. 그리하여 사려가 깊고 헌신적인 베토벤은 그의 천부적인 재능을 발휘했다.

그는 단지 말로서가 아니라 소리로, 그녀의 눈으로는 볼 수 없는 아름다움을 그녀에게 말해 주고 싶었다. 그 결과로 세계는 풍요로워졌다. 그는 헌신적인 친절한 행동에 그의 재능을 다하였던 것이다.

이런 이야기가 전해져 오지만 사실 '월광'이라는 말은 베토벤이 사망하고 몇년이 지난 후 음악평론가이자 시인이었던 렐슈타프가 묘사한 말에서 유래된 것이다.

베토벤이 청력장애의 어려움 속에서 탄생한 곡이 바로 '월광 소나타'인 것이다. 시대를 뛰어넘어 많은 사람들 마음속에 아름다운 음악으로 남아 있다 보니 더욱 풍부한 음악으로 재탄생하곤 한다.

동산에 대한 생각의 차이

제나라 선왕이 맹자에게 물었다.

「옛날 주나라 문왕이 짐승을 풀어놓고 즐기던 동산은 사방 70리나 되었다고 하는데 사실입니까?」

맹자가 대답했다.

「전해 내려오는 문헌에 의하면 그렇습니다.」

「문왕의 동산이 그렇게도 컸습니까?」

「하지만 문왕의 백성들은 그것도 작다고 생각했습니다.」

「하지만 나는 지금 사방 40리 밖에 안 되는 동산을 가지고 있는데도 백성들이 오히려 크다고 생각하는 것 같은데, 왜 그렇지요?」

「문왕의 동산은 사방 70리나 되었지만 나무꾼도 들어가 땔감을 구할 수 있었고, 사냥꾼도 들어가 꿩이나 토끼를 잡을 수도 있었습니다. 이처럼 문왕의 동산에는 누구나 들어가 활용할 수 있었기 때문에 당연히 작다고 느낀 것이지요. 제가 처음 제나라 국경에 이르렀을 때, 제나라에서 철저하게 금지하는 법이 있느냐고 물어본 뒤에 들어왔습니다만, 그때 듣기에 관문 근처에 사방 40리 되는 임금의 동산이 있는데 그 안에서 사슴을 죽인 자는 살인을 한 자와 마찬가지로 처벌한다고 들었습니다. 그렇다면 임금께서는 나라 안에다가 사방 40리나 되는 큰 함정을 파놓은 것이나 마찬가지이니, 백성들이 임금의 동산이 넓다고 생각하는 것은 당연한 일 아니겠습니까?」

齊宣王問曰 文王之囿 方七十里有諸 孟子對曰 於傳有之 曰若是其
제 선 왕 문 왈   문 왕 지 유   방 칠 십 리 유 제   맹 자 대 왈   어 전 유 지   왈 약 시 기

大乎 曰民猶以爲小也 曰寡人之囿 方四十里 民猶以爲大 何也 曰文
대 호   왈 민 유 이 위 소 야   왈 과 인 지 유   방 사 십 리   민 유 이 위 대   하 야   왈 문

王之囿方七十里 芻蕘者往焉 雉兔者往焉 與民同之 民以爲小不亦
왕 지 유 방 칠 십 리   추 요 자 왕 언   치 토 자 왕 언   여 민 동 지   민 이 위 소 불 역

宜乎 臣始至於境 問國之大禁 然後敢入 臣聞郊關之內 有囿方四十
의 호   신 시 지 어 경   문 국 지 대 금   연 후 감 입   신 문 교 관 지 내   유 유 방 사 십

里 殺其麋鹿者 如殺人之罪 則是方四十里 爲阱於國中 民以爲大
리   살 기 미 록 자   여 살 인 지 죄   칙 시 방 사 십 리   위 정 어 국 중   민 이 위 대

不亦宜乎
불 역 의 호

앞길이 창창한 두 세일즈맨이 아프리카로 출장을 갔다.

그들은 신발 수출을 위해 미개척 시장인 아프리카로 날아간 것이었다. 무척 더운 곳이라 그곳 사람들은 신발을 신지 않은 채 맨발로 살고 있었다.

두 사람은 오랫동안 아프리카를 답사한 뒤 각각 본사로 보고서를 보냈다.

한 사람의 보고서에는 지극히 당연한 내용이 적혀 있었다.

'전원 맨발로 다니고 있음. 이 지역은 신발이 필요 없는 곳임. 수출 가능성이 없음.'

있는 사실 그대로를 본사에 알린 것이었다.

하지만 다른 사람의 보고서 내용은 앞사람의 것과는 전혀 달랐다.

'전원 맨발로 다니고 있음. 이 지역은 무궁무진한 잠재시장임. 수출 가능성 100%임.'

진정한 용기

제선왕이 맹자에게 물었다.

「이웃 나라와 사귀는 데 좋은 방법이 있으면 알려주십시오.」

맹자가 대답했다.

「그러지요. 오직 어진 군주라야 큰 나라이면서도 작은 나라를 얕보지 않고 예의를 갖춰 외교를 할 수가 있는 것입니다. 그렇기 때문에 은나라 탕임금은 갈나라와 외교를 하였고, 주나라 문왕은 서쪽 변경의 오랑캐민족인 곤이와 외교를 했던 것입니다. 그리고 오직 지혜 있는 군주라야 작은 나라이면서도 큰 나라에 예의를 갖추고 외교를 할 수가 있습니다. 그렇기 때문에 주나라 태왕은 북쪽 변경의 민족인 훈육과 외교하고, 구천이 오나라를 섬길 수 있었던 것입니다.

큰 나라이면서 작은 나라와 외교를 하는 것은 만물의 하찮은 것까지 포용하는 하늘의 도리를 즐기는 것이며, 작은 나라이면서 큰 나라와 외교를 하는 것은 천리의 공정함을 알고 있으면서 하늘의 도리를 두려워하여 무모한 짓을 하지 않는 행동입니다. 하늘의 도리를 즐기는 자는 천하를 보전할 수 있으며, 하늘의 도리를 두려워하는 자는 자신의 나라를 보전할 수가 있습니다. 〈시경〉에는 '하늘의 위엄을 두려워하고, 그럼으로써 나라를 보전할 수 있었노라.' 라는 구절도 있습니다.」

「정말 좋은 말씀이십니다. 그러나 내게는 결점이 한 가지 있는데, 그것은 용맹스러운 것을 좋아하는 버릇입니다.」

「그렇다면 부디 임금께서는 작은 용기를 좋아하시는 일은 없도록 하십시오. 걸핏하면 칼을 거머쥔 채 눈을 부릅뜨고 노려보면서 '네가 감히 나한테 대드느냐? 어림없는 소리 말아라.' 하고 말하는 것은 그저 필부의 용맹일 뿐이며, 겨우 한 사람 정도를 대적할 따름입니다. 임금께서는 부디 큰 용기를 지니시기 바랍니다. 〈시경〉에 이르기를, '주나라 문왕은 한번 크게 성을 내고는 군대를 정비하여 거나라를 치려는 밀나라를 제압하였네. 이리하여 주나라의 복지를 두텁게 하고 천하의 기대에 답하였네.' 라고 하였으니 이것이 바로 문왕의 용기입니다. 문왕은 한번 성을 내면 천하의 백성들을 편안하게 만들었습니다. 〈서경〉에 '하늘이 이 세상에 백성을 내시고 그들의 임금과 스승을 냈다. 그리고 이르시기를 임금과 스승은 상제인 나를 도와서 천하의 백성들을 사랑하고 편안하게 하라고 하셨다. 죄가 있는 자를 벌하고 죄가 없는 자를 편안케 하는 것은 오직 상제인 나의 소관이며, 이 세상에서 누가 감히 하늘의 뜻을 거역하는 짓을 할 수 있겠는가.' 라고 하였습니다. 주왕(紂王) 한 사람이 천하에 횡포한 짓을 행하는 것을 본 무왕은 부끄럽게 여겼습니다. 그리하여 무왕은 한번 크게 성을 내어 주왕을 제거하였고, 그럼으로써 천하의 백성들을 편안하게 만들었습니다. 이것은 무왕의 진정한 용기라 할 수 있습니다. 이제 임금께서도 문왕과 무왕처럼 딱 한번 성을 내시어 천하의 백성을 편안하게 하실 수가 있으시다면 백성들은 매우 기뻐할 것입니다. 그렇게 되면 백성들은 임금께서 그러한 용맹스러움을 즐기시지 않을까봐 오히려 두려워할 것입니다.」

齊宣王問曰 交隣國有道乎 孟子對曰 有惟仁者 爲能以大事小 是故
제선왕문왈 교린국유도호 맹자대왈 유유인자 위능이대사소 시고

湯事葛 文王事昆夷 惟智者 爲能以小事大 故大王事獯鬻 句踐事吳
탕사갈 문왕사곤이 유지자 위능이소사대 고대왕사훈육 구천사오

以大事小者 樂天者也 以小事大者 畏天者也 樂天者保天下 畏天者
이대사소자 락천자야 이소사대자 외천자야 락천자보천하 외천자

保其國 詩云 畏天之威 于時保之 王曰 大哉言矣 寡人有疾 寡人好
보기국 시운 외천지위 우시보지 왕왈 대재언의 과인유질 과인호

勇 對曰王請無好小勇 夫撫劍疾視曰 彼惡敢當我哉 此匹夫之勇 敵
용 대왈왕청무호소용 부무검질시왈 피악감당아재 차필부지용 적

一人者也 王請大之 詩云 王赫斯怒 爰整其旅 以遏徂莒 以篤周祜
일인자야 왕청대지 시운 왕혁사노 원정기려 이알조거 이독주호

以對于天下 此文王之勇也 文王一怒而安天下之民 書曰 天降下民
이대우천하 차문왕지용야 문왕일노이안천하지민 서왈 천강하민

作之君 作之師 惟曰其助上帝寵之 四方有罪無罪 惟我在 天下曷敢
작지군 작지사 유왈기조상제총지 사방유죄무죄 유아재 천하갈감

有越厥志 一人衡行於天下 武王恥之 此武王之勇也 而武王亦一怒
유월궐지 일인형행어천하 무왕치지 차무왕지용야 이무왕역일노

而安天下之民 今王亦一怒而安天下之民 民惟恐王之不好勇也
이안천하지민 금왕역일노이안천하지민 민유공왕지불호용야

※ • • • • • •

히틀러는 바바리아 알프스를 산책하기를 좋아했다. 왜냐하면 오스트리
아 잘츠부르크에 산장을 가지고 있었던 것이다.

그는 평소처럼 산장을 나서서 산속을 산책하다가 그만 발을 헛디뎌 강물
에 빠지고 말았다. 히틀러는 헤엄을 칠 줄 몰랐다.

그는 오른손을 곧바로 올려 들고 소리쳤다.

"사람 살려, 사람 살려!"

그러자 숲 속에서 한 사나이가 나타나서 히틀러를 구해 주었다.

히틀러는 흠뻑 젖어 있으면서도 총통으로서의 위엄을 갖추고 말했다.

"나는 대 독일 민족의 대총통이다. 목숨을 구해 줘서 고맙다. 그래 네 이

름은 무엇이냐?"

잠시 머뭇거리던 남자는 인상이 굳어진 채 대답했다.

"이스라엘의 코엔입니다."

"뭐, 유태인인가!"

순간 이스라엘 남자는 히틀러가 죽일지도 모른다는 생각에 두려웠다.

히틀러가 잠시 숨을 고르더니 말을 꺼냈다.

"음. 네가 유태인이지만 대단히 용기가 있는 사람이다. 목숨을 구해 줬으니 소원이 있으면 한 가지만 말해 보거라. 내가 들어줄 것이다."

히틀러는 젖은 콧수염을 젖은 손수건으로 닦으면서 말했다.

그러자 이스라엘 남자는 조심스럽게 말을 했다.

"아, 그러시다면…… 아주 커다란 소원이 있습니다. 정말 말씀드려도 괜찮을까요?"

"좋다. 얘기해 봐라."

라고 히틀러는 대답했다.

"제가 총통을 구해드린 것만은 제발 다른 사람한테는 절대 말하지 말아 주십시오."

"……."

진정한 현자만이 즐거움을 안다

제선왕이 호화로운 별궁인 설궁에서 맹자를 만났을 때 이렇게 물었다.
「현인들도 이처럼 멋진 궁전에서 즐기는 맛을 알까요?」
맹자가 대답했다.
「물론 알지요. 진정한 현자라야만 그 즐거움을 알 것입니다. 흔히 백성들은 윗사람들이 자기들과 즐거움을 함께 나누지 않으면 그들을 비방합니다. 자기들이 즐거움을 얻지 못했다고 해서 윗사람을 비방하는 것도 잘못이지만, 백성들의 윗사람이 되어서 함께 즐거움을 나누지 않는 것 또한 잘못입니다. 임금이 백성들과 함께 즐거움을 나누면, 백성들도 임금의 즐거움을 자기들의 즐거움처럼 생각하고, 임금이 백성들의 근심을 함께 걱정하면, 백성들도 임금의 근심을 자기들의 일처럼 걱정하게 됩니다. 천하의 백성들과 함께 즐거움과 근심을 나눈 사람치고 훌륭한 군주가 되지 않은 이는 아직까지 없습니다.」
옛날에 제경공이 신하인 안자에게 '내가 전부산과 조무산을 구경하고 바다를 따라 남쪽 낭야에까지 내려가 볼까 하는데, 어떠한 태도로 임해야 옛 선왕들의 답사여행에 비할 수 있겠는가?' 하고 물었더니, 안자는 이렇게 대답했다고 합니다.
'참 훌륭한 질문이십니다. 천자가 제후의 나라로 가는 것을 순수라고 합니다. 순수란 제후들이 지키고 있는 땅을 돌아보는 것이며, 제후가 천자에게 맡은 바 직무를 보고하는 것을 술직이라고 합니다. 이 모두가 중요한 일로서 할 일 없이 배회하는 것이 아닙니다. 봄에는 농사짓는 일을 살펴서 부족한 것을 보급해 주고, 가을에는 추수하는 것을 살펴서 모자라는 것을 보충해주기 때문에 백성들은 임금이 유람하는 것을 반가워합니다. 옛날 하나라의 속담에, 우리 임금께서 유람하지 않으시는데 우리가 무엇을 가지고 살며, 어떻게 도움을 받을 수가 있는가, 라고 했습니다. 결국 임금이 한 번 유람하고, 한 차례 즐기는 것이 여러 제후들에게는 귀감이 되었던 것입니다. 그러나 지금은 그렇지 않습니다. 천자가 행차할 때마다 많은 신하들을 수행하여 가는 곳마다 식량을 징발하여 축내니 백성들은 배고파도 먹지 못하며, 각종 부역에 종사하여 몸이 피곤해도 쉬지 못하여, 서로가 헐뜯게 되고 윗사람들에게 불만을 품습니다. 이렇듯 지금의 임금들은 선왕들이 남긴 교훈을 어기고 백성들을 학대하며, 음식을 마치 물처럼 낭비하니 이른바 유련황망이 제후들의 근심거리가 되고 있습니다. 유련황망이란 다른 것이 아니라, 흐르는 물을 따라 뱃놀이를 갔다가 돌아올 줄 모르고 재미에 빠져 있는 것을 유라고 하며, 배를 타고 흐르는 물을 거슬러 올라갔다가 돌아올 줄 모르고 재미에 빠져 있는 것을 연이라고 하며, 사냥을 나가 짐승을 쫓아다니는 것에 정신이 팔려 세월 가는 줄 모르는 것을 황, 술 마시는 재미에 빠져 있는 것을 망이라고 합니다. 선왕들은 유련의 향락과 황망한 행동은 없으셨으니 이제 임금께서는 이를 본받던가, 아니면 지금의 임금들처럼 유련황망을 따르던가 하는 선택은 오로지 임금의 뜻에 달려 있습니다.'
제경공은 안자의 말을 듣고 크게 기뻐하여, 전국의 백성들에게 알리고 대궐을 떠나 민가에 머물면서 창고를 열어 식량 부족에 허덕이는 백성들에게 어진 정치를 베풀었습니다.

그리고 악사를 불러 임금과 신하가 서로 기뻐하는 음악을 지으라고 하여 치소와 각소가 만들어진 것입니다. 이 음악의 가사 중에 '임금의 욕심을 막는 것이야말로 임금을 사랑하기 때문이니 누가 탓하리요.' 라는 구절이 있는데 이처럼 임금의 욕망을 억제하는 것이야말로 임금을 위하는 길입니다.」

齊宣王 見孟子於雪宮 王曰 賢者亦有此樂乎 孟子對曰 有人不得則
제선왕 견맹자어설궁 왕왈 현자역유차락호 맹자대왈 유인부득즉

非其上矣 不得而非其上者非也 爲民上而不與民同樂者 亦非也 樂
비기상의 부득이비기상자비야 위민상이불여민동락자 역비야 락

民之樂者 民亦樂其樂 憂民之憂者 民亦憂其憂 樂以天下 憂以天下
민지락자 민역락기락 우민지우자 민역우기우 락이천하 우이천하

然而不王者 未之有也 昔者 齊景公 問於晏子曰 吾欲觀於轉附朝儛
연이불왕자 미지유야 석자 제경공 문어안자왈 오욕관어전부조무

遵海而南 放於琅邪 吾何修而可以比於先王觀也 晏子對曰 善哉問
준해이남 방우낭야 오하수이가이비어선왕관야 안자대왈 선재문

也 天子適諸侯曰 巡狩 巡狩者巡所守也 諸侯朝於天子曰 述職 述
야 천자적제후왈 순수 순수자순소수야 제후조어천자왈 술직 술

職者述所職也 無非事者 春省耕而補不足 秋省斂而助不給 夏諺曰
직자술소직야 무비사자 춘성경이보부족 추성렴이조불급 하언왈

吾王不遊 吾何以休 吾王 不豫 吾何以助 一遊一豫 爲諸侯度 今也
오왕불유 오하이휴 오왕 불예 오하이조 일유일예 위제후도 금야

不然 師行而糧食 飢者弗食 勞者弗息 眄眄胥讒 民乃作慝 方命虐
불연 사행이량식 기자불식 로자불식 견견서참 민내작특 방명학

民 飮食若流 流連荒亡 爲諸侯憂 從流下而忘反謂之流 從流上而忘
민 음식약류 류련황망 위제후우 종류하이망반위지류 종류상이망

反謂之連 從獸無厭謂之荒 樂酒無厭謂之亡 先王無流連之樂 荒亡
반위지련 종수무염위지황 락주무염위지망 선왕무류련지락 황망

之行 惟君所行也 景公說 大戒於國 出舍於郊 於是始興發 補不足
지행 유군소행야 경공열 대계어국 출사어교 어시시흥발 보부족

召太師曰 爲我作君臣相說之樂 蓋徵招角招是也 其詩曰 畜君何尤
소 대사왈 위아작군신상열지악 개치소각소시야 기시왈 축군하우

畜君者好君也
축군자호군야

— 여기저기 놀러 다니며 주색(酒色)에 빠진다는 뜻이다. 유련황락(流連荒樂)이라고도 한다.

미국의 석유재벌이자 세계적인 부호로 알려진 존 데이비슨 록펠러는 그동안 쉬는 날도 없고, 이웃도 없고, 친구도 없는 오직 성공에 대한 강한 집념만 갖고 일을 해왔다. 그러나 점점 몸이 쇠약해지더니 피부병과 심한 우울증으로 고통의 나날을 보내게 되었다.

더욱 불행한 일은 세계적인 부호인 그가 병 때문에 식사로는 비스킷 몇 조각과 물 한 모금밖에 먹을 수가 없었다.

너무 고통스러웠던 록펠러는 상담을 받기로 했다. 그렇게 상담을 하던 중에 큰 감동을 받게 되었다.

"그동안 돈 버느라고 잠도 제대로 못자고 항상 피곤해 하며, 숱한 스트레스에 정신과 육체가 약해졌으니, 이제부터 남에게 베풀고 섬기는 사람이 되어 보시오."

록펠러는 상담을 받은 이후 생각이 바뀌고 마음이 달라져서 자선사업에 몰두하였다. 고아원과 양로원을 세우고, 대학을 세우고, 불쌍한 자를 위하여 병원도 설립했다.

많은 자선단체를 설립했고, 봉사하는 동안 섬기며 베푸는 즐거움이 돈 버는 기쁨보다 더 크다는 것을 깨달았다. 점차 록펠러의 삶은 기쁨이 넘치는 생활로 변했다.

재물과 여색도 함께 누려야

제선왕이 맹자에게 물었다.

「사람들이 모두 나에게 명당을 헐어버리라고 하는데 헐어버릴까요, 그만둘까요?」

맹자가 대답했다.

「명당이라는 것은 천자께서 조회를 하는 곳입니다. 그러므로 임금께서 만일 왕정(王政)을 행하실 생각이라면 헐지 마십시오.」

「왕정이란 어떤 것인지 들어볼 수 있겠습니까?」

「옛날 주나라 문왕이 기땅을 다스릴 때에 이렇게 하였습니다. 농민들에게는 구일의 세법을 쓰고, 관리들에게는 그 녹을 자식들에게 물려주는 세습제를 실시하였으며, 관문이나 시장에서 통행인들을 조사하기는 했으나 세금은 받지 않았고, 개천에서 물고기 잡는 것을 금하지 않았으며, 죄인에게 벌을 줄 때는 당사자만 처벌하고 처자에게는 미치지 않게 하였습니다.

늙어서 아내가 없는 남자를 홀아비라 하고, 늙어서 남편이 없는 여자를 과부라 하며, 늙어서 아들이 없는 것을 고독한 사람이라 하고, 어려서 아버지가 없는 아이를 고아라고 합니다. 다만, 이 네 부류의 사람들은 대단히 곤궁한 백성들로서 어디 호소할 데도 없는 자들입니다. 그래서 문왕이 어진 정치를 베풀 때는 반드시 이 네 부류의 사람들을 먼저 보살폈습니다. 〈시경〉에도 '부자는 괜찮지만 고독한 사람들은 가엾구나.' 라는 구절이 있습니다.」

「참으로 훌륭한 말씀입니다.」

「제 말이 좋다고 생각하시면서 왜 실행을 하지 않으십니까?」

「내게는 결점이 있는데, 재물을 좋아한다는 것입니다.」

「옛날에 주나라를 중흥시킨 공류라는 사람도 재물을 좋아하였는데, 〈시경〉에 그에 대해 이르기를 '그는 곡식을 야적하기도 하고 창고에 가득 쌓아두기도 했으며, 마른 양식은 따로 전대나 자루에 담아두기도 했다. 이는 백성들을 편안하게 만든 뒤에 나라를 빛내기 위해서였는데, 그 일을 한 후에야 비로소 방패와 창을 높이 들고 갈 길을 떠났다.' 라고 하였습니다. 즉 남아 있는 백성들은 창고의 곡식이 있고, 떠난 사람들은 마른 양식이 있었기 때문에 비로소 출발할 수 있었던 것입니다. 그러니 임금께서 재물을 좋아하시는 것이 백성들과 함께 하시기만 한다면 무슨 문제가 되겠습니까?」

「내겐 또 하나의 결점이 있는데, 색을 좋아한다는 것입니다.」

「옛날에 문왕의 조부인 태왕은 여색을 좋아해 그의 부인인 태강을 무척 사랑했습니다. 역시 〈시경〉에 그에 대해 이르기를 '태왕은 난리를 피해 서쪽 물가를 따라 동쪽으로 말을 타고 달려가서 기산 밑에 이르러 부인 강녀와 살 집을 살펴보았다.' 라고 하였습니다. 이처럼 태왕이 부인을 사랑하는 마음이 백성들을 감화시켜 모두 배우자를 얻었으므로, 그 당시에는 남편이 없어 원한 맺힌 여인이 없었으며, 아내가 없어 괴로워하는 남자가 없었습니다. 그러니 임금께서 여색을 좋아하신다 해도 태왕처럼 백성들과 함께 하신다면 훌륭한 임금으로서 왕도를 펼치는 데 무슨 어려움이 있겠습니까?」

齊宣王問日 人皆謂我毀明堂 毀諸已乎 孟子對日 夫明堂者 王者之
제선왕문왈　인개위아훼명당　훼저이호　맹자대왈　부명당자　왕자지

堂也 王欲行王政則 勿毀之矣 王日 王政可得聞與 對日 昔者文王
당야　왕욕행왕정즉　물훼지의　왕왈　왕정가득문여　대왈　석자문왕

之治岐也 耕者九一 仕者世祿 關市 譏而不征 澤梁無禁 罪人不孥
지치기야　경자구일　사자세록　관시　기이부정　택량무금　죄인불노

老而無妻日鰥 老而無夫日寡 老而無子日獨 幼而無父日孤 此四者
노이무처왈환　노이무부왈과　노이무자왈독　유이무부왈고　차사자

天下之窮民而無告者 文王發政施仁 必先斯四者 詩云 哿矣富人 哀
천하지궁민이무고자　문왕발정시인　필선사사자　시운　가의부인　애

此煢獨 王日 善哉言乎 日王如善之則何爲不行 王日 寡人有疾 寡
차경독　왕왈　선재언호　왈왕여선지즉하위불행　왕왈　과인유질　과

人好貨 對日 昔者公劉好貨 詩云 乃積乃倉 乃裹餱糧 于橐于囊 思
인호화　대왈　석자공류호화　시운　내적내창　내과후량　우탁우낭　사

戢用光 弓矢斯張 干戈戚揚 爰方啓行 故居者有積倉 行者有裹糧也
집용광　궁시사장　간과척양　원방계행　고거자유적창　행자유과량야

然後 可以爰方啓行 王如好貨 與百姓同之 於王何有 王日 寡人有
연후　가이원방계행　왕여호화　여백성동지　어왕하유　왕왈　과인유

疾 寡人好色 對日 昔者大王好色 愛厥妃 詩云 古公亶父 來朝走馬
질　과인호색　대왈　석자대왕호색　애궐비　시운　고공단보　래조주마

率西水滸 至于岐下 爰及姜女 聿來胥宇 當是時也 內無怨女 外無
솔서수호　지우기하　원급강녀　율래서우　당시시야　내무원녀　외무

曠夫 王如好色 與百姓同之 於王何有
광부　왕여호색　여백성동지　어왕하유

－ 중국 태산 기슭에 있는 당(堂)으로, 주나라 천자가 동쪽을 순수(巡狩 : 임금이 나라 안을 돌아다
니며 두루 살피는 일)할 때 이곳에서 제후들을 회합하여 조회를 했다고 한다. 당시에는 나라가 혼탁하
여 천자가 힘이 없었으므로, 순수를 하는 일도 없었기 때문에 명당을 헐어버리자는 제의를 받은 모양
이었다.

米 • • • • • •

미국의 제23대 대통령 벤자민 해리슨은 오하이오주 출신으로 인디애나주의 법조계에서 활동하다가 공화당 대통령 후보에 지명되어 당선되었다.

벤자민 해리슨이 어렸을 때의 일이다.

동네에서 아이들이 놀고 있는데 해리슨이 함께 놀려고 하자 아이들이 해리슨에게 니켈로 된 큰 동전과 은으로 된 작은 동전을 두 개 던지며 말했다.

"해리슨, 여기 땅바닥에 동전 두 개가 있으니 네 마음대로 한 개만 주워 가져."

아이들의 말이 끝나자마자 해리슨은 니켈로 된 큰 동전을 재빠르게 주워 들었다. 그러자 아이들은 "와!" 하고 웃으며 또다시 니켈로 된 큰 동전과 은으로 된 작은 동전 두 개를 던지며 해리슨에게 주워 가지라고 반복했다. 그때마다 해리슨은 아이들의 웃음거리가 되면서도 항상 니켈로 된 큰 동전을 주웠다.

그것을 보고 있던 한 할머니가 해리슨을 불러 말했다.

"애야, 해리슨! 너는 멀쩡한 애가 왜 그런 걸 모르냐? 네가 지금 주은 돈은 크기만 크지 돈 가치는 은 동전의 반밖에 되지 않는단다. 네가 주운 돈은 5센트짜리고 저 작은 은 동전은 10센트짜리란다. 그런데 왜 5센트를 줍니? 그러니까 아이들이 너를 바보라고 놀리지 않느냐?"

그러자 해리슨이 할머니의 귀에 대고는 작은 목소리로 말했다.

"할머니, 제가 저기 있는 10센트짜리를 주우면 아이들이 재미 없으니까 동전 던지기를 안 할 거예요. 그러면 제가 손해잖아요."

책임정치의 구현

맹자가 제선왕에게 물었다.

「임금의 신하 가운데서 자기 처자를 친구에게 부탁하고 멀리 초나라를 다녀왔는데, 그 친구가 자기 처자를 헐벗고 굶주리게 했다면 어떻게 처리하시겠습니까?」

선왕이 대답했다.

「친구 사이를 절교시켜야겠지요.」

「옥을 관리하는 수장이 자기 부하 관리들을 잘 다스리지 못했다면 어찌 처리하시겠습니까?」

「물론 파면시켜야겠지요.」

「그렇다면 나라 안이 잘 다스려지지 않았을 때는 어떻게 처리하시겠습니까?」

그러자 선왕은 좌우를 돌아보면서 다른 이야기를 했다.

孟子謂齊宣王曰　王之臣　有託其妻子於其友而之楚遊者　比其反也
맹 자 위 제 선 왕 왈　왕 지 신　유 탁 기 처 자 어 기 우 이 지 초 유 자　비 기 반 야

則凍餒其妻子　則如之何　王曰　棄之　曰士師不能治士　則如之何　王
즉 동 뇌 기 처 자　즉 여 지 하　왕 왈　기 지　왈 사 사 불 능 치 사　즉 여 지 하　왕

曰已之　曰四境之內不治　則如之何　王顧左右而言他
왈 이 지　왈 사 경 지 내 불 치　즉 여 지 하　왕 고 좌 우 이 언 타

🐝 • • • • • •

사이좋은 두 친구가 함께 여행을 했다. 두 사람은 길을 가다가 산길에 들어서자 사나운 곰을 만났다.

그러자 두 사람 중의 한 사람은 날쌔게 가까이 있는 나무 위로 올라가 버렸다.

나머지 한 사람은 어찌할 바를 몰랐다. 그때 선뜻 머리에 떠오르는 생각은 곰은 죽은 사람은 해치지 않는다고 하는 말이었다. 그 사람은 얼른 길바닥에 누워서 숨을 죽이고 죽은 사람처럼 있었다.

곰은 땅에 쓰러져 있는 사람의 코와 입 가까이에다 얼굴을 대고 숨소리

를 들어보더니 귀 가까이에다 입을 대고 한참을 끙끙 거리다가 그냥 가버리고 말았다.

곰이 간 다음 나무 위에서 그 광경을 자세히 내려다보고 있던 비겁한 사람은 나무에서 내려왔다.

그는 땅 위에 쓰러졌던 친구에게 물었다.

"아까 곰이 자네 귀에다 대고 뭐라고 하는 것 같던데, 뭐라고 말했나?"

이 물음에 땅에 누워 있던 친구가 말했다.

"곰이 나에게 너 같은 비겁하고 신의가 없는 놈하고 다시는 같이 다니지 말라고 하더라."

등용의 바른 도

맹자가 제선왕에게 말했다.

「이른바 전통 있는 나라란 그 나라에 높이 솟은 나무가 있는 것을 이르는 게 아니라, 몇 대를 이어오며 그 나라 임금과 운명을 같이 한 신하가 있는 나라를 이르는 것입니다. 그런데 지금 임금께는 신임할만한 신하가 없습니다. 어제 등용한 신하가 오늘은 죄를 범해 어디로 도망갔는지조차 모르는 상황입니다.」

이에 선왕이 말했다.

「내가 신하를 처음 등용할 때 어떻게 그의 재주 없음을 알아보고 버릴 수 있단 말입니까?」

「한 나라의 임금이 인재를 등용할 때는 백성들이 모두 원하기 때문에 할 수 없이 등용하는 것처럼 자연스럽게 해야 합니다. 등용이란, 등용된 자가 아랫사람이면서 윗사람 위에서 일할 때도 있고, 혈연이 먼 사람이지만 일단 등용하면 그 이상으로 가깝게 대해야 하는 것인데 신중을 기하지 않을 수 있겠습니까? 임금의 측근이나 고관들이 어떤 사람을 등용하면 좋겠다고 간하는 것만으로는 부족합니다. 나라의 모든 백성들이 훌륭하다고 말하는 사람이 있다면 임금께서 잘 살펴보시어 과연 그러하다는 판단이 서실 때 등용하십시오. 반대로 임금의 측근이나 고관들이 어떤 사람을 등용시켜서는 안 된다고 간할 때는 너무 곧이 듣지 말도록 하십시오. 나라의 모든 백성들이 저 사람은 절대 안 된다고 말한다면 임금께서 잘 살펴보시어 과연 그러하다는 판단이 서실 때 버려야 합니다. 그리고 임금의 측근이나 고관들이 어떤 사람을 죽여야 한다고 간할 때도 너무 곧이 듣지 마십시오. 나라의 모든 백성들이 저 사람은 반드시 죽여야 한다고 말한다면 임금께서 잘 살펴보시어 과연 그만한 죄가 있다는 판단이 서실 때 사형에 처하셔야 합니다. 그러면 임금께서 죽이신 것이 아니라 백성이 죽인 것이 됩니다. 임금께서 이렇게 하시면 백성의 부모로서 왕도정치를 하는 것이 될 것입니다.」

孟子見齊宣王曰 所謂故國者 非謂有喬木之謂也 有世臣之謂也 王
맹자현제선왕왈 소위고국자 비위유교목지위야 유세신지위야 왕

無親臣矣 昔者所進 今日不知其亡也 王曰 吾何以識其不才而舍之
무친신의 석자소진 금일부지기망야 왕왈 오하이식기부재이사지

曰國君進賢 如不得已 將使卑踰尊 疏踰戚 可不愼與 左右皆曰賢
왈국군진현 여부득이 장사비유존 소유척 가불신여 좌우개왈현

未可也 諸大夫皆曰賢 未可也 國人皆曰 賢然後 察之 見賢焉然後
미가야 제대부개왈현 미가야 국인개왈 현연후 찰지 견현언연후

用之 左右皆曰 不可勿聽 諸大夫皆曰 不可勿聽 國人皆曰 不可然
용지 좌우개왈 불가물청 제대부개왈 불가물청 국인개왈 불가연

後察之 見不可焉然後去之 左右皆曰 可殺勿聽 諸大夫皆曰 可殺勿
후찰지 견불가언연후거지 좌우개왈 가살물청 제대부개왈 가살물

聽 國人皆曰 可殺然後察之 見可殺焉然後殺之 故曰國人殺之也 如
청 국인개왈 가살연후찰지 견가살언연후살지 고왈국인살지야 여

此然後 可以爲民父母
차 연후 가 이 위 민 부 모

🎴 ● ● ● ● ● ●

하위지는 집현전 학사 중에서도 가장 칭송받던 인물로, 수양대군이 조카 단종을 몰아내고 왕위를 찬탈하자 단종 복위를 꾀하다가 실패로 돌아갔다.

왕위에 오른 세조는 단종 복위를 꾀한 하위지를 직접 심문하였다. 한때 함께 일하기도 했던 사이라 세조는 하위지의 인품을 아끼고 있었다.

"네가 만일 그 음모에 가담하지 않았다고만 말하면 살려 주겠다."

그러자 하위지는 웃고 대답하지 않았다.

또 단근질을 시작하였으나 하위지는 전혀 굴하지 않았다.

"이미 역모로 몬 이상 죽이면 될 것이지 물을 것이 무엇이 있단 말이오. 내가 당신이 준 벼슬을 하고 당신이 준 녹을 먹었다 하나 내가 예조참판을 한 것은 우리 임금이 준 것이오. 당신이 찬위한 후에 받은 녹은 따로 쌓아 두었으니 도로 찾아 가시오."

혁명의 정당성

제선왕이 맹자에게 물었다.

「은나라 탕왕(湯王)은 하나라 걸왕(桀王)을 추방하여 천하를 차지했고, 주나라 무왕(武王)은 은나라 주왕(紂王)을 쳐 천하를 취했다는데, 그런 일이 있었습니까?」

맹자가 대답했다.

「그렇게 전해오고 있습니다.」

「탕왕은 걸왕의 신하였고, 무왕도 주왕의 신하였는데, 신하로서 임금을 죽이는 일이 과연 옳은 일입니까?」

「무도한 짓을 하여 인(仁)을 해치는 자를 적(賊), 즉 흉악하다고 하며, 정의를 파괴하는 자를 잔(殘), 즉 잔학하다고 합니다. 이 같은 흉악함과 잔학함을 일삼는다면 이미 임금이 아니라 한낱 비천한 사내에 불과합니다. 저는 비천한 사내인 주왕을 죽였다는 소리는 들어보았지만, 임금을 죽였다는 말은 들은 적이 없습니다.」

齊宣王問曰　湯放桀　武王伐紂　有諸　孟子對曰　於傳有之　曰臣弑其
제 선 왕 문 왈　탕 방 걸　무 왕 벌 주　유 저　맹 자 대 왈　어 전 유 지　왈 신 시 기

君可乎　曰賊仁者謂之賊　賊義者謂之殘　殘賊之人謂之一夫　聞誅一
군 가 호　왈 적 인 자 위 지 적　적 의 자 위 지 잔　잔 적 지 인 위 지 일 부　문 주 일

夫紂矣　未聞弑君也
부 주 의　미 군 시 군 야

🏵 • • • • • •

수양대군이 13세 되는 조카 단종의 왕위를 빼앗자 여섯 충신은 은밀하게 단종 복위운동을 진행하였다.

때마침 명나라에서 사절단이 와서 창덕궁에서 환영연을 베풀고 군신이 한자리에 모이는 기회를 틈타 세조를 제거하려고 계획하였다. 그러나 일이 뜻대로 진행되지 못함을 보고 공모자 김질이 배신을 하고 고발하는 바람에 일이 탄로나고 말았다.

세조는 직접 편전에 나와 충신 여섯 명에게 국문을 가했다.

여섯 충신은 인격, 학식, 문장, 절조에 있어 당대 제일의 인물들이었다. 그들은 당시 최고의 인재를 양성하는 집현전 학사들이었다.

문종이 병환 중 집현전 신하들을 불러놓고 밤중까지 곁에 있는 어린 세자(단종)의 등을 어루만지며, "내가 이 아이를 경들에게 부탁한다." 하며 직접 신하들에게 술잔을 주었다.

병이 점점 깊어가는 문종이 어린 세자를 걱정하여 충신들을 불러 어린 세자의 뒷날을 부탁하는 자리였던 것이다.

성삼문, 박팽년, 하위지 등이 모두 취해서 그 자리에서 잠이 들었다. 밤은 점점 깊어갔다. 신하들이 자다가 깨어보니 방안에 향기가 가득하고 이불이 덮혀 있었다. 임금께서 직접 덮어 주신 것이다. 신하들은 서로 눈물을 흘리며 그 은혜를 갚겠다고 맹세했다.

사욕(私慾)을 버려야

언젠가 맹자가 제선왕에게 이런 말을 했다.

「임금께서 큰 궁전을 지으려고 한다면 반드시 목공의 우두머리[工師]에게 큰 재목을 구해 오라고 시킬 것입니다. 공사가 큰 재목을 구해오면 임금께서는 기뻐하며 그가 책임을 다했다고 하실 것입니다. 그런데 목수들이 큰 재목을 자르고 깎아 작게 만들어 놓으면 큰 궁전을 짓지 못할 것 같아 임금께서는 화를 내며 그 목수가 책임을 다하지 못했다고 할 것입니다. 사람이 어려서부터 배우는 까닭은 어른이 되어서 배운 바를 실천하기 위함입니다. 그런데 임금께서 어떤 사람에게 '네가 지금까지 배운 것은 접어두고 내가 지금 원하는 패도정치를 위해 시키는 대로 따라 하라.'고 말씀하신다면 어떻게 되겠습니까?

한 가지 예를 들겠습니다. 지금 여기 방금 산에서 캐온 큰 옥 덩어리가 있다고 하겠습니다. 그렇다면 임금께서는 반드시 여러 해 동안 숙련을 거듭해온 노련한 옥공에게 그 옥을 갈고 다듬으라고 하실 것입니다. 그런데 임금께서 나라를 다스리는 일에 있어서 '네가 지금까지 배운 도리는 접어두고 지금 내가 원하는 패도정치를 위해 시키는 대로 따라 하라.'고 말씀하신다면, 마치 아무 경험도 없는 사람이 노련한 옥공에게 옥 다듬는 방법을 가르치는 것과 무엇이 다르겠습니까?」

孟子見齊宣王曰 爲巨室則 必使工師求大木 工師得大木 則王喜以
맹자현제선왕왈 위거실즉 필사공사구대목 공사득대목 즉왕희이

爲能勝其任也 匠人斲而小之 則王怒以爲不勝其任矣 夫人幼而學
위능승기임야 장인착이소지 즉왕노이위불승기임의 부인유이학

之 壯而欲行之 王曰 姑舍女所學而從我則何如 今有璞玉於此 雖萬
지 장이욕행지 왕왈 고사녀소학이종아즉하여 금유박옥어차 수만

鎰 必使玉人彫琢之 至於治國家 則曰姑舍女所學 而從我 則何以異
일 필사옥인조탁지 지어치국가 즉왈고사녀소학 이종아 즉하이이

於敎玉人彫琢玉哉
어교옥인조탁옥재

이탈리아의 지체 높은 공작이 어느 날 길을 걷다가 열심히 정성을 다해 상자를 만들고 있는 사람을 우연히 보게 되었다.

공작은 그 사람 곁에 서서 일하는 모습을 지켜보았다. 그 사람은 공작이 옆에 있는 줄도 모르고 상자 만드는 일에 푹 빠져 있었다.

공작은 그 사람에게 물었다.

"당신이 만들고 있는 그 상자를 어디에다 쓸 생각입니까?"

그제서야 그 사람은 고개를 들더니 이렇게 말했다.

"저는 여기에다 꽃씨를 뿌릴 생각입니다."

공작은 아주 재미있다는 듯이 계속해서 물었다.

"그렇다면 흙을 담아야겠군요. 기왕에 흙으로 담을 상자라면 무엇 때문에 그렇게 정성을 다해서 깎고 다듬는 것이오. 쓸데없는 일에 애를 쓰고 있군요. 그렇게 훌륭하게 만든다고 해서 누가 알아주기라도 합니까?"

"저는 그렇게 생각하지 않습니다. 나사렛에서 목수일을 하신 예수님도 능히 할 수 있는 일을 아무렇게나 하진 않으셨습니다."

그 사람의 이름은 바로 시스티나 대성당의 천장화를 그린 이탈리아의 조각가이자 건축가인 미켈란젤로였다.

백성들이 선택하는 나라

제나라 군대가 연나라를 쳐서 승리하자 제선왕이 신이 나서 맹자에게 물었다.

「이번 승리를 두고 나에게 말하기를, 어떤 사람은 연나라를 차지해서는 안 된다고 하고, 또 어떤 이는 차지해도 괜찮다고 합니다. 만승의 대국인 우리 제나라가 역시 만승의 대국 인 연나라를 공격하여 불과 50일 만에 승리를 거뒀다는 것은 도저히 인력으로는 불가능하 고 아마 하늘의 뜻이 아닌가 싶습니다. 그런데 천명을 어기고 연나라를 차지하지 않는다 면 필시 하늘에서 재앙을 내릴 것 아닙니까? 그러니 이 기회에 연나라를 차지해 버리는 것 이 어떻겠습니까?」

그러자 맹자가 대답했다.

「이렇게 하십시오. 만약 연나라 백성들이 제나라의 속국이 되는 것을 기뻐한다면 차지해 도 됩니다. 옛날에 주나라 무왕도 그랬으니까요. 하지만 반대로 연나라 백성들이 기뻐하 지 않는다면 차지하지 마십시오. 옛날에 주나라 문왕이 그랬으니까요.

지난 번 전쟁을 치를 때 연나라 백성들이 큰 소쿠리에는 밥을, 병에다는 마실 것을 담아 내와 임금의 군대를 환영한 것은 어찌 다른 뜻이 있어서였겠습니까? 그들은 다만 물에 빠 지고 불에 덴 것과 같은 폭정을 피하려 한 것 뿐입니다. 만약 임금께서 연나라를 차지하신 뒤에 물 같은 고통이 불어나고, 불 같은 재앙이 더욱 뜨거워진다면, 그들은 다시 제나라를 버리고 다른 나라에 구원을 청하게 될 것입니다.」

齊人伐燕勝之　宣王問日　或謂寡人勿取　或謂寡人取之　以萬乘之國
제 인 벌 연 승 지　선 왕 문 왈　혹 위 과 인 물 취　혹 위 과 인 취 지　이 만 승 지 국

伐萬乘之國　五旬而舉之　人力不至於此　不取　必有天殃　取之何如
벌 만 승 지 국　오 순 이 거 지　인 력 부 지 어 차　불 취　필 유 천 앙　취 지 하 여

孟子對日　取之而燕民　悅則取之　古之人　有行之者　武王是也　取之
맹 자 대 왈　취 지 이 연 민　열 즉 취 지　고 지 인　유 행 지 자　무 왕 시 야　취 지

而燕民　不悅則勿取　古之人　有行之者　文王是也　以萬乘之國　伐萬
이 연 민　불 열 즉 물 취　고 지 인　유 행 지 자　문 왕 시 야　이 만 승 지 국　벌 만

乘之國　簞食壺漿　以迎王師　豈有他哉　避水火也　如水益深　如火益
승 지 국　단 사 호 장　이 영 왕 사　기 유 타 재　피 수 화 야　여 수 익 심　여 화 익

熱　亦運而已矣
열　역 운 이 이 의

– 옛날 은나라 주왕(紂王) 때, 문왕(文王)은 천하의 3분의 2를 차지하였으나 결코 은나라를 차지하지 않았다. 그것은 아직 은나라의 인심이 주왕을 떠나지 않았기 때문이다. 그러나 문왕의 아들인 무왕에 이 르러서는 주왕을 죽이고 은나라를 차지하여 천하통일을 이루었다. 이때는 은나라의 민심이 포악해진 주왕을 떠나 무왕(武王)에게로 와 있었기 때문이었다.

연합군을 막으려면

제나라가 연나라를 공격하여 차지하자, 여러 제후들이 상의하여 연나라를 구할 계획을 세우고 있었다. 그러자 제선왕이 맹자에게 물었다.

「많은 제후들이 나를 공격하려고 하는데 어떻게 대처하면 좋을까요?」

맹자가 대답했다.

「저는 불과 사방 70리밖에 안 되는 작은 나라를 가지고도 천하에서 왕정을 폈던 사람을 알고 있습니다. 다름 아닌 탕임금이 그러했습니다. 그런데 사방 천 리나 되는 국토를 가지고 있으면서, 남의 침략을 두려워했다는 이야기는 들어보지 못했습니다.

〈서경〉에 '탕임금이 천하를 평정할 때 가장 무도한 짓을 많이 한 갈나라부터 시작했다.' 고 나와 있습니다. 그때 천하의 모든 사람들은 탕임금의 정벌을 전폭적으로 지지했다고 합니다. 천하의 사람들은 탕임금이 악을 정벌하기 위해 동쪽으로 출정하면 서쪽에 사는 오랑캐 종족들이 자기들 쪽으로 먼저 와 주지 않은 것을 원망하였고, 남쪽으로 출정하면 북쪽에 사는 오랑캐 종족들이 자기들 쪽으로 먼저 와 주지 않은 것을 원망하였다고 합니다. 그들은 탕임금을 마치 큰 가뭄에 비오기를 기다리듯 하였습니다. 그래서 탕임금이 정벌군을 이끌고 자기 나라에 들이닥쳐도 그들은 아무 동요 없이 평소처럼 시장을 드나들었고, 밭을 가는 농부들도 보통 때와 다름없이 일을 하였습니다. 자기들의 마을에서 악명 높았던 수장을 죽여 고통에서 벗어나게 해주니, 때맞추어 비가 내린 것처럼 모두들 기뻐했습니다. 〈서경〉에도 '우리는 진정한 임금을 기다렸는데, 탕임금이 와 주었으니 우리는 이제 소생하리라.' 는 구절도 바로 이를 두고 한 말입니다.

그런데 지금 임금께서는 연나라의 임금이 포악했기 때문에 군대를 이끌고 가서 정벌하신 것입니다. 그리고 연나라 백성들도 임금께서 자기들을 고통에서 구출해 주는 것으로 믿고 큰 소쿠리에는 밥을, 병에다는 마실 것을 담아 내와 임금의 군대를 환영한 것입니다. 그런데 임금께서 그들의 기대와는 달리 그들의 부형을 죽이고, 자제들을 사로잡았으며, 그들의 조상을 모신 종묘를 파헤치고 보물을 빼앗으셨습니다. 이전부터 천하는 제나라가 강한 것을 두려워하고 있었는데, 거기다가 또 다시 영토를 배로 늘렸으니 이제는 어진 정치를 베푸셔야 합니다. 만일 그렇지 않으시면 결국 천하의 군대를 동원시켜서 쳐들어오게 만드는 것과 같습니다. 그러므로 임금께서는 빨리 명령을 내리시어 연나라에서 잡아온 노인과 어린이들을 돌려보내시고, 또 그들의 종묘에 있던 기물들도 돌려주십시오. 그리고 연나라 사람들과 상의하여 그 나라 백성들이 원하는 임금을 세운 뒤에 군대를 철수시키십시오. 그러면 제후들이 연합하여 군대를 동원하는 일을 사전에 막을 수 있을 것입니다.」

齊人伐燕取之　諸侯將謀救燕　宣王曰諸侯多謀伐寡人者　何以待之
제 인 벌 연 취 지　제 후 장 모 구 연　선 왕 왈 제 후 다 모 벌 과 인 자　하 이 대 지

孟子對曰　臣聞七十里爲政於天下者　湯是也　未聞以千里畏人者也
맹 자 대 왈　신 문 칠 십 리 위 정 어 천 하 자　탕 시 야　미 문 이 천 리 외 인 자 야

書曰 湯一征 自葛始 天下信之 東面而征 西夷怨 南面而征 北狄怨
서왈 탕일정 자갈시 천하신지 동면이정 서이원 남면이정 북적원

曰奚爲後我 民望之 若大旱之望雲霓也 歸市者不止 耕者不變 誅其
왈 해위후아 민망지 약대한지망운예야 귀시자부지 경자불변 주기

君而弔其民 若時雨降 民大悅 書曰徯我后 后來其蘇 今燕虐其民
군이조기민 약시우강 민대열 서왈혜아후 후래기소 금연학기민

王往而征之 民以爲將拯己於水火之中也 簞食壺漿 以迎王師 若殺
왕 왕이정지 민이위장증기어수화지중야 단사호장 이영왕사 약살

其父兄 係累其子弟 毁其宗廟 遷其重器 如之何其可也 天下固畏齊
기부형 계루기자제 훼기종묘 천기중기 여지하기가야 천하고외제

之彊也 今又倍地而不行仁政 是動天下之兵也 王速出令 反其旄倪
지강야 금우배지이불행인정 시동천하지병야 왕속출령 반기모예

止其重器 謀於燕衆 置君而後 去之 則猶可及止也
지기중기 모어연중 치군이후 거지 즉유가급지야

※ • • • • • •

어떤 나라에 자비심이 넘치는 왕이 있었다. 그는 항상 백성 대하기를 어머니가 자식 사랑하듯 했으며, 스스로도 부지런히 수행하는 왕이었다.

이러한 왕이 어느 날 꿈을 꾸었다.

왕이 산길을 가는데 갑자기 비둘기 한 마리가 품으로 달려들었다. 알고 보니 매에게 쫓기고 있는 것이었다.

곧 매가 나타나 왕에게 말했다.

"그 비둘기는 내 밥이오. 어서 내 놓으시오."

그러자 비둘기를 가엾게 여긴 왕이 매에게 말했다.

"이 비둘기 대신 다른 걸 먹으면 안 되겠느냐?"

"난 산 것만 먹으니 그럼 당신 살을 주시오."

왕은 잠시 생각하다가 결심한 듯 칼을 꺼내 자신의 허벅지 살을 잘라 매에게 주었다.

그러자 매가 다시 말했다.

"비둘기와 똑같은 양을 주시오."

이에 왕은 양팔 저울의 한쪽 접시에 비둘기를 올려놓고 다른 한쪽 접시에 자신의 허벅지 살을 올려놓았다. 그러나 비둘기가 더 무거웠다.

왕은 다시 다른 쪽 허벅지 살을 잘라 저울에 올려놓았다. 그래도 이상하게 비둘기가 더 무거웠다.

왕은 이쪽 저쪽 살을 잘라 또 저울에 올려놓았다. 그러나 여전히 비둘기가 더 무거웠다.

왕은 생각다 못해 자신의 몸을 모두 저울에 올려놓았다.

비로소 저울은 평형을 이루었다.

행한 일은 다시 내게로 돌아온다

추나라와 노나라가 싸워 추나라가 패했다. 이때 추나라 임금 목공이 맹자에게 물었다.

「이번 싸움에서 우리 관료들은 33명이나 죽었는데 징집해간 백성들은 단 한 명도 관료들을 위해 죽지 않았습니다. 이런 썩어빠진 정신을 가진 징집병들을 모두 처벌하자니 숫자가 너무 많고 용서해주자니 위계질서가 흐려질 것 같은데 이를 어떻게 하면 좋겠습니까?」

맹자가 대답했다.

「일찍이 추나라에 흉년이 들어 굶주리던 해에 임금의 백성들은 어떠하였습니까? 노인과 어린이는 굶주려 방황하다 죽어갔고, 젊은이들은 먹을 것을 찾아 사방으로 흩어져 그 숫자가 몇천 명이나 되는지 알 수 없었습니다. 그러나 그때 임금의 곡물 창고에는 양식이 가득 차 있었고, 재물 창고에는 물자가 빈틈없이 들어 차 있었지만 태만한 관리들이 이 사실을 임금께 고하지 않아 백성들이 곤경에 처하게 되었습니다. 일찍이 증자께서 '경계하고, 또 경계하라. 네가 한 일은 너에게로 다시 되돌아온다.'고 하였습니다. 그 말로 미루어볼 때 백성들은 이제 예전에 당했던 것을 되갚을 수 있게 된 셈이고, 관리들은 자기들이 한 일에 대한 벌을 받는 셈이니, 임금께서는 백성들의 허물만 탓하지 마십시오. 임금께서는 백성을 탓하기보다는 이제부터 어진 정치를 베푸십시오. 그리하면 백성들은 진심으로 윗사람들과 친해질 것이며, 목숨까지도 바칠 것입니다.」

鄒與魯鬨 穆公問曰 吾有司死者三十三人 而民莫之死也 誅之 則不
추여노홍 목공문왈 오유사사자삼십삼인 이민막지사야 주지 즉불

可勝誅 不誅 則疾視其長上之死而不救 如之何則可也 孟子對曰 凶
가승주 불주 즉질시기장상지사이불구 여지하즉가야 맹자대왈 흉

年饑歲 君之民 老弱轉乎溝壑 壯者散而之四方者 幾千人矣 而君之
년기세 군지민 로약전호구학 장자산이지사방자 기천인의 이군지

倉廩實 府庫充 有司莫以告 是上慢而殘下也 曾子曰 戒之戒之 出
창름실 부고충 유사막이고 시상만이잔하야 증자왈 계지계지 출

乎爾者 反乎爾者也 夫民今而後 得反之也 君無尤焉 君行仁政 斯
호이자 반호이자야 부민금이후 득반지야 군무우언 군행인정 사

民親其上 死其長矣
민 친 기 상 사 기 장 의

― 증자의 이름은 증삼이며, 자는 자여. 아버지 증석과 함께 공자에게 배웠으며 공자보다 46세 연했다. 공자의 사상을 이어받아 공자의 손자인 자사에게 전했다. 맹자는 특히 증자에 대해 많이 언급하고 있는데, 이로 미루어보아 대단히 존경한 인물이었던 것 같다.

상습적으로 탈영을 하는 군인이 있었다. 그는 용감하고 늠름한 청년이었다. 다만 웬일인지 규칙적이고 조직적인 군대 생활에 적응하지 못해 탈영을 하는 것이었다. 그는 잡히면 탈영하고 또 붙잡히면 다시 기회를 노려 탈영하는 일을 되풀이하다가, 형량이 점점 늘어나서 드디어 사형까지 받게 되었다.

처음에 그가 저지른 죄목은 군대 생활에 적응하지 못해 탈영한 것뿐인데 사형까지 받게 되니 재판장의 마음은 몹시 괴로웠다. 그래서 사형을 언도하기 전에 사람들에게 청년이 사형을 받게 되기까지의 사정을 설명했다.

"우리는 이 사람을 위해 온갖 방법을 다 동원했습니다. 교육도 시키고, 매질도 해봤고, 노역도 시켰으며, 심지어는 간곡히 사정도 해보았습니다. 그러나 그는 기어이 좋은 군인이 되지 못하고 불행하게도 오늘에 이르렀습니다."

재판장이 침통한 표정으로 말하자 그때 탈영병의 친구 한 사람이 일어서서 말했다.

"재판장님, 그동안 이 친구를 위해서 최선을 다한 것을 잘 압니다. 하지만 한 가지 시도하지 않은 것이 있습니다. 그것은 바로 용서입니다."

그렇다. 온갖 방법을 동원했지만 용서를 한 적은 없었다.

민심을 지키는 것이 중요

등나라 임금 문공이 맹자에게 물었다.
「우리 등나라는 국력이 약한 나라로서 제나라와 초나라 사이에 끼어 있으니, 제나라와 초나라 중 어느 쪽을 섬겨야 하겠습니까?」
맹자가 대답했다.
「그것에 대해서는 제가 무어라 말씀드릴 수가 없습니다. 단지 한 가지 방법이 있다면, 연못을 깊이 파고 성을 높이 쌓은 뒤 백성들과 함께 이 나라를 지키는 것입니다. 백성들과 더불어 죽기를 각오하고 이 나라를 떠나지 않는다면 그것도 한번 해볼만한 일입니다.」

滕文公問曰　滕小國也　間於齊楚　事齊乎　事楚乎　孟子對曰　是謀非
등 문 공 문 왈　등 소 국 야　문 어 제 초　사 제 호　사 초 호　맹 자 대 왈　시 모 비

吾所能及也　無已則　有一焉　鑿斯池也　築斯城也　與民守之　效死而
오 소 능 급 야　무 이 즉　유 일 언　착 사 지 야　축 사 성 야　여 민 수 지　효 사 이

民弗去　則是可爲也
민 불 거　즉 시 가 위 야

🧩 • • • • •

　　매우 고통스러운 병을 앓고 있어서 금방 목숨이 넘어갈 듯한 안티고노스 장군의 부하였던 한 병사에 대한 이야기다.

　　그는 전쟁이 있을 때마다 모든 출정에 앞장섰고, 가장 격렬한 전투에선 항상 선두에 있었다. 그는 자신이 병으로 언제 죽을지 몰랐기 때문에 죽기를 각오하고 싸우다 보니 죽음을 피할 수 있었다. 안티고노스 장군은 그의 용기에 감동하여 유명한 의사에게 보내 그의 병을 낫게 해주었다.

　　그후 그 용감한 병사는 더이상 선두에서 보이지 않았다. 그는 위험한 선두에 서는 것을 피했고, 전장에서 목숨을 거는 대신 목숨을 지키려고 했다.

　　그의 건강과 평안은 병사로서의 모습을 파괴했다.

　　그의 시련이 그를 잘 싸우도록 만들었던 것이다.

미래를 위해 선을 행할 뿐

등문공이 맹자에게 물었다.

「제나라 사람들이 우리와 인접한 설땅에 성을 쌓으려고 해서 걱정입니다. 어떻게 하면 좋을까요?」

맹자가 대답했다.

「옛날에 주나라 태왕이 빈땅에 살고 있을 때, 북쪽 오랑캐가 쳐들어와서 그곳을 피해 기산 밑으로 가서 살았습니다. 그것은 태왕이 좋아서 선택한 것이 아니라 백성들을 희생시키지 않기 위해 어쩔 수 없이 그랬던 것입니다.

임금께서 진실로 선정을 베푸시면 후손들 가운데 반드시 훌륭한 왕자가 나올 것입니다. 군자는 나라를 세우고 국통을 계승시키기에 힘쓰면 될 뿐, 그것이 성공하는 것은 오로지 하늘에 달려 있는 것입니다. 지금 임금께서 저 강한 제나라를 어찌 하시겠다는 것입니까? 먼 장래를 위해 지금은 힘써 선을 행할 따름입니다.」

滕文公問曰 齊人將築薛 吾甚恐 如之何則可 孟子對曰 昔者大王居
등문공문왈　제인장축설　오심공　여지하즉가　맹자대왈　석자대왕거

邠 狄人侵之 去之岐山之下 居焉 非擇而取之 不得已也 苟爲善 後
빈　적인침지　거지기산지하　거언　비택이취지　부득이야　구위선　후

世子孫 必有王者矣 君子創業垂統 爲可繼也 若夫成功則天也 君如
세자손　필유왕자의　군자창업수통　위가계야　약부성공즉천야　군여

彼何哉 彊爲善而已矣
피하재　강위선이이의

✿ ● ● ● ● ● ●

노먼 빈센트 필 박사가 미국의 33대 대통령인 해리 트루먼을 만나기 위해 백악관에 찾아갔다.

그 당시 트루먼 대통령은 제2차 세계대전 직후의 수많은 어려운 일로 곤란을 겪고 있었다. 그러나 자그마한 체구의 트루먼 대통령은 해결하기 어

려운 많은 문제를 침착하고 냉정하게 하나하나 처리해 나가는 것이었다.

빈센트 필 박사는 대통령의 일처리 능력에 감탄하며 이렇게 물었다.

"어떻게 당신은 이 많은 복잡한 문제들을 그렇게 침착하게 처리해 나가십니까?"

트루먼 대통령은 미소를 지으며 이렇게 말했다.

"나는 내 지혜와 지식을 다하여 하나하나 최선을 다해 문제를 해결해 나갑니다. 그리고 저녁이 되면 복잡한 서류들을 덮어놓고 기도합니다. '주여 오늘 저는 최선을 다해 살았습니다. 나머지는 주님께 부탁합니다. 주님께서 처리해 주십시오' 이것이 내가 문제들을 해결하는 방법입니다."

170cm가 안 되는 작은 체구 탓에 '리틀맨(little man)'으로 불렸던 트루먼 대통령은 후에 '작은 거인(little big man)'으로 역사에 남게 되었다.

약한 나라의 선택

등문공이 맹자에게 물었다.

「우리 등나라는 힘이 없어서 이웃한 강국을 힘을 다해 섬기는 데도 침략을 면할 수가 없군요. 어떻게 하면 좋겠습니까?」

맹자가 대답했다.

「옛날 주나라 태왕이 빈땅에 있었을 때, 북쪽 오랑캐들이 쳐들어왔습니다. 태왕은 그들에게 가죽과 비단을 바치며 그들을 섬겼지만 침략은 계속되었습니다. 그래서 다시 개와 말을 바쳐 섬겼으나 그래도 침략을 그치지 않아 또다시 진주와 옥을 바치며 섬겼습니다. 그래도 침략을 계속해와 어느 날, 연로자들을 모아놓고 '오랑캐들이 바라는 것은 우리 땅입니다. 자고로 군자는 사람을 길러주는 땅 때문에 서로 싸워서 사람을 해치는 일을 해서는 안 된다고 했습니다. 그러니 여러분은 내가 떠난다고 해도 임금이 없는 것을 근심하지 마십시오. 나는 이곳을 떠나겠습니다.' 하고 말하였습니다. 그리고 태왕은 빈땅을 떠나 양산을 넘어 기산 밑에 도읍을 이루어 살았습니다. 그러자 빈땅의 백성들은 '참으로 어진 분이구나. 저런 분을 놓쳐서는 안 되겠다.' 하며 뒤따랐는데 그 행렬이 마치 시장에 모여드는 것처럼 많았습니다.

그런데 이것을 두고 어떤 사람들은 이렇게 말하기도 합니다. '대대로 지켜오던 땅을 자기 마음대로 처리할 수는 없는 일이다. 떠나지 말고 죽을 각오로 지켜야 한다.' 고 말입니다. 이제 임금께서는 이 두 가지 중에 하나를 선택하시기 바랍니다.」

滕文公問曰 滕小國也 竭力以事大國 則不得免焉 如之何則可 孟子
등문공문왈 등소국야 갈력이사대국 즉부득면언 여지하즉가 맹자

對曰 昔者 大王 居邠 狄人侵之 事之以皮幣 不得免焉 事之以犬馬
대왈 석자 대왕 거빈 적인침지 사지이피폐 부득면언 사지이견마

不得免焉 事之以珠玉 不得免焉 乃屬其耆老而告之曰 狄人之所欲
부득면언 사지이주옥 부득면언 내촉기기로이고지왈 적인지소욕

者 吾土地也 吾聞之也 君子不以其所以養人者 害人 二三者 何患
자 오토지야 오문지야 군자불이기소이양인자 해인 이삼자 하환

乎無君 我將去之 去邠踰梁山 邑于岐山之下居焉 邠人曰仁人也 不
호무군 아장거지 거빈유량산 읍우기산지하거언 빈인왈인인야 불

可失也 從之者 如歸市 或曰 世守也 非身之所能爲也 效死勿去 君
가실야 종지자 여귀시 혹왈 세수야 비신지소능위야 효사물거 군

請擇於斯二者
청택어사이자

─등문공이 강국의 침략에 대한 대책을 묻자 맹자는 두 가지 방법을 제시했다. 태왕의 경우처럼 나라

를 옮겨 백성들의 살상을 줄이는 방법과 목숨을 걸고 자기 나라의 땅을 지키는 방법이었다. 앞에서는 등 문공에게 연못을 깊이 파고 성을 더 높이 쌓아 백성들과 더불어 죽을 각오로 나라를 지키라고 권했으나, 문공은 이 방법을 내심 두려워하고 있었으므로 할 수 없이 나라를 옮기는 방법도 있다는 것을 일러준 것이다. 그러나 문공이 태왕과 같은 인덕을 갖추고 있어 백성들이 뒤따른다면 문제가 없겠지만 그렇지 않으면 등나라는 멸망하고 말 것은 명약관화한 일이다. 만약 그러면 죽음으로 나라를 지키는 것만 못하게 된다. 그리하여 맹자는 두 가지 방법을 제시한 것이고 신중히 생각해서 하나를 선택하라고 말한 것이다.

로널드 레이건 대통령이 어렸을 때, 숙모가 구두를 사준다고 해서 구두 가게에 간 적이 있다.

구두 수선공이 레이건에게 "구두 끝을 각지게 해줄까, 아니면 둥글게 해줄까?" 하고 묻자, 레이건은 빨리 결정하지 못하고 우물쭈물하고 있었다. 그러자 구두 수선공이 "그러면 내가 알아서 만들어 둘 테니 며칠 후에 찾으러 오너라."라고 말했다.

며칠 후 구두를 찾으러 갔더니 구두가 한쪽 끝은 각지고 한쪽 끝은 둥글게 만들어진 짝짝이 구두였다. 어린 레이건이 당황한 눈빛으로 서 있었다.

구두 수선공은 어린 레이건에게 이렇게 말했다.

"너는 이번 일을 통해 너의 일은 결코 다른 사람이 결정내려주지 못한다는 것을 배웠을 거다."

레이건은 나중에 사람들에게 이렇게 말했다.

"내가 결정을 내리지 않으면 그 결정을 다른 사람이 대신하게 된다는 것을 바로 그때 깨달았습니다. 그러나 다른 사람이 대신 내린 결정은 내가 원하는 결정이 아닙니다."

만남은 하늘의 뜻

노나라 평공이 외출을 하러 나서는데, 측근 신하인 장창이 물었다.
「전하께서 외출을 하실 때 반드시 담당자에게 행선지를 알려주셨는데, 오늘은 수레에 벌써 말이 매여 있는데도 담당자가 행선지를 알지 못하니, 감히 가시는 곳을 여쭤 봅니다.」
평공이 말했다.
「맹자를 만나러 가는 길이다.」
「무슨 말씀이십니까? 전하께서 몸을 낮추시어 한낱 필부에 지나지 않는 맹자를 만나시다니요? 혹시 전하께서는 맹자를 현자로 생각하십니까? 맹자는 현자가 아닙니다. 현자는 예의가 있어야 하는데, 맹자는 먼저 치른 아비의 장례보다 뒤에 치른 어미의 장례를 더 훌륭하게 치렀습니다. 그것만 봐도 맹자는 현자가 아니니 먼저 찾아가실 필요가 없습니다.」
「알겠다. 맹자를 만나지 않겠다.」
그 뒤, 맹자의 제자이자 평공의 신하인 악정자가 궁궐에 들어가 평공을 알현하고 물었다.
「전하께서는 왜 맹자를 만나지 않으십니까?」
평공이 대답했다.
「어느 신하가 내게 말하기를, 맹자는 아비보다 어미의 장례를 더 후하게 치렀다기에 그것은 예법을 아는 현자의 도리가 아닌 것 같아 만나지 않았다.」
「방금 전하께서 장례를 후하게 치렀다고 말씀하신 뜻은 무엇입니까? 앞선 장례는 평범한 선비의 예로써 치르고, 뒤의 장례는 높은 대부의 예로써 치렀다는 뜻입니까? 아니면 앞선 장례에서는 삼정의 제물을 쓰고, 뒤의 장례에서는 오정의 제물을 썼다는 말씀입니까?」
악정자의 말에 따르면 신분에 맞게 치른 장례일 뿐, 예의에 어긋난 일이 아니었으므로 평공은 얼른 부정하면서 이렇게 말했다.
「아니다. 그것을 가지고 하는 말이 아니라 관과 수의가 부친상 때보다 더 사치스러웠다는 뜻이다.」
「그것 역시 너무 사치스러웠다고 비난할 것이 못됩니다. 부친상 때는 맹자가 선비의 신분이어서 가난했고, 모친상 때는 대부의 신분이어서 부유했기 때문에 오히려 당연한 처사였습니다.」
그뒤 악정자가 맹자를 만나서 이렇게 말했다.
「제가 임금께 말씀드려 선생님을 찾아 뵙기를 청한 것인데 중간에 장창이라는 신하가 만류하여 두 분의 만남이 이루어지지 않았습니다.」
그 말을 듣고 맹자가 말했다.
「사람이 어디로 가는 것도 눈에는 보이지 않으나 가게끔 해주는 무엇이 있기 때문에 가는 것이고, 그만두는 것도 그만두게끔 해주는 무엇이 있기 때문에 그만두는 것이다. 그렇기 때문에 어디를 가고 안 가고 하는 것은 언뜻 보기에는 자기 뜻대로 하는 것 같아 보이지만 사실은 모두가 하늘의 뜻에 따라 이루어지는 것이다. 그러니 내가 노나라 임금을 만나지 못한 것은 하늘의 뜻인 것이다. 장창 같은 자가 어찌 나와 임금을 만나지 못하도록 할 수 있었겠느냐?」

魯平公將出 嬖人臧倉者請曰 他日君出 則必命有司所之 今乘輿已
노평공장출　폐인장창자청왈　타일군출　즉필명유사소지　금승여이

駕矣 有司未知所之 敢請 公曰將見孟子 曰何哉 君所爲輕身 以先
가의　유사미지소지　감청　공왈장견맹자　왈하재　군소위경신　이선

於匹夫者 以爲賢乎 禮義由賢者出 而孟子之後喪 踰前喪 君無見焉
어필부자　이위현호　예의유현자출　이맹자지후상　유전상　군무견언

公曰諾 樂正子入見曰 君奚爲不見孟軻也 曰或告寡人曰 孟子之後
공왈낙　악정자입현왈　군해위불견맹가야　왈혹고과인왈　맹자지후

喪 踰前喪 是以不往見也 曰何哉 君所謂踰者 前以士 後以大夫 前
상　유전상　시이불왕견야　왈하재　군소위유자　전이사　후이대부　전

以三鼎 而後以五鼎與 曰否 謂棺槨衣衾之美也 曰非所謂踰也 貧富
이삼정　이후이오정여　왈부　위관곽의금지미야　왈비소위유야　빈부

不同也 樂正子見孟子曰 克告於君 君爲來見也 嬖人有臧倉者沮君
부동야　악정자견맹자왈　극고어군　군위래견야　폐인유장창자저군

君是以不果來也 曰行或使之 止或尼之 行止非人所能也 吾之不遇
군시이불과래야　왈행혹사지　지혹닐지　행지비인소능야　오지불우

魯侯天也 臧氏之子 焉能使予不遇哉
로후천야　장씨지자　언능사여불우재

– 삼정(三鼎)은 선비의 예에 따른 제물을 담는 솥을 뜻하는데, 돼지·생선·육포를 말하며, 오정(五鼎)은 대부(大夫)의 예에 따른 제물을 담는 솥으로, 삼정에다 양과 돼지 가죽을 더한 것을 말한다.

중국에는 '삼족정립(三足鼎立)'이라는 말이 있다. '정(鼎)'은 주나라 때 청동으로 만들어진 3개의 다리가 달린 솥의 모습을 나타낸 글자다. 그래서 삼족정립이란 '솥의 세 발처럼 서다'라는 뜻으로, 세 사람 또는 세 세력이 솥의 발과 같이 균형을 유지한다는 것을 의미한다.

세 발이 균형을 잡고 서 있으면 그 어떤 형태보다 안정과 균형감이 높다. 그래서 가장 많이 언급되는 일화 중 하나가 '천하삼분지계'다. 이는 천하는 셋으로 나눠 안정을 취한 후 후일을 도모하자는 말이다. 또는 솥은 나라를 뜻하고 세 발은 왕, 신하, 백성을 뜻하는 말로 쓰여서, 왕과 신하와 백성이 조화를 이루면 나라를 안정시킬 수 있다는 뜻으로 쓰이기도 한다.

제 2 장 · 상

公孫丑

章句 · 上

공손추 장구 · 상

왕도를 펼칠 기회

제자 공손추가 맹자에게 물었다.

「선생님이 만일 제나라에서 요직을 맡으신다면 환공을 보조하여 모든 제후들 위에 군림하는 패업을 이룬 관중과 경공을 도와 그의 이름을 천하에 떨치게 한 안자(晏子)의 공적을 다시 일으키시겠습니까?」

패업에 대해서 부정적인 생각을 갖고 있는 맹자가 대답했다.

「너는 어쩔 수 없이 제나라 사람이구나. 제나라 사람인 관중과 안자 밖에 모르니 말이다. 일찍이 이런 이야기가 있었다. 어떤 사람이 증서에게 '당신과 자로 중에 누가 더 훌륭하다고 생각하십니까' 하고 물었다. 그러자 증서는 황송한 낯빛으로 '자로는 우리 선인이신 증삼께서도 경외하시던 분인데 나하고 비교한다는 것은 당치도 않는 말이오' 하고 대답했다. 그러자 그 사람이 다시 '그러면 당신과 관중 중에는 누가 더 훌륭하다고 생각하십니까?' 하고 묻자 증서는 다소 화를 내면서 '당신은 왜 나를 관중과 같은 사람에게 비교를 하시오? 관중은 그의 임금인 환공의 신임을 독점하여 오랫동안 재상 자리에 있었지만 그의 업적이라는 게 고작 패업을 이루도록 도운 데 그치지 않았는데 그런 관중을 왜 나에게 비교하는가?' 라고 말하였다고 한다. 이처럼 증서조차도 관중과 같은 인물과 비교되는 것을 못마땅하게 여겼는데, 너는 나더러 관중과 같은 사람이 되라는 말이냐?」

「관중은 그의 임금 환공을 패자로 만들었고, 안자는 그의 임금 경공의 이름을 천하에 떨치게 했는데, 그래도 부족하다고 말씀하십니까?」

「제나라처럼 크고 강한 나라가 왕도를 행하게 되면 천하의 군주가 되는 일은 손바닥을 뒤집는 것처럼 쉬운 일인데, 그 두 사람이 자기 임금을 패자로 만든 것이 뭐 그리 대단하다는 말이냐?」

「그렇게 말씀하시니 저는 더욱 갈피를 잡지 못하겠습니다. 주나라 문왕은 위대한 덕을 가졌으며, 또 백 년 가까이 장수하였지만, 그 덕이 온 천하에 두루 미치지는 못했습니다. 그 후 문왕의 아들 무왕과 주공이 그 덕을 계승한 뒤에 겨우 주나라의 덕치가 천하에 행해져 왕자가 될 수 있었습니다. 그런데 선생님께서는 왕자가 되는 것을 그처럼 쉽게 말씀하시니, 그럼 문왕도 본받기에 부족하다는 말씀이십니까?」

「그것은 경우가 다르다. 문왕의 경우를 어찌 제나라의 임금들과 비교해 논할 수 있겠느냐? 은나라는 탕임금이 창업한 이래 무정에 이르기까지 성군이 6, 7명이나 나와 천하의 민심이 은나라로 돌아갔으며, 그것은 아주 오랜 세월에 걸쳐 이루어졌다. 세월이 많이 흐르면 흐를수록 굳어진 형세는 잘 바뀌어지지 않는 법이다. 그리하여 무정 임금에 이르러서는 완전히 천하를 장악해 무엇을 하든 손바닥 위에 있는 물건을 움직이듯 할 수 있었던 것이다. 그런데 은나라 마지막 임금인 주왕은 시대적으로 무정 임금과 그리 멀지 않았다. 그러므로 무정 이래로 대대로 국록을 받는 신하[世臣]와 바른 정치[善政], 미풍양속 등이 아직 남아 있었고, 미자·미중·비간·기자·교격 등의 현인들이 있었다. 이런 인물들이 주왕을 도왔기 때문에, 나중에 폭군이 된 주왕도 그나마 오랜 기간 동안 바른 정치를 펼

수 있었던 것이다. 어찌 되었든 주왕이 처음에 나라를 다스릴 때는 한 치의 땅도 주왕의
것이 아닌 것이 없었고, 한 사람의 백성도 주왕의 사람이 아닌 이가 없었다. 이에 비해 문
왕은 겨우 사방 백 리 땅을 근거로 일어났던 것이니 천하의 왕자로서의 면모를 갖추기
에는 아무래도 힘이 들었을 것이다.

제나라 속담에 '아무리 지혜가 있어도 시운을 탄 사람만은 못하고, 아무리 훌륭한 농기구
가 있어도 제때에 밭갈이를 하는 것만 못하다.' 라는 것이 있는데, 지금이 바로 왕도를 행
하기에 좋은 때이다.

옛날 하·은·주의 성시에도 천 리 사방의 땅을 가진 나라는 없었는데 지금 제나라는 사
방 천 리의 광대한 땅을 가졌고, 거기다가 인구도 많아 인가에서 기르는 닭과 개들이 내는
소리가 국경에까지 이르고 있다. 이제 더이상 땅을 넓힐 필요도 없고, 백성을 더 모을 필
요도 없이 그저 어진 정치를 펼쳐 그 덕이 널리 알려진다면 저절로 천하의 왕자가 될 것이
니, 그 대세를 누가 막는단 말이냐?

그런데 훌륭한 왕자가 이토록 오랫동안 나타나지 않은 적이 없었고, 백성들이 폭정에 시
달려 지금처럼 기력을 잃었던 때도 없었다. 너도 알겠지만 굶주린 사람은 무엇이든 먹고,
목마른 자는 무엇이든 마시는 법이다. 그러니 이제 조금이라도 어진 정치를 베푸는 이가
있다면 백성들이 왜 따라오지 않겠느냐.

공자께서는 '덕이 퍼져나가는 속도는 역을 두고 명령을 전하는 것보다 빠르다.' 고 하셨다.
그러므로 지금과 같은 때에 제나라에서 어진 정치만 베푼다면 백성들의 기쁨이란, 거꾸로
매달리게 한 밧줄을 풀어주는 것만큼이나 클 것이다. 그리 되면 옛날 사람들에 비해 일을
반 정도 밖에 하지 않고도 효과는 곱절에 다다를 것이다. 다만 지금이 그럴 수 있는 절호
의 기회라는 것이지 아무 때나 그렇다는 것은 아니다.」

公孫丑問曰 夫子當路於齊 管仲晏子之功 可復許乎 孟子曰 子誠齊
공 손 추 문 왈   부 자 당 로 어 제   관 중 안 자 지 공   가 부 허 호   맹 자 왈   자 성 제

人也 知管仲晏子而已矣 或問乎曾西曰 吾子與子路孰賢 曾西蹵然
인 야   지 관 중 안 자 이 이 의   혹 문 호 증 서 왈   오 자 여 자 로 숙 현   증 서 축 연

曰 吾先子之所畏也 曰然則吾子與管仲孰賢 曾西艴然不悅曰 爾何
왈   오 선 자 지 소 외 야   왈 연 즉 오 자 여 관 중 숙 현   증 서 불 연 불 열 왈   이 하

曾比予於管仲 管仲得君 如彼其專也 行乎國政 如彼其久也 功烈
증 비 여 어 관 중   관 중 득 군   여 피 기 전 야   행 호 국 정   여 피 기 구 야   공 렬

如彼其卑也 爾何曾比予於是 曰管仲 曾西之所不爲也 而子爲我願
여 피 기 비 야   이 하 증 비 여 어 시   왈 관 중   증 서 지 소 불 위 야   이 자 위 아 원

之乎 曰管仲 以其君覇 晏子 以其君顯 管仲晏子 猶不足爲與 曰以
지 호   왈 관 중   이 기 군 패   안 자   이 기 군 현   관 중 안 자   유 부 족 위 여   왈 이

齊王 由反手也 曰若是則弟子之惑 滋甚且以文王之德 百年而後崩
제 왕   유 반 수 야   왈 약 시 즉 제 자 지 혹   자 심 차 이 문 왕 지 덕   백 년 이 후 붕

猶未洽於天下 武王周公 繼之然後 大行 今言王若易然 則文王 不
유 미 흡 어 천 하   무 왕 주 공   계 지 연 후   대 행   금 언 왕 약 이 연   즉 문 왕   부

足法與 曰文王 何可當也 由湯至於武丁 聖賢之君 六七作 天下歸
족 법 여   왈 문 왕   하 가 당 야   유 탕 지 어 무 정   현 성 지 군   육 칠 작   천 하 귀

殷久矣 久則難變也 武丁朝諸侯有天下 猶運之掌也 紂之去武丁未
은 구 의　구 즉 난 변 야　무 정 조 제 후 유 천 하　유 운 지 장 야　주 지 거 무 정 미

久也 其故家遺俗 流風善政 猶有存者 又有微子 微仲 王子比干 箕
구 야　기 고 가 유 속　유 풍 선 정　유 유 존 자　우 유 미 자　미 중　왕 자 비 간　기

者膠鬲皆賢人也 相與輔相之故 久而後失之也 尺地 莫非其有也 一
자 교 격 개 현 인 야　상 여 보 상 지 고　구 이 후 실 지 야　척 지　막 비 기 유 야　일

民 莫非其臣也 然而文王 猶方百里起 是以難也 齊人有言曰 雖有
민　막 비 기 신 야　연 이 문 왕　유 방 백 리 기　시 이 난 야　제 인 유 언 왈　수 유

智慧 不如乘勢 雖有鎡基 不如待時 今時 則易然也 夏后 殷 周之
지 혜　불 여 승 세　수 유 자 기　불 여 대 시　금 시　즉 이 연 야　하 후　은　주 지

盛 地未有過千里者也 而齊有其地矣 鷄鳴狗吠 相聞 而達乎四境
성　지 미 유 과 천 리 자 야　이 제 유 기 지 의　계 명 구 폐　상 문　이 달 호 사 경

而齊有其民矣 地不改辟矣 民不改聚矣 行仁政而王 莫之能禦也 且
이 제 유 기 민 의　지 불 개 벽 의　민 불 개 취 의　행 인 정 이 왕　막 지 능 어 야　차

王者之不作 未有疏於此時者也 民之憔悴於虐政 未有甚於此時者
왕 자 지 부 작　미 유 소 어 차 시 자 야　민 지 초 췌 어 학 정　미 유 심 어 차 시 자

也 飢者 易爲食 渴者 易爲飮 孔子曰 德之流行 速於置郵而傳命
야　기 자　이 위 식　갈 자　이 위 음　공 자 왈　덕 지 유 행　속 어 치 우 이 전 명

當今之時 萬乘之國 行仁政 民之悅之 猶解倒懸也 故事半古之人
당 금 지 시　만 승 지 국　행 인 정　민 지 열 지　유 해 도 현 야　고 사 반 고 지 인

功必倍之 惟此時爲然
공 필 배 지　유 차 시 위 연

❀ ● ● ● ● ● ●

은나라의 마지막 임금인 주왕은 포악한 정치를 일삼은 인물이다. 미자는
주왕의 이복형이고, 기자와 비간은 주왕의 숙부였다. 미자는 주왕의 폭정
을 말렸으나 듣지 않자 다른 나라로 떠났고, 기자는 주왕을 말려도 듣지 않
자 머리를 풀고 미친 사람 행세를 하며 종의 무리에 들어갔다가 종적을 감
췄다. 비간은 주왕의 폭정을 말리면서 심하게 몰아붙이다가 처형당했다.

공자는 이 세 사람을 가리켜 '은나라에 어진 이가 세 분 계셨었다.' 면서
높이 평가했다. 미중은 미자의 동생(혹은 아들이라는 설도 있음)이고, 교격은 주
왕의 밑에 있던 어진 신하였다.

부동심(不動心)과 호연지기(浩然之氣)

공손추가 맹자에게 물었다.

「선생님이 만일 제나라의 재상이 되시어 정치적 이상을 마음껏 펼치신다면, 제나라가 천하의 패자가 되는 것은 아무도 의심하지 않을 것입니다. 그렇지만 그렇게 된다면 선생님도 책임감을 느끼셔서 혹시 마음이 흔들리시지 않겠습니까?」

맹자가 대답했다.

「아니다. 나는 이미 나이 40부터 마음의 동요를 느끼지 않았다.」

「그럼 선생님께서는 맹분보다도 훨씬 용감하신 셈입니다.」

「그런 것은 그리 어려운 일이 아니다. 고자는 나보다 먼저 마음이 동요되지 않는 수양이 되어 있었다.」

「마음이 흔들리지 않게 하는 데는 무슨 방법이라도 있습니까?」

「있다마다. 가령 북궁유라는 사람은 이렇게 용기를 키웠다고 한다. 그는 칼로 자기 피부를 베어도 움츠리지 않았고, 눈앞에 칼날이 들어와도 눈을 깜짝거리지 않았으며, 남한테 터럭만큼의 모욕을 당해도 많은 사람 앞에서 채찍으로 맞는 것 같이 부끄럽게 생각했다고 한다. 그래서 그는 거지 같은 행색을 한 천인에게도 모욕을 당하지 않았고, 만승의 임금에게도 모욕을 당하지 않았다. 또 그의 용기는 거리낌이 없어서 만승의 임금을 찔러 죽인다 해도 마치 필부를 죽이는 것처럼 여겼기 때문에 두려워하는 제후가 한 사람도 없었다. 또한 자기한테 거친 소리를 하는 게 귀에 들어오면 반드시 복수하고야 말았다.

또 맹시사라는 사람은 용기를 기르는 방법에 대해 스스로 이렇게 말했다. '승산이 없을 때도 승산이 있다고 생각하고 싸워야 한다. 적의 병력을 헤아려 아군보다 못할 때 비로소 진격하고, 승리할 자신이 섰을 때 비로소 싸우는 따위는 삼군을 두려워하는 자의 짓이다. 이렇게 말하는 나라고 해서 싸울 때마다 매번 이긴다고는 장담할 수 없다. 다만 나는 어떤 적을 맞이하건 두려움 없이 대적할 따름이다.' 라고 말이다.

이 두 용사를 비교해 보면, 맹시사의 용기는 증자의 용기를 닮았고, 북궁유의 용기는 자하의 용기를 닮았다. 두 사람의 용기 중에 과연 어느 쪽이 나은지는 모르겠지만, 맹시사는 자기 마음을 지켜나가는 요령은 알고 있는 듯하다.

맹시사와 비슷하다고 한 증자의 용기에 대해 잠깐 알아보면, 옛날에 증자께서는 제자인 자양에게 '너는 용기를 좋아하느냐? 나는 전에 공자께서 큰 용기에 대해 말씀하시는 것을 들은 적이 있다. 스스로 반성해서 곧지 않다고 생각되면 비록 상대가 낡고 천한 옷을 입은 사람이라 해도 두려워하지 않을 수 없지만, 스스로 반성해서 곧다고 생각되면 비록 상대가 천만 명이라 해도 두려워하지 않고 당당히 나아갈 것이다.' 라고 말했다. 이것이 바로 증자가 공자께 배운 용기였다. 이것으로 미루어 볼 때 맹시사가 늘 기가 꺾이지 않고 앞으로 나아갈 수 있었다고는 하지만 증자의 큰 용기에는 미치지 못한 것 같다.」

「선생님께서는 방금 전에 고자에 대해 말씀하셨는데, 그렇다면 선생님의 흔들리지 않는 마음과 고자의 흔들리지 않는 마음은 같은 것입니까? 말씀해 주십시오.」

「고자가 말하기를 '남이 하는 말을 이해하지 못할 때는 억지로 이해하려고 마음 쓰지 말고 그대로 내버려두어라, 마음을 써도 이해가 가지 않을 때 기를 움직여서 성을 내거나 근심을 하여 마음을 어지럽히지 말아라.' 고 했다. 내가 볼 때 고자의 말 가운데 마음을 움직여 보아도 이해가 되지 않을 때 기를 끄집어내지 말고 그냥 내버려두라는 말은 옳다고 생각한다. 그러나 남의 말을 이해하지 못할 때 마음을 쓰지 말고 내버려두라는 것은 잘못되었다고 본다. 왜냐하면 무릇 마음이 어느 방향으로 움직이는 것을 '의지[志]' 라고 하는데, 이 의지가 사람의 '기운' 을 끌고 가는 것이다. 기운은 우리 몸 안에 가득 차 있다. 그리하여 의지가 움직이면 기운도 따라서 저절로 움직이게 된다. 그러므로 의지를 소중하게 간직해서 기운을 함부로 손상시키는 일이 없도록 해야 한다.」

「방금 '의지가 움직이면 기운도 따라서 저절로 움직인다.' 고 하셨습니다. 그리고 '의지를 소중하게 간직해서 기운을 함부로 손상시키는 일이 없도록 해야 한다.' 고 하셨는데, 이것은 무슨 뜻입니까?」

「의지가 어느 한 곳으로 집중되면 기운이 따라 움직이고, 기운이 어느 한 데로 모아지면 의지도 움직이게 마련인 것이다. 이를테면 사람이 넘어진다던가 달리던가 하는 것은, 기가 그렇게 하고 있는 것이지만, 그것으로 도리어 마음도 움직이는 게 아닌가.」

「송구합니다만, 선생님께서는 어떠한 장점을 가지고 계시는지요.」

「나는 남이 하는 말을 잘 이해할 수가 있다. 그리고 나는 호연지기를 기르고 있다.」

「감히 여쭙겠습니다만, 호연지기란 어떤 것을 말합니까?」

「그것을 말로 설명하기가 참 어렵구나.

호연지기의 기운은 몹시 크고 더없이 강한 것으로서, 바르게 길러 해치지만 않는다면 매우 넓게 퍼져 하늘과 땅 사이에 가득 차게 된다. 호연지기의 기운에는 정의와 정도가 함께 깃들어 있다. 만약 정의와 정도가 떠나게 되면 이 기운이 쇠약해져 허탈해지고 만다. 그리고 호연지기는 정의와 정도를 많이 실천하여 그것이 쌓여 자연히 생기는 것이지, 밖에서 갑자기 정의가 들어온 뒤에 조금 행한다고 해서 생기는 것이 아니다. 사람의 행동이 정의에서 벗어나는 일을 하여 마음에 걸리는 게 있으면 호연지기는 굶주려 없어지고 만다. 그래서 나는 고자가 정의를 이해하지 못하는 것은, 정의를 마음 밖 어딘가에 존재하는 것처럼 생각했기 때문이라고 짐작한다.

언제나 호연지기를 기르려고 노력해야 하지만, 마음이 늘 그것에만 매여 있어도 안 되고, 또 자주 잊어서도 안 되며, 조장해서도 안 된다. '조장' 해서도 안 된다는 말은 매우 어리석게 행동했던 송나라의 어떤 사람을 본받지 말라는 뜻이다. 무슨 말인가 하면, 송나라의 어떤 사람이 모가 잘 자라지 않는다고 조급하게 생각한 나머지 모를 일일이 조금씩 뽑아 내어 빨리 자라기를 기다렸다고 한다. 그러고는 집으로 돌아와 '아, 오늘은 피곤하구나. 모가 잘 자라지 않아 내가 빨리 자라도록 도와주고 돌아오는 길이다.' 하고 말하자, 그 아들이 놀라 급히 밭으로 달려가 보니 모들은 모두 시들어 있었다고 한다.

이 이야기는 그저 웃을 일만은 아니다. 천하의 사람들을 보건대, 방금 말한 송나라 사람처럼 모가 자라는 것을 도와준답시고 뽑아 올리는 멍청한 짓을 하는 이가 적지 않다. 호연지기를 기르는 일이 소용없는 짓이라고 생각하여 노력하지 않는 사람은 마치 모 주위에 돋아난 잡초를 뽑아 주지 않는 사람과 같으며, 무리하게 호연지기를 빨리 기르려고 하는 사람은 마치 송나라 사람처럼 모를 뽑아 올려 스스로 해를 자초할 뿐만 아니라, 오히려 호연지기를 해치는 경우와 같다.」

「잘 알겠습니다. 그런데 선생님께서는 남의 말을 잘 이해할 수 있다고 하셨는데, 그것은 무슨 뜻입니까?」

「나는 편파적인 말을 하는 자를 보면 그의 마음이 무엇엔가 가려져 있음을 알고, 과장된 말을 늘어놓는 자를 보면 그의 마음이 무엇엔가 빠져 있음을 알며, 사악한 말을 하는 자를 보면 그의 마음이 바른 도리에서 떠나 있음을 알 수 있고, 변명만 늘어놓는 자를 보면 그의 마음이 궁지에 몰려 있다는 사실을 알 수 있다. 이러한 말은 모두 마음이 그러하여서 하게 되는 것인데, 그러한 말을 행하는 정치가의 마음이 바르지 않아 위와 같은 마음을 먹으면 정치가 바로 서지 않을 것이며, 나아가서는 국가의 대사도 그르치고 말 것이다. 지금 내가 한 말은 옛 성인께서 다시 나타나신다 해도 옳다고 하실 것이다.」

「공자의 제자 중에 재아(宰我)와 자공(子貢)은 말솜씨가 뛰어났고, 안연·민자건·염백우는 덕행이 뛰어난 사람들이었습니다. 공자께서는 이 두 가지를 겸비하고 계시면서도 '나는 말에 능란하지 못하다.'고 하셨습니다. 그런데 선생님께서는 '나는 남의 말을 잘 이해하고 호연지기를 기른다.'고 하셨으니, 선생님께서는 벌써 성인의 경지에 이르신 것으로 보입니다.」

「허어, 무슨 말이냐. 예전에 자공이 공자께 '선생님께서는 성인이십니까?' 하고 여쭤 보자 공자께서는 '내가 어찌 성인의 경지에까지 이르렀겠느냐. 나는 다만 스스로 배우는 것에 싫증을 내지 않고, 남을 가르치는 것에 게으름을 피우지 않을 따름이다.' 라고 말씀하셨다. 그러자 자공이 다시 '배우는 것에 싫증을 내지 않음은 지혜로운 일이고, 가르치는 것에 게으르지 않음은 어진 일입니다. 어질고 지혜로움을 모두 갖추신 선생님께서는 성인이십니다.' 하고 말씀드렸다. 성인이신 공자께서도 스스로 성인이라고 자처하시지는 않으셨거늘 하물며 나를 성인이라고 하다니 그건 안될 말이다.」

「예전에 제가 들은 바로는 자하·자유·자장은 성인이신 공자의 일부분만을 계승하였고, 염백우·민자건·안연은 공자의 모든 면을 계승하기는 했으나 개성이 미약했다고 합니다. 송구합니다만, 선생님께서는 이들 가운데 어떤 사람의 위치에 계시는지요?」

「그 이야기는 뒤로 미루도록 하자.」

「그렇다면 백이와 이윤은 어떻습니까?」

「두 사람은 처세하는 방법이 달랐다. 백이는 올바른 임금이 아니면 섬기지 않았고, 의로운 백성이 아니면 부리지 않았으며, 세상에 도가 시행되어 나라가 잘 다스려지면 나아가 정치에 참여하고, 세상이 어지러워지면 물러나 숨어 지냈다. 그런데 이윤은 이와는 달리 어떤 임금이라도 섬기면 내 임금이고, 어떤 백성이라도 부리면 내 백성이라고 생각하였으며, 세상이 잘 다스려질 때나 어지러울 때나 가리지 않고 정치에 참여했다. 섬겨야 할 때 섬기고, 물러가야 할 때가 오면 물러가며, 벼슬을 오래 해야 할 때면 오래 하고, 물러나는 게 좋을 때가 오면 빨리 물러나는 게 공자의 처세술이었다. 이분들은 모두 성인이시라 나는 그 어느 분의 태도도 따라 할 수는 없다. 하지만 나는 공자의 태도를 본받고 싶구나.」

맹자가 백이와 이윤을 성인인 공자와 동등하게 예우하자 공손추는 의아해하며 물었다.

「백이와 이윤이 공자와 동등하다는 말씀이십니까?」

「그렇지는 않다. 이 세상에 사람이 생긴 이래로 공자같이 위대한 분은 아직 없었다.」

「그렇다면 무언가 같은 점이라도 있습니까?」

「물론 같은 점이 있지. 사방 백 리의 땅을 얻어서 그곳 임금이 되어 정치를 했다 해도, 세 분은 모두 제후들을 복종시켜 천하를 통일하셨을 것이다. 그러나 의롭지 않은 일을 단 한

가지만 행하면 되고, 죄 없는 백성을 단 한 사람만 죽이면 천하를 차지할 수 있는 상황이었다 해도 세 분은 결코 그 일을 행하지 않았을 것이다. 이것이 세 분의 공통점이다.」
「그러면 세 분의 다른 점은 무엇입니까?」
「공자의 제자인 재아·자공·유약의 지혜는 모두 성인을 알아보기에 충분했다. 그들은 자기들이 좋아하는 인물이라고 해서 무턱대고 추켜세우거나 편을 들지는 않았다. 그러니 그들이 했던 이야기를 보자.
재아는 이렇게 말했다. '내가 보기에 선생님의 덕은 요임금과 순임금보다 훨씬 뛰어났다.'
자공은 이렇게 말했다. '어느 한 사람이 후세에 남겨 놓은 예를 보면 그가 행했던 정치를 알 수 있고, 어느 한 사람이 후세에 제정해 놓은 음악을 들어보면 그의 덕을 알 수 있는 바, 그러한 예악을 근거로 하여 지금의 시점에서 백 대 이전의 임금들을 비교해 본다 해도 조금도 틀림이 없을 것이다. 이렇게 비교해본다면 인류 발생이래 아직 선생님처럼 훌륭한 분은 없었다.'
유약은 이렇게 말했다. '같은 종족 가운데 특히 뛰어난 존재가 있는 것은 사람의 경우 뿐만은 아니다. 짐승에 있어서는 기린이, 새에 있어서는 봉황이, 언덕에 있어서는 태산이, 고인 물에 있어서는 황하와 바다가 그러하다. 이것들은 모두 동류의 것들이다. 훌륭한 성인도 사람이라는 점에서는 일반 백성들과 동류인데, 그 동류 중에서 매우 뛰어나면서, 여러 훌륭한 인물 중에서도 더욱 뛰어난 인물이 바로 공자로서, 이 세상에 인류가 생겨난 이래로 공자보다 더 위대한 성인은 없었다.'
이를 봐도 공자가 백이나 이윤 같은 성인보다 더 훌륭하다는 것을 알 수 있지 않겠느냐?」

公孫丑問曰 夫子加齊之卿相 得行道焉 雖由此覇王 不異矣 如此
공 손 추 문 왈 　 부 자 가 제 지 경 상 　 득 행 도 언 　 수 유 차 패 왕 　 불 이 의 　 여 차

則動心 否乎 孟子曰 否 我四十不動心 曰若是則夫子過孟賁 遠矣
즉 동 심 　 부 호 　 맹 자 왈 　 부 　 아 사 십 부 동 심 　 왈 약 시 즉 부 자 과 맹 분 　 원 의

曰是不難 告子 先我不動心 曰不動心 有道乎 曰有 北宮黝之養勇
왈 시 불 난 　 고 자 　 선 아 부 동 심 　 왈 부 동 심 　 유 도 호 　 왈 유 　 북 궁 유 지 양 용

也 不膚撓 不目逃 思以一毫挫於人 若撻之於市朝 不受於褐寬博
야 　 불 부 뇨 　 불 목 도 　 사 이 일 호 좌 어 인 　 약 달 지 어 시 조 　 불 수 어 갈 관 박

亦不受於萬乘之君 視刺萬乘之君 若刺褐夫 無嚴諸侯 惡聲至 必反
역 불 수 어 만 승 지 군 　 시 자 만 승 지 군 　 약 자 갈 부 　 무 엄 제 후 　 악 성 지 　 필 반

之 孟施舍之所養勇也 曰 視不勝 猶勝也 量敵而後進 慮勝而後會
지 　 맹 시 사 지 소 양 용 야 　 왈 　 시 불 승 　 유 승 야 　 량 적 이 후 진 　 려 승 이 후 회

是畏三軍者也 舍豈能爲必勝哉 能無懼而已矣 孟施舍 似曾子 北宮
시 외 삼 군 자 야 　 사 기 능 위 필 승 재 　 능 무 구 이 이 의 　 맹 시 사 　 사 증 자 　 북 궁

黝 似子夏 夫二子之勇 未知其孰賢 然而孟施舍 守約也 昔者 曾子
유 　 사 자 하 　 부 이 자 지 용 　 미 지 기 숙 현 　 연 이 맹 시 사 　 수 약 야 　 석 자 　 증 자

謂子襄曰 子好勇乎 吾嘗聞大勇於夫子矣 自反而不縮 雖褐寬博 吾
위 자 양 왈 　 자 호 용 호 　 오 상 문 대 용 어 부 자 의 　 자 반 이 불 축 　 수 갈 관 박 　 오

不惴焉 自反而縮 雖千萬人 吾往矣 孟施舍之守氣 又不如曾子之守
불 췌 언 　 자 반 이 축 　 수 천 만 인 　 오 왕 의 　 맹 시 사 지 수 기 　 우 불 여 증 자 지 수

約也 曰敢問夫子之不動心 與告子之不動心 可得聞與 告子曰 不得
약야 왈감문부자지부동심 여고자지부동심 가득문여 고자왈 부득

於言 勿求於心 不得於心 勿求於氣 不得於心 勿求於氣 可 不得於
어언 물구어심 부득어심 물구어기 부득어심 물구어기 가 부득어

言 勿求於心 不可 夫志 氣之帥也 氣體之充也 夫志至焉 氣次焉
언 물구어심 불가 부지 기지수야 기체지충야 부지지언 기차언

故曰 持其志 無暴其氣 旣曰 志至焉 氣次焉 又曰 持其志 無暴其
고왈 지기지 무포기기 기왈 지지언 기차언 우왈 지기지 무포기

氣者 何也 曰志壹 則動氣 氣壹則動志也 今夫蹶者趨者 是氣也而
기자 하야 왈지일 즉동기 기일즉동지야 금부궐자추자 시기야이

反動其心 敢問夫子 惡乎長 曰我知言 我善養吾浩然之氣 敢問何謂
반동기심 감문부자 오호장 왈아지언 아선양오호연지기 감문하위

浩然之氣 曰難言也 其爲氣也 至大至剛 以直養而無害 則塞於天地
호연지기 왈난언야 기위기야 지대지강 이직양이무해 즉색어천지

之間 其爲氣也 配義與道 無是 餒也 是集義所生者 非義襲而取之
지간 기위기야 배의여도 무시 뇌야 시집의소생자 비의습이취지

也 行有不慊於心 則餒矣 我故 曰告子未嘗知義 以其外之也 必有
야 행유불협어심 즉뇌의 아고 왈고자미상지의 이기외지야 필유

事焉 而勿正心 勿忘 勿助長也 無若宋人然 宋人 有閔其苗之不長
사언 이물정심 물망 물조장야 무약송인연 송인 유민기묘지부장

而揠之者 芒芒然歸 謂其人 曰今日 病矣 予助苗長矣 其子趨而往
이알지자 망망연귀 위기인 왈금일 병의 여조묘장의 기자추이왕

視之 苗則槁矣 天下之不助苗長者 寡矣 以爲無益而舍之者 不耘苗
시지 묘즉고의 천하지부조묘장자 과의 이위무익이사지자 불운묘

者也 助之長者 揠苗者也 非徒無益 而又害之 何謂知言 曰詖辭 知
자야 조지장자 알묘자야 비도무익 이우해지 하위지언 왈피사 지

其所蔽 淫辭 知其所陷 邪辭 知其所離 遁辭 知其所窮 生於其心
기소폐 음사 지기소함 사사 지기소리 둔사 지기소궁 생어기심

害於其政 發於其政 害於其事 聖人復起 必從吾言矣 宰我子貢 善
해어기정 발어기정 해어기사 성인부기 필종오언의 재아자공 선

爲說辭 冉牛 閔子 顏淵善言德行 孔子兼之 曰我於辭命則不能也
위설사 염우 민자 안연선언덕행 공자겸지 왈아어사명즉불능야

然則夫子旣聖矣乎 曰惡 是何言也 昔者 子貢問於孔子曰 夫子 聖
연즉부자기성의호 왈오 시하언야 석자 자공문어공자왈 부자 성

矣乎 孔子曰 聖則吾不能 我學不厭而敎不倦也 子貢曰 學不厭 智
의호 공자왈 성즉오불능 아학불염이교불권야 자공왈 학불염 지

也 敎不倦 仁也 仁且智 夫子 旣聖矣 夫聖 孔子不居 是何言也 昔
야 교불권 인야 인차지 부자 기성의 부성 공자불거 시하언야 석

者 竊聞之 子夏 子游 子張皆有聖人之一體 冉牛 閔子 顏淵則具體
자 절문지 자하 자유 자장개유성인지일체 염우 민자 안연즉구체

而微 敢問所安 曰姑舍是 曰伯夷 伊尹何如 曰不同道 非其君不事
이미 감문소안 왈고사시 왈백이 이윤하여 왈부동도 비기군불사

非其民不使 治則進 亂則退 伯夷也 何事非君 何使非民 治亦進 亂
비기민불사 치즉진 난즉퇴 백이야 하사비군 하사비민 치역진 난

亦進 伊尹也 可以仕則仕 可以止則止 可以久則久 可以速則速 孔
역진 이윤야 가이사즉사 가이지즉지 가이구즉구 가이속즉속 공

子也 皆古聖人也 吾未能有行焉 乃所願 則學孔子也 伯夷 伊尹於
자야 개고성인야 오미능유행언 내소원 즉학공자야 백이 이윤어

孔子 若是班乎 曰否 自有生民而來 未有孔子也 曰然則有同與 曰
공자 약시반호 왈부 자유생민이래 미유공자야 왈연즉유동여 왈

有得百里之地而君之 皆能以朝諸侯有天下 行一不義 殺一不辜而
유득백리지지이군지 개능이조제후유천하 행일불의 살일불고이

得天下 皆不爲也 是則同 曰敢問其所以異 曰 宰我 子貢 有若 智
득천하 개불위야 시즉동 왈감문기소이이 왈 재아 자공 유약 지

足以知聖人 汙不至阿其所好 宰我曰 以予觀於夫子 賢於堯舜遠矣
족이지성인 오부지아기소호 재아왈 이여관어부자 현어요순원의

子貢曰 見其禮而知其政 聞其樂而知其德 由百世之後 等百世之王
자공왈 견기례이지기정 문기악이지기덕 유백세지후 등백세지왕

莫之能違也 自生民以來 未有夫子也 有若 曰豈惟民哉 麒麟之於走
막지능위야 자생민이래 미유부자야 유약 왈기유민재 기린지어주

獸 鳳凰之於飛鳥 太山之於邱垤 河海之於行潦 類也 聖人之於民
수 봉황지어비조 태산지어구질 하해지어행료 류야 성인지어민

亦類也 出於其類 拔乎其萃 自生民以來 未有盛乎孔子也
역류야 출어기류 발호기췌 자생민이래 미유성어공자야

— 〈공손추 · 상 2〉편은 앞의 〈공손추 · 상 1〉편과 합쳐 「맹자」 전편 가운데 가장 긴 문장이다. 앞의 1
편에서는 맹자의 정치사상을 드러냈으며, 이 편에서는 맹자의 수양론(修養論)을 설명하고 있다. 맹자가
주장하는 바가 이 두 편에 집약되었다고 해도 과언이 아닐 정도로 중요한 부분이다.

— 백이(伯夷)는 고죽국(孤竹國 : 지금의 허베이성 부근)의 왕자였으며, 그의 아우는 숙제(叔齊)였다.
그런데 부왕(父王)이 죽자 서로 왕위를 양보하다가 형제가 모두 나라를 떠났다. 그 무렵 제후국이었던
주(周)나라의 무왕(武王)이 무력으로 은(殷)나라의 주왕(紂王)을 치려고 하자 두 사람은 극구 무왕을 말
렸다. 그럼에도 불구하고 무왕은 자기의 뜻대로 주왕을 거세하자 두 사람은 무왕의 행위가 신하로서의
도리에 어긋났다며 주나라의 곡식을 먹지 않고 수양산으로 들어가 고사리를 캐어 먹고 지내다가 굶어
죽었다. 두 사람은 공자보다 5백 년 내지 6백 년 전의 사람들이었다. 마음이 맑고 곧은 사람의 본보기로
서 이들 형제의 이야기가 오늘날까지 전해오고 있다.

한 청년이 왕을 찾아가서 어떻게 살아야 성공할 수 있는지 성공비결을 가르쳐 달라고 했다.

왕은 말없이 잔에 포도주를 가득 따른 다음 청년에게 건네주고는 포도주 잔을 들고 시내를 한 바퀴 돌아오면 성공비결을 가르쳐주겠다고 했다.

그러고는 큰 소리로 군인을 불러 말했다.

"이 젊은 청년이 포도주 잔을 들고 시내를 한 바퀴 돌아올 것이다. 너는 칼을 빼어 들고 이 청년의 뒤를 따르라. 만약 청년이 포도주를 엎지르면 즉시 목을 내리쳐라!"

청년은 포도주를 한 방울이라도 떨어뜨릴까 긴장하여 식은 땀을 흘리며 시내를 한 바퀴 돌아왔다.

"시내를 한 바퀴 돌아왔으니 성공비결을 가르쳐주십시오."

청년이 말하자 왕은 청년에게 물었다.

"그래 시내를 도는 동안에 너는 무엇을 보고 무엇을 들었느냐."

"포도주가 쏟아질까 봐 잔에 집중하느라 아무것도 보고 들을 수 없었습니다."

그러자 왕이 말했다.

"이것이 네 삶의 성공비결이다. 네가 거리를 한 바퀴 돌면서도 그 포도주 잔만 바라보고 정신을 집중한 것처럼 네 인생의 모든 것에 집중하고 살면 성공할 것이다. 한눈팔지 않고 네가 하고자 하는 것에 집중하면 주위의 유혹과 악한 소리는 전혀 들리지 않을 것이다."

굴복(屈服)과 심복(心腹)의 차이

맹자가 말했다.

「무력으로 여러 나라를 제압해 나가면서 인을 가장하는 것은 패도이며, 패자는 반드시 큰 나라를 지니고 있어야 한다. 큰 나라가 없으면 여러 제후들을 굴복시키지 못하기 때문이다. 덕을 바탕으로 어진 정치를 베푸는 것은 왕도이니, 왕도를 하는 데 큰 나라가 꼭 필요한 것은 아니다. 덕으로써 여러 제후들을 감복시킬 수 있기 때문이다. 그래서 은나라 탕임금은 불과 사방 70리의 땅을 가지고도 천하에 왕도를 행하였고, 주나라 문왕은 사방 백 리의 땅을 가지고도 천하에 왕도를 펼칠 수 있었던 것이다.

힘으로 남을 굴복시키는 것은 심복시킨다는 것과는 다른데, 단지 힘이 모자라기 때문에 할 수 없이 복종하는 것뿐이다. 이와는 달리 덕으로써 남을 굴복시키는 것은 진심에서 우러나와 복종하는 것인데, 70명의 제자들이 공자에게 복종했던 경우와 같은 것이다.

또한 〈시경〉에 '서에서 동에서, 남이나 북이나 가릴 것 없이 무왕의 덕에 감화되어 모두가 무릎을 꿇었네' 라고 하였는데, 이것도 바로 그와 같은 경우를 이른 말이다.」

孟子曰 以力假仁者覇 覇必有大國 以德行仁者王 王不待大 湯以七
맹자왈 이력가인자패 패필유대국 이덕행인자왕 왕불대대 탕이칠

十里 文王以百里 以力服人者 非心服也 力不贍也 以德服人者 中
십리 문왕이백리 이력복인자 비심복야 력불섬야 이덕복인자 중

心悅而誠服也 如七十子之服孔子也 詩云 自西自東 自南自北 無思
심열이성복야 여칠십자지복공자야 시운 자서자동 자남자북 무사

不服 此之謂也
불복 차지위야

"무엇을 도와드릴까요. 부인?"

아브라함 링컨이 그의 집무실에 초대된 한 나이 든 부인에게 물었다.

나이 든 부인은 바구니를 책상 위에 놓으며 말했다.

"대통령 각하, 저는 오늘 저나 혹은 다른 사람을 위한 어떤 청을 가지고 온 것이 아닙니다. 저는 대통령께서 과자를 좋아한다는 소식을 듣고 이 바구니에 과자를 담아 가져왔습니다."

순간 위대한 대통령의 수척한 얼굴에는 눈물이 맺혔다. 대통령은 잠시 동안 말없이 서 있었다. 그리고 이렇게 말했다.

"부인! 당신의 사려 깊은 행동이 저를 감동시켰습니다. 제가 대통령이 된 이래 수많은 사람들이 이곳에 왔었습니다. 그러나 저를 보살펴 주신 분은 당신 한 분뿐이었습니다."

행복과 불행은 스스로 만드는 것

맹자가 말했다.

「어진 정치를 베풀면 나라가 번성하고, 어질지 못한 정치를 하면 나라가 침공을 받거나 내란이 일어나 치욕을 당하게 된다. 요즘 임금들은 치욕을 당하기는 싫어하면서도 어진 정치를 펼치지 않고 있으니, 이는 마치 습기를 싫어하면서 여전히 낮은 지대에 머물러 있는 것과 마찬가지이다. 만약 각국의 임금들이 치욕을 당하기 싫어한다면, 덕이 있는 어진 이를 귀하게 여기고, 유능한 인재를 존경하는 것보다 좋은 대책은 없을 것이다. 어진 이가 책임 있는 벼슬에 있고, 유능한 인재가 적합한 직책을 맡아 수행해 나간다면 나라가 잘 다스려져 우환이 없고 태평해질 것이다. 이때를 놓치지 않고 정책과 형벌을 명확히 하여 백성들이 나아갈 바를 제시하면 상대가 아무리 강국이라 하더라도 반드시 두려워하게 될 것이다.

〈시경〉에 '(주나라 문왕이) 하늘이 흐려 비가 오기 전, 뽕나무 껍질을 벗겨다가 창과 문을 손질해놓았으니, 이제 휘하의 백성들이 어찌 감히 나를 업신여기겠는가.' 라는 시가 있는데, 이에 대해 공자께서는 '이 시를 지은 사람은 자기 나라를 잘 다스리는 도(道)를 알고 있었던 모양이다. 자기 나라를 미리 잘 다스려두었는데 누가 감히 그 나라를 업신여기겠는가.' 라고 말씀하셨다. 그런데 지금은 나라가 웬만큼은 다스려져 평온한 상태인데, 그렇다고 해서 임금이 향락에 빠져 정사를 게을리 한다면 화를 자초하는 일이 될 것이다.

행복과 불행은 자기 스스로 구하지 않는 데도 찾아오는 법은 없다. 〈시경〉에 '길이길이 하늘이 내려준 뜻을 받들어 행하여, 스스로 그 복을 구하라.' 고 했다. 그리고 〈서경〉에는 '오히려 하늘이 내리는 화는 어느 정도 피할 수 있지만, 스스로 만든 화는 피할 수 없다.' 고 했다. 이는 모두 스스로가 행불행을 불러들인다는 뜻이다.」

孟子曰 仁則榮 不仁則辱 今惡辱而居不仁 是猶惡濕而居下也 如惡
맹자왈 인즉영 불인즉욕 금오욕이거불인 시유오습이거하야 여오

之 莫如貴德而尊士 賢者在位 能者在職 國家閒暇 及是時 明其政
지 막여귀덕이존사 현자재위 능자재직 국가한가 급시시 명기정

刑 雖大國 必畏之矣 詩云 迨天之未陰雨 徹彼桑土 綢繆牖戶 今此
형 수대국 필외지의 시운 태천지미음우 철피상두 주무유호 금차

下民 或敢侮予 孔子曰 爲此詩者 其知道乎 能治其國家 誰敢侮之
하민 혹감모여 공자왈 위차시자 기지도호 능치기국가 수감모지

今國家閒暇 及是時 般樂怠敖 是自求禍也 禍福無不自己求之者 詩
금국가한가 급시시 반락태오 시자구화야 화복무불자기구지자 시

云 永言配命 自求多福 太甲曰 天作孽 猶可違 自作孽 不可活 此
운 영언배명 자구다복 태갑왈 천작얼 유가위 자작얼 불가활 차

之謂也
지 위 야

유명한 한 조각가의 작품에 대한 이야기이다.

사람들의 존경을 한몸에 받고 부러울 것 없이 행복하게 살던 조각가에게 어느 날 불행한 사고가 일어났다.

조각에 쓸 재료인 대리석을 구하려고 채석장에 갔다. 그런데 일손이 부족하여 직접 채석 작업을 지휘하고 인부들과 함께 돌을 나르며 일을 하다가 갑자기 커다란 돌이 조각가의 오른손 위로 떨어졌다. 다행히 목숨은 건졌지만 간신히 돌을 들어내고 손을 꺼냈을 때 이미 오른손은 완전히 문드러져 버렸다. 의사들도 도저히 손을 쓸 수 없을 정도였다.

조각가로서의 그의 인생은 끝났다. 사고 이후 조각가는 두문불출하며 자신에게 닥친 현실을 원망하고 괴로워했다. 하루하루 시간이 흘러갔지만 망가진 오른손은 그에게 절망이라는 현실만 확인시켜줄 뿐이었다.

그러나 그 어떤 절망도 조각을 하고 싶다는 열망까지 포기시키진 못하였다. 자신의 운명을 저주하고만 있을 수 없었다. 그는 오른손을 포기하고 왼손으로 조각하는 것을 연습하기 시작했다.

그것은 큰 고통이었다. 그러나 그는 두 번 절망하지 않았다. 그는 꾸준히 땀을 흘리며 운명과 싸웠다.

오랜 시간이 지난 후 그는 작품활동에 들어갈 수 있었다. 그리고 그는 오른손으로 하던 조각보다 더욱 훌륭한 작품을 만들어냈다. 사람들은 그 작품을 마을 한가운데 세우고 작품의 이름을 붙였다. 그 작품의 이름은 '그럼에도 불구하고' 였다.

천하의 백성들을 흡수하려면

맹자가 말했다.

「어진 이를 존경하고 능력 있는 이에게 일을 맡겨, 빼어난 사람들이 적재적소에서 일을 하게 되면, 천하의 선비들은 모두가 기뻐해 그 나라의 조정에서 일하게 되기를 바랄 것이다. 시장에 대해서는 점포세만 징수하고 물품세는 걷지 않으며, 경기가 안 좋을 때는 점포세도 받지 않고 단속법을 만들어 단속만 한다. 그러면 천하의 상인들은 모두가 기뻐해 그 나라의 시장에다 상품을 저장하고 장사하게 되기를 바랄 것이다. 국경지대의 관문에서는 드나드는 사람들의 신분이나 물품만을 조사하고 관세나 통행세 같은 것을 받지 않는다. 그러면 천하의 여행자들은 모두가 기뻐해 그 나라의 도로로 통과하기를 바랄 것이다.

농민에게는 정전법을 적용하는데, 공전에 대해서만 세금을 물리고 사전에는 세금을 부과하지 않는다. 그러면 천하의 농민들이 모두 기뻐해 그 땅에서 농사짓기를 바랄 것이다. 주택에는 부역에 나가지 않았을 때 내는 벌과금인 부포, 택지 주변의 빈 땅에 뽕나무나 삼을 심지 않았을 때 내는 벌과금인 이포 등을 걷지 않는다. 그러면 천하의 백성들은 모두가 기뻐해 그 나라의 땅에다 집을 짓고 살게 되기를 바랄 것이다.

한 나라의 임금이 이 다섯 가지를 실천하면, 이웃나라 백성들은 마치 자기 부모처럼 우러러볼 것이다. 그러므로 이웃해 있는 어떤 다른 나라의 임금이 자기 백성들을 이끌고 부모처럼 존경하는 나라를 치게 하는 것은, 마치 자식에게 부모를 해치라고 하는 것과 같아서 그것이 성공을 거둔 사례는 인류가 생긴 이래 아직 한번도 없었다. 따라서 이를 실천하면 천하에 적이 없을 것이며, 천하에 적이 없는 임금이라면 천명을 받드는 하늘의 사자라 할 수 있다. 그러한 임금으로서 천하의 왕자가 되지 않은 자는 아직 없었다.」

孟子曰 尊賢使能 俊傑在位 則天下之士 皆悅而願立於其朝矣 市廛
맹자왈 존현사능 준걸재위 즉천하지사 개열이원립어기조의 시전

而不征 法而不廛則天下之商 皆悅而願藏於其市矣 關譏而不征 則
이부정 법이부전즉천하지상 개열이원장어기시의 관기이부정 즉

天下之旅 皆悅而願出於其路矣 耕者助而不稅 則天下之農 皆悅而
천하지려 개열이원출어기로의 경자조이불세 즉천하지농 개열이

願耕於其野矣 廛無夫里之布 則天下之民 皆悅而願爲之氓矣 信能
원경어기야의 전무부리지포 즉천하지민 개열이원위지맹의 신능

行此五者 則隣國之民 仰之若父母矣 率其子弟 攻其父母 自生民以
행차오자 즉린국지민 앙지약부모의 솔기자제 공기부모 자생민이

來 未有能濟者也 如此則無賊於天下 無賊於天下者 天吏也 然而不
래 미유능제자야 여차즉무적어천하 무적어천하자 천리야 연이불

王者 未之有也
왕자 미지유야

네 가지의 실마리[四端]에 대하여 성 선설(性善說)의 기본 이론

맹자가 말했다.

「사람이라면 누구에게나 남의 슬픔이나 고통을 차마 그대로 보아 넘기지 못하는 어진 마음, 즉 동정심이라는 것이 있다. 옛날의 성왕들은 모두 이러한 동정심을 가지고 있었고, 그러한 마음으로 정치를 했다. 이 같은 동정심을 가지고 정치를 해나간다면 천하를 다스리는 일이 마치 손바닥 위의 물건을 움직이는 것만큼이나 쉬울 것이다. 사람은 누구에게나 동정심이 있다고 한 까닭을 알아보면 이렇다. 예를 들어 한 어린아이가 우물에 빠졌다고 하자. 그러면 그곳을 지나가던 사람이라면 누구나 깜짝 놀라며 두려운 마음이 드는 것과 동시에, 아이를 불쌍하게 여기는 마음이 생겨날 것이다. 이러한 마음이 생기는 것은, 그 아이의 부모와 친교를 맺기 위해 그런 것도 아니고, 친구들에게 칭찬을 들으려고 그런 것도 아니며, 구해주지 않았다는 비난을 듣기 싫어서 그런 것도 아닐 것이다.

이렇게 볼 때 측은하게 여기는 마음이 없다면 사람이 아니고, 부정한 것에 대해 부끄럽고 증오하는 마음이 없다면 사람이 아니며, 사양하는 마음이 없어도 사람이 아니고, 옳고 그른 것에 대해 시비를 가릴 수 있는 마음이 없어도 사람이 아닌 것이다. 남의 불행을 측은하게 여기는 마음은 인의 실마리이며, 부정한 것에 대해 부끄럽고 증오하는 마음은 의의 실마리이다. 그리고 사양하는 마음은 예의 실마리이며, 옳고 그른 것의 시비를 가릴 수 있는 마음은 지의 실마리이다. 이것을 네 가지의 실마리, 즉 사단이라고 하는데, 모든 사람에게 이 사단이 있는 것은 마치 두 팔과 두 다리의 사지가 있는 것과 마찬가지 이치이다.

이 같은 사단을 가지고 있으면서도, 나 같은 자가 어떻게 그런 인의예지를 실현한단 말인가, 하고 자신을 비하하는 사람은 스스로를 해치는 자이며, 자기 임금은 도저히 그것을 실현할 수 없다고 치부하는 사람은 그 임금을 망치는 자이다.

따라서 이 네 가지의 도덕적 실마리가 자기에게 있다고 깨달은 사람은, 그 실마리를 확충시켜 자신을 더욱 충실하게 만들 수 있는 것이다. 이 사단은 마치 불이 처음으로 붙기 시작하고, 물이 처음으로 흐르기 시작하는 것과 같은 것이어서 장차 무한히 퍼져나갈 수 있는 것이다. 진정으로 이 사단을 잘 확충해 나가면 사해를 보전할 수 있을 것이고, 확충해 나가지 못한다면 부모도 올바로 섬기지 못할 것이다.」

孟子曰 人皆有不忍人之心 先王有不忍人之心 斯有不忍人之政矣
맹자왈　인개유불인인지심　선왕유불인인지심　사유불인인지정의

以不忍人之心 行不忍人之政 治天下 可運之掌上 所以謂人皆有不
이불인인지심　행불인인지정　치천하　가운지장상　소이위인개유불

忍人之心者 今人乍見孺子將入於井 皆有怵惕惻隱之心 非所以內
인인지심자　금인사견유자장입어정　개유출척측은지심　비소이납

交於孺子之父母也　非所以要譽於鄕黨朋友也　非惡其聲而然也　由
교 어 유 자 지 부 모 야　비 소 이 요 예 어 향 당 붕 우 야　비 오 기 성 이 연 야　유

是觀之　無惻隱之心　非人也　無羞惡之心　非人也　無辭讓之心　非人
시 관 지　무 측 은 지 심　비 인 야　무 수 오 지 심　비 인 야　무 사 양 지 심　비 인

也　無是非之心　非人也　惻隱之心　仁之端也　羞惡之心　義之端也
야　무 시 비 지 심　비 인 야　측 은 지 심　인 지 단 야　수 오 지 심　의 지 단 야

辭讓之心　禮之端也　是非之心　智之端也　人之有是四端也　猶其有
사 양 지 심　예 지 단 야　시 비 지 심　지 지 단 야　인 지 유 시 사 단 야　유 기 유

四體也　有是四端而自謂不能者　自賊者也　謂其君不能者　賊其君者
사 체 야　유 시 사 단 이 자 위 불 능 자　자 적 자 야　위 기 군 불 능 자　적 기 군 자

也　凡有四端於我者　知皆擴而充之矣　若火之始然　泉之始達　苟能充
야　범 유 사 단 어 아 자　지 개 확 이 충 지 의　약 화 지 시 연　천 지 시 달　구 능 충

之　足以保四海　苟不充之　不足以事父母
지　족 이 보 사 해　구 불 충 지　부 족 이 사 부 모

　　사람의 본성에서 우러나오는 네 가지의 도덕적 실마리가 있다. 즉 인에
서 우러나오는 측은지심, 의에서 우러나오는 수오지심, 예에서 우러나오는
사양지심, 지에서 우러나오는 시비지심을 가리켜 '사단'이라 한다.

　　맹자의 성선설은 인간의 본성은 착하다는 이론이다. 어린아이가 우물에
빠진 것을 보고 측은한 마음이 생기는 것은 인간의 본성인데, 그것은 인에
서 우러나오는 측은지심이다. 마찬가지로 인간에게는 악을 부끄럽게 여기
는 수오지심, 예에서 우러나오는 사양지심, 지에서 우러나오는 시비지심의
마음도 있는데, 이를 '사단'이라고 한다. 이 사단은 인의예지의 출발점이며
그것을 확충하면 선이 된다. 따라서 인간의 본성은 선인데, 악이라는 것은
그 본성인 선이 나쁜 욕망에 가려져 있기 때문에 생기는 것이며, 또한 나면
서부터 지니게 되는 착한 성품은 절대적인 것이 아니어서 나쁜 환경에 두
면 악하게 되므로, 항상 착한 마음을 키워 나가는 데 힘써야 한다는 것이다.

직업과 덕성(德性)의 관계

맹자가 말했다.

「화살을 만드는 사람이 갑옷을 만드는 사람보다 어질지 못하다고 말할 수야 없겠지만, 화살을 만드는 사람은 혹시 화살을 잘못 만들어서 사람을 해치지 못하게 될까봐 근심하고, 갑옷을 만드는 사람은 혹시 갑옷을 잘못 만들어 사람이 다치게 될까봐 걱정한다. 사람의 생명을 잘 보전하도록 빌어주는 무당과 시체를 넣을 관을 만드는 사람과의 관계도 이와 비슷하다. 그러므로 직업을 선택할 때는 신중하게 생각해야 하는 것이다.

공자께서는 '인 속에 안주하여 덕을 쌓는 일은 훌륭한 일이다. 그런데도 인에 안주하기를 꺼리는 사람이 있다면 어찌 지혜롭다고 말할 수 있겠는가.' 라고 말씀하셨다. 무릇 인이라는 것은 하늘이 부여한 가장 귀한 작위이며, 사람이 안주할 수 있는 보금자리이다. 아무도 막는 이가 없는데 인을 행하지 않는 자가 있다면 정말 지혜롭지 못한 사람일 것이다.

인자[仁]하지도 지혜[智]롭지도 못한 사람이 예의[禮]나 의리[義]가 있을 리 없겠지만, 이런 사람은 결국 남에게 부림을 당하게 될 것이다. 남에게 부림을 당할 수밖에 없는 사람이 부림을 당하는 것을 부끄러워하는 것은 마치 활을 만드는 사람이 활 만드는 것을 부끄러워하거나, 화살을 만드는 사람이 화살 만드는 것을 부끄러워하는 것과 마찬가지이다. 그토록 부끄럽게 생각할 바에야 처음부터 인을 쌓아나갔으면 좋았을 것 아닌가.

어진 사람의 태도는 활을 쏘는 것과 같다. 활을 쏘는 사람은 먼저 자기 몸을 바르게 가다듬은 다음에 화살을 떠나보낸다. 그런 후 과녁에 명중하지 않아 대결에서 패해도 이긴 자를 원망하는 법은 없다. 다만 패한 원인을 자기 안에서 발견하려고 노력한다. 어진 사람이란 바로 이러한 사람을 가리키는 것이다.」

孟子曰 矢人豈不仁於函人哉 矢人惟恐不傷人 函人惟恐傷人 巫匠
맹자왈 시인기불인어함인재 시인유공불상인 함인유공상인 무장

亦然 故術不可不愼也 孔子曰 里仁爲美 擇不處仁 焉得智 夫仁 天
역연 고술불가불신야 공자왈 리인위미 택불처인 언득지 부인 천

之尊爵也 人之安宅也 莫之禦而不仁 是不智也 不仁 不智 無禮 無
지존작야 인지안택야 막지어이불인 시부지야 불인 부지 무례 무

義 人役也 人役而恥爲役 由弓人而恥爲弓 矢人而恥爲矢也 如恥之
의 인역야 인역이치위역 유궁인이치위궁 시인이치위시야 여치지

莫如爲仁 仁者如射 射者正己而後發 發而不中 不怨勝己者 反求諸
막여위인 인자여사 사자정기이후발 발이부중 불원승기자 반구저

己而已矣
기이이의

링컨이 대통령이 된 뒤 어느 날 아침, 백악관에서 비서가 대통령에게 급한 용무가 있어 대통령을 찾으러 복도로 나갔다. 비서가 무심코 복도를 걸어가는데 한 모퉁이에서 꾸부리고 앉아서 신을 닦고 있는 사람이 있었다. 비서가 이상하다 싶어서 가까이 가서 자세히 보니 그 사람은 다름 아닌 자기가 찾고 있는 링컨 대통령이 아닌가!

그렇지 않아도 링컨 대통령을 헐뜯기 좋아하는 사람들이 "링컨 대통령은 시골뜨기라서 대통령으로서 품위가 없다."고 비난하는 소리를 듣고 있던 터라 비서는 대통령에게 충고를 해야 할 때가 바로 지금이라고 생각했다.

"대통령 각하! 이런 일은 다른 사람을 시키십시오. 대통령의 신분으로서 그런 일을 하신다면…… 게다가 다른 사람들이 이런 모습을 본다면 좋지 않습니다."

이 말을 들은 링컨은 빙그레 웃으면서 말했다.

"아, 신을 닦는 것이 부끄러운 일인가? 그렇게 생각하는 자네들이 잘못 생각하는 것은 아닐까? 대통령이나 구두닦이나 다 같이 세상 일을 하는 사람이네."

이렇게 말하고 잠시 쉬었다가 링컨은 다시 말을 이었다.

"세상에는 천한 직업은 없네. 다만 천한 사람이 있을 뿐이지."

기꺼이 남의 선을 취하라

맹자가 말했다.

「공자의 제자인 자로는 남이 자기의 잘못을 지적해주면 기뻐하였으며, 하나라 우임금은 교훈이 될만한 좋은 말을 들으면 절을 했다.

순임금은 더욱 훌륭하시어 다른 사람과 더불어 선을 함께 행하셨는데, 남에게 선한 점이 있으면 자신의 선하지 못한 점을 버리고 그의 선한 점을 취해 행동하기를 즐겨했다.

순임금은 몸소 농사를 짓고 질그릇을 굽고 고기를 잡던 낮은 신분이던 시절부터 임금이 되었을 때까지 남에게 선한 점이 있으면 언제나 그것을 취해 행동했다.

다른 사람들의 선을 취해서 행동하는 것은, 곧 그 사람이 선을 행하도록 도와주는 것이다. 그러므로 군자는 남들에게 선을 행하도록 도와주는 것보다 더 위대한 일은 없는 것이다.」

孟子曰 子路 人告之以有過則喜 禹聞善言則拜 大舜有大焉 善與人
맹자왈 자로 인고지이유과즉희 우문선언즉배 대순유대언 선여인

同 舍己從人 樂取於人以爲善 自耕稼陶漁以至爲帝 無非取於人者
동 사기종인 락취어인이위선 자경가도어이지위제 무비취어인자

取諸人以爲善 是與人爲善者也 故君子莫大乎與人爲善
취제인이위선 시여인위선자야 고군자막대호여인위선

🐝 ● ● ● ● ● ●

미국의 초대 대통령인 조지 워싱턴에 관한 이야기이다.

워싱턴이 한번은 직접 나가서 현장 시찰을 하였다.

현장 한쪽에서 아홉 사람이 큰 재목 하나를 운반하지 못해 안절부절하며 크게 고생하고 있었다.

그러나 감독관은 옆에서 지시만 할 뿐 보고만 있었다.

워싱턴은 겉옷을 벗고 그들에게 가서 손수 일을 도와주었다. 그리고 감독관에게 물었다.

"왜 당신은 좀 도와주지 않습니까?"

지금 일을 도와준 사람이 대통령이라고는 전혀 생각하지 못한 감독관이

이렇게 말했다.

"그건 내 일이 아니오. 나는 감독하는 사람입니다."

이 말을 듣자 워싱턴 대통령은 자기의 명함을 꺼내 주면서 말했다.

"나는 이런 사람인데 이 다음에 또 이런 어려운 일이 있거든 불러 주시오."

워싱턴 대통령이 건네준 명함을 본 감독관은 깜짝 놀라 어찌할 바를 몰랐다.

백이와 유하혜에 대한 평가

맹자가 말했다.

「백이는 이상적인 군주가 아니면 섬기지 않았고, 사귈만한 사람이 아니면 친구로 삼지 않았으며, 부정한 임금의 조정에는 서지 않았고, 악한 사람과는 말도 하지 않았다. 그는 부정한 임금의 조정에 서서 악한 사람과 말하는 것을, 마치 조정의 예관을 갖추고 진흙탕이나 잿더미에서 뒹구는 것으로 여겼다. 이처럼 악을 증오하는 마음으로 미루어볼 때, 마을 사람들과 함께 있을 경우 누군가의 관이 바르지 않다면 그는 뒤도 돌아보지 않고 자리를 떴을 것이다. 왜냐하면 그 사람으로 인해 자신도 더럽혀진다고 여겼을 것이기 때문이다. 이 정도였으니 제후들이 아무리 좋은 말로 그를 초빙해도 응하지 않았는데, 이는 제후들의 평소 행실을 달갑게 여기지 않았기 때문이다.

그러나 노나라 대부 유하혜는 백이와는 정반대였다. 그는 부정한 임금을 섬겨도 별로 부끄러워하지 않았고, 하찮은 벼슬이라도 창피하게 여기지 않았다. 그는 스스로 자신의 현명함을 숨기려 하지 않아 벼슬에 나아가 자기 신념대로 일을 추진해나갔고, 버림을 받는다 해도 원망하지 않았으며, 가난에 시달려도 걱정하지 않았다. 그래서 그는 '너는 너이고 나는 나다. 내 곁에서 너희들이 벌거벗고 설친다해도 너희들이 더럽혀질 뿐이지 나는 더럽혀지지 않는다.'고 말했다. 그러므로 그는 악인들과 함께 있다 해도 자기를 잃어버리는 일이 없었다. 또한 그를 조정에 머물라고 만류하는 사람이 있으면 늘 머물렀다. 굳이 그 자리를 마다하고 떠나는 것이 신통한 일은 아니라고 생각했기 때문이다.」

맹자가 이 두 사람에 대해 이렇게 평가했다.

「백이는 지나치게 결백하여 속이 좁았다 할 수 있고, 유하혜는 너무 털털하다 못해 거만한 면이 있었다. 속이 좁은 것이나 거만한 것은 모두 군자가 취할 바가 아니다.」

孟子曰 伯夷 非其君不事 非其友不友 不立於惡人之朝 不與惡人言
맹자왈 백이 비기군불사 비기우불우 불립어악인지조 불여악인언

立於惡人之朝 與惡人言 如以朝衣朝冠 坐於塗炭 推惡惡之心 思與
입어악인지조 여악인언 여이조의조관 좌어도탄 추오악지심 사여

鄉人立 其冠不正 望望然去之 若將浼焉 是故諸侯雖有善其辭命而
향인립 기관부정 망망연거지 약장매언 시고제후수유선기사명이

至者 不受也 不受也者 是亦不屑就已 柳下惠 不羞汙君 不卑小官
지자 불수야 불수야자 시역불설취이 류하혜 불수오군 불비소관

進不隱賢 必以其道 遺佚而不怨 阨窮而不憫 故曰爾爲爾 我爲我
진불은현 필이기도 유일이불원 액궁이불민 고왈이위이 아위아

雖袒裼裸裎於我側 爾焉能浼我哉 故由由然與之偕而不自失焉 援
수단석라정어아측 이언능매아재 고유유연여지해이부자실언 원

而止之而止 援而止之而止者 是亦不屑去已 孟子曰 伯夷隘 柳下惠
이지지이지 원이지지이지자 시역불설거이 맹자왈 백이애 류하혜

不恭 隘與不恭 君子不由也
불공 애여불공 군자불유야

🏵 • • • • • •

스페인의 아라곤 왕국을 다스리던 아라곤 왕이 신하들과 함께 백성들의
삶을 살피러 궁 밖으로 나갔다. 한 보석가게 앞을 지나다가 정말 마음에 드
는 보석이 눈에 띄었다.

왕은 신하들과 함께 가게 안으로 들어가 주인에게 이것저것 물으며 보석
하나를 구입하였고 잠시 후 보석가게를 나섰다.

한참 걷고 있는데 보석가게 주인이 당황한 얼굴로 급히 따라왔다.

"폐하, 너무너무 죄송하옵니다. 폐하가 다녀가시고 저희 보석가게에서
제일 비싼 다이아몬드가 없어졌습니다."

왕은 그 말을 듣고 신하들과 함께 다시 보석가게로 되돌아갔다.

왕은 한참을 생각끝에 주인에게 소금을 가득 채운 항아리 하나를 가져오
라고 했다. 주인은 곧 항아리를 가져왔고 왕은 신하들에게 말했다.

"지금부터 그대들은 한 사람씩 소금항아리 속에 손을 넣었다가 꺼내도록
하시오."

왕의 명령대로 신하들이 소금항아리에 손을 넣었다 뺀 후에 항아리의 소
금을 쏟고 보니 과연 소금 속에서 다이아몬드가 나왔다.

왕은 관대하고 현명한 사람이어서 다이아몬드를 훔친 사람에게는 잘못
을 뉘우치는 기회를 주고, 보석가게 주인에게는 잃어버린 보석을 다시 찾
을 수 있도록 했다.

제 2 장 · 하

公孫丑

章句 · 下

공손추 장구 · 하

싸움에는 인화(人和)가 가장 중요

맹자가 말했다.

「전쟁의 요건으로, 하늘이 내리는 기회[天時]일지라도 지리적인 이점을 살리는 것만 못하고, 땅의 이점을 살리는 것도 사람들간의 인화를 살리는 것만 못하다. 그 예로써 사방 3리밖에 안 되는 좁은 성의 내부와 사방 7리밖에 안 되는 성곽을 공격해도 이기지 못할 때가 있다. 적을 공격할 때는 반드시 하늘이 주는 기회, 즉 안개라든가 바람의 방향, 어둡고 밝음을 이용할 것이 당연한데, 그러고도 이기지 못하는 것은 결국 천시가 자연적인 조건의 유리함보다는 못하기 때문인 것이다.

그런가 하면 성이 얕지도 않고, 호가 깊지 않은 것도 아니며, 무기가 날카롭지 않은 것도 아니고, 식량이 부족한 것도 아닌데, 성을 버리고 후퇴해야 하는 경우가 있다. 이것은 아무리 지리적인 여건이 좋다 해도 사람들간의 인화만 못하다는 것을 보여주는 예이다.

그러므로 예로부터 '백성들을 잡아두려고 국경선을 그어놓을 일이 아니고, 나라를 견고하게 지키려고 험준한 지역을 이용할 일이 아니며, 천하에 위엄을 과시하려고 병기를 견고한 것으로 다질 필요가 없다.'는 말이 있었던 것이다.

바른 도리에 입각해서 행동하면 돕는 자가 많을 것이고, 그렇지 못하면 돕는 자가 줄어들 것이다. 후자가 극에 달하면 친척들까지도 등을 돌릴 것이며, 전자가 극에 달하면 천하의 백성들이 모두 따르게 될 것이다. 이렇게 볼 때 전자가 후자를 이기는 것은 당연한 일이다.

따라서 군자는 싸우지 않을 뿐이지, 일단 싸움을 시작하면 반드시 이기기 마련인 것이다.」

孟子曰 天時不如地利 地利不如人和 三里之城 七里之郭 環而攻之
맹자왈 천시불여지리 지리불여인화 삼리지성 칠리지곽 환이공지

而不勝 夫環而攻之 必有得天時者矣 然而不勝者 是天時不如地利
이불승 부환이공지 필유득천시자의 연이불승자 시천시불여지리

也 城非不高也 池非不深也 兵革非不堅利也 米粟非不多也 委而去
야 성비불고야 지비불심야 병혁비불견리야 미속비불다야 위이거

之 是地利不如人和也 故曰域民不以封疆之界 固國不以山谿之險
지 시지리불여인화야 고왈역민불이봉강지계 고국불이산계지험

威天下不以兵革之利 得道者多助 失道者寡助 寡助之至 親戚畔之
위천하불이병혁지리 득도자다조 실도자과조 과조지지 친척반지

多助之至 天下順之 以天下之所順 攻親戚之所畔 故君子有不戰 戰
다조지지 천하순지 이천하지소순 공친척지소반 고군자유부전 전

必勝矣
필승의

군대를 이끌고 자기 부대보다 10배나 많은 적군과 싸우게 된 한 장군의 이야기이다. 누가 봐도 질 수밖에 없는 전투를 치러내야 하는 장군은 전투도 해보기 전에 군사들의 사기가 떨어져 이미 패배를 한 것 같았다.

전쟁터로 향하던 장군은 군사들을 멈추고 작은 절에 들러 기도를 드렸다. 기도를 드리는 장군의 모습에서 군사들은 작은 희망을 붙잡으려고 하였다. 기도를 마친 장군은 군사들을 향해 동전을 하나 꺼내들고 말했다.

"이제 기도를 마쳤으니 나는 이 동전으로 승부의 점을 쳐보겠다. 동전의 앞면이 나오면 우리가 승리하게 될 것이고, 뒷면이 나오면 우리는 패배하여 모두 죽게 될 것이다."

지푸라기라도 잡고 싶은 심정의 군사들 앞에서 장군은 비장하게 동전을 하늘 높이 던졌다. 군사들은 숨을 죽이고 동전을 주시했다. 동전이 던져지고, 잠시 후 바닥에 떨어진 동전은 앞면을 향하고 있었다.

"와! 앞면이다! 우리는 이겼다!"

군사들의 사기는 하늘을 찌를 듯했다.

드디어 결전의 장소에서 적군과 맞닥뜨린 군사들은 전혀 패배를 앞둔 나약한 모습이 아니었다. 적군과 싸운 그들은 결국 10배나 많은 적을 당당하게 이겼다.

전투가 끝나고 승리를 축하하는 자리에서 한 장교가 장군에게 말했다.

"운명의 결정이란 어찌할 수 없나 봅니다. 저희가 그 어려운 전쟁에서 이기다니……."

그러자 장군이 웃으며 말했다.

"글쎄! 운명은 주어지는 게 아니라 만들어가는 게 아닐까. 그 동전은 모두 앞면이었다네."

인덕(仁德)에 대한 맹자의 자부심

맹자가 직접 제나라 선왕을 만나러 가려는 참이었는데, 선왕이 사람을 보내 이런 말을 전했다.

「사실 내가 찾아가 뵙고자 했는데 감기에 걸려 바깥바람을 쐴 수가 없게 되었습니다. 선생께서 조정에 나오시면 뵙고 싶은데 그렇게 해주시겠습니까?」

선왕이 감기를 핑계삼아 가만히 앉아서 자기를 불러들이려는 속셈이 있음을 알아차린 맹자는 속으로 불쾌하게 여기며 만나러 갈 계획을 취소해 버리고 이렇게 전해달라고 말했다.

「불행히 나 역시 병이 나서 조정에 나갈 수가 없겠군요.」

그 다음날, 맹자가 제나라 대부 동곽씨의 집으로 문상을 가려고 하자 제자인 공손추가 의아하게 생각하여 물었다.

「선생님께서는 어제 몸이 불편하시다며 조정에 나오시라는 왕명도 거절하셨는데 오늘 문상을 가시려 하니 이는 잘못된 일이 아닙니까?」

그러자 맹자가 말했다.

「어제는 병이 나서 그랬지만 오늘은 다 나았으니 조문을 안 갈 수 있겠느냐?」

맹자가 집을 나간 후에 선왕의 사자가 다시 의사를 대동하고 찾아왔다. 맹자의 집을 지키고 있던 맹중자가 당황하여 이렇게 둘러대었다.

「어제 임금께서 제 선생님을 조정으로 들어오시라고 명하셨지만 본의 아니게 병이 나서 가지 못하셨습니다. 그런데 오늘은 병에 차도가 있어 급히 조정으로 달려가셨는데, 당도 하셨나 모르겠습니다.」

사자가 돌아가자 맹중자는 곧 사람을 시켜 조문하고 돌아오는 길목을 지켰다가 맹자를 만나면, 집으로 돌아오지 마시고 지금 급히 조정으로 들어가시라고 전하게 했다. 마침내 맹자가 그 말을 전해 듣고 집으로 돌아가는 것도 안 될 것 같고, 조정으로 들어가는 것도 내키지 않아 제나라 대부인 경추(景丑)씨의 집으로 갔다.

경추씨는 맹자가 찾아온 경위를 듣고 이렇게 물었다.

「집안에서의 아버지와 아들의 관계와 밖에서의 임금과 신하의 관계는 가장 큰 인륜입니다. 부자간에는 은애를 위주로 하고 군신간에는 존경을 위주로 한다고 들었습니다. 그런데 저는 임금께서 선생님을 존경하는 것은 보았지만, 선생님께서 우리 임금을 존경하시는 모습은 보지 못했습니다.」

맹자는 이 말을 듣자 비위가 상해 이렇게 말했다.

「아니 그게 무슨 말입니까? 가만히 보니까 제나라 사람 중에는 인의의 마음에 입각해서 임금께 말씀드리는 이가 없는데, 이는 인의가 나쁘고 불미스런 것이라고 생각하기 때문은 아닐 것입니다. 혹 제나라 사람 중에 '우리 임금은 그럴 만한 인물이 못되는데 어찌 함께 인의를 논하겠는가?' 하고 생각하는 이가 있다면, 이보다 더 불경스러울 수는 없을 것입니다. 하지만 나는 임금께 말씀을 드릴 때마다 요순의 도가 아니면 감히 입 밖으로 꺼내지도 않았습니다. 그것은 선왕께서도 요순의 도를 행할 수 있는 분이라고 생각했기 때문입니다. 그러므로 제나라 사람 중에 나보다 더 임금을 존경하는 사람은 없을 것입니다.」

「제가 선생님께 우리 임금을 존경하지 않는다고 말한 것은 임금께 요순의 도를 말씀드리지 않았다는 게 아닙니다. 〈예기〉에 보면 '아버지가 부를 때는 대답할 사이도 없이 뛰어가고, 임금이 부르시면 수레에 말을 맬 틈도 없이 달려간다.' 고 나와 있습니다. 선생께서는 원래 조정에 들어가시려고 하다가 임금의 부름을 받고 오히려 가지 않으셨으니, 이는 방금 전에 말씀드린 〈예기〉의 취지에 어긋나는 게 아닙니까?」

「나 역시 군신간의 소명에 관한 예법을 가지고 하는 말이 아닙니다. 증자께서는 '진나라나 초나라 같은 대국의 부를 내가 따라갈 수는 없지만, 그들이 부를 가지고 위세를 부린다면 나는 내가 갖고 있는 인의 덕으로 상대해줄 것이고, 그들이 작위를 자랑하면 나는 내가 가지고 있는 의의 덕으로 상대해줄 것이니, 내가 어찌 그들보다 못하단 말인가.' 하고 말씀하셨습니다. 증자께서 도리에 맞지도 않는 것을 말씀하셨겠습니까? 그 말씀 또한 하나의 도일 것입니다.

천하에는 보편적으로 존경을 받는 것이 세 가지 있습니다. 벼슬이 그 하나이고, 나이가 그 하나이며, 덕이 그 하나입니다. 조정에서는 작위를 높이 치고, 향리에서는 연령을 높이 치고, 백성을 지도하는 데는 도덕을 높이 칩니다. 그런데 그 셋 중에 하나만 가지고 있으면서 어찌 그 둘을 무시할 수가 있단 말입니까?

그러므로 장차 큰 일을 하려는 임금에게는 반드시 불러들여서 보지 않는 훌륭한 신하가 있기 마련이니, 상의할 일이 생기면 몸소 찾아가서 만나는 것입니다. 임금이 덕을 존중하고 도를 즐기는 것이 이 정도도 되지 않아 가지고는 대사를 이룰 수가 없을 것입니다.

그래서 탕임금께서도 이윤을 스승으로 대접하여 천하를 다스리는 길을 배우고 난 뒤에 재상으로 등용하여 신하로 삼은 것입니다. 그리하여 탕임금께서는 아주 수월하게 왕업을 이룩하신 것입니다. 또한 환공도 관중을 처음에는 스승으로 대접하여 배우고 난 뒤 재상으로 등용하여 신하로 삼았습니다. 그리하여 환공도 아주 수월하게 패업을 이룬 것입니다.

지금 천하 각국의 영토가 비슷하고, 제후의 덕망도 거의 비슷하여 어느 한 나라가 다른 나라를 압도하지 못하는 것은 별다른 이유가 있기 때문이 아닙니다. 제후들이 자기가 가르쳐 줄 수 있는 미천한 사람들은 신하로 삼기 좋아하면서, 자기가 가르침을 받아야 할 훌륭한 사람들은 신하로 삼기 싫어하기 때문입니다.

탕임금은 이윤에 대해, 환공은 관중에 대해 결코 함부로 불러다가 보는 일이 없었습니다. 관중조차도 불러서 볼 수 없었는데, 하물며 관중을 대단하게 여기지 않는 나에 대해서야 더 말할 나위가 있겠습니까?」

孟子將朝王 王使人來曰 寡人如就見者也 有寒疾 不可以風 朝將視
맹자장조왕 왕사인래왈 과인여취견자야 유한질 불가이풍 조장시

朝 不識 可使寡人得見乎 對曰不幸而有疾 不能造朝 明日出弔於東
조 불식 가사과인득견호 대왈불행이유질 불능조조 명일출조어동

郭氏 公孫丑曰 昔者辭以病 今日弔 或者不可乎 曰昔者疾 今日愈
곽씨 공손추왈 석자사이병 금일조 혹자불가호 왈석자질 금일유

如之何不弔 王使人問疾 醫來 孟仲子對曰 昔者有王命 有采薪之憂
여지하불조 왕사인문질 의래 맹중자대왈 석자유왕명 유채신지우

不能造朝 今病少愈 趨造於朝 我不識 能至否乎 使數人 要於路曰
불능조조 금병소유 추조어조 아불식 능지부호 사수인 요어로왈

請必無歸而造於朝 不得已而之景丑氏宿焉 景子曰 內則父子 外則
청필무귀이조어조 부득이이지경추씨숙언 경자왈 내즉부자 외즉

君臣 人之大倫也 父子主恩 君臣主敬 丑見王之敬子也 未見所以敬
군신 인지대륜야 부자주은 군신주경 추견왕지경자야 미견소이경

王也 曰惡 是何言也 齊人 無以仁義與王言者 豈以仁義爲不美也
왕야 왈오 시하언야 제인 무이인의여왕언자 기이인의위불미야

其心曰 是何足與言仁義也 云爾 則不敬莫大乎是 我非堯舜之道 不
기심왈 시하족여언인의야 운이 즉불경막대호시 아비요순지도 불

敢以陳於王前 故齊人 莫如我敬王也 景子曰否 非此之謂也 禮曰
감이진어왕전 고제인 막여아경왕야 경자왈부 비차지위야 례왈

父召 無諾 君命召 不俟駕 固將朝也 聞王命而遂不果 宜與夫禮 若
부소 무낙 군명소 불사가 고장조야 문왕명이수불과 의여부례 약

不相似然 曰豈謂是與 曾子曰 晉楚之富不可及也 彼以其富 我以吾
불상사연 왈기위시여 증자왈 진초지부불가급야 피이기부 아이오

仁 彼以其爵 我以吾義 吾何慊乎哉 夫豈不義而曾子言之 是或一道
인 피이기작 아이오의 오하겸호재 부기불의이증자언지 시혹일도

也 天下有達尊三 爵一 齒一 德一 朝廷莫如爵 鄉黨莫如齒 輔世長
야 천하유달존삼 작일 치일 덕일 조정막여작 향당막여치 보세장

民莫如德 惡得有其一 以慢其二哉 故將大有爲之君 必有所不召之
민막여덕 오득유기일 이만기이재 고장대유위지군 필유소불소지

臣 欲有謀焉 則就之 其尊德樂道 不如是 不足與有爲也 故湯之於
신 욕유모언 즉취지 기존덕락도 불여시 부족여유위야 고탕지어

伊尹 學焉而後 臣之 故不勞而王 桓公之於管仲 學焉而後臣之 故
이윤 학언이후 신지 고불로이왕 환공지어관중 학언이후신지 고

不勞而覇 今天下地醜德齊 莫能相尚 無他 好臣其所敎 而不好臣其
불로이패 금천하지추덕제 막능상상 무타 호신기소교 이불호신기

所受敎 湯之於伊尹 桓公之於管仲 則不敢召 管仲且猶不可召 而況
소수교 탕지어이윤 환공지어관중 즉불감소 관중차유불가소 이황

不爲管仲者乎
불위관중자호

― 맹자는 한때 제(齊)나라에서 빈사(賓師)라는 지위에 있으면서 녹을 받아 살았던 적이 있었다. 빈사
란 다른 나라에서 초빙하여 스승으로 삼은 사람을 말하는데, 임금이 빈사를 만나고 싶을 때는 존경의 뜻
으로 직접 찾아가는 것이 예의였다.

＊ • • • • • •

기사도의 활약상이 눈부셨던 중세 시대의 전설적인 영웅 아더 왕의 무용담은 이미 세상에 널리 알려져 있다. 그는 바위에 꽂힌 보검 엑스칼리버를 휘두르며 브리튼의 왕이 되고 여러 나라를 공략했다. 그러자 그의 주위에는 우수한 기사들이 모여들었다.

아더 왕은 그들을 거리낌없이 대우했으며 그들 사이에 상하 구별이나 차별이 없도록 대리석 원형테이블을 만들어 앉게 했다.

처음부터 원형테이블에 앉은 것은 아니었다. 침략자인 색슨족을 쳐부술 때쯤 아더 왕을 따르는 기사들이 식사 시간만 되면 자리 순서 때문에 다툼이 시작되고 심지어 검을 뽑아들고 싸우는 일이 생겼다.

아더 왕은 한참을 고민끝에 자리에 앉을 때 순위에 차이가 나지 않는 원형테이블을 만들라고 지시했다. 이렇게 해서 원탁이 제작되었다.

그 이후 왕과 기사들은 상하의 차이가 없이 서로를 인정하게 되고 더이상의 싸움은 일어나지 않았다.

기사들에게는 원탁에 앉는 것, 원탁의 기사가 되는 것이 최고의 영예로 생각되었다. 그리고 원탁 석상에서는 모든 문제가 공정하게 토의되었다.

맹자의 금전관(金錢觀)

제자 진진이 맹자에게 물었다.

「일전에 선생님께서는 제(齊)나라에서 값진 황금 1백 일을 보내왔을 때는 받지 않으셨습니다. 그러나 그후 송나라에서는 70일을 보내왔으나 받으셨고, 설나라에서는 50일을 보내왔는데도 받으셨습니다. 일전에 제나라에서 보내온 것을 받지 않으신 것이 옳았다면 송과 설나라에서 보내온 것을 받으신 게 잘못이고, 송과 설나라에서 보내온 것을 받으신 것이 옳았다면 제나라에서 보내온 것을 받지 않으신 게 잘못된 것 같은데, 어느 쪽이든 한 가지만 택하셨어야 하는 것 아닙니까?」

맹자가 대답했다.

「그렇지 않다. 두 경우가 다 맞는다. 내가 송나라에 있을 때는 마침 먼 길을 떠날 일이 생겼었는데, 그때 나에게 노자를 하라고 보태준 것이다. 길 떠나는 사람에게 노자를 주는 것은 예의상 어긋나지 않는 것인데, 내가 어찌 거절할 수 있었겠느냐?

또한 설나라에 있을 때는 마침 나를 해치려는 무리가 있어서 경호의 필요성을 느끼고 있었다. 그런데 설나라의 임금께서 내 사정을 헤아리고 경호비에 보태 써 달라고 돈을 보내왔는데, 내가 어찌 거절할 수 있었겠느냐?

그런데 제나라에 있을 때는 아무 돈 쓸 일이 없었는데도 돈을 보내왔다. 명목 없이 돈을 보내주는 것은 재물로써 내 환심을 사려고 했던 것이다. 군자로서 재물에 매수된다는 게 말이 되느냐? 그래서 안 받은 것이다.」

陳臻問曰 前日於齊 王餽兼金一百而不受 於宋 餽七十鎰而受 於薛
진진문왈 전일어제 왕궤겸금일백이불수 어송 궤칠십일이수 어설

餽五十鎰而受 前日之不受是則 今日之受非也 今日之受是則 前日
궤오십일이수 전일지불수시즉 금일지수비야 금일지수시즉 전일

之不受非也 夫子必居一於此矣 孟子曰皆是也 當在宋也 予將有遠
지불수비야 부자필거일어차의 맹자왈개시야 당재송야 여장유원

行 行者必以贐 辭曰 餽贐 予何爲不受 當在薛也 予有戒心 辭曰
행 행자필이신 사왈 궤신 여하위불수 당재설야 여유계심 사왈

聞戒 故爲兵餽之 予何爲不受 若於齊則 未有處也 無處而餽之 是
문계 고위병궤지 여하위불수 약어제즉 미유처야 무처이궤지 시

貨之也 焉有君子而可以貨取乎
화지야 언유군자이가이화취호

– 1일(鎰)은 1금(金)이라고도 하는데, 20냥 혹은 24냥의 단위를 가리킨다.

어느 돈 많은 할아버지가 많은 노비를 거느리고 있었다. 그런데 어느 날 무슨 마음이 들었는지, 노비들을 부르더니 올해 섣달 그믐날 노비들을 모두 해방시켜주겠다고 선언을 했다. 노비들은 굉장히 기뻐하며 손꼽아 그날을 기다렸다. 마침내 노비로서의 마지막 날이 되었다. 내일이면 꿈에 그리던 자유의 몸이 되는 것이다.

한창 기쁨에 들떠 있는 노비들에게 주인은 짚단 하나씩을 나누어주면서 그것으로 밤새 새끼를 꼬라고 했다.

게으른 노비들은 생각했다.

'이렇게 오랫동안 부려먹고도 이제 고작 하루 남았는데 그게 아까워서 끝까지 부려먹겠다고? 에이 못된 늙은이! 세상에 이런 고약한 늙은이가 또 있을까?'

그들은 되는 대로 짚을 한 움큼씩 잡고 굵직굵직하게 듬성듬성 새끼를 꼬았다. 그러고는 한쪽으로 밀어 놓고는 잠들어 버렸다.

그러나 또 한쪽 노비들은 생각이 달랐다.

'이제 하루밖에 안 남았으니 기왕 하는 것 끝까지 잘해 주고 나가자.'

그들은 밤새도록 촘촘하고 가늘게 새끼를 꼬았다.

드디어 섣달 그믐날 아침이 밝았다.

주인은 곳간 문을 활짝 열더니 모여 있는 노비들한데 말했다.

"여기에 쌓여 있는 엽전을 어제 각자 꼬아놓은 새끼줄에 끼워라. 이것이 그동안 고생한 너희들에게 내가 주는 선물이다."

새끼를 아무렇게나 굵게 꼰 사람들은 끄트머리에 겨우 몇 개, 그것도 간신히 매달아 가지고 갔다. 그러나 마지막 하루까지 충성한다고 촘촘하고 가늘게 꼰 사람들은 거기에 엽전을 끼고 끼고 해서 바리바리 실어가지고 나갔다.

위정자(爲政者)에 대한 추궁

맹자가 제나라 평륙이라는 곳에 갔을 때 그곳을 다스리고 있는 대부 공거심에게 말했다.
「지금 당신의 부하 중에 창을 든 병사가 하루에 세 번씩이나 대오를 이탈했다면 군법에 의해 파면하시겠습니까? 그대로 두시겠습니까?」
「세 번씩이나 기다릴 필요도 없이 파면시켜버리겠습니다.」
「그런데 세 번씩이나 대오에서 이탈한 그 병사처럼 당신도 정치의 대오에서 이탈한 적이 많더군요. 흉년으로 기근이 든 해에 당신이 다스리는 백성들 중에 노약자들은 진흙 구렁텅이에 빠져죽고, 장정들은 사방으로 흩어져 버렸는데 이것은 누구의 죄입니까?」
「그것은 저로서도 어쩔 수 없는 일이라고 생각합니다.」
「그렇다면 지금 남의 소나 양을 빌려다가 키우려는 사람이 있다고 합시다. 반드시 목장과 풀을 찾아야 할 텐데, 아무리 찾아도 풀과 목장이 나타나지 않는다면 짐승들을 주인에게 돌려주어야 할까요? 아니면 팔짱만 끼고 그것들이 죽어 가는 꼴을 지켜보아야 할까요?」
그러자 맹자가 한 말의 뜻을 알아차리고 무안해진 공거심은 자신의 죄를 인정했다.
「그것은 내 죄입니다.」
그후, 맹자가 제나라 임금을 만나 이렇게 말했다.
「임금께서 영토를 주어 다스리게 한 자들 가운데 제가 아는 사람은 다섯 명입니다. 그런데 그 다섯 가운데 자기 죄를 아는 사람은 오직 공거심 한 사람뿐입니다.」
그러고는 임금을 위해 공거심과 주고받은 이야기를 여러 번 되풀이해서 들려주었다. 그러자 제나라 임금이 이렇게 말했다.
「알았습니다. 그것은 내 잘못입니다.」

孟子之 平陸 謂其大夫曰 子之持戟之士 一日而三失伍 則去之 否
맹 자 지 평 륙 위 기 대 부 왈 자 지 지 극 지 사 일 일 이 삼 실 오 즉 거 지 부

乎 曰不待三 然則子之失伍也亦多矣 凶年饑歲 子之民 老羸轉於溝
호 왈 부 대 삼 연 즉 자 지 실 오 야 역 다 의 흉 년 기 세 자 지 민 로 리 전 어 구

壑 壯者散而之四方者 幾千人矣 曰此非距心之所得爲也 曰今有受
학 장 자 산 이 지 사 방 자 기 선 인 의 왈 차 비 거 심 지 소 득 위 야 왈 금 유 수

人之牛羊而爲之牧之者 則必爲之求牧與芻矣 求牧與芻而不得 則
인 지 우 양 이 위 지 목 지 자 즉 필 위 지 구 목 여 추 의 구 목 여 추 이 부 득 즉

反諸其人乎 抑亦立而視其死與 曰此則距心之罪也 他日見於王曰
반 저 기 인 호 억 역 립 이 시 기 사 여 왈 차 즉 거 심 지 죄 야 타 일 현 어 왕 왈

王之爲都者 臣知五人焉 知其罪者 惟孔距心 爲王誦之 王曰此則寡
왕 지 위 도 자 신 지 오 인 언 지 기 죄 자 유 공 거 심 위 왕 송 지 왕 왈 차 즉 과

人之罪也
인 지 죄 야

직위에 따르는 책임

맹자가 제나라에 머물 때, 대부 지와에게 말했다.

「당신이 영구라는 땅을 다스리는 관리직을 그만두고 형벌을 다스리는 사사가 되기를 자청한 것은 참 잘한 일입니다. 내 생각으로는 당신이 임금께 형벌을 바로잡도록 간하려고 그랬던 것 같은데, 벌써 여러 달이 지났건만 나는 아직 당신이 간언을 했다는 소식을 못 들었습니다. 아직 간할 만한 일이 생기지 않아서 그런 것입니까?」

그 뒤, 지와가 제나라 임금에게 실정을 간했으나 들어주지 않아 벼슬을 그만두고 물러났다. 이 사실을 두고 제나라 백성들이 말했다.

「맹자가 지와의 책임을 추궁한 것은 잘한 일이다. 하지만 맹자 자신이 임금에게 간하다가 받아들여지지 않은 일도 많을 터인데 그러면 맹자도 물러나야 하는 게 아닌가?」

제자인 공도자가 이 말을 맹자에게 전하자, 맹자가 말했다.

「나는 이렇게 들었다. 관직에 있는 사람은 그 직책을 다하지 못했을 때 그 자리에서 물러나야 하고, 간언의 책임을 진 사람은 자기 주장이 받아들여지지 않을 때 떠나야 한다고 말이다. 그런데 내게는 주어진 관직과 그에 따르는 직책도 없고, 간언의 책임 또한 없지 않느냐? 그러니 내가 나가고 물러나는 일에 어찌 여유가 없겠느냐?」

孟子謂蚔鼃曰　子之辭靈丘而請士師似也　爲其可以言也　今旣數月
맹 자 위 지 와 왈　자 지 사 령 구 이 청 사 사 사 야　위 기 가 이 언 야　금 기 수 월

矣　未可以言與　蚔鼃諫於王而不用　致爲臣而去　齊人曰　所以爲蚔鼃
의　미 가 이 언 여　지 와 간 어 왕 이 불 용　치 위 신 이 거　제 인 왈　소 이 위 지 와

則善矣　所以自爲　則吾不知也　公都子以告　曰吾聞之也　有官守者
즉 선 의　소 이 자 위　즉 오 부 지 야　공 도 자 이 고　왈 오 문 지 야　유 관 수 자

不得其職則去　有言責者　不得其言則去　我無官守　我無言責也　則吾
부 득 기 직 즉 거　유 언 책 자　부 득 기 언 즉 거　아 무 관 수　아 무 언 책 야　즉 오

進退　豈不綽綽然有餘裕哉
진 퇴　기 불 작 작 연 유 여 유 재

― 공자가 정이 많고 사람을 보듬어주는 성격이라면, 맹자는 논리적이고 이지적인 성격이었다. 맹자 자신이 부추겨서 임금에게 간하게 하였다가 그 사람이 자리에서 물러났는데도, 그에 대해서도 한 마디의 측은한 마음도 표하지 않았다. 그리고 사람들이 이에 대해 자신을 비난하자 감정이 발끈하여 자신의 변론을 펼치고 있는 것을 보아도 짐작할 만하다.

소인배를 다룰 때

맹자가 제나라의 경이 되어 등나라로 조문을 가게 되었다. 그때 실무를 맡은 사람은 제나라 선왕의 총애를 받고 있는 합읍의 대부인 왕환으로서, 그는 아첨을 일삼는 간신이었다. 비록 맹자가 정사이었지만 그것은 명목상 그러할 뿐, 실질적인 일은 왕환이 다 맡아 했다. 왕한이 아침 저녁으로 맹자에게 조문에 대한 자문을 구하러 왔지만, 맹자는 등나라에 다녀오는 긴 시간 동안 단 한번도 그와 말을 하지 않았다.

그것을 의아하게 여긴 제자 공손추가 맹자에게 물었다.

「제나라 경의 임무는 결코 가벼운 것이 아니고, 제나라로부터 등나라까지의 거리도 가까운 것이 아닌데, 그 오랜 시간 동안 왕환과 조문사에 대해 한마디도 나누지 않은 것은 무슨 까닭입니까?」

맹자가 대답했다.

「그 사람이 다 알아서 처리하는데 내가 무슨 말을 하겠느냐.」

孟子爲卿於齊 出吊於滕 王使蓋大夫王驩 爲輔行 王驩 朝暮見 反
맹자위경어제 출조어등 왕사개대부왕환 위보행 왕환 조모현 반

齊滕之路 未嘗與之言行事也 公孫丑曰 齊卿之位 不爲小矣 齊滕之
제등지로 미상여지언행사야 공손추왈 제경지위 불위소의 제등지

路 不爲近矣 反之而未嘗與言行事何也 曰夫旣或治之 予何言哉
로 불위근의 반지이미상여언행사하야 왈부기혹치지 여하언재

― 맹자는 왕환과 같은 아첨꾼을 스스로 경계하는 동시에, 소인배를 다루는 데 있어서의 근엄한 태도를 보여주기 위해 입을 다물고 있었던 것이다.

― 경(卿)은 다른 나라 사람으로서, 그 나라에 초빙되어 조언(助言)을 해주는 임무를 띠고 있다.

대원군은 풍류와 농담을 잘해서 가끔 소인배와 썩고 궁한 선비를 골려주는 일이 많았다.

어느 날 문안 온 선비가 있었다. 이 선비는 아는 척, 잘난 척을 한다고 소문난 사람이어서 대원군은 마음에 들어하지 않았다.

대원군이 선비에게 물었다.

"자네 처가가 어디인가?"

선비는 아무 집에 장가 들었습니다 하였으면 좋았을 것을 유식한 척을 하려고 이렇게 말했다.

"황문(黃門)에 취처하였습니다."

황씨 문중에서 아내를 들였다는 뜻임을 잘 알면서도 대원군은 빙긋이 미소짓더니 특유의 풍자로 이렇게 말했다.

"항문이라니, 그럼 자네는 똥구멍에 장가를 들었단 말인가?"

순간 잘난 척한 선비는 얼굴이 붉어지며 말이 없었다.

모친의 장례에 대하여

맹자가 제나라 경으로 있을 때, 어머니가 제나라 땅에서 돌아가시자 고향인 노나라로 가서 장례를 치르고 다시 제나라로 돌아오는 길에 제나라의 영읍에서 잠시 머물렀다.

그때 맹자의 제자로서 관 짜는 일을 맡았던 충우가 물었다.

「일전에는 미천한 제게 관을 짜는 일을 맡겨주셨는데, 당시에는 일이 다급하여 미처 여쭤보지 못했습니다만 이제 조금 한가해져 말씀드립니다. 그때 사용한 관의 목재가 너무 화려한 것 같았는데 어떻게 생각하시는지요.」

맹자가 대답했다.

「옛날에는 내관과 외곽의 두께에 표준적인 것이 없었다. 중고에 내려와 주공께서는 내관의 두께를 20여 센티미터[7寸], 외곽은 그에 맞춰 쓰도록 예법을 정하셨다. 이것은 천자로부터 일반 백성들에 이르기까지 마찬가지였다. 이렇게 관을 두껍게 쓰는 것은 단지 외관을 화려하게 꾸미려는 의도가 아니고, 그렇게 해야만 자식된 도리를 다했다는 마음을 갖게 되기 때문이었다.

만일 법으로 그것을 못하게 금지하게 되면 자식된 도리를 못해 마음이 우울해질 것이고, 또한 그 같은 좋은 관을 만들 재력이 없어도 마음이 울적해질 것이다. 나라에서 법으로 금하지 않고, 좋은 관을 만들 재력도 있다면 옛날 사람들은 모두 그 같은 관을 만들어 썼는데, 왜 나만 그렇게 하면 안 된다는 말이냐? 그리고 관을 두껍게 만들어 돌아가신 분의 살이 땅에 닿지 않게 하는 것이 자식된 도리가 아니겠느냐? 내가 듣기로, 군자는 천하의 재물을 아끼기 위해 어버이의 장례를 박하게 치르지 않는다고 했다.」

孟子自齊葬於魯 反於齊 止於嬴 充虞請曰 前日 不知虞之不肖 使
맹자자제장어로 반어제 지어영 충우청왈 전일 부지우지불초 사

虞敦匠事嚴 虞不敢請 今願竊有請也 木若以美然 曰古者 棺槨無度
우돈장사엄 우불감청 금원절유청야 목약이미연 왈고자 관곽무도

中古棺七寸 槨稱之 自天子達於庶人 非直爲觀美也 然後盡於人心
중고관칠촌 곽칭지 자천자달어서인 비직위관미야 연후진어인심

不得 不可以爲悅 無財 不可以爲悅 得之爲有財 古之人 皆用之 吾
부득 불가이위열 무재 불가이위열 득지위유재 고지인 개용지 오

何爲獨不然 且比化者 無使土親膚 於人心 獨無恔乎 吾聞之也 君
하위독불연 차비화자 무사사친부 어인심 독무교호 오문지야 군

子不以天下儉其親
자불이천하검기친

정치계에 발을 들인 이후 에이브러햄 링컨은 수많은 난관을 거쳐야 했다. 국회의원 시절 대통령 후보로 지명받기까지 패배도 맛보았지만 공개토론을 거치면서 그의 명성은 전국적으로 알려지게 되었다.

드디어 에이브러햄 링컨이 미국 대통령 후보 지명을 알리는 전보를 받았을 때, 친구들은 함께 축하를 해주고 싶어했다.

그러나 링컨은 지명이 확정된 순간 자리에서 일어나 모자와 코트를 걸치고는 자기 친구들에게 이렇게 말했다.

"집에는 이 소식을 듣고 싶어 하는 작은 여인이 있습니다."

그러고는 그 저녁을 어머니와 함께 보내기 위해서 가버렸다.

몇 년 후에 그의 어머니가 돌아가셔서 그들의 가정에 어두운 시절이 왔지만, 그들은 그들만의 사랑으로 슬픔과 괴로움을 이겨낼 수 있었다.

제후국의 주인은 천자

제나라 대신 심동이 개인적인 질문을 하나 하겠다며 맹자에게 물었다.

「내란이 일어나 혼란에 빠진 연나라를 쳐도 괜찮겠습니까?」

맹자가 대답했다.

「쳐도 좋겠지요. 자쾌가 임금이라 해도 천자의 명령 없이 자기 마음대로 남에게 연나라를 내줄 수는 없을 것이고, 마찬가지로 자지도 자쾌가 나라를 물려준다고 해서 함부로 받을 수는 없는 일입니다. 만약 어떤 사람이 당신에게 찾아와 벼슬자리를 하나 마련해 달라고 청했다고 합시다. 그랬을 때 그 사람이 마음에 든다고 임금의 명령 없이 당신 마음대로 자신의 관직과 녹봉을 내어주고, 그 사람 역시 임금의 명령 없이 그것을 받아들일 수 있겠습니까? 자쾌와 자지가 한 짓은 이 경우와 다를 바가 없는 것입니다.」

그리고 얼마 지나지 않아 제나라가 연나라를 공격했다.

그러자 어떤 사람이 이렇게 물었다.

「선생께서 제나라에게 연나라를 치도록 권하셨다는데 사실입니까?」

맹자가 대답했다.

「그런 일 없었소. 심동이 연나라를 쳐도 좋겠느냐고 묻기에 나는 좋다고만 말했을 뿐인데, 그가 군대를 일으킨 것이오. 만약 그가 '어떤 사람이 나서서 쳐야 하는가?' 하고 물었다면, 나는 '하늘의 뜻을 받은 사람이 나서야 칠 수 있을 것'이라고 대답하였을 텐데, 그는 미처 내게 그것을 묻지 않았소. 지금 여기에 살인자가 있다고 할 때, 어떤 사람이 그 살인자를 죽여도 좋겠느냐고 물어온다면, 나는 당연히 좋다고 대답할 것이오. 그런데 그 사람이 다시 '어떤 사람이 그를 죽여야 하느냐?'고 물어오면, 나는 '법관이 죽여야 한다.'고 대답할 것이오. 그러니 연나라와 같은 처지에 있는 제후국인 제나라가 연나라를 친 것과 마찬가지 결과가 된 것이오. 그런데 내가 어찌 그런 일을 권했겠소.」

沈同以其私問曰 燕可伐與 孟子曰可 子噲不得與人燕 子之不得受
심동이기사문왈 연가벌여 맹자왈가 자쾌부득여인연 자지부득수

燕於子噲 有仕於此 而子悅之 不告於王而私與之 吾子之祿爵 夫士
연어자쾌 유사어차 이자열지 불고어왕이사여지 오자지록작 부사

也 亦無王命而私受之於子 則可乎 何以異於是 齊人伐燕 或問曰
야 역무왕명이사수지어자 즉가호 하이이어시 제인벌연 혹문왈

勸齊伐燕 有諸 曰未也 沈同問 燕可伐與 吾應之曰可 彼然而伐之
권제벌연 유저 왈미야 심동문 연가벌여 오응지왈가 피연이벌지

也 彼如曰 孰可以伐 則將應之曰 爲天吏 則可以伐之 今有殺人
야 피여왈 숙가이벌 즉장응지왈 위천리 즉가이벌지 금유살인

者 或問之曰 人可殺與 則將應之曰可 彼如曰 孰可以殺之 則將應
자 혹문지왈 인가살여 즉장응지왈가 피여왈 숙가이살지 즉장응

之日 爲士師 則可以殺之 今以燕伐燕 何爲勸之哉
지 왈 위 사 사 즉 가 이 살 지 금 이 연 벌 연 하 위 권 지 재

❀ • • • • • •

　이것은 연나라 임금인 자쾌(子噲)가 국정의 일선에서 물러나고, 재상인 자지(子之)에게 모든 것을 맡겨 나라가 혼란에 빠져들었을 때의 일이다.

　요임금의 선양을 흉내내어 자쾌는 자지에게 왕위를 물려주었다. 그러자 연나라 장군 시피가 태자 평(平)을 앞세워 반란을 일으키고, 이 틈을 타서 제나라가 공격하여 연나라 도성을 함락시키는 사건이 발생하였다.

　그후 여러 열국의 간섭이 생기는 등 일련의 사건이 벌어졌다. 자쾌가 죽자 태자 평의 동생이 왕위에 올랐는데, 바로 연나라 소왕(昭王)이다.

　심동이 물었을 때, 맹자가 연나라를 쳐도 좋다고 말해놓고서 뒤에 와서는 그런 권유를 한 적이 없다고 한 것은 다소 억지스럽지만, 천자만이 제후국의 소유를 결정지을 수 있다는 것을 강조하고 있는 것이다.

바로 허물을 고치는 게 군자

제나라가 연나라를 차지한 뒤에 폭정을 일삼자 연나라 사람들이 제나라에 반기를 들었다. 그러자 제선왕이 말했다.

「내가 맹자 선생 보기가 부끄럽구나.」

이때 제나라 대부 진가가 나서서 말했다.

「걱정하지 마십시오. 전하께서는 스스로 주공과 비교하여 누가 더 지혜롭다고 생각하십니까?」

「아니, 주공 같은 성인과 나를 비교하다니 그게 무슨 말이오?」

「옛날에 주공께서는 형 관숙에게 은나라를 감독하게 하셨는데, 관숙은 은나라를 근거로 주나라에 반기를 들었습니다. 만약 주공께서 형 관숙이 반기를 들 것을 알고 있었다면 인자하지 못한 것이고, 모르고 있었다면 지혜롭지 못한 처사였습니다. 이처럼 주공께서도 인자함과 지혜로움이 부족하였는데, 형제간에도 그런 불상사가 빚어졌던 예가 있는데 전하께서 그 정도의 과오로 걱정을 하십니까? 제가 맹자를 찾아가서 해명하겠습니다.」

그런 후 진가가 맹자를 찾아가서 이렇게 물었다.

「주공을 어떤 분이라고 생각하십니까?」

맹자가 대답했다.

「옛날의 성인이라고 생각합니다.」

「주공께서 관숙에게 은나라를 맡기셨을 때, 관숙이 은나라 주왕의 아들과 합심하여 주공께 반기를 들었다는데 사실입니까?」

「사실입니다.」

「주공께서는 장차 관숙이 배반하리라는 사실을 알고 계셨습니까?」

「모르고 계셨습니다.」

「그렇다면 성인도 그러한 실수를 하십니까?」

「주공은 동생이고 관숙은 형이었으니, 동생이 형을 믿는 마음으로 은나라를 맡긴 것입니다. 이것을 어찌 지혜롭지 못하다 하겠습니까? 그런 실수는 있을 수 있습니다. 옛날의 군자는 허물이 있으면 금방 고쳤으나, 요즘 군자들은 허물이 있어도 그대로 밀고 나갑니다. 또한 옛날의 군자들은 자신의 허물이 마치 일식이나 월식처럼 선명하게 드러나 백성들이 그것을 볼 수 있었고 허물을 고치면 전처럼 우러러보았는데, 요즘 군자들은 허물을 그대로 밀고 나갑니다. 거기다가 자신의 허물을 변명까지 하려 드니 한심한 일 아닙니까?」

燕人畔 王曰 吾甚慙於孟子 陳賈曰 王無患焉 王自以爲與周公 孰
연인반 왕왈 오심참어맹자 진고왈 왕무환언 왕자이위여주공 숙

仁且智 王曰惡 是何言也 曰周公使管叔監殷 管叔以殷畔 知而使之
인차지 왕왈오 시하언야 왈주공사관숙감은 관숙이은반 지이사지

是不仁也 不知而使之 是不智也 仁智 周公未之盡也 而況於王乎
시불인야 부지이사지 시부지야 인지 주공미지진야 이황어왕호

賈請見而解之　見孟子問曰　周公何人也　曰古聖人也　曰使管叔監殷
고 청 현 이 해 지　현 맹 자 문 왈　주 공 하 인 야　왈 고 성 인 야　왈 사 관 숙 감 은

管叔以殷畔也　有諸　曰然　曰周公知其將畔而使之與　曰不知也　然則
관 숙 이 은 반 야　유 저　왈 연　왈 주 공 지 기 장 반 이 사 지 여　왈 부 지 야　연 즉

聖人且有過與　曰周公弟也　管叔兄也　周公之過　不亦宜乎　且古之君
성 인 차 유 과 여　왈 주 공 제 야　관 숙 형 야　주 공 지 과　불 역 의 호　차 고 지 군

子　過則改之　今之君子　過則順之　古之君子　其過也　如日月之食　民
자　과 즉 개 지　금 지 군 자　과 즉 순 지　고 지 군 자　기 과 야　여 일 월 지 식　민

皆見之　及其更也　民皆仰之　今之君子　豈徒順之　又從而爲之辭
개 견 지　급 기 경 야　민 개 앙 지　금 지 군 자　기 도 순 지　우 종 이 위 지 사

🧵 • • • • • •

프랑스의 한 은행에서 공개채용 광고를 냈다. 많은 사람들이 채용에 응했고 면접은 은행장이 직접 했다.

한 소녀가 은행장 앞에 앉아 면접을 봤다.

면접이 끝난 후 은행장이 말했다.

"당신은 우리 은행이 원하는 나이에도 맞지 않고 자격조건에도 미달이군요. 죄송합니다."

그 소녀는 무척 실망한 표정을 지으며 말했다.

"저는 열심히 일할 수 있습니다. 저에게 기회를 한번만 주세요."

"죄송합니다."

소녀는 무척 낙심하여 면접장에서 나오다가 바닥에 떨어져 있는 핀을 발견하고는 그것을 주워 옷자락에 닦고는 탁자 위에 올려놓고 밖으로 나갔다. 그 모습을 지켜보던 은행장은 급히 그 소녀를 불러 세우고 말했다.

"아까는 죄송했습니다. 제가 단순히 자격조건만으로 사람을 판단하여 큰 실수를 저지를 뻔했군요. 우리 회사에서 일해 주시겠습니까? 아까 그 조그마한 핀 하나도 아끼는 그런 소중한 마음으로 말입니다."

이익을 독점한다는 '농단'의 유래

맹자가 제나라 경으로 있으면서 자신의 뜻이 제대로 행해지지 않자 자리를 내놓고 집으로 돌아왔다. 그러자 선왕이 스스로 맹자를 찾아와 말했다.

「예전에는 내가 선생을 만나보고자 해도 만날 수가 없어 애를 태웠는데, 그 후에 선생께서 우리 나라로 오셔서 나를 도와주셨기 때문에 얼마나 기뻤는지 모릅니다. 그러나 다시 저를 버리고 떠나가시니 차후에 다시 만날 수 있을지 모르겠습니다.」

맹자가 말했다.

「제가 뵙기를 청할 수는 없지만, 임금께서 만나러 오시는 것은 저도 바라는 일입니다.」

그 뒤 선왕이 측근 신하인 시자에게 이렇게 말했다.

「나는 맹자가 우리 나라에 머물러 준다면 도시 한가운데에 거처를 마련해주고, 제자를 가르치는 데 드는 비용으로 1만 종의 녹을 주어 조정의 대신들과 백성들이 그것을 본받도록 하고 싶구나. 지금 내가 한 말을 맹자에게 전하도록 해라.」

시자는 맹자의 제자인 진자에게 제선왕이 한 말을 들려주고, 맹자에게 전해달라고 했다. 진자는 청을 받아들여 맹자에게 제선왕이 한 말을 전했다. 그러자 맹자가 말했다.

「시자는 내가 그 정도의 일로 기뻐할 줄 알았나 보구나. 내가 만일 부자가 되기를 원한다면 왜 10만 종의 녹을 받는 경의 자리를 버렸겠느냐? 일찍이 노나라 대부인 계손씨는 '자숙의라는 사람이 행한 행동은 이해할 수가 없다. 임금에게 어떤 일을 건의하였다가 받아들여지지 않은 것이 있다면 그저 사직해 버리면 그만인 것을 그는 너무나 부를 탐하여 자기 자식까지 경의 자리에 앉혔다. 어느 사람인들 부귀를 원치 않겠는가만은 자기 혼자만 부귀를 독점하려는 것은 잘못된 일이다.' 라고 말했다.

옛날의 시장거래는 자기가 원하지 않는 물건을 갖고 나가 원하는 물건으로 바꾸는 물물교환이었는데, 그때 관리들은 그저 물물교환시에 일어나는 사소한 실랑이만을 단속할 뿐 세금은 징수하는 일이 없었다. 그런데 언젠가 어느 교활하고 마음씨 나쁜 자가 시장에 나타나, 매일 높은 곳에 올라가 시장을 살핀 후 이익이 많이 나올 것 같은 자리를 모두 차지해 버렸다. 그래서 관리들도 보고 있을 수만 없어 그에게 세금을 징수하기 시작했는데, 상인들에게 세금을 매기기 시작한 것은 그때부터였다.[여기서 '농단'이라는 말이 유래됨.] 내가 지금 1만 종의 세금을 받는다면, 돈에 눈이 멀어 이 상인과 같은 꼴이 되지 않겠느냐?」

孟子致爲臣而歸　王就見孟子曰　前日願見而不可得　得侍　同朝甚喜
맹자치위신이귀　왕취견맹자왈　전일원견이불가득　득시　동조심희

今又棄寡人而歸　不識　可以繼此而得見乎　對曰不敢請耳　固所願也
금우기과인이귀　불식　가이계차이득견호　대왈불감청이　고소원야

他日王謂時子曰　我欲中國而授孟子室　養弟子以萬鍾　使諸大夫國
타일왕위시자왈　아욕중국이수맹자실　양제자이만종　사제대부국

人　皆有所矜式　子盍爲我言之　時子因陳子而以告孟子　陳子以時子
인　개유소긍식　자합위아언지　시자인진자이이고맹자　진자이시자

之言 告孟子 孟子曰 然夫時子惡知其不可也 如使予欲富 辭十萬而
지언 고맹자 맹자왈 연부시자오지기불가야 여사여욕부 사십만이

受萬 是爲欲富乎 季孫曰異哉 子叔疑 使己爲政 不用則亦已矣 又
수만 시위욕부호 계손왈이재 자숙의 사기위정 불용즉역이의 우

使其子弟爲卿 人亦孰不欲富貴 而獨於富貴之中 有私龍斷焉 古之
사기자제위경 인역숙불욕부귀 이독어부귀지중 유사롱단언 고지

爲市者 以其所有 易其所無者 有司者治之耳 有賤丈夫焉 必求龍斷
위시자 이기소유 역기소무자 유사자치지이 유천장부언 필구롱단

而登之 以左右望而罔市利 人皆以爲賤故 從而征之 征商自此賤丈
이등지 이좌우망이망시리 인개이위천고 종이정지 정상자차천장

夫始矣
부시의

- 맹자는 언제나 왕도(王道)를 실현할 것을 생각하고 있었다. 그래서 맹자가 제나라를 찾아간 것도 선왕(宣王)이 맹자의 뜻에 따라 왕도정치를 실현하여 제나라가 부강해지고, 백성들이 선량해지도록 한 뒤, 그것을 점차 확대시켜 중국 전체에서 왕도가 행해지도록 할 생각에서였다. 그러나 제선왕은 왕도정치의 좋은 점은 인정하면서도 다른 나라처럼 당장의 이익만을 취하고 있었다.

계손씨는 주나라의 제후국인 노나라의 대부이다. 공자 역시 노나라 사람이었는데, 당시의 사회상황은 '춘추전국시대'로 불릴 만큼 혼란기였다. 혼란의 가장 큰 원인은 황실인 주나라의 힘이 쇠약해져 당시 사회를 지배해 오던 봉건제도 자체가 의미를 잃었기 때문이다. 따라서 제후국 사이에는 권력 쟁탈전이 끊이지 않았고 백성들의 생활은 날로 피폐해져 갔던 것이다.

계손씨도 이러한 권력 쟁탈을 노리는 인물 가운데 하나였는데, 대부의 벼슬임에도 불구하고 세력이 막강하여 임금을 모욕하는 월권행위도 서슴지 않았다. 계손씨는 결국 나중에 노나라 임금인 소공을 몰아냈다.

「논어」에 보면 공자가 오만불손한 계손씨의 행동을 비판하는 대목이 곳곳에 들어 있다.

대인문제에 대한 예의

맹자가 제나라를 떠나 본국으로 가기 전에 제나라 남쪽지방의 주읍이라는 곳에서 묵게 되었다. 그때 어떤 사람이 제선왕을 위해 맹자가 떠나는 것을 만류하려고 꿇어앉아 말한 적이 있다. 그러나 맹자는 그의 말에 대꾸를 하지 않고 자리에 기대앉아 듣는 척도 하지 않았다.

그러자 그는 불쾌한 표정을 지으며 이렇게 말하고 돌아가려 했다.

「저는 하룻밤을 경건하게 보낸 뒤에야 비로소 말씀을 드린 것인데, 선생께서는 몸을 비스듬히 눕히신 채 듣지도 않으시니 이제 다시는 선생을 찾아오지 않겠습니다.」

그제야 맹자가 입을 열었다.

「앉으시오. 내가 당신에게 입을 다물고 있었던 것에 대해 분명히 말해주겠소. 옛날에 노나라 목공은 자사를 존중하여 언제나 성의를 다해 받드는 사람을 붙여주었습니다. 또한 노나라의 어진 사람들이었던 설류와 신상에게도 시중드는 사람이 붙어 있지 않으면 목공 자신의 마음이 편하지 않을 정도였습니다.

지금 당신이 나를 위해 염려해주는 것은 고맙지만, 당신이 제왕으로 하여금 옛날에 목공이 자사에 대해 가졌던 마음을 갖게 하기는 힘들 것 아니오. 그러니 지금 늙은 내가 당신을 거절한 것이겠소? 당신이 늙은 나를 거절한 것이겠소?」

孟子去齊 宿於晝 有欲爲王留行者 坐而言 不應 隱几而臥 客不悅
맹 자 거 제　숙 어 주　유 욕 위 왕 류 행 자　좌 이 언　불 응　은 궤 이 와　객 불 열

日 弟子齊宿而後敢言 夫子臥而不聽 請勿復敢見矣 日坐 我明語子
왈　제 자 제 숙 이 후 감 언　부 자 와 이 불 청　청 물 부 감 현 의　왈 좌　아 명 어 자

昔者魯繆公 無人乎子思之側 則不能安子思 泄柳 申詳 無人乎繆公
석 자 노 목 공　무 인 호 자 사 지 측　즉 불 능 안 자 사　설 류　신 상　무 인 호 목 공

之側 則不能安其身 子爲長者慮 而不及子思 子絶長者乎 長者絶子乎
지 측　즉 불 능 안 기 신　자 위 장 자 려　이 불 급 자 사　자 절 장 자 호　장 자 절 자 호

― 설류(泄柳)와 신상(申詳)은 모두 노나라의 현자였으며, 신상은 공자의 제자이면서 자장(子張)의 아들이라고 한다.

제선왕에 대한 아쉬움

맹자가 주읍에서 사흘을 묵고 제나라를 떠나자 윤사라는 제나라 사람이 그것을 비난하면서 말했다.

「우리 제나라 임금이 탕왕이나 무왕처럼 훌륭한 임금이 될 수 없다는 것을 모르고 맹자가 제나라에 왔다면 현명한 사람이 아니고, 그럴 줄 알고 왔다면 녹봉이나 얻으려고 온 것이리라. 더구나 맹자가 천 리길을 마다하지 않고 찾아와서 우리 임금을 만나본 결과 뜻이 맞지 않는다고 해서 이제 떠나가는 마당인데, 주읍에서 사흘씩이나 머물렀다가 가는 것은 또 무엇인가. 나는 그게 불쾌한 것이다.」

이 말을 들은 맹자의 제자 고자가 맹자에게 전했더니, 맹자가 이렇게 말했다.

「윤사가 어찌 나의 뜻을 알겠는가. 천 리길을 찾아와 제선왕을 만난 것은 나의 뜻이었지만, 이제 제선왕과 뜻이 맞지 않아 떠나는 것은 내 뜻은 아니고 할 수 없이 떠나는 것이다. 내가 주읍에서 사흘을 묵은 것도 사실 내심 빠르다고 생각했다. 왜냐하면 나는 선왕께서 마음을 고쳐 나에게 찾아와 앞으로 왕도정치를 행하겠으니 떠나지 말아달라고 할지도 모른다는 기대를 갖고 있었기 때문이었다. 그러나 내가 주읍을 떠나도 선왕께서는 오지 않았기 때문에 모든 것을 단념하고 고국으로 돌아갈 생각을 한 것이니 내가 어찌 선왕을 버렸다고 할 수 있겠느냐?

내가 보기에 선왕께서는 그래도 아직은 선정을 펼칠 만한 자질을 갖추고 계신 것으로 생각된다. 만일 선왕께서 나를 써주신다면 제나라 백성들 뿐 아니라 천하의 백성들이 다 편해질 것이다. 그래서 나는 선왕께서 마음을 돌리시길 기다리고 있다. 내가 어찌 윤사처럼 속이 좁은 사람이겠는가? 임금에게 한번 간했다가 받아들여지지 않으면 얼굴에 노기를 띠고, 떠날 때도 급하게 서둘러 해가 떨어질 때까지 한 발이라도 더 멀리 가서야 멈추어 쉬는 속 좁은 짓을 내가 어찌 할 수 있겠느냐는 말이다.」

이러한 맹자의 말을 전해들은 윤사가 부끄러워하며 말했다.

「나는 정말 속 좁은 소인이로구나.」

孟子去齊 尹士語人曰 不識王之不可以爲湯武 則是不明也 識其不
맹자거제 윤사어인왈 불식왕지불가이위탕무 즉시불명야 식기불

可 然且至 則是干澤也 千里而見王 不遇 故去 三宿而後出晝 是何
가 연차지 즉시간택야 천리이현왕 불우 고거 삼숙이후출주 시하

濡滯也 士則茲不悅 高子以告 曰夫尹士 惡知予哉 千里而見王 是
유체야 사즉자불열 고자이고 왈부윤사 오지여재 천리이현왕 시

予所欲也 不遇 故去 豈予所欲哉 予不得已也 予三宿而出晝 於予
여소욕야 불우 고거 기여소욕재 여부득이야 여삼숙이출주 어여

心猶以爲速 王庶幾改之 王如改諸 則必反予 夫出晝而王不予追也
심유이위속 왕서기개지 왕여개저 즉필반여 부출주이왕불여추야

予然後浩然有歸志 予雖然 豈舍王哉 王由足用爲善 王如用予 則豈
여 연 후 호 연 유 귀 지　여 수 연　기 사 왕 재　왕 유 족 용 위 선　왕 여 용 여　즉 기

徒齊民安 天下之民擧安 王庶幾改之 予日望之 予豈若是小丈夫然
도 제 민 안　천 하 지 민 거 안　왕 서 기 개 지　여 왈 망 지　여 기 약 시 소 장 부 연

哉 諫於其君而不受 則怒 悻悻然見於其面 去則窮日之力而後宿哉
재　간 어 기 군 이 불 수　즉 노　행 행 연 현 어 기 면　거 즉 궁 왈 지 력 이 후 숙 재

尹士聞之日 士誠小人也
윤 사 문 지 왈　사 성 소 인 야

🏵 • • • • • •

양혜왕과 공손추 전 편을 읽다 보면 맹자와 제선왕 사이는 애증이 섞인 복잡한 관계라는 것을 알 수 있다.

두 사람의 갈등은 제나라가 연나라를 침공하면서 회복할 수 없을 정도로 사이가 벌어지고 만다.

결국 맹자는 제선왕을 통해 이루려던 왕도정치를 실현하지 못하고 제나라를 떠나 고향으로 발길을 돌리게 되는데, 그 발걸음이 얼마나 무거웠겠는가. 혹시나 하는 마음에 한가닥 미련을 버리지 못하고 제선왕이 마음을 돌려 자신을 잡지나 않을까 하는 맹자의 안타까운 마음을 보여주고 있다.

맹자의 평생 신념

맹자가 제나라를 떠나는 길에 제자 충우가 물었다.
「선생님 안색이 유쾌해 보이지 않은 것 같습니다. 일전에 선생님께서는 '군자는 어떤 일이 있어도 하늘을 원망하지 않고, 사람을 원망하지 않는다.' 고 하셨는데, 혹시 지금 무슨 원망스런 일이 있어서 그러시는 것입니까?」
맹자가 대답했다.
「옛날의 요순시대도 한 시대이고, 지금과 같은 혼란한 시대도 한 시대이다. 과거 역사를 보면 5백 년을 주기로 성군이 한 분씩 나왔고, 그렇게 되면 반드시 세상에 이름을 떨치는 사람이 나와 성군을 보좌했다. 그런데 주나라 문왕과 무왕 이후 7백 년이나 지났다. 그 햇수로 보면 성군이 나올 시기가 2백 년이나 지났으니, 이제 머지않아 성군이 나와 다스릴 만한 때가 온 것이다.
그러나 지금 성군이 나오지 않고 있는 것은 아직 하늘이 천하가 태평성대를 누릴 때가 아니라고 판단하고 있기 때문이다. 만약 하늘이 태평성대를 원한다면, 성군을 도울 인물이 나를 빼놓고 누가 있겠느냐? 그러니 내가 어찌 하늘을 원망한단 말이냐?」

孟子去齊 充虞路問日 夫子若有不豫色然 前日虞聞諸夫子日 君子
맹자거제　충우로문왈　부자약유불예색연　　전일우문저부자왈　군자

不怨天 不尤人 日彼一時 此一時也 五百年 必有王者興 其間必有
불원천　불우인　왈피일시　차일시야　오백년　필유왕자흥　기간필유

名世者 由周而來 七百有餘世矣 以其數則過矣 以其時考之則可矣
명세자　유주이래　칠백유여세의　이기수즉과의　이기시고지즉가의

夫天未欲平治天下也 如欲平治天下 當今之世 舍我其誰也 吾何爲
부천미욕평치천하야　여욕평치천하　당금지세　사아기수야　오하위

不豫哉
불예재

- 충우는 맹자가 모친상을 당했을 때 관을 만들어준 제자이다.

맹자가 녹을 받지 않은 까닭

맹자가 제나라를 떠나 휴(休)라는 곳에서 머물 때 제자 공손추가 물었다.
「벼슬을 하면서도 녹을 받지 않는 것이 옛날의 도리였습니까?」
공자가 대답했다.
「아니다. 내가 숭 땅에서 제나라 임금을 만날 수 있었는데, 함께 하기 어렵다고 생각해서 스스로 제나라를 떠날 생각을 한 것이다. 결국 떠날 뜻을 가졌기 때문에 녹을 받지 않은 것이다. 그런데 그때 제나라 임금이 군대를 동원하여 전쟁 상태로 들어갔기 때문에 차마 떠나겠다는 말을 못한 것이지, 제나라에 오래 머물렀던 것은 내 본심이 아니었다.」

孟子去齊居休 公孫丑問曰 仕而不受祿 古之道乎 曰非也 於崇 吾
맹 자 거 제 거 휴   공 손 추 문 왈   사 이 불 수 록   고 지 도 호   왈 비 야   어 숭   오

得見王 退而有去志 不欲變 故不受也 繼而有師命 不可以請 久於
득 현 왕   퇴 이 유 거 지   불 욕 변   고 불 수 야   계 이 유 사 명   불 가 이 청   구 어

齊 非我志也
제   비 아 지 야

🎎 • • • • • •

　미국 문학가였던 헨리 데이비드 소로는 세속적인 명예나 부에 관심을 두지 않은 채 늘 자연과 교감하는 소박하고 단순한 삶을 살았다. 월든 호숫가의 숲으로 들어가 살기도 했다. 그는 햇빛이 너무 뜨겁게 내리쪼일 때는 자연이 마련해 준 선물인 나무 그늘에 몸을 맡겼다.

　소로의 월든 숲속 생활은 2년으로 끝났지만, 그 뒤에도 생계를 유지할 수 있는 비용만 마련되면 자유롭게 명상에 잠기고 공부를 하며 생활했다.

　소로는 최저의 생활을 하면서도 충분히 성공할 수 있었기 때문에 호화로운 가구와 좋은 주택을 마련하는 데 시간을 쓰지 않았다.

　소로는 진정한 미니멀리스트의 모습을 우리에게 보여주었다.

제 3 장 · 상

滕文公

章句 · 上

등문공 장구 · 상

옳은 것은 밀어붙여야

등문공이 아직 세자로 있을 때, 초나라로 가는 길에 송나라에 들러 그곳에 머물고 있는 맹자를 만났다. 그때 맹자는 성선설을 주장하면서, 선한 본성에 따라 정치를 하였던 요순임금을 자주 인용하여 말했다.

세자는 초나라에서 일을 마치고 돌아가는 길에 다시 맹자를 찾았다. 일전에 맹자의 말이 이해가 안 갔기 때문이었는데, 이에 대해 맹자가 말했다.

「세자께서는 아직도 제 말을 믿지 못하시겠습니까? 무릇 도라는 것은 오로지 하나인데, 선을 행하는 길 뿐입니다. 요순의 도나, 평범한 사람들의 도나 모두 한 가지라는 말씀입니다. 옛날에 제나라의 용자였던 성간이라는 사람은 자기 임금인 경공에게 '그 사람도 사내대장부이고, 저도 사내대장부인데 어찌 두려움이 있겠습니까?' 하며 굽히지 않는 자신감을 보여주었고, 공자의 제자 안연 '순임금은 어떤 사람이며, 나는 어떤 사람인가? 똑같은 사람일 뿐인데 뜻을 가지고 정진한다면 왜 내가 순임금처럼 될 수 없다는 말인가.' 라고 말하였습니다. 어떤 신념을 가지고 행동하는 사람들은 이처럼 두려운 게 아무것도 없는 것입니다. 또한 노나라 현자인 공명의는 '문왕이 자기 스승이라고 말한 주공이 어찌 나를 속이겠는가.' 라고 하였습니다.

그런데 등나라의 영토 가운데 튀어나온 곳을 움푹 들어간 곳에 메우고 난 뒤에 보면 대략 사방 50리 정도 됩니다. 비록 작은 나라이지만 그래도 잘 다스린다면 훌륭한 나라를 만들 수가 있습니다. 〈서경〉에도 '약은 먹어서 눈이 핑핑 돌지 않을 정도가 되지 않으면 효력이 없어서 병이 낫지 않는다.' 고 하였습니다. 그러니 세자께서 옳다고 생각한 일이라면 두려워하지 마시고 과감하게 실행에 옮겨야 하는 것입니다.」

滕文公爲世子 將之楚 過宋而見孟子 孟子道性善 言必稱堯舜 世子
등문공위세자 장지초 과송이현맹자 맹자도성선 언필칭요순 세자

自楚反 復見孟子 孟子曰 世子疑吾言乎 夫道一而已矣 成覵謂齊景
자초반 부현맹자 맹자왈 세자의오언호 부도일이이의 성간위제경

公曰 彼丈夫也 我丈夫也 吾何畏彼哉 顔淵曰 舜何人也 予何人也
공왈 피장부야 아장부야 오하외피재 안연왈 순하인야 여하인야

有爲者亦若是 公明儀曰 文王我師也 周公豈欺我哉 今滕絶長補短
유위자역약시 공명의왈 문왕아사야 주공기기아재 금등절장보단

將五十里也 猶可以爲善國 書曰若藥不暝眩 厥疾不瘳
장오십리야 유가이위선국 서왈약약불명현 궐질불추

– 맹자가 당시 대국이었던 제나라 선왕과 결별하고 제나라를 떠난 것은 당대에는 주목받는 일이었다. 맹자는 고향인 추로 돌아와 지내고 있었는데, 등나라 문공이 맹자를 초빙했다. 이에 맹자는 초청에 응했고, 등나라에서 왕도를 실현코자 노력했다. '등문공' 편은 상편이 5장, 하편이 10장으로 되어 있다.

한 젊은이가 소크라테스를 찾아왔다.

"선생님, 저는 지혜와 학식을 원합니다."

소크라테스는 그를 데리고 해변으로 가서 물이 허리에 찰 때까지 바닷속으로 들어갔다. 그리고 소크라테스는 갑자기 그의 머리를 잡더니 물 속으로 밀어 넣었다. 물에 빠진 젊은이는 허우적대다 기절하고 말았다.

소크라테스는 젊은이를 데려다 해변에 눕히고는 돌아왔다.

한참 후 정신을 차린 젊은이가 소크라테스에게 다시 찾아와 화를 내면서 그 이유를 묻자 소크라테스는 대답 대신 그에게 되물었다.

"물 속에 있을 때 자네가 가장 원했던 게 무엇이었는가?"

"숨을 쉬고 싶었습니다."

"자네가 물 속에서 공기를 원했던 것만큼이나 지혜와 학식을 원한다면 그걸 가르쳐 달라고 그 누구에게 물을 필요가 없을 걸세."

제후(諸侯)의 상례

등나라 임금 정공이 세상을 떠나자 세자인 문공이 자신의 스승인 연우에게 말했다.
「일전에 내가 송나라에 들러 맹자를 만났을 때, 그는 성선설에 대해 잘 설명해주어 감명을
받은 바 있습니다. 지금 불행하게도 부친상이라는 큰 변고를 당하였으니, 나는 이제 스승
님을 맹자에게 보내어 상사에 대한 예의를 물어본 후에 장례를 치르려고 하니 다녀와 주
십시오.」
이에 연우는 추나라로 가서 맹자에게 상례에 대해 물어보았다. 그러자 맹자가 말했다.
「이처럼 먼 길을 와 예법을 물어주시니 정말 잘 하는 일이십니다. 본디 친상이란 자식으로
서 지니고 있는 스스로의 마음을 다해서 치르는 것입니다. 증자께서는 '부모가 살아 계실
때에는 예로써 섬기고, 돌아가시면 예로써 장례를 지내고, 땅 속에 묻은 뒤에는 예로써 제
사를 지낸다면 효성스럽다고 할 수 있다' 라고 말씀하셨습니다. 아직 나는 제후의 상례에
대해 배우지 못해 잘 알지는 못합니다만 들은 바는 있습니다. 친상을 당하면 자식은 3년상
을 치르고, 거친 옷을 입은 채 죽을 먹고 지내는 것은 천자로부터 일반 백성이 이르기까지
그러하였고, 하·은·주 3대에 걸쳐서도 역시 그러하였다고 합니다.」
연우가 이 말을 듣고 돌아와서 고하자, 세자는 맹자의 말에 따라 3년상을 치르기로 했다.
그러나 같은 종친의 노신들을 비롯해서 여러 신하들이 모두 3년상 치르는 것에 대해 반대
의견을 제시했다.
「우리 나라의 종국인 노나라 선군들도 3년상을 치르지 않았고, 우리 나라 선군들도 이것을
치르지 않았는데, 세자의 대에 와서 이를 어긴다는 것은 옳은 일이 아닙니다. 그리고 옛 기
록에도 보면 '장례와 제례는 선조의 예법에 따른다' 고 나와 있습니다.」
그러자 세자는 이렇게 말했다.
「나는 배운 바가 있어서 그렇게 하는 것입니다.」
그리고 연우를 다시 불러 이렇게 말했다.
「내가 예전에 학문을 하지 않고 말이나 달리고 칼 쓰기를 좋아했기 때문에 지금 종친들과
여러 신하들이 내가 하는 일을 미덥지 않게 생각하는 것 같습니다. 이러다가는 큰일을 앞
두고 제대로 일을 치러낼 수 없을 것 같으니 스승께서 다시 한번 맹자를 만나 고견을 듣고
와 주시기 바랍니다.」
그리하여 연우가 다시 추나라에 가서 맹자에게 물었더니, 맹자가 이렇게 말했다.
「그렇습니까? 그렇다면 다른 사람들에게서 해결책을 구하지 마시고 공자께서 말씀하신
대로 하시면 어떻겠습니까?
공자께서는 '임금이 돌아가시면 세자는 일체의 정사를 재상에게 맡겨 대행케 하고, 자신
은 죽을 드시며 슬픈 낯빛으로 상주의 자리에 나가서 곡을 한다. 그러면 모든 관리들이 감
히 슬퍼하지 않을 자가 없을 것이니, 그것은 자신이 몸소 남 앞에서 자식의 도리를 행했기
때문이다. 대개 윗사람이 무엇을 좋아하게 되면 아랫사람들도 따라서 좋아하되 더 좋아하
는 경향이 있다. 그러므로 군자의 덕은 바람이고 소인의 덕은 풀이라 할 수 있다. 풀은 바

람이 붉게 되면 반드시 늙게 되는 것이다.' 라고 말씀하셨습니다.

그러므로 이제 세자께서는 다른 사람의 말에 귀를 기울일 필요 없이 오로지 세자께서 행하시기에 달려 있는 것입니다.」

연우가 돌아와서 고하자, 세자가 말했다.

「그렇습니다. 이번 일은 정말 내가 하기에 달려 있는 것 같습니다.」

그리고는 3년상을 치르기로 결정하고, 세자는 장례 후 5개월 동안 빈소 옆에 지어놓은 여막에서 거처했다.

그러자 이를 지켜본 종친과 여러 신하들은 마침내 세자의 효성에 감동하여 세자를 두고 예법을 아는 사람이라고 말하였고, 5개월이 지난 뒤 장례를 치를 때는 사방에서 조문객들이 찾아왔으며, 세자의 진심 어린 슬픈 낯빛과 곡소리에 모두 감복했다.

滕定公薨 世子謂然友曰 昔者 孟子嘗與我言於宋 於心終不忘 今也
등 정 공 훙　세 자 위 연 우 왈　석 자　맹 자 상 여 아 언 어 송　어 심 종 불 망　금 야

不幸 至於大故 吾欲使子問於孟子然後 行事 然友之鄒 問於孟子
불 행　지 어 대 고　오 욕 사 자 문 어 맹 자 연 후　행 사　연 우 지 추　문 어 맹 자

孟子曰 不亦善乎 親喪固所自盡也 曾子曰 生事之以禮 事葬之以禮
맹 자 왈　불 역 선 호　친 상 고 소 자 진 야　증 자 왈　생 사 지 이 례　사 장 지 이 례

祭之以禮 可謂孝矣 諸侯之禮 吾未之學也 雖然吾嘗聞之矣 三年之
제 지 이 례　가 위 효 의　제 후 지 례　오 미 지 학 야　수 연 오 상 문 지 의　삼 년 지

喪 齊疏之服 飦粥之食 自天子達於庶人 三代共之 然友反命 定爲
상　자 소 지 복　전 죽 지 식　자 천 자 달 어 서 인　삼 대 공 지　연 우 반 명　정 위

三年之喪 父兄百官 皆不欲曰 吾宗國魯先君 莫之行 吾先君亦莫之
삼 년 지 상　부 형 백 관　개 불 욕 왈　오 종 국 노 선 군　막 지 행　오 선 군 역 막 지

行也 至於子之身而反之不可 且志曰 喪祭從先祖 曰吾有所受之也
행 야　지 어 자 지 신 이 반 지 불 가　차 지 왈　상 제 종 선 조　왈 오 유 소 수 지 야

謂然友曰 吾他日未嘗學問 好馳馬試劍 今也 父兄百官不我足也 恐
위 연 우 왈　오 타 일 미 상 학 문　호 치 마 시 검　금 야　부 형 백 관 불 아 족 야　공

其不能盡於大事 子爲我問孟子 然友復之鄒問孟子 孟子曰 然不可
기 불 능 진 어 대 사　자 위 아 문 맹 자　연 우 부 지 추 문 맹 자　맹 자 왈　연 불 가

以他求者也 孔子曰 君薨 聽於冢宰 歠粥 面深墨 卽位而哭 百官有
이 타 구 자 야　공 자 왈　군 훙　청 어 총 재　철 죽　면 심 묵　즉 위 이 곡　백 관 유

司 莫敢不哀 先之也 上有好者 下必有甚焉者矣 君子之德風也 小
사　막 감 불 애　선 지 야　상 유 호 자　하 필 유 심 언 자 의　군 자 지 덕 풍 야　소

人之德草也 草上之風必偃 是在世子 然友反命 世子曰然 是誠在我
인 지 덕 초 야　초 상 지 풍 필 언　시 재 세 자　연 우 반 명　세 자 왈 연　시 성 재 아

五月居廬 未有命戒 百官族人 可謂曰知 及至葬 四方來觀之 顔色
오 월 거 려　미 유 명 계　백 관 족 인　가 위 왈 지　급 지 장　사 방 래 관 지　안 색

之戚 哭泣之哀 吊者大悅
지 척　곡 읍 지 애　조 자 대 열

– 등나라와 노나라는 모두 주나라의 혈통이 세운 나라였다. 노나라의 선조는 주공(周公)이었고, 등나라는 주공의 아우인 숙수(叔繡)가 등나라에 봉해졌기 때문에 노나라에 대해 종국(宗國)이라고 말한 것이다.

⠿ • • • • • •

돼지는 더 참을 수 없는지 코끝을 씰룩거리면서 소에게 말했다.

"도대체 사람들은 왜 너희들은 칭찬해 주고 착한 사람에 비유하면서, 우리는 멸시하고 꼭 욕심 많고 나쁜 사람에 비교해서 말하는 걸까. 하기야 너희들은 우유와 버터를 대주니까 그럴테지. 하지만 우리도 사람들에게 햄과 베이컨을 대주고 있잖아."

그러자 소가 눈을 두어 번 껌벅이더니 대답했다.

"글쎄, 잘 모르긴 하지만 아마 우리는 산 몸으로 버터와 우유를 주지만, 너희들은 죽은 몸에서 햄과 베이컨을 주기 때문이 아닐까."

소와 돼지는 다 같이 자기 몸으로 봉사했다. 그러나 돼지는 죽은 후에야 자기 몸을 내어 주고, 소는 살아서 피땀을 짜서 사람들에게 봉사하고 자기의 쓸 것을 바치는 것으로 우유와 버터를 주고 있다.

정전법(井田法)과 학교 교육의 중요성

등문공이 맹자에게 나라를 다스리는 법에 대해 묻자, 맹자가 대답했다.

「백성들의 생활에서 특히 농사일은 소홀히 해서는 안 됩니다. 〈시경〉에 '낮에는 너희들이 나가서 띠풀을 베어 오고, 밤에는 너희들이 새끼를 꼬아서 지붕을 서둘러 이어 놓아야 한다. 그 뒤에 비로소 곡식의 씨를 뿌려야 한다.'고 하여 농한기에 집안에 관계된 일을 끝마치고 농번기에는 농사에 열중하도록 하였습니다.

백성들이 꾸준히 그 일에 종사할 수 있는 생업, 즉 항산이 필요합니다. 그래야 항상 변치 않는 마음상태, 즉 항심을 유지할 수 있습니다. 항산이 없으면 항심도 없어지기 때문입니다. 만약 항심이 없으면 자연히 방탕과 사치를 일삼고 자기 마음대로 하고 싶은 짓을 하게 됩니다. 이리하여 죄를 짓게 된 자를 법에 의해 형벌로 다스리는 일은 어찌 보면 백성들에게 미리 그물을 쳐놓고 걸려들면 잡아 올리는 일로써, 백성들을 속이는 일과 같은 것입니다. 어찌 인자한 분이 임금의 자리에 있으면서 백성들을 속이는 일을 할 수 있겠습니까? 그러므로 어진 임금은 반드시 남에게 겸손하게 하여 아래 신하를 다룰 때도 예의바른 태도를 취하며, 백성들에게 세금을 거둘 때도 정해진 한계를 넘지 않도록 하는 것입니다.

노나라 대부 계씨의 가신인 양호는 '돈을 모으고자 하면 백성들에게 조세 같은 것을 무겁게 매겨야 하기 때문에 인덕을 지키지 못하게 되고, 인덕을 지키고자 하면 백성들에게 조세 같은 것을 가볍게 매겨야 하기 때문에 돈을 모으지 못한다.'고 하였습니다.

그래서 지금부터 백성들로부터 받아들이는 조세에 관하여 말씀드리겠습니다.

하나라는 한 사람에게 50묘의 밭을 주고, 공법이라는 조세제도를 시행했습니다. 이는 50묘의 밭에서 몇해 동안 수확한 것을 평균 내어 10분의 1을 세금으로 내는 제도입니다.

은나라는 한 사람에게 70묘의 밭을 주고, 조법이라는 조세제도를 시행했습니다. 이는 정전제인데, 8가구가 함께 공전을 경작하여 그 수확물을 8가구의 조세로 받아들이고, 그들이 각각 경작하는 사전에 대해서는 세금을 물리지 않는 제도입니다.

그리고 주나라는 한 사람에게 100묘의 밭을 주고, 철법이라는 조세제도를 시행했습니다. 이 철법은 공전과 사전을 구별하지 않고 수확량의 10분의 1을 세금으로 거두는 제도입니다. 이 세법들은 명칭은 달랐지만, 모두 수확량의 10분의 1을 세금으로 거두었다는 것은 같았습니다. 여기서 철이란 공전과 사전 구별 없이 함께 갈아 거둔 것을 평균한다는 뜻이고, 조란 빌린다는 뜻으로, 백성들의 노동력을 빌어 공전을 경작케 한 세법이었던 것입니다.

옛 현인 용자는 '농민을 다스리는 법 중에 가장 좋은 것은 조법이고, 가장 나쁜 것은 공법이다.'라고 말하였습니다. 말씀드린 대로 공법이란 여러 해의 수확물을 평균 내서 그것을 과세 표준으로 삼는 세법이었습니다. 그런데 풍년이 들었을 때는 곡식이 남아도는데도 세금을 조금만 거두어가고, 흉년이 들었을 때는 곡식이 모자라는데도 정해진 세금을 거두어 갔습니다. 백성의 부모나 마찬가지인 한 나라의 임금이 되어 가지고 백성들이 땀흘려 일한 결과가 자기 부모조차 봉양할 수 없고, 굶어죽은 노인과 아이들의 시체를 도랑과 구덩이에 뒹굴게 만든다면 어찌 백성의 부모라 하겠습니까?

왕도를 하는 데 있어서 중요한 것이 녹봉의 세습과 조법을 실시하는 것인데, 그 가운데 공신의 자제에게 녹봉을 세습하는 제도는 원래 등나라에서도 시행하고 있었습니다. 따라서 지금 등나라에서 시행해야 할 것은 조법입니다. 〈시경〉에 보면 주대의 백성들은 '우리 공전(公田)에 먼저 비를 내려주시고, 그 후에 우리 사전에도 비를 내려주소서.' 라고 하늘에 빌었다고 합니다. 공전은 조법에만 있는 것인데, 이 시로 예측컨대 백성들이 편안하게 살았던 주나라 때에도 조법이 실행된 듯합니다. 이처럼 조법은 가장 뛰어난 세법입니다.

이처럼 조법을 시행하여 백성들의 생활을 안정시켜 놓은 다음에는 교육을 시켜야 합니다. 교육은 상·서·학·교를 만들어서 가르쳐야 합니다.

상이란 노인을 공경하는 예법을 가르치는 것이고, 교란 백성들에게 바른 예절을 가르치는 것이며, 서란 활을 쏘는 예법을 가르치는 것으로 재능을 키워주는 것입니다. 이는 옛날 하나라 때는 '교' 라 하고, 은나라 때는 '서' 라 하고, 주나라 때는 '상' 이라 하여 명칭은 달랐지만 모두 지방 교육기관인 향학들이었습니다. 하지만 이들 세 나라 모두 서울에 있는 교육기관만은 '학' 이라 하여 같은 호칭을 썼습니다. 이들 교육기관에서는 모두 군신과 부자, 부부, 형제, 친구간의 윤리에 대해 가르쳤습니다. 이처럼 인간사회의 윤리가 위정자에 의해 명확하게 밝혀지면 백성들은 이에 감화되어 서로 화목하게 지내게 되는 것입니다.

그러므로 정전법과 학교 교육을 실현하는 것이 정치의 급선무입니다. 그것이 잘 실현된다면, 만약 천하를 다스릴 왕자가 나타났을 때는 반드시 여기 등나라에 와서 배워갈 것입니다. 그렇게 되면 등나라는 그 왕자의 스승이 되는 셈입니다.

〈시경〉에 '비록 주나라는 오래된 나라이지만, 천하에 군림하는 왕자가 될 천명을 받은 것은 문왕 때부터이기 때문에 새롭다고 할 수 있다.' 고 한 것은 문왕께서 나라를 일으킨 것을 칭송한 것입니다. 그렇듯이 임금께서도 앞에서 말씀드린 정책을 힘써 실행하시면 문왕의 경우처럼 등나라도 천명을 받아 새로움을 꾀할 수 있을 것입니다.」

맹자에게 이 말을 들은 등문공은 뒷날 조법을 시행해 보려고 신임하는 신하인 필전을 맹자에게 보내 정전법에 대해 더 자세히 물어보게 했다. 이에 맹자가 이렇게 말했다.

「지금 당신의 임금께서 어진 정치를 펴시려고 여러 신하 가운데 당신을 뽑아 내게 보내신 것이니 내가 하는 말을 잘 들어주시기 바랍니다. 어진 정치란 먼저 경지의 경계선을 명확히 하는 것으로부터 시작됩니다. 만약 경지의 경계선이 명확하지 않으면 정전법을 실시해도 균형이 깨지며, 관리들의 녹봉도 그것에 의해 정해지니 불만이 생기게 됩니다. 그래서 폭군이나 탐욕스런 관리들이 토지의 경계선을 흐지부지해놓고 갈취를 일삼았던 것입니다. 그러므로 토지의 경계선을 확실하게 해놓으면 농민들에게 경지를 배분할 때나, 농민의 수확량을 기초로 관리들의 녹봉을 책정할 때도 수월할 것입니다. 등나라가 아무리 토지가 좁다 해도 관리도 있고 백성도 있습니다. 관리가 없으면 백성을 다스릴 수 없고, 백성이 없으면 관리를 먹여 살릴 수가 없습니다. 그러므로 농민에게 밭을 분배하고 조세를 정하는 것은 매우 중요한 일입니다.

그래서 내가 한 가지 제안을 합니다만, 등나라에서도 성 밖에서 경작하는 농민들에게는 세율을 9분의 1로 하고, 성 안의 농민들에게는 10분의 1로 하여 스스로 납부하도록 하는 게 좋을 듯합니다. 그리고 경, 대부 이하의 사의 벼슬에 있는 관리들에게는 제수를 마련하기 위한 밭, 즉 규전을 주는데, 이것은 50묘면 족합니다. 또한 일반 농민의 집에 아직 분가하지 않은 성인과 함께 살고 있는 대가족에게는 25묘를 더 주어 경작토록 해야 합니다.

이렇게 되면 백성들이 죽은 이를 장사 지내거나 거처를 옮긴다 해도 자신의 향리를 떠나

는 일은 없게 될 것입니다. 그리고 여덟 집이 함께 농사를 짓게 되면 서로 화목해져 병자
가 생기면 서로 도와 간호하고, 도둑을 지키는 일에도 합심하여 방비할 것입니다.

정전제에 대해 좀더 자세히 설명하면, 사방 1리의 경작지를 '정'자 모양으로 자르고, 한
정전의 넓이를 900묘로 하는 것입니다. 그리하여 한가운데 100묘는 공전으로 정하고, 나
머지 800묘는 여덟 집에서 사전으로 삼아 경작하게 됩니다. 그리고 공전에서 먼저 일하
고, 그 일이 끝나면 사전을 경작합니다.

이렇게 하면 공적인 일과 사적인 일에 대한 구분이 명확해지고, 관리와 백성들이 할 바에
대한 책임 구분도 명확해질 것입니다. 이것이 정전법의 대략적인 내용입니다만, 이를 실
행하는 데 있어서 실정에 맞도록 조정하는 일은 임금에게 달려 있는 일입니다.」

滕文公 問爲國 孟子曰 民事不可緩也 詩云 晝爾于茅 宵爾索綯 亟
등문공 문위국 맹자왈 민사불가완야 시운 주이우모 소이삭도 극

其乘屋 其始播百穀 民之爲道也 有恒産者 有恒心 無恒産者 無恒
기승옥 기시파백곡 민지위도야 유항산자 유항심 무항산자 무항

心 苟無恒心 放辟邪侈 無不爲已 及陷乎罪然後 從而刑之 是罔民
심 구무항심 방벽사치 무불위이 급함오죄연후 종이형지 시망민

也 焉有仁人在位 罔民而可爲也 是故賢君必恭儉禮下 取於民 有制
야 언유인인재위 망민이가위야 시고현군필공검례하 취어민 유제

陽虎曰 爲富不仁也 爲仁不富矣 夏后氏五十而貢 殷人七十而助 周
양호왈 위부불인야 위인불부의 하후씨오십이공 은인칠십이조 주

人百畝而徹 其實皆什一也 徹者徹也 助者藉也 龍子曰 治地莫善於
인백무이철 기실개십일야 철자철야 조자차야 용자왈 치지막선어

助 莫不善於貢 貢者校數歲之中 以爲常 樂歲粒米狼戾 多取之而不
조 막불선어공 공자교수세지중 이위상 락세립미랑려 다취지이불

爲虐 則寡取之 凶年糞其田而不足 則必取盈焉 爲民父母 使民盻盻
위학 즉과치지 흉년분기전이부족 즉필취영언 위민부모 사민혜혜

然 將終歲勤動 不得以養其父母 又稱貸而益之 使老稚轉乎丘壑 惡
연 장종세근동 부득이양기부모 우칭대이익지 사노치전호구학 오

在其爲民父母也 夫世祿 滕固行之矣 詩云 雨我公田 遂及我私 惟
재기위민부모야 부세록 등고행지의 시운 우아공전 수급아사 유

助爲有公田 由此觀之 雖周亦助也 設爲庠序學校 以敎之 庠者 養
조위유공전 유차관지 수주역조야 설위상서학교 이교지 상자 양

也 校者 敎也 序者 射也 夏曰敎 殷曰序 周曰庠 學則三代共之 皆
야 교자 교야 서자 사야 하왈교 은왈서 주왈상 학즉삼대공지 개

所以明人倫也 人倫 明於上 小民 親於下 有王者起 必來取法 是爲
소이명인륜야 인륜 명어상 소민 친어하 유왕자기 필래취법 시위

王者師也 詩云 周雖舊邦 其命維新 文王之謂也 子力行之 亦以新
왕자사야 시운 주수구방 기명유신 문왕지위야 자력행지 역이신

子之國 使畢戰 問井地 孟子曰 子之君 將行仁政 選擇而使子 子必
자지국 사필전 문정지 맹자왈 자지군 장행인정 선택이사자 자필

勉之 夫仁政 必自經界始 經界不正 井地不均 穀祿不平 是故 暴君
면지 부인정 필자경계시 경계부정 정지불균 곡록불평 시고 폭군

汚吏 必慢其經界 經界旣正 分田制祿 可坐而定也 夫滕壤地褊小
오리 필만기경계 경계기정 분전제록 가좌이정야 부등양지편소

將爲君子焉 將爲野人焉 無君子 莫治野人 無野人 莫養君子 請野
장 위군자언 장 위야인언 무군자 막치야인 무야인 막양군자 청야

九一而助 國中什一 使自賦 卿以下 必有圭田 圭田 五十畝 餘夫
구 일이조 국중십일 사자부 경이하 필유규전 규전 오십무 여부

二十五畝 死徒 無出鄕 鄕田同井 出入 相友 守望 相助 疾病 相扶
이십오무 사사 무출향 향전동정 출입 상우 수망 상조 질병 상부

持 則百姓 親睦 方里而井 井九百畝 其中 爲公田 八家皆私百畝
지 즉백성 친목 방리이정 정구백무 기중 위공전 팔가개사백무

同養公田 公事畢然後 敢治私事 所以別野人也 此其大略也 若夫潤
동양공전 공사필연후 감치사사 소이별야인야 차기대략야 약부윤

澤之 則在君與子矣
택지 즉재군여자의

- 묘(畝)는 면적을 나타내는 단위이다. 오늘날의 단위로 1묘는 100평(坪) 정도 된다.
- 규전은 수확물을 제사 지내는 데 쓰려고 마련해 놓은 경작지로, 위토답, 위답, 제답이라고도 한다.

❀ • • • • • •

어느 마을에 화목한 가정이 있었다. 하루는 친구가 와서 화목하게 사는 방법을 물었다. 주인은 곧 큰 아들을 불러서 밭에 이삭이 갓 패인 보리를 베어 묶어 세우라고 하였다. 그러자 아들은 보리를 벨 때가 아니지만 아버지가 하라는 대로 하였다. 그런데 아버지는 그것을 중단시키고 이제는 소를 지붕 위로 올리라고 하니 아들은 또 소를 지붕에다 끌어올리려고 애썼다. 이것을 본 친구는 '화목의 비결이 이것이구나' 하고 깨닫게 되었다.

친구는 곧장 집으로 가서 아들을 불러서 "보리를 베어 묶어라."라고 하자 아들이 대답하기를, "아버지 식전에 어디 갔다 오시더니 노망이 들었소?" 하며 말을 듣지 않았다. 이것을 본 아버지는 "우리 가정은 화목하긴 틀렸구나." 하며 한탄하였다.

사이비 왕도론자들을 공격함

신농씨의 학설을 표방하고 다니는 허행이라는 사람이 초나라에서 등나라로 찾아와 궁궐 문 앞에서 문공에게 청원을 올렸다.

「저는 먼 곳에서 온 사람인데, 임금께서 어진 정사를 펴신다는 소문을 듣고 찾아왔습니다. 바라건대 작은 집 한 채를 하사 받아 이 나라의 백성이 되고자 하오니 허락해 주십시오.」

그러자 문공이 청을 받아들여 거처할 집을 주었다. 그랬더니 그는 함께 온 수십 명의 사람들과 함께 검소한 옷을 입고 짚신과 돗자리 등을 짜서 내다 팔아 생계를 이어갔다.

한편 유가의 한 사람인 초나라의 진량의 제자인 진상이라는 사람이 그의 아우 진신과 함께 농기구를 메고 송나라에서 등나라로 찾아와 또 문공에게 청원을 올렸다.

「임금께서 성인의 어진 정치를 행하신다고 들었습니다. 이 또한 성인이 아닐 수 없습니다. 바라건대 성인의 백성이 되고자 하오니 허락하여 주십시오.」

그리하여 진상도 허락을 받아 등나라에서 살게 되었다. 그 뒤 진상은 허행을 알게 되고, 그의 학설을 듣고 크게 감명받아 자기 학설을 모두 버리고 허행의 제자가 되어 버렸다.

하루는 진상이 맹자를 찾아왔는데, 일전에 허행이 자신에게 했다는 말을 이렇게 전했다.

「제 스승께서는 제게 '등문공께서는 현명한 임금이시긴 하지만, 아직 도에는 밝지 못하신 것 같다. 진정 현명한 임금이라면 백성과 함께 밭을 갈아 거기서 수확한 것을 드시고, 끼니도 손수 지어 드시면서 정치를 하는 법이다. 지금 등나라에는 백성들에게 세금으로 거둬들인 곡식과 재물을 쌓아두는 창고가 있다. 이것은 임금이 백성들로부터 착취를 하고 있다는 증거이니, 어찌 현명한 임금이라 하겠느냐?'고 말씀하신 적이 있습니다.」

이 말을 듣고 맹자가 진상에게 물었다.

「허행 선생은 꼭 손수 곡식을 가꾸어서 드시오?」

진상이 대답했다.

「그렇습니다.」

「그럼 허 선생은 꼭 손수 베를 짜서 옷을 해 입소?」

「그렇지는 않습니다. 제 선생께서는 털옷을 입고 지내십니다.」

「그럼 허 선생은 평소에 관을 쓰시오?」

「예, 관을 쓰고 지내십니다.」

「어떤 관을 쓰시오?」

「아무런 장식도 없고 색도 없는 소박한 관을 쓰십니다.」

「그런 그 관은 손수 만든 것이오?」

「그렇지 않습니다. 손수 농사지은 곡식과 바꾼 것입니다.」

「왜 손수 관을 짜서 쓰지 않는 것이오?」

「손수 관을 짜면 농사 짓는 데 방해가 되기 때문에 그렇습니다.」

「그럼 허 선생은 솥이나 시루에 밥을 짓고, 쇠붙이로 만든 농기구로 밭을 가시오?」

「그렇습니다.」

「그것들도 선생이 손수 만든 것이오?」

「그렇지 않습니다. 역시 손수 농사지은 곡식과 바꾼 것입니다.」

「그렇다면 묻겠소. 자신이 경작한 곡식으로 그릇이나 농기구와 교환한다고 해서 도공이나 대장장이에게 해를 입히는 것은 아닐 것이며, 도공이나 대장장이 역시 자신들이 만든 그릇이나 농기구를 가지고 곡식과 교환한다고 해서 농부에게 손해를 입히는 것은 아닐 것이오. 그런데 허 선생은 자신이 필요한 것은 자신이 만들어 써야 한다고 주장하고 있으니, 그릇이나 농기구도 손수 만들어서 창고에 저장해 두었다가 쓸 일이지 왜 번거롭게 여기저기 다니면서 교환해 쓰는 것이오? 허 선생은 그런 번거로움을 싫어하지 않는 성격이오?」

「여러 기술을 갖는 것은 복잡한 일이므로 농사를 지으면서 그 일까지 할 수는 없지요.」

「천하를 다스리는 일만이 유독 농사를 지으면서 할 수 있는 일이라는 말이오? 직업이란 구분되어 있으니, 윗사람들이 할 일이 따로 있고 아랫사람이 할 일이 따로 있는 것이오. 정치하는 사람과 농사 짓는 사람이 할 일이 따로 있다는 말이오. 사람이 살아가는 데는 각 분야의 기술자들이 만든 물건들이 필요한데, 만약 물건들을 손수 만든다면, 천하의 사람들을 모두 지쳐서 쓰러지게 만들 것이오. 옛말에 '정신을 수고롭게 하는 사람도 있고, 육체를 수고롭게 하는 사람도 있다.'는 말이 있는 것이오. 정신을 쓰는 사람은 남을 다스리고, 체력을 쓰는 사람은 남에게 다스림을 받는 것입니다. 그리하여 남에게 다스림을 받는 사람은 다스리는 자들을 먹여 살려야 하고, 남을 다스리는 사람들은 다른 이의 노력에 의지하여 먹고사는 대신에 정치를 하는 것이오. 이것은 천하에 통용되는 진리인 것이오.

옛날에 요임금 때의 천하는 아직 안정되지가 않아서, 홍수가 천하에 범람하였고, 초목은 제멋대로 우거져 금수가 마구 불어났으며, 오곡은 여물지 못하고 금수가 민가에까지 침범하여 그 발자국이 도성 안에까지 나 있는 상태였소. 요임금께서는 이를 크게 근심하여 신하 순을 등용하여 사태를 수습하게 하자, 순은 먼저 익에게 시켜 불에 관한 일을 맡게 하였소. 익이 산야에 불을 질러 초목을 불지르자 금수들이 도망쳐 자취를 감추게 되었소.

요임금은 우를 등용하여 물에 관한 일을 맡겼는데, 우는 황하의 아홉 개 지류를 원활하게 소통시켜 홍수를 다스렸소. 우는 황하의 지류인 제수와 탑수를 뚫어 물이 바다로 빠지게 하였고, 여수와 한수 등 강물을 트고, 회수와 사수에 배수로를 만들어 양자강으로 흘러가게 하였소. 그 뒤에 겨우 백성들이 안심하고 농사를 지어 식량을 얻을 수가 있었던 것이오. 이때 우는 물을 다스리는 일에 너무 열중하여 8년 동안 집에 들어가지 않았고, 3번이나 자기 집 문 앞을 지나가면서도 겨를이 없어 안 들어갔다고 하오. 한번 생각해 보시오. 우는 자기 집에 들를 겨를도 없이 백성들을 위해 열심히 일하고 있는데, 비록 그가 마음속 한편으로는 농사를 짓고 싶다고 생각했다 하더라도 농사를 지을 틈이 있었겠소?

또한 요임금은 농사에 관한 일을 맡아보는 관리도 따로 두셨는데, 그것이 후직이라는 벼슬이오. 후직은 백성들에게 농사짓는 방법을 가르쳐 오곡을 재배하게 하였소. 그래서 그 뒤부터 오곡이 잘 여물고 백성들이 배부르게 살 수 있었던 것이오.

사람이 사람다울 수 있는 것이 무엇이겠소? 배불리 먹고 따뜻한 옷을 입고 편히 잔다 해도, 교육을 받지 않으면 금수에 가깝게 되는 것이오. 요순같은 성인은 이를 걱정하여, 설을 시켜 백성들을 가르쳤던 것이오. 설은 먼저 사람을 사람답게 하는 다섯 가지 윤리, 즉 오륜을 가르쳤는데, 부자지간에는 친한 정이 있어야 하고, 군신간에는 의리가 있어야 하며, 부부 사이라 해도 서로 침범하지 못할 구별이 있어야 하고, 어른과 아이 사이에는 차례가 있어야 하며, 친구 사이에는 믿음이 있어야 한다는 것이 그것이오.

그리고 요임금은 설에게 이르기를 '백성들을 잘 다독여서 굽은 마음을 바로잡아 곧게 만들고, 힘에 부치는 것을 도와 백성들 스스로가 선한 마음의 덕을 얻을 수 있도록 하고, 궁핍한 자를 도와 그 손길이 고루 미치도록 하라.'고 하였소. 그러니 생각해 보시오. 이처럼 요임금께서는 백성들의 안위를 위하여 밤낮으로 걱정을 하셨는데, 과연 농사를 지을 여가가 있었겠소? 요임금께서는 순처럼 어질고 현명한 인재를 찾아내지 못할까봐 걱정하였고, 순은 우와 고요처럼 백성들을 고루 편하게 해줄 인재를 찾아내지 못할까봐 걱정했던 것이오. 그런 것처럼 농부들은 100묘의 땅이 잘 경작되지 않아 수확물이 적어질까봐 걱정하였던 것이오. 이처럼 사람에게는 다 자기에게 맞는 걱정거리가 있는 법이오.

남에게 재물을 나눠주는 것을 혜라 하고, 남에게 착한 일을 하도록 가르치는 것을 충이라 하며, 천하를 위해 훌륭한 인재를 발견하는 것을 인이라 하오. 천하를 남에게 양보하는 일은 쉽지만, 천하를 위해 일할 유능한 인재를 발견하는 일은 쉬운 일이 아니오. 인재를 찾아내는 일은 은혜나 충성보다 훨씬 값진 일이오. 요·순임금도 천하를 남에게 양보하는 일은 어렵지 않았겠으나, 천하를 위해 일할 유능한 인재를 찾아내는 일은 어려웠을 것이오.

그래서 공자께서도 그러한 요·순임금을 칭송하여 '참으로 위대하시구나, 요께서 임금의 일을 행하심이. 하늘처럼 위대한 것이 없거늘, 요임금께서는 그 위대함을 본받아 백성들을 잘 다스리시는구나. 그 덕이 넓고도 넓어 백성들은 요임금을 칭송할 말을 찾지 못하는구나. 참으로 높고도 높은 순임금이시구나. 천하를 다 차지하셨으면서도 그것을 즐거움으로 삼지 않으셨으니.'라고 말씀하셨소. 이렇게 위대한 요순께서도 천하를 다스리는 데 어찌 마음 쓸 때가 없었겠소. 다만 손수 농사짓는 것에만 마음을 쓰지 않았을 뿐 아니겠소?

나는 중국의 문화로써 오랑캐의 문화를 바꾸게 했다는 말은 들은 적이 있지만, 오랑캐의 문화로써 중국의 문화를 바꾸게 했다는 말은 들은 적이 없었소. 그런데 당신의 스승 진량은 남쪽지방에 있는 초나라 사람이지만, 주공과 공자의 도를 좋아하여 북쪽지방까지 올라가서 그 분들의 학문을 배웠는데, 학문이 뛰어나 북쪽의 학자들도 그를 능가하는 사람이 없었으니 참으로 훌륭한 선비였소. 하지만 당신 형제는 그처럼 훌륭한 분을 수십 년 동안 스승으로 섬기다가, 스승이 세상을 떠나자 마침내 배신하고 허행의 제자가 되고 말았소.

공자께서 돌아가셨을 때, 제자들은 3년상을 치른 뒤, 짐을 꾸려 고향으로 돌아가려고 상을 주관하던 자공에게 작별인사를 하고는 서로 곡을 하며 울었소. 그들은 목소리가 다 쉰 다음에야 헤어졌는데, 그래도 마음의 응어리가 안 풀렸던 자공은 혼자 공자의 묘로 돌아와 움막을 짓고 다시 3년상을 치른 뒤에 고향으로 돌아갔소. 그후 자하, 자장, 자유 등은 스승과 용모가 비슷했던 유약을 공자처럼 여겨 그에게 스승의 예를 갖추며 지내자는 것을 증자에게 강요한 일도 있었소. 그러나 증자께서는 '그럴 수는 없네. 스승의 인격은 마치 양자강과 한수의 물에 깨끗하게 빨아서 가을 햇빛에 말린 것 같이 희고도 희어서 그것에 비할 것은 아무것도 없기 때문이네.'라고 말씀하셨소. 그런데 지금 허행은 남쪽 야만족의 새소리 같은 사투리를 지껄이며 선왕의 도를 비난하고 있고, 당신은 또 수십 년 동안 배운 스승의 가르침을 버리고 그를 따르고 있으니, 이것은 증자의 태도와는 전혀 다른 게 아니오.

나는 봄이 되면 새가 깊숙한 골짜기에서 나와 높은 나무 위에 앉는다는 말은 들었지만, 높은 나무에서 내려와 골짜기로 옮겨 앉는다는 말은 듣지 못했소. 〈시경〉에 '서쪽 오랑캐인 융과 북쪽 오랑캐인 적을 토벌하니 남쪽의 형과 서 같은 오랑캐가 다스려졌다.'고 하였소. 이것으로 보아 주공은 형과 서 같은 오랑캐, 즉 초나라를 치고자 하였는데, 당신은 이와 달리 초나라 문화를 오히려 좋아하여 초나라 출신인 허행에게 배웠으니 중국 문화로 오랑

131

캐 문화를 바꾸려고 한 행동은 아닐 것이오. 그러니 잘한 일은 아니라는 말이오.」

맹자의 긴 설명이 끝나자 진상이 다시 물었다.

「허행 선생의 이론에 따르면, 시장의 물건값이 일정하도록 통제하면 나라 안에서 가짜 물건들이 없어지고 남을 속이는 일도 없어질 것이며, 어린아이들이 시장에 가서 물건을 사더라도 속는 일이 없어질 거라고 하셨습니다. 따라서 베와 비단의 길이가 같으면 값을 같게 하고, 베와 비단을 짜는 데 필요한 실도 무게가 같으면 값을 같게 매기며, 신발도 크기가 같으면 같은 값을 매기면 문제가 없을 것 아니겠습니까?」

「대체로 물건의 품질이 같을 수 없다는 것은 본래부터 자연스럽게 지니고 있는 성질인데, 그래서 가격도 차이가 나는 법이오. 그래서 같은 종류의 물건이라도 어떤 것은 2배, 5배 차이가 나고, 또 어떤 것은 10배, 1백 배의 차이가 나며, 1천 배, 1만 배의 차이가 나는 것도 생기는 것이오. 그런데 물건값을 똑같이 매겨 버린다면 그것은 천하를 태평하게 하는 일이기는커녕 오히려 혼란에 빠트리는 일이 될 것이오. 만약 허술하게 만든 짚신이나 꼼꼼하게 만든 짚신의 가격이 같다고 하면 꼼꼼하게 짚신을 만들 사람이 누가 있겠소? 허 선생의 이론에 따른다면 모두가 엉터리 물건만을 만들 게 뻔하고, 그러면 나라가 혼란에 빠질 게 분명한데, 그래가지고 어떻게 나라를 다스려 나갈 수 있단 말이오.」

有爲神農之言者 許行 自楚之滕 踵門而告文公曰 遠方之人 聞君行
유 위 신 농 지 언 자 허 행 자 초 지 등 종 문 이 고 문 공 왈 원 방 지 인 문 군 행

仁政 願受一廛而爲氓 文公 與之處 其徒數十人 皆衣褐 捆屨織席
인 정 원 수 일 전 이 위 맹 문 공 여 지 처 기 도 수 십 인 개 의 갈 곤 구 직 석

以爲食 陳良之徒陳相 與其弟辛 負耒耜而自宋之滕 曰聞君行聖人
이 위 식 진 량 지 도 진 상 여 기 제 신 부 뢰 사 이 자 송 지 등 왈 문 군 행 성 인

之政 是亦聖人也 願爲聖人氓 陳相 見許行而大悅 盡棄其學而學焉
지 정 시 역 성 인 야 원 위 성 인 맹 진 상 견 허 행 이 대 열 진 기 기 학 이 학 언

陳相 見孟子 道許行之言曰 滕君則誠賢君也 雖然 未聞道也 賢者
진 상 견 맹 자 도 허 행 지 언 왈 등 군 즉 성 현 군 야 수 연 미 문 도 야 현 자

與民並耕而食 饔飧而治 今也 滕有倉廩府庫 則是厲民而以自養也
여 민 병 경 이 식 옹 손 이 치 금 야 등 유 창 름 부 고 즉 시 려 민 이 이 자 양 야

惡得賢 孟子曰 許子 必種粟而後 食乎 曰然 許子 必織布而後 衣
오 득 현 맹 자 왈 허 자 필 종 속 이 후 식 호 왈 연 허 자 필 직 포 이 후 의

乎 曰否 許子 衣褐 許子 冠乎 曰冠 曰奚冠 曰冠素 曰自織之與 曰
호 왈 부 허 자 의 갈 허 자 관 호 왈 관 왈 해 관 왈 관 소 왈 자 직 지 여 왈

否 以粟易之 曰許子 奚爲不自織 曰害於耕 曰許子 以釜甑爨 以鐵
부 이 속 역 지 왈 허 자 해 위 부 자 직 왈 해 어 경 왈 허 자 이 부 중 찬 이 철

耕乎 曰然 自爲之與 曰否 以粟易之 以粟易械器者 不爲厲陶冶 陶
경 호 왈 연 자 위 지 여 왈 부 이 속 역 지 이 속 역 계 기 자 불 위 려 도 야 도

冶亦以其械器易粟者 豈爲厲農夫哉 且許子 何不爲陶冶 舍皆取諸
야 역 이 기 계 기 역 속 자 기 위 려 농 부 재 차 허 자 하 불 위 도 야 사 개 취 저

其宮中而用之 何爲紛紛然與百工交易 何許子之不憚煩 曰百工之
기 궁 중 이 용 지 하 위 분 분 연 여 백 공 교 역 하 허 자 지 불 탄 번 왈 백 공 지

事 固不可耕且爲也 然則治天下 獨可耕且爲與 有大人之事 有小人
사 고불가경차위야 연즉치천하 독가경차위여 유대인지사 유소인

之事 且一人之身而百工之所爲備 如必自爲而後 用之 是率天下而
지사 차일인지신이백공지소위비 여필자위이후 용지 시솔천하이

路也 故曰 或勞心 或勞力 勞心者 治人 勞力者 治於人 治於人者
로야 고왈 혹노심 혹노력 노심자 치인 노력자 치어인 치어인자

食人 治人者 食於人 天下之通義也 當堯之時 天下猶未平 洪水橫
식인 치인자 식어인 천하지통의야 당요지시 천하유미평 홍수횡

流 氾濫於天下 草木暢茂 禽獸繁殖 五穀不登 禽獸偪人 獸蹄鳥跡
류 범람어천하 초목창무 금수번식 오곡부등 금수핍인 수제조적

之道 交於中國 堯獨憂之 擧舜而敷治焉 舜使益掌火 益烈山澤而焚
지도 교어중국 요독우지 거순이부치언 순사익장화 익렬산택이분

之 禽獸逃匿 禹疏九河 瀹濟漯而注諸海 決汝漢 排淮泗而注之江然
지 금수도닉 우소구하 약제탑이주저해 결여한 배회사이주지강연

後 中國可得而食也 當是時也 禹八年於外 三過其門而不入 雖欲耕
후 중국가득이식야 당시시야 우팔년어외 삼과기문이불입 수욕경

得乎 后稷敎民稼穡 樹藝五穀 五穀熟而民人育 人之有道也 飽食煖
득호 후직교민가색 수예오곡 오곡숙이민인육 인지유도야 포식난

衣 逸居而無敎 則近於禽獸 聖人有憂之 使契爲司徒 敎以人倫 父
의 일거이무교 즉근어금수 성인유우지 사설위사도 교이인륜 부

子有親 君臣有義 夫婦有別 長幼有序 朋友有信 放勳曰 勞之來之
자유친 군신유의 부부유별 장유유서 붕우유신 방훈왈 노지래지

匡之直之 輔之翼之 使自得之 又從而振德之 聖人之憂民如此 而暇
광지직지 보지익지 사자득지 우종이진덕지 성인지우민여차 이가

耕乎 堯以不得舜爲己憂 舜以不得禹 皐陶爲己憂 夫以百畝之不易
경호 요이부득순위기우 순이부득우 고요위기우 부이백무지불이

爲己憂者 農夫也 分人以財 謂之惠 敎人以善 謂之忠 爲天下得人
위기우자 농부야 분인이재 위지혜 교인이선 위지충 위천하득인

者 謂之仁 是故以天下與人易 爲天下得人難 孔子曰 大哉 堯之爲
자 위지인 시고이천하여인이 위천하득인난 공자왈 대재 요지위

君也 惟天爲大 惟堯則之 蕩蕩乎民無能名焉 君哉舜也 巍巍乎 有
군야 유천위대 유요칙지 탕탕호민무능명언 군재순야 외외호 유

天下而不與焉 堯舜之治天下 豈無所用心哉 亦不用於耕耳 吾聞用
천하이불여언 요순지치천하 기무소용어심재 역불용어경이 오문용

夏變夷者 未聞變於夷者也 陳良 楚産也 悅周公 仲尼之道 北學於
하변이자 미문변어이자야 진량 초산야 열주공 중니지도 북학어

中國 北方之學者 未能或之先也 彼所謂豪傑之士也 子之兄弟事之
중국 북방지학자 미능혹지선야 피소위호걸지사야 자지형제사지

數十年 師死而遂倍之 昔者 孔子沒 三年之外門人 治任將歸 入揖
수십년 사사이수배지 석자 공자몰 삼년지외문인 치임장귀 입읍

於子貢 相嚮而哭 皆失聲然後 歸子貢反 築室於場 獨居三年然後
어 자 공   상 향 이 곡   개 실 성 연 후   귀 자 공 반   축 실 어 장   독 거 삼 년 연 후

歸 他日 子夏子張子游 以有若似聖人 欲以所事孔子 事之 彊曾子
귀   타 일   자 하 자 장 자 유   이 유 약 사 성 인   욕 이 소 사 공 자   사 지   강 증 자

曾子曰 不可 江漢以濯之 秋陽以暴之 皜皜乎不可尙已 今也 南蠻
증 자 왈   불 가   강 한 이 탁 지   추 양 이 폭 지   호 호 호 불 가 상 이   금 야   남 만

鴃舌之人 非先王之道 子倍子之師而學之 亦異於曾子矣 吾聞出於
격 설 지 인   비 선 왕 지 도   자 배 자 지 사 이 학 지   역 이 어 증 자 의   오 문 출 어

幽谷 遷于喬木者 未聞下喬木而 入於幽谷者 魯頌曰 戎狄是膺 荊
유 곡   천 우 교 목 자   미 문 하 교 목 이   입 어 유 곡 자   노 송 왈   융 적 시 응   형

舒是懲 周公方且膺之 子是之學 亦爲不善變矣 從許子之道 則市賈
서 시 징   주 공 방 차 응 지   자 시 지 학   역 위 불 선 변 의   종 허 자 지 도   즉 시 가

不貳 國中 無僞 雖使五尺之童適市 莫之或欺 布帛長短同 則賈相
불 이   국 중   무 위   수 사 오 척 지 동 적 시   막 지 혹 사   포 백 장 단 동   즉 가 상

若 麻縷絲絮輕重同 則賈相若 五穀多寡同 則賈相若 屨大小同 則
약   마 루 사 서 경 중 동   즉 가 상 약   오 곡 다 과 동   즉 가 상 약   구 대 소 동   즉

賈相若 曰夫物之不齊 物之情也 或相倍蓰 或相什伯 或相千萬 子
가 상 약   왈 부 물 지 부 제   물 지 정 야   혹 상 배 사   혹 상 십 백   혹 상 천 만   자

比而同之 是亂天下也 巨屨小屨同賈 人豈爲之哉 從許子之道 相率
비 이 동 지   시 란 천 하 야   거 구 소 구 동 가   인 개 위 지 재   종 허 자 지 도   상 솔

而爲僞者也 惡能治國家
이 위 위 자 야   오 능 치 국 가

- 신농은 삼황, 즉 복희, 신농, 수인의 하나로, 처음으로 쟁기와 보습을 만들어 백성에게 농사를 가르치는 전설적 인물이다.

- 허행은 다른 문헌에는 등장하지 않는 인물로, 직접 농사를 짓고 직접 옷을 짜입는 것을 중요시하는 한 학파의 사람이다.

- 고요(皐陶)는 순임금의 신하로 동이부락의 수령이었는데, 순임금이 형옥을 관장하는 사람으로 임명했다. 형법과 교육을 제정했으며 정직함으로 이름이 높았다. 옥신으로 불리기도 한다. 皐陶는 고도로 읽는 책들이 있지만 고요로 읽어야 한다. 중국에서도 고요(gao yao)로 읽고 있다.

묵가(墨家)에 대한 반론

묵자의 계열에 속하는 사람 중에 이지라는 사람이 있었다. 어느 날, 그가 맹자의 제자인 서벽에게 맹자를 한번 찾아가 만나고 싶다고 말했다. 서벽이 그의 뜻을 전하자 맹자가 말했다.
「나도 만나고는 싶지만 지금 몸이 안 좋으니 나중에 몸이 좋아지면 내가 직접 찾아가서 만날 것이니 굳이 찾아올 것 없다고 전하라.」
그러나 며칠이 지나도 맹자에게 소식이 없자 이지가 다시 맹자를 찾아가겠다고 했다. 그러자 맹자가 말했다.
「이제는 만나도 될 것 같구나. 왜냐하면 그의 그릇된 사상을 바로잡아주지 않으면 우리 유가의 바른 도가 드러나지 않을 것이기 때문이다. 꼭 그의 그릇된 생각을 바로잡아줄 것이다. 내가 듣기에 그는 묵가라는데, 그들은 유가와 달리 되도록 간단하게 상을 치르는 것이 바른 도리라고 여긴다고 하더구나. 그러니 이지도 세상의 풍습을 그런 방향으로 이끌어가려고 할 텐데, 그것이 왜 잘못된 것이고 존중할 가치가 없는 것인지 잘 모르고 있을 것이다. 더구나 그는 자기 부모의 장례를 아주 후하게 치렀다고 하니, 이는 자신이 잘못되었다고 여기고 있는 방식으로 장례를 치른 것이 아니고 무엇이겠느냐.」
맹자의 이 말을 서벽이 이지에게 전하자, 그가 이렇게 반박했다.
「유가에서 말하는 '옛 성인은 백성 다루기를 마치 갓난아이 다루는 것처럼 좋아했다.' 라는 것은 무슨 뜻입니까? 내 생각으로는 유가에서도 우리 묵가와 마찬가지로 남을 사랑하는 점에 있어서는 똑같지만, 단지 사랑을 베푸는 데 순서가 있어 자기와 가까운 부모에서부터 시작하는 것 같더군요. 그렇다면 유가에서의 사랑이나, 우리 묵가에서 사람을 가리지 않고 사랑하는 것이나 마찬가지 아니겠습니까?」
서벽이 이 말을 맹자에게 전하자, 맹자가 말했다.
「그렇다면 이지는 자기 친조카를 사랑하는 일이나, 옆집 아이를 사랑하는 일이 같다고 생각하는 것인가? 그는 우리 유가의 말을 예로 들었지만, 그 말은 나름대로 확실한 근거가 있는 것이다. 즉 갓난아이가 스스로 기어가서 우물에 빠지려 한다면 그것은 어린아이 자신의 잘못이 아니다. 부모의 부주의 때문에 일어난 일이다. 이러한 이치와 마찬가지로, 만약 백성들이 나쁜 짓을 한다면 그것은 그들의 잘못이 아니라 위정자들의 잘못이다. '갓난아이를 다루는 것처럼 한다' 는 것은 바로 이를 두고 한 말이다.
무릇 하늘이 만물을 창조하실 때, 어느 것이든 그것이 생기는 근본은 반드시 한 가지였다. 사랑만 하더라도 먼저 부모와 자식간의 사랑을 근본으로 삼았고, 거기서 영역을 넓혀 갔다. 부모 자식의 사랑을 근본으로 삼은 것은, 거기에는 처음과 끝이 없고 더하고 덜함도 없기 때문이었다. 그런데 이지는 사랑에 차별이 없다고 하면서 자기 부모나 남의 부모나 똑같이 사랑하라고 하니, 그것은 부모가 둘이 될 수도 있고 셋이 될 수도 있다는 말이나 마찬가지가 아닌가. 그러니 이것은 도무지 이치에 맞지 않는 말이다.
대개 상고시대 때는 아직 예법이 마련되지 않아 부모가 돌아가시면 땅에 묻지 않고 골짜기 같은 데다 내다 버린 모양이었다. 그런데 어떤 사람이 자기 부모를 골짜기에다 내다 버리고 나중에 그곳을 지나가다가 보니, 여우와 살쾡이 따위가 시체를 뜯어먹고, 파리와 모기가 달라붙어 빨아먹고 있었다. 그러자 그의 이마에서 진땀이 흐르고, 고개를 다른 곳으로 돌려 차마 그 끔찍한 광경을 보려고 하지 않았다.

그런데 그 사람이 흘린 진땀은 남이 그것을 볼까 부끄러웠기 때문은 아니었을 것이다. 그의 마음 속에서 솟아나는 부모에 대한 진정한 죄송함이 얼굴에 드러난 것이라 할 수 있다. 그래서 그 사람은 곧 집으로 가서 삽과 들것을 가져와 흙으로 시체를 덮었던 것이다.

이렇게 부모의 시체를 흙으로 덮어드려야겠다는 마음이야말로 사람으로 마땅히 가져야 할 정이 아니고 무엇이겠느냐. 효자와 어진 사람이 자기 부모를 후(厚)하게 장사지내려는 마음은 사람으로서 가져야 할 도리인 것이다. 그럼에도 불구하고 검소한 장례를 치르게 하는 것은 사람의 자연스런 마음을 역행하는 것이니, 반드시 검소하게 장례를 치르는 게 옳은 일은 아닐 것이다.」

서벽이 맹자의 이 말을 이지에게 전했다.

그랬더니 이지는 한동안 멍하니 있다가 입을 떼었다.

「참으로 좋은 가르침입니다.」

墨者夷之 因徐辟而求見孟子 孟子曰 吾固願見 今吾尙病 病愈我且
묵자이지 인서벽이구현맹자 맹자왈 오고원견 금오상병 병유아차

往見 夷子不來 他日又求見孟子 孟子曰 吾今則可以見矣 不直則道
왕견 이자불래 타일우구현맹자 맹자왈 오금즉가이견의 불직즉도

不見 我且直之 吾聞夷子墨者 墨之治喪也 以薄爲其道也 夷子思以
불현 아차직지 오문이자묵자 묵지치상야 이박위기도야 이자사이

易天下 豈以爲非是而不貴也 然而夷子葬其親厚 則是以所賤事親
역천하 기이위비시이불귀야 연이이자장기친후 즉시이소천사친

也 徐子以告夷子 夷子曰 儒者之道 古之人 若保赤子 此言何謂也
야 서자이고이자 이자왈 유자지도 고지인 약보적자 차언하위야

之則以爲愛無差等 施由親始 徐子以告孟子 孟子曰 夫夷子 信以爲
지즉이위애무차등 시유친시 서자이고맹자 맹자왈 부이자 신이위

人之親其兄之子 爲若親其隣之赤子乎 彼有取爾也 赤子匍匐將入
인지친기형지자 위약친기린지적자호 피유취이야 적자포복장입

井 非赤子之罪也 且天之生物也 使之一本 而夷子二本故也 蓋上世
정 비적자지죄야 차천지생물야 사지일본 이이자이본고야 개상세

嘗有不葬其親者 其親死 則擧而委之於壑 他日過之 狐狸食之 蠅蚋
상유부장기친자 기친사 즉거이위지어학 타일과지 호리식지 승예

姑嘬之 其顙有泚 睨而不視 夫泚也 非爲人泚 中心 達於面目 蓋歸
고최지 기상유체 예이불시 부체야 비위인체 중심 달어면목 개귀

反虆梩而掩之 掩之誠是也 則孝子仁人之掩其親 亦必有道矣 徐子
반라리이엄지 엄지성시야 즉효자인인지엄기친 역필유도의 서자

以告夷子 夷子憮然爲間曰 命之矣
이고이자 이자무연위한왈 명지의

제 3 장·하

滕文公

章句·下

등문공 장구·하

자신을 굽히면 남을 바로잡지 못한다

맹자의 제자 진대가 자존심이 강해서 좀처럼 먼저 제후들을 만나러 가지 않는 스승이 하도 융통성이 없고 답답하기도 하여서 하루는 이렇게 말했다.

「선생님께서 제후들을 찾아가서 만나지 않는 것은 좀 마음이 좁으신 것 같습니다. 지금 선생님께서 한 번 몸을 굽히신다면, 제후들은 반드시 선생님이 말씀하시는 왕도를 좇아 나라를 다스릴 것입니다. 그리하여 제후들의 됨됨이에 따라 크게는 왕자를 만드실 수도 있고, 작게는 패자를 만드실 수도 있을 것입니다. 옛 기록에도 '한 자를 굽혀서 여덟 자를 곧게 만든다.'고 하였습니다. 큰 일을 하시려면 어느 정도의 타협은 필요합니다. 이 말처럼 선생님께서 한 번 굽히시는 것으로 크나큰 공적을 남기시게 된다면 스스로 움직이시는 게 어떻겠습니까?」

그러자 맹자가 말했다.

「옛날에 제경공이 사냥을 나간 적이 있었는데, 궁궐의 사냥터를 관리하는 우인을 부르기 위해 사자를 그에게 보냈다. 임금이 우인을 부를 때는 신표로써 가죽으로 된 피관을 사자에게 들려보내는 것이 관례였는데, 제경공은 막대기 끝에 깃을 단 기, 즉 정을 신표로 주며 우인을 불렀다. 그런데 우인은 관례에 어긋난다고 하며 제경공의 부름에 응하지 않았다. 그러자 제경공은 노하여 우인을 죽이려고 했으나 주변 사람들의 권유로 그만둔 적이 있었다.

이 일을 전해들은 공자께서는 '지사는 정도를 지키다가 죽어 자기 시체가 골짜기에 버려지는 것을 두려워하지 않고, 용사는 용감하게 싸우다가 자기 목이 떨어지는 것을 두려워하지 않는다.'며 그 우인을 칭찬하셨다. 공자께서는 그 우인의 어떤 점을 칭찬하셨다고 생각하느냐? 그것은 경공이 예를 지켜 자기를 부르지 않았기 때문에 가지 않은 점을 칭찬하신 것이다.

그 같은 우인조차도 자기 정도를 지키려고 그런 행동을 취했는데, 하물며 군자로서 제후가 부르지도 않았는데 망령되이 내가 먼저 찾아간다면 그게 무슨 꼴이겠느냐?

또 네가 말한 한 자를 굽혀서 여덟 자를 곧게 만든다고 하는 것은 본래 이익을 취하려는 뜻에서 하는 말이다. 만약 이익만을 생각한다면, 여덟 자를 굽혀서 한 자를 얻는 게 이익이 된다 해도 못할 것도 없을 것이다. 그러나 내가 어찌 그 같은 이익에 연연하겠느냐?

옛날 진나라 대부 조간자가 수레를 잘 몰기로 이름이 나 있는 왕량(王良)에게 명령하여 자기가 총애하는 가신인 해라는 사람과 수레에 함께 타고 사냥을 나가라고 한 적이 있었다. 그러나 그들은 하루 종일 새 한 마리도 잡지 못하고 돌아왔다. 조간자가 영문을 물으니 해는 왕량이 하잘것없는 수레꾼이라 그랬다고 보고했다. 그런데 이 말을 들은 어떤 사람이 왕량에게 사실을 전하자, 왕량은 조간자를 찾아가 다시 한번 수레를 몰게 해달라고 간절하게 부탁했다. 그리하여 여러 번의 부탁 끝에 두 사람이 다시 수레를 함께 타고 사냥을 나가게 되었다. 그런데 이번에는 반나절 만에 새를 열 마리나 잡았다. 조간자가 다시 해에게 영문을 물으니, 알고 보니 왕량은 천하에 제일 가는 수레꾼이라고 보고했다.

해가 하도 왕량을 칭찬하자 조간자는 '그러면 왕량을 네 전속 수레꾼으로 해주겠다.'고 하고 왕량에게 그렇게 하라고 명령했다. 그러나 왕량은 고개를 저었다. 조간자가 이유를 물으니 왕량은 '일전에는 제가 해를 위해 법도에 맞게 수레를 몰아주었는데 해는 하루종일 활을 쏘아도 한 마리도 잡지 못했습니다. 그런데 이번에는 법도를 무시하고 교묘한 방법으로 수레를 몰았더니 반나절 만에 새를 열 마리나 잡았습니다. 〈시경〉에도 법도에 맞게 수레를 몰면 화살은 쏘는 대로 과녁에 다 맞는다고 하였습니다. 저는 해와 같은 소인의 수레를 모는 데는 익숙하지 않으니 제발 그 일만은 하지 않게 해 주십시오.' 고 말했다.

왕량과 같은 수레꾼도 자기 법도를 굽혀 해와 같은 자에게 아첨하기를 부끄러워했다. 해에게 아첨만 잘하면 새와 짐승을 산더미처럼 잡을 수 있었는 데도 그 짓을 차마 하지 못했던 것이다. 그런데 내 정도를 굽히면서까지 제후들의 비위를 맞추어야 한다는 말이냐? 그리고 한 가지, 네가 잘못 생각하고 있는 게 있다. 나더러 제후들에게 한 번만 몸을 굽히라고 했는데, 자신을 굽히는 사람은 남을 바로잡을 수 없는 것이다.」

陳代日 不見諸候 宜若小然 今一見之 大則以王 小則以覇 且志日
진대왈 불현제후 의약소연 금일현지 대즉이왕 소즉이패 차지왈

枉尺而直尋 宜若可爲也 孟子日 昔齊景公 田招虞人以旌 不至 將
왕척이직심 의약가위야 맹자왈 석제경공 전초우인이정 부지 장

殺之 志士 不忘在溝壑 勇士 不忘喪其元 孔子 奚取焉 取非其招不
살지 지사 불망재구학 용사 불망상기원 공자 해취언 취비기초불

往也 如不待其招而往 何哉 且夫枉尺而直尋者 以利言也 如以利則
왕야 여부대기초이왕 하재 차부왕척이직심자 이리언야 여이리즉

枉尋直尺而利 亦可爲與 昔者 趙簡子使王良 與嬖奚乘 終日而不獲
왕심직척이리 역가위여 석자 조간자사왕량 여폐해승 종일이불획

一禽 嬖奚反命日 天下之賤工也 或以告王良 良日 請復之 彊而後
일금 폐해반명왈 천하지천공야 혹이고왕량 양왈 청부지 강이후

可 一朝而獲十禽 嬖奚反命日 天下之良工也 簡子日 我使掌與女乘
가 일조이획십금 폐해반명왈 천하지양공야 간자왈 아사장여여승

謂王良 良不可日 吾爲之範我馳驅 終日不獲 一爲之詭遇 一朝而獲
위왕량 양불가왈 오위지범아치구 종일불획 일위지궤우 일조이획

十 詩云 不失其馳 舍矢如破 我不貫與小人乘 請辭 御者 且羞與射
십 시운 불실기치 사시여파 아불관여소인승 청사 어자 차수여사

者比 比而得禽獸 雖若丘陵 弗爲也 如枉道而從彼 何也 且子過矣
자비 비이득금수 수약구릉 불위야 여왕도이종피 하야 차자과의

枉己者 未有能直人者也
왕기자 미유능직인자야

진정한 대장부란?

맹자가 살았던 시대의 종횡가였던 경춘이라는 사람이 말했다.

「합종책을 주장한 공손연과 연횡책을 주장한 장의는 진정한 대장부였다고 생각됩니다. 이들은 한 번 화를 내면 여러 제후들을 설득하여 한 제후를 공격하였으므로 제후들이 벌벌 떨었고, 이들이 가만히 들어앉아 있으면 천하가 다 조용하였습니다. 혼자의 힘으로 천하를 움직였으니 과연 이들은 대장부가 아니겠습니까?」

맹자가 말했다.

「그런 사람들을 어찌 대장부라 하겠는가. 당신은 아직 예를 배우지 않았소? 아들이 20세가 되어 성년식인 관례를 행할 때에는 아버지가 성인의 도리를 가르쳐 주고, 딸이 자라 출가를 할 때에는 어머니가 시집살이에 대한 도리를 가르치는 것이 예법이었소. 즉 어머니는 대문까지 나가 딸을 보내면서 '네 시집에 가거든 반드시 행동을 삼가고 조심해서 남편 뜻에 조금도 어긋남이 없도록 하라.' 고 훈계하였소. 이처럼 유순해야 하는 것이 부녀자의 도리였소. 공손연과 장의는 자기 이익을 도모하려고 제후들의 뜻에 조금도 어긋남이 없이 받들고 있으니 부녀자와 같을 것이며, 그러니 어찌 대장부라 하겠소.

진정한 대장부의 도리는 이것과는 다른 것이오. 대장부는 인이라는 천하의 넓은 집에서 살며, 예라는 천하의 올바른 위치에 서서 일을 행하며, 의라는 천하의 대도를 걸어가는 것이오. 그리하여 자기의 뜻을 펼칠 수 있게 되면 백성들과 함께 그 도를 행하고, 그렇지 못하면 물러나 홀로 그 도를 행하는 사람을 말하는 것이오. 부귀의 유혹에도 마음이 움직이지 않고, 빈천의 괴로움에도 끄떡하지 않으며, 무력의 강압에도 자기 뜻을 굽히지 않는 사람이 바로 대장부인 것이오.」

景春曰　公孫衍張儀　豈不誠大丈夫哉　一怒而諸侯懼　安居而天下熄
경춘왈　공손연장의　기불성대장부재　일노이제후구　안거이천하식

孟子曰　是焉得爲大丈夫乎　子未學禮乎　丈夫之冠也　父命之　女子
맹자왈　시언득위대장부호　자미학예호　장부지관야　부명지　여자

之嫁也　母命之　往送之門　戒之曰　往之女家　必敬　必戒　無違夫子
지가야　모명지　왕송지문　계지왈　왕지여가　필경　필계　무위부자

以順爲正者　妾婦之道也　居天下之廣居　立天下之正位　行天下之大
이순위정자　첩부지도야　거천하지광거　입천하지정위　행천하지대

道　得志　與民由之　不得志　獨行其道　富貴不能淫　貧賤不能移　威武
도　득지　여민유지　부득지　독행기도　부귀불능음　빈천불능이　위무

不能屈　此之謂大丈夫
불능굴　차지위대장부

– 종횡가는 전국시대에 활약한 제자 백가의 하나로서, 합종책 또는 연횡책을 주장하던 학자를 아울

러 일컫는 말이다. 세속적 사상가였던 이들은 소진과 장의의 합종 연횡에서 그 이름이 나왔다. 소진은 합종을 주장하고 장의는 연횡을 주장했다. 즉 합종의 종은 동서를 뜻하고, 연횡의 횡은 남북을 뜻한다. 합종책이란 전국시대 소진이 주장한 외교론으로, 서쪽의 강국 진나라에 대항하여 남북의 한·위·조·연·제·초 여섯 나라가 동맹을 맺어 싸워야 한다는 주장이었다. 그러자 장의가 연횡책을 주장하며 나섰는데, 이들 여섯 나라는 횡으로 연합하여 진나라를 섬겨야 한다는 것이었다. 이들 종횡가들의 언행을 많이 수록한 책이 「전국책」이다.

두 수도승이 순례길을 가다가 강을 만나게 되었다. 그들이 강가에 이르렀을 때 아름다운 옷을 차려입은 한 여성이 서 있었다. 그녀는 혼자서 강을 건너자니 두렵기도 하고, 옷이 젖을까 봐 걱정되어 서성거리고 있었다.

두 수도승이 그녀에게 도움의 손길을 보냈다. 한 수도승이 그녀를 업고 건너편 강둑에까지 데려다 주었다. 여성은 고맙다는 인사를 하고 갔다.

두 수도승은 발걸음을 재촉했다. 그런데 한 시간쯤 지났을 때, 다른 수도승이 비난을 늘어놓기 시작했다.

"여자의 몸에 손을 대는 것은 분명히 옳지 않은 일이오. 그것은 계율을 어기는 행동이오. 어떻게 수도승의 몸으로 그런 불륜스런 행동을 할 수 있습니까?"

여성을 업어 강을 건너다 준 수도승은 말없이 듣고 있다가 마침내 동료 수도승을 돌아보며 말했다.

"난 그 여성을 한 시간 전에 강가에 내려 놓았습니다. 그런데 왜 형제는 아직도 그녀를 등에 업고 있습니까?"

선비가 벼슬을 해야 하는 이유

맹자가 관직에 나갈 길이 열렸는데도 마다하자 위나라 사람 주소가 맹자에게 물었다.
「옛날의 군자들도 벼슬살이를 하였습니까?」
맹자가 말했다.
「물론 벼슬살이를 했소. 전해 오는 기록에 의하면, 공자께서는 석 달 동안 임금을 섬기지
못하면 초조해 하셨다고 하오. 그리고 다른 나라에 갈 때는 반드시 그 나라 임금에게 드릴
폐백을 챙겨 가셨다고 하오. 또한 노나라 현자인 공명의는 '옛날 사람들은 석 달 동안이나
관직에서 물러나 있으면 그 사람을 동정하여 위로해주었다.'고 말하였소.」
「겨우 석 달 동안 관직에 없었는데 위로를 한다는 것은 너무 성급한 일이 아닙니까?」
「선비가 벼슬자리를 잃는 것은 제후가 국가를 잃는 것과 같소. 예에 관해 적어놓은 옛날
책에 보면 '제후는 적전을 갈아서 제사에 쓸 곡식을 마련하고, 부인은 몸소 누에를 치고
실을 뽑아 제사 때 입을 의복을 만든다.'고 나와 있소. 그러나 만일 제후가 나라를 잃게 되
면, 희생에 쓸 가축이 잘 자랄 수 없고, 제물로 쓸 곡식도 청결한 것을 준비할 수 없으며,
제복도 준비되지 않아 제사를 지내고 싶어도 지낼 수가 없게 될 것이오. 또한 관직을 잃은
선비의 경우도 위토가 없으므로 희생과 제기, 제복을 마련하지 못해 제사를 지낼 수 없게
되는 것이오. 제사를 지내지 못하면 제사 후에 친지들이 모여 앉아 베푸는 잔치도 못하게
되는 것이니, 이는 위로해줄 만한 일이 아니겠소?」
「공자께서 다른 나라에 가실 때 반드시 그 나라 임금께 드릴 폐백을 가지고 가셨다고 하셨
는데, 무엇 때문에 그러신 것입니까?」
「선비가 벼슬을 한다는 것은 농부가 농사를 짓는 것과 마찬가지요. 농부가 그 나라를 떠난
다고 해서 농기구를 버리고 갈 수 있겠소? 그렇듯이 선비는 다른 나라에 가서도 벼슬을 해
야 하므로 그 나라 임금께 예를 드릴 때 필요한 예물을 가지고 가는 것이오.」
「우리 진(晉)나라도 벼슬살이를 할 만한 나라이기는 합니다. 그래서 저도 벼슬에 대해서는
많이 보아왔습니다만, 벼슬 사는 일이 선생께서 말씀하신 것처럼 그렇게 급하게 서둘러야
한다는 말은 들은 적이 없습니다. 그리고 관직을 얻는 것이 그렇게 급한 일이라면 선생께
서는 왜 벼슬을 마다하시는 것입니까?」
「아들이 태어나면 부모는 자식을 위해 좋은 신부감이 나타나기를 바라고, 딸이 태어나면
부모는 자식을 위해 좋은 신랑감이 나타나기를 바라게 되오. 이것은 부모라면 누구나 갖고
있는 심정일 것이오. 그런데 자식들이 부모의 권유도 무시하고 중매쟁이의 알선도 기다리
지 않은 채 저희들끼리 벽 같은데 구멍을 뚫고 서로 엿보다가 담을 뛰어넘어 가서 밀회를
한다든지 하면, 부모는 물론이고 다른 사람들도 그들의 행동을 천하게 바라볼 것이오.
이와 마찬가지로 옛날 선비들도 벼슬하기를 원하지 않은 사람은 아무도 없었지만 정당한
절차를 거치지 않으면서까지 벼슬을 하려고 하지는 않았소. 정당한 절차도 거치지 않은 채
벼슬을 하는 사람은, 마치 벽에 구멍을 뚫고 들여다보는 철부지 남녀와 무엇이 다르겠소?」

周霄問日 古之君子 仕乎 孟子曰 仕 傳日 孔子三月無君 則皇皇如
주소문왈 고지군자 사호 맹자왈 사 전왈 공자삼월무군 즉황황여

也 出疆 必載質 公明儀日 古之人 三月無君則吊 三月無君則吊 不
야 출강 필재지 공명의왈 고지인 삼월무군즉조 삼월무군즉조 불

以急乎 日士之失位也 猶諸侯之失國家也 禮日 諸侯耕助 以供粢盛
이급호 왈사지실위야 유제후지실국가야 예왈 제후경조 이공자성

夫人 蠶繅 以爲衣服 犧牲不成 粢盛不潔 衣服不備 不敢以祭 惟士
부인 잠소 이위의복 희생불성 자성불결 의복불비 불감이제 유사

無田 則亦不祭 牲殺器皿衣服 不備 不敢以祭 則不敢以宴 亦不足
무전 즉역부제 생살기명의복 불비 불감이제 즉불감이연 역부족

吊乎 出疆 必載質何也 日士之仕也 猶農夫之耕也 農夫豈爲出疆
조호 출강 필재지하야 왈사지사야 유농부지경야 농부기위출강

舍其耒耜哉 日晉國 亦仕國也 未嘗聞仕 如此其急 仕如此其急也
사기뢰사재 왈진국 역사국야 미상문사 여차기급 사여차기급야

君子之難仕 何也 日丈夫生而願爲之有室 女子生而願爲之有家 父
군자지난사 하야 왈장부생이원위지유실 여자생이원위지유가 부

母之心 人皆有之 不待父母之命 媒妁之言 鑽穴隙相窺 踰牆相從
모지심 인개유지 부대부모지명 매작지언 찬혈극상규 유장상종

則父母國人 皆賤之 古之人 未嘗不欲仕也 又惡不由其道 不由其道
즉부모국인 개천지 고지인 미상불욕사야 우오불유기도 불유기도

而往者 與鑽穴隙之類也
이왕자 여찬혈극지류야

분명한 일의 대가(代價)

맹자의 제자 팽갱이 물었다.

「선생님이 행차하실 때면 뒤에 수십 대의 마차가 따르고, 수행하여 뒤따르는 사람도 수백 명입니다. 그처럼 큰 무리를 이끄시고 여러 임금들을 찾아다니시며 먹을 것과 입을 것 등을 얻어 쓰는 것은 좀 지나친 일 아니신가요?」

맹자가 대답했다.

「그런 일이 도리에 어긋난다면 한 소쿠리의 밥이라도 남한테 받아서는 안될 것이다. 그러나 만약 도리에 맞는 일이라면 경우가 다르다. 순임금께서는 요임금으로부터 천하를 물려받으시고도 결코 지나치다고 여기시지 않았다. 너는 그것을 두고 지나치다고 생각하느냐?」

「그것을 지나치게 생각하는 것은 아닙니다. 다만 선비가 하는 일도 없이 남의 대접을 받는다는 게 지나치지 않나 하는 생각이 들어서 여쭤보았던 것입니다.」

「네가 백성들을 다스리는 위치에 있다고 가정해보자. 만약 생업에 종사하고 있는 백성들에게 자기가 만든 물건 중에 남는 것으로 자기에게 필요한 물건들을 바꿀 수 있는 물물교환 정책을 허용하지 않는다면 어떻게 되겠느냐? 그렇게 되면 농부들은 남아 돌아가는 곡식과 꼭 필요한 옷감이 없어 골치를 앓을 것이고, 옷감을 짜는 여인네들은 남아 돌아가는 옷감과 꼭 필요한 곡식이 없어 애를 태울 것이다.

반대로 물물교환 정책을 잘 운용해 나간다면 가구 만드는 목공이나 수레를 만드는 기술자 할 것 없이 모두 네 정책 덕분에 먹고 살아갈 수 있을 것이다.

그리고 여기 한 선비가 있다고 하자. 그는 집에 있을 때는 부모에게 효도하고, 밖에 나가서는 어른들을 공경하며, 옛 성군의 도를 잘 지켜나가면서 후대를 위해 학자들을 가르치고 있는 중이다. 그런데 지금 그가 하고 있는 일이 현재 드러나는 성과가 없다고 해서 네가 의식주를 제공해주지 않는다면, 목공이나 기술자는 우대해주고 인의를 가르치는 선비는 가볍게 여기는 꼴이 되지 않겠느냐?」

「목공과 기술자가 일을 하는 목적은 먹을 것을 구하는 데 있습니다. 하지만 후학을 가르치는 선비의 목적은 먹을 것을 구하는 데 있는 게 아니지 않습니까?」

「너는 왜 목적을 따지는지 모르겠구나. 누구든지 너에게 일을 해준 공을 따져 보아서 먹여줄만 하면 먹여주고, 그렇지 않으면 먹여주지 않는 것 아닌가. 너는 어떤 사람이 일을 할 때, 그 일의 목적을 보고 먹을 것을 주겠느냐, 일의 성과를 보고 먹을 것을 주겠느냐?」

「목적을 보고 먹을 것을 주겠습니다.」

「그렇다면 만약 기술자가 한 사람 있는데, 그에게 지붕을 잇는 일을 시켰더니 기왓장을 깨먹고, 담을 바르도록 했더니 흠집 투성이를 만들어놓았다고 하자. 그런데 그 사람도 비록 일을 제대로 못하긴 했지만 일하는 목적이 먹을 것을 구하는 데 있었다고 한다면 너는 그 자에게 먹을 것을 주겠느냐?」

「그럴 수는 없겠지요.」

「그렇다면 너는 일의 목적을 보고 먹을 것을 주는 것이 아니라, 일의 성과를 보고 먹을 것을 주는 것이라는 말이 아니냐.」

彭更問曰 後車數十乘 從者數百人 以傳食於諸侯 不以泰乎 孟子曰
팽경문왈 후차수십승 종자수백인 이전식어제후 불이태호 맹자왈

非其道 則一簞食 不可受於人 如其道 則舜受堯之天下 不以爲泰
비기도 즉일단사 불가수어인 여기도 즉순수요지천하 불이위태

子以爲泰乎 曰否 士無事而食 不可也 曰 子不通功易事 以羨補不
자이위태호 왈부 사무사이식 불가야 왈 자불통공역사 이선보부

足 則農有餘粟 女有餘布 子如通之 則梓匠輪輿 皆得食於子 於此
족 즉농유여속 여유여포 자여통지 즉재장윤여 개득식어자 어차

有人焉 入則孝 出則悌 守先王之道 以待後之學者 而不得食於子
유인언 입즉효 출즉제 수선왕지도 이대후지학자 이부득식어자

子何尊梓匠輪輿 而輕爲仁義者哉 曰梓匠輪輿 其志將以求食也 君
자하존재장윤여 이경위인의자재 왈재장윤여 기지장이구식야 군

子之爲道也 其志亦將以求食與 曰子何以其志爲哉 其有功於子 可
자지위도야 기지역장이구식여 왈자하이기지위재 기유공어자 가

食而食之矣 且子 食志乎 食功乎 曰食志 曰有人於此 毁瓦畫墁 其
사이사지의 차자 사지호 사공호 왈사지 왈유인어차 훼와획만 기

志將以求食也 則子食之乎 曰否 曰然則子非食志也 食功也
지장이구식야 즉자사지호 왈부 왈연즉자비사지야 사공야

소국도 왕도를 하면 대국이 된다

제자 만장이 맹자에게 물었다.

「송나라는 작은 나라입니다만, 지금 왕정을 펼치려 하고 있습니다. 그런데 주변의 강국인 제나라와 초나라 등이 이것을 미워하여 공격해오기라도 한다면 어떻게 해야 좋겠습니까?」

맹자가 대답했다.

「옛날에 은나라 탕왕께서 아직 작은 나라의 제후로서 박이라는 나라에 계실 때 이런 일이 있었다. 당시 박이라는 나라 옆에는 갈이라는 나라가 있었다. 그런데 이 갈나라 임금은 방종한 자였기 때문에 조상을 모시는 제사도 지내지 않았다. 그래서 탕왕께서 사람을 시켜 왜 제사를 지내지 않느냐고 물어보게 했다. 그랬더니 갈의 임금은 제사에 쓸 희생이 없기 때문이라고 대답했다. 그래서 탕왕은 사람을 시켜 제사에 쓰라고 소와 양을 보내 주었다. 그런데 갈 임금은 그것으로 제사는 지내지 않고 자기가 잡아먹어 버리고 말았다. 그래서 탕왕께서 다시 사람을 보내어 왜 제사를 지내라고 소와 양을 보내주었더니 잡아먹었느냐고 묻자, 제사에 쓸 곡식이 없기 때문에 그랬다고 대답했다. 그래서 탕왕께서는 박나라의 젊은 농부들을 갈나라에 보내 농사를 지어 곡식을 수확하게 해주었다. 그때 박나라의 노인들과 아이들은 갈나라에서 농사 짓고 있는 젊은 농부들에게 먹을 것을 날라다주었는데, 갈 임금은 자기 백성들을 몰고 와 그들의 길목을 지키고 있다가 술이며, 밥, 수수, 쌀 같은 음식들을 모조리 빼앗고, 만약 저항하는 자들이 있으면 죽여버렸다. 한번은 한 아이가 음식을 가지고 가는 것을 본 갈 임금이 그 아이를 죽이고 음식을 빼앗아버린 사건이 벌어졌다. 〈서경〉에 '갈 임금은 음식을 날라다 주는 사람과 원수가 되었다.' 고 나와 있는데, 이것은 이를 두고 한 말이다.

탕왕께서는 그 아이가 죽었다는 말을 듣고 갈나라를 치기로 하셨다. 이를 두고 천하의 사람들은 '탕왕께서는 천하를 차지하여 부를 누리고자 한 것이 아니라 천하의 백성들을 위해 원수를 갚아주시려고 군사를 일으키신 것이다.' 라고 말했다. 탕왕의 정벌군은 처음에는 갈나라부터 시작하여, 무도한 임금들을 11번이나 계속하여 정벌했다. 그랬더니 천하에서 탕왕과 대적할 자가 없어지게 되었다.

탕왕께서 동쪽을 치면 서쪽에 있는 오랑캐가 원망을 하고, 남쪽을 치면 북쪽의 오랑캐가 원망을 하면서 '왜 빨리 오셔서 우리 무도한 임금을 치지 않으시고 나중으로 미루시는가.' 하고 수군거렸다. 이처럼 탕왕께서 자기들 나라에 와 주기를 기다리는 것은 가뭄에 단비를 기다리는 것과 같았다. 그리고 탕왕의 정벌군이 공격해와도 백성들은 거기에 동요하지 않고 평상시처럼 시장에 가는 사람들의 발길이 끊이지 않았고, 농부들은 평소와 다름없이 밭에서 김을 맸다.

그리하여 탕왕께서 포악한 임금들을 죽이고 백성들을 어루만져주시는 것이 마치 때를 맞추어 내리는 단비와 같아서 백성들은 크게 기뻐했다. 〈서경〉에 '우리 임금께서 빨리 와 주시길 기다리고 있나니, 임금께서 오시기만 하면 혹독한 형벌에서 벗어나게 되리라.' 라는 구절이 있는데, 이는 폭정에 시달려온 백성들의 호소였던 것이다.

주나라 무왕께서도 이와 마찬가지였다. 〈서경〉에 이르기를 '무왕이 주왕을 칠 때 무왕의 신하가 되는 것에 복종하지 않는 자가 있었다. 그래서 무왕이 그가 있는 동쪽으로 가서 그를 정벌하니 백성들이 기뻐했다. 그곳의 백성들은 검붉은 비단을 바구니에 넣어 무왕에게 공물로 바치고, 신하들은 스스로 대국인 주나라에 복종했다.'고 했다. 이로 볼 때 무왕께서 정벌한 그 나라의 관리들은 검붉은 비단을 광주리에 넣어 가지고 와서 주나라 장군들을 맞이하였고, 백성들은 소쿠리에 밥을 담고 병에 국을 넣어 들고와 병사들을 맞이하였던 것이다. 이처럼 무왕께서 동쪽의 그 나라를 친 것도 백성들을 시달림에서 구하시고, 그들을 괴롭혔던 자들을 처단하기 위해서였다.

그리하여 〈서경〉 태서편에도 '우리 주나라의 위엄이 크게 떨쳐져, 동쪽의 그 나라로 쳐들어가 무도한 자를 제거하였으니 그 공적은 탕왕이 걸왕을 정벌한 것보다 더 빛났다.'고 나와 있는 것이다.

이와 마찬가지로 송나라도 지금 왕정을 하지 않아서 그렇지, 진심으로 왕정을 행하기만 한다면 천하의 백성들이 다 머리를 치켜들고 송나라 임금이 와서 자신들의 임금이 되어주기를 바랄 것이다. 그러니 제나라와 초나라가 아무리 강국이라 해도 무엇이 두렵단 말이냐?」

萬章問曰 宋小國也 今將行王政 齊楚惡而伐之 則如之何 孟子曰
만 장 문 왈　송 소 국 야　금 장 행 왕 정　제 초 오 이 벌 지　즉 여 지 하　맹 자 왈

湯居亳 與葛爲隣 葛伯放而不祀 湯使人問之曰 何爲不祀 曰無以供
탕 거 박　여 갈 위 린　갈 백 방 이 불 사　탕 사 인 문 지 왈　하 위 불 사　왈 무 이 공

犧牲也 湯使遺之牛羊 葛伯食之 又不以祀 湯又使人問之曰 何爲不
희 생 야　탕 사 유 지 우 양　갈 백 식 지　우 불 이 사　탕 우 사 인 문 지 왈　하 위 불

祀 曰無以供粢盛也 湯使亳衆 往爲之耕 老弱饋食 葛伯帥其民 要
사　왈 무 이 공 자 성 야　탕 사 박 중　왕 위 지 경　노 약 궤 식　갈 백 솔 기 민　요

其有酒食黍稻者奪之 不授者殺之 有童子以黍肉餉 殺而奪之 書曰
기 유 주 사 서 도 자 탈 지　불 수 자 살 지　유 동 자 이 서 육 향　살 이 탈 지　서 왈

葛伯仇餉 此之謂也 爲其殺是童子而征之 四海之內 皆曰 非富天下
갈 백 구 향　차 지 위 야　위 기 살 시 동 자 이 정 지　사 해 지 내　개 왈　비 부 천 하

也 爲匹夫匹婦 復讐也 湯始征 自葛載 十一征而無敵於天下 東面
야　위 필 부 필 부　복 수 야　탕 시 정　자 갈 재　십 일 정 이 무 적 어 천 하　동 면

而征 西夷怨 南面而征 北狄怨 曰奚爲後我 民之望之 若大旱之望
이 정　서 이 원　남 면 이 정　북 적 원　왈 해 위 후 아　민 지 망 지　약 대 한 지 망

雨也 歸市者弗止 芸者不變 誅其君 吊其民 如時雨降 民大悅 書曰
우 야　귀 시 자 불 지　운 자 불 변　주 기 군　조 기 민　여 시 우 강　민 대 열　서 왈

徯我后 后來 其無罰 有攸不爲臣 東征 綏厥士女 匪厥玄黃 紹我周
혜 아 후　후 래　기 무 벌　유 유 불 유 신　동 정　수 궐 사 녀　비 궐 현 황　소 아 주

王見休 惟臣附于大邑周 其君子 實玄黃于匪 以迎其君子 其小人簞
왕 견 휴　유 신 부 우 대 읍 주　기 군 자　실 현 황 우 비　이 영 기 군 자　기 소 인 단

食壺漿 以迎其小人 救民於水火之中 取其殘而已矣 太誓曰 我武惟
사 호 장　이 영 기 소 인　구 민 어 수 화 지 중　취 기 잔 이 이 의　태 서 왈　아 무 유

揚 侵于之彊 則取于殘 殺伐用張 于湯有光 不行王政云爾 苟行王
양 침우지강 즉취우잔 살벌용장 우탕유광 불행왕정운이 구행왕
政 四海之內 皆擧首而望之 欲以爲君 齊楚雖大 何畏焉
정 사해지내 개거수이망지 욕이위군 제초수대 하외언

🎴 • • • • • •

무릎을 꿇고 비석을 다듬는 석공이 있었다. 석공은 땀을 흘리며 비석을
깎고 다듬었다. 그리고 나중에 그 비석에 명문을 새겼다.

그 과정을 한 정치인이 바라보고 있었다. 석공이 땀을 흘리며 단단한 돌
을 깎고 다듬어 명문을 새기는 모습이 마치 정치를 하는 자신과 같아 보였
다. 그는 작업을 마무리하고 있는 석공에게 다가가 이렇게 말했다.

"나도 돌같이 단단한 사람들의 마음을 당신처럼 유연하게 다듬는 기술이
있었으면 좋겠습니다. 그리고 돌에 명문이 새겨지듯 사람들의 마음과 역사
에 내 자신이 새겨졌으면 좋겠습니다."

그러자 석공이 대답했다.

"선생님도 저처럼 무릎 꿇고 일한다면 가능하지 않겠습니까."

임금의 주변에 선한 이가 많아야

맹자가 송나라의 중신인 대불승에게 물었다.·

「당신은 당신의 임금께서 선량해지기를 바랍니까? 그렇다면 내가 명확하게 일러주겠소. 여기 초나라 대부 한 사람이 있다고 합시다. 그 대부가 아들에게 제나라의 말을 가르치려 한다면, 선생으로 제나라 사람을 쓸 것 같소, 초나라 사람을 쓸 것 같소?」

대불승이 대답했다.

「그야 물론 제나라 사람을 선생으로 삼겠지요.」

그러자 맹자가 말했다.

「그런데 그 아들에게 제나라 선생 한 사람을 붙여서 가르치게 하긴 했지만, 주변에서 수많은 초나라 사람들이 웅성거리며 초나라 말을 지껄여댄다면 매일 그 아들에게 회초리를 때려가며 제나라 말을 가르치려 한다 해도 실력이 늘지 않을 것이오.

이와 마찬가지 이치에서 생각해 보시오. 당신이 지금 설거주라는 신하가 선량하다고 해서 그를 임금 곁에 두었는데 그 효과에 대해서는 의문이오. 임금의 주위에 있는 사람들이 나이가 많거나 적거나, 지위가 높거나 낮거나 한결같이 설거주처럼 선량한 이들 뿐이라면 임금은 악을 행하고 싶어도 함께 도모할 사람이 없어서 어쩔 수 없이 선만을 행하게 될 것이오. 하지만 임금의 주위에 있는 사람들이 선량하지 못한 사람들 뿐이라면 임금이 누구와 함께 선을 도모하겠소? 이처럼 설거주가 아무리 선량하다고는 하나 그 혼자서 임금을 어찌할 수는 없을 것이오. 당신이 진정으로 당신의 임금께서 선량해지기를 바란다면 임금의 주위에 선량한 사람들을 많이 두어야 할 것이오.」

孟子謂戴不勝曰 子欲子之王之善與 我明告子 有楚大夫於此 欲其
맹자위대불승왈　자욕자지왕지선여　아명고자　유초대부어차　욕기

子之齊語也 則使齊人傳諸 使楚人傳諸 曰使齊人傳之 曰一齊人 傳
자지제어야　즉사제인부저　사초인부저　왈사제인부지　왈일제인　부

之 衆楚人 咻之 雖日撻而求其齊也 不可得矣 引而置之莊嶽之間
지　중초인　휴지　수일달이구기제야　불가득의　인이치지장악지간

數年 雖日撻而求其楚 亦不可得矣 子謂薛居州 善士也 使之居於王
수년　수일달이구기초　역불가득의　자위설거주　선사야　사지거어왕

所 在於王所者 長幼卑尊 皆薛居州也 王誰與爲不善 在王所者 長
소　재어왕소자　장유비존　개설거주야　왕수여위불선　재왕소자　장

幼卑尊 皆非薛居州也 王誰與爲善 一薛居州 獨如宋王 何
유비존　개비설거주야　왕수여위선　일설거주　독여송왕　하

제후를 만나지 않는 까닭

공손추가 맹자에게 물었다.

「선생님께서 제후들을 만나보지 않는 것은 무슨 이유에서입니까?」

맹자가 대답했다.

「옛날에는 임금의 신하가 되지 않으면 임금을 만나지 않았다. 진나라 사람인 단간목은 위나라 문후가 찾아와서 만나고자 했으나 만나지 않으려고 담을 넘어 도망갔다. 또한 노나라 설류는 노나라 목공이 찾아오자 문을 굳게 닫아걸고 들어오지 못하게 했다. 그러나 이런 이야기는 너무 극단적인 것이고, 스스로 찾아와 만나보기를 간절히 원하여 어쩔 수 없게 되면 만나보는 것도 좋을 것이다.

노나라 대부 양화는 공자를 불러서 만나고 싶어했지만, 당시 예법으로는 현자를 불러들여 만나는 것이 도리가 아니어서 한 가지 꾀를 냈다. 당시에는 대부가 선비에게 선물을 하였을 때 선비가 집에 없으면 선비는 대부의 집으로 찾아가 고마움의 예를 갖춰야 했다. 양화는 이 점을 노려 공자께서 집에 없는 틈을 타 삶은 돼지를 보냈던 것이다. 그러자 공자께서도 양화가 없는 틈을 타서 양화의 집으로 가 절을 하고 돌아왔다. 이때 양화가 진심으로 공자를 만나볼 뜻을 가지고 있었다면 어찌 공자께서 찾아가서 만나주지 않으셨겠느냐?

증자께서 말씀하시기를 '고개를 숙이고 어깨를 올린 채 아첨하며 웃는 것은 한여름에 밭일을 하는 것보다도 힘들다.'고 하셨다. 그리고 공자의 제자인 자로는 '같은 의견을 갖고 있지도 않으면서도 그런 것처럼 아첨하여 말하는 사람의 얼굴빛을 보면 아무래도 부끄러운지 빨개져 있는데 그러한 태도는 내가 배울 바가 아니다.' 라고 했다.

이러한 것을 통해 볼 때 군자가 자신의 수양을 위해 어떻게 하고 있는지를 알 수 있지 않느냐?」

公孫丑問曰 不見諸侯 何義 孟子曰 古者 不爲臣 不見 段干木 踰
공손추문왈 불견제후 하의 맹자왈 고자 불위신 불견 단간목 유

垣而辟之 泄柳 閉門而不納 是皆已甚 迫斯可以見矣 陽貨 欲見孔
원이피지 설류 폐문이불납 시개이심 박사가이견의 양화 욕견공

子而惡無禮 大夫有賜於士 不得受於其家 則往拜其門 陽貨 矙孔子
자이오무례 대부유사어사 부득수어기가 즉왕배기문 양화 감공자

之亡也 而饋孔子蒸豚 孔子亦矙其亡也 而往拜之 當是時 陽貨先
지망야 이궤공자증돈 공자역감기망야 이왕배지 당시시 양화선

豈得不見 曾子曰 脅肩諂笑 病于夏畦 子路曰 未同而言 觀其色 赧
기득불견 증자왈 협견첨소 병우하휴 자로왈 미동이언 관기색 난

赧然 非由之所知也 由是觀之 則君子之所養 可知已矣
난연 비유지소지야 유시관지 즉군자지소양 가지이의

프랑스의 자연관찰주의자이며 동물학자인 조지 퀴비에는 남작의 신분이었다. 그는 동물비교해부학 교수가 되어 나폴레옹의 신임을 얻어 장학관으로도 근무하였고, 제국대학 총장도 지냈다.

퀴비에는 평생 자연주의를 추구했으며 대단히 민주적인 취향을 가졌다. 그는 만인을 평등하게 대했으며 다른 이들이 자신을 우월하게 대접하지 못하게 했다.

교수로 지낼 때 한번은 해부학을 토론하던 중 한 학생이 끼어들었다.

"남작 각하……."

그러자 퀴비에가 말했다.

"여기는 남작이 없소. 진리를 추구하는 학도가 둘 있을 뿐이니 진리에게만 고개를 숙여야 할 것이오."

쉰아홉 등문공 · 하 8

옳은 것은 즉시 행하라

송(宋)나라 대부 대영지가 맹자에게 물었다.

「우리 나라에서 정전법을 시행하여 10분의 1을 조세로 거두고, 관세와 상업세를 폐지하는 건 아무래도 금년에는 어려울 것 같습니다. 그래서 금년에는 그 두 가지 세금을 좀 가볍게 내렸다가 내년에 폐지하는 게 어떻겠습니까?」

맹자가 대답했다.

「지금 매일 이웃집 닭을 도둑질하는 사람이 있다고 해봅시다. 어떤 사람이 도둑에게 '그런 짓은 군자가 할 일이 아니오.' 하고 충고를 했소. 그때 그 도둑이 '그러면 먼저 도둑질하는 횟수를 줄여서 매달 닭 한 마리씩만 훔치고, 내년이 되면 딱 끊어버리겠소.' 하고 대답했다면 어떻게 되겠소?

어떤 일이든 그것이 옳지 않음을 알았다면 그 즉시 그만두어야 하는 것이오. 어찌 내년까지 기다린단 말이오.」

戴盈之曰 什一 去關市之征 今玆未能 請輕之 以待來年 然後已 何
대영지왈 십일 거관시지정 금자미능 청경지 이대래년 연후이 하

如 孟子曰 今有人 日攘其隣之鷄者 或告之曰 是非君子之道 曰請
여 맹자왈 금유인 일양기린지계자 혹고지왈 시비군자지도 왈청

損之 月攘一鷄 以待來年 然後已 如知其非義 斯速已矣 何待來年
손지 월양일계 이대래년 연후이 여지기비의 사속이의 하대래년

어떤 소년이 바다에 빠지자 한 남자가 위험한 파도 속을 헤엄쳐 가서 그 소년을 구조했다.

얼마 후 의식을 되찾은 소년이 자기를 구해 준 남자에게 말했다.

"제 생명을 구해 주셔서 고맙습니다."

남자는 소년의 눈을 들여다보면서 이렇게 말했다.

"괜찮다, 꼬마야. 너의 생명은 구조할 만한 가치가 있는 거란다."

맹자가 말하기를 좋아하는 까닭

제자 공도자가 맹자에게 물었다.

「바깥에서는 사람들이 모두 선생님께서 너무 말씀하시기 좋아하신다고 평하고 있는데, 외람된 말씀입니다만 왜 그런 말들을 하는 것일까요?」

맹자가 대답했다.

「내가 어찌 말하기를 좋아하겠느냐? 다만 나는 어쩔 수 없는 상황이기 때문에 말할 뿐이다. 지금부터 내가 그 까닭을 말해주겠다.

천하에 인류가 발생한 이래 세월이 꽤 흘렀는데, 어떤 때는 세상이 잘 다스려졌다가, 또 어떤 때는 어지러워지고 하는 경우를 반복하면서 오늘에 이르렀다.

예를 들어보겠다. 요 임금 때에는 큰 홍수가 일어나 하천이 막히고 물이 역행하여 온 나라 안을 뒤덮었다. 그래서 나라에는 뱀이나 용 같은 게 우글거려 사람들이 제대로 정착하여 살 곳이 없게 되어, 낮은 지대에 사는 사람들은 나무 위에 새 둥지 같은 것을 지어 살았고, 높은 지대에 사는 사람들은 벼랑에다 동굴을 파고 살았다. 〈서경〉에 나와 있기를, 홍수가 날 당시의 임금이 '하늘이 강수를 내려 내게 경고하였다'고 말했다고 씌어 있는데, 여기서 강수란 홍수를 말하는 것이다. 이때가 바로 세상이 어지러웠을 때의 예이다.

그래서 요임금께서는 우에게 명하여 홍수를 다스리게 했다. 그러자 우는 땅을 파서 물길을 잡아 물이 바다로 흘러들게 하고, 뱀과 용을 몰아내어 풀이 우거진 늪으로 쫓아 버렸다. 그리하여 겨우 물이 강을 이루어 흐르게 되었는데, 그때 생긴 것이 양자강과 회수와 한수이다. 이렇게 해서 홍수의 위험이 사라지고, 사람을 해치던 새나 짐승도 없어져 비로소 사람들이 평지에 모여 살 수 있게 된 것이다. 이것이 천하가 한 번 다스려진 예이다.

그후 요임금과 순임금이 돌아가시고 나니 성인의 도가 점점 쇠퇴해 갔다. 반면에 폭군들이 계속 나타나 백성들의 집을 헐고 그 자리에 자신들의 유흥을 위해 못을 만들어 백성들은 안식처를 잃게 되었다. 밭을 빼앗아 원유로 삼았기 때문에 백성들은 의식을 얻을 수가 없게 되었다. 거기에다 해괴한 말들과 폭력이 난무하고, 원유와 못과 늪이 마구 늘어나 금수가 다시 몰려와 들끓게 되었다. 그리하여 은의 주왕 때가 되자 그러한 현상이 극에 달해 천하는 또다시 큰 혼란에 빠지고 말았다. 이때가 세상이 또 한번 어지러워진 예이다.

그러자 주공께서는 형 무왕을 도와 주왕을 죽이고, 주왕을 도와 포악무도한 일을 자행했던 엄나라를 치고 3년에 걸쳐 임금을 잡아죽였으며, 또한 주왕의 총신인 비렴을 바닷가까지 쫓아가서 죽였다. 이처럼 백성들을 못살게 굴었던 폭군의 나라를 친 것이 50개 국에 이르렀고, 호랑이 · 표범 · 물소 · 코끼리 등의 맹수들을 멀리 쫓아버리니 백성들이 크게 기뻐했다. 〈서경〉에 '크게 빛나시는구나, 문왕의 계략이여. 크게 이으셨구나, 무왕의 공훈이여. 우리 같은 후세 사람들을 도와 길을 열었는데, 그것이 정도를 행하여 결함이 없게 해주셨구나.'라는 문장은 이를 칭송한 것이다. 이것이 또 한번 천하가 다스려진 예이다.

주나라도 말기가 되자 세상이 쇠하고 성인의 도가 빛을 잃어 해괴한 사설과 폭력이 일어났다. 신하가 자기 임금을 죽이는 자, 자식이 자기 아비를 죽이는 자까지 나타나게 되었다.

공자께서 이를 몹시 걱정하신 끝에 〈춘추〉를 지은 것이다. 공자는 이 책을 통해 악인과 선인에게 경고와 찬사를 보내셨다. 이처럼 천하의 제후와 대부들을 징계하고 포상하는 일은 천자에게 주어진 일이다. 공자는 단지 붓을 써서 그 일을 했을 뿐이다. 그래서 공자께서는 '나를 이해해주는 사람이 있다면 〈춘추〉 때문일 것이고, 나를 책망하는 사람이 있다해도 춘추 때문일 것이다.' 라고 말씀하셨다. 이것이 또 한 번 혼란했던 세상이 다스려진 예이다.

공자께서 세상을 떠난 뒤 성왕은 다시 나타나지 않고, 제후들은 방자하고, 처사들도 제멋대로 학설을 내세웠다. 그러다가 양주와 묵적의 학설이 천하를 채우게 되었다. 이에 천하의 모든 이론은 양주의 학설 아니면 묵적의 학설에 포함되고 마는 상황이 된 것이다. 양주는 자기만을 아끼고 위하는 유아주의를 주장하여 군주를 무시하였고, 묵적은 자기 부모나 남의 부모나 다같이 사랑해야 한다는 박애주의를 표방함으로써 부모를 부정했다. 자기 임금과 부모를 무시하는 자는 금수와 다를 게 없다. 노나라 공명의는 '임금의 주방에 살찐 고기가 있고 마구간에는 살찐 말이 있건만, 백성들은 굶주린 기색이 완연하고 들에는 굶주려 죽어간 시체들이 뒹굴고 있으니, 이는 마치 금수를 이끌고와 사람을 잡아먹게 한 것과 마찬가지 일이다.' 라고 말했다. 이제 양주와 묵적의 학설이 없어지지 않으면 공자의 도가 빛을 볼 수 없게 될 것이다. 해괴한 이론이 백성들을 현혹시켜 인의의 도를 막아 버릴 것이기 때문이다. 인의의 도가 막혀 행해지지 못하면 금수를 끌어다가 사람을 잡아먹게 하고, 마침내 사람이 사람을 잡아먹는 일이 생기지 않는다고 어찌 장담할 수 있겠는가?

나는 이러한 일이 벌어지는 것을 걱정한 나머지 옛 성인의 도를 지키고 양주와 묵적의 주장을 막아 그릇된 언론을 배격하고, 해괴한 말을 지껄이는 자가 나타나지 못하도록 애써 왔던 것이다. 대개 이런 그릇된 생각이 마음속에 자리잡게 되면 그 사람이 행하는 일에 해를 끼치고, 하는 일에 해를 끼치게 되면 그가 행하는 정치에도 해를 입게 되는 것이다. 이러한 나의 말은 성인이 다시 나타나신다 해도 고치려고 하지 않으실 것이다.

우임금께서 홍수를 막아 천하가 화평해질 수 있었고, 주공께서 오랑캐를 치고 금수를 몰아 내셨기에 백성들이 편안해지게 되었다. 그 뒤 공자께서 〈춘추〉를 지으셨기 때문에 난신적자 들이 두려워하여 나쁜 짓을 하지 않게 된 것이다. 〈시경〉에도 '북쪽 오랑캐를 치고, 남쪽 형 서를 징계하시니, 감히 대항하는 자가 없었다.' 고 씌어 있다. 이것은 양주와 묵적처럼 부모와 군주를 무시하는 자들에게 주공께서 징벌을 가하신 것을 나타낸 대목이다.

나는 세상 인심을 바로잡고, 해괴한 말들을 종식시키며, 과격한 행동을 막고, 방자한 주장을 몰아내어, 우임금·주공·공자와 같은 성인께서 행한 도를 계승하려는 것이다. 그런데 내가 어찌 말하기를 좋아한다고 할 수 있겠느냐? 진정으로 어찌할 수 없어서 말하는 것뿐이다. 말로써 양주와 묵적의 주장을 막는 것도 성인의 길을 걷고자하는 자의 의무일 것이다.」

公都子曰　外人　皆稱夫子好辯　敢問何也　孟子曰　予豈好辯哉　予不
공도자왈　외인　개칭부자호변　감문하야　맹자왈　여기호변재　여부

得已也　天下之生　久矣　一治一亂　當堯之時　水逆行　氾濫於中國　蛇
득이야　천하지생　구의　일치일란　당요지시　수역행　범람어중국　사

龍居之　民無所定　下者爲巢　上者爲營窟　書曰　洚水警余　洚水者　洪
룡거지　민무소정　하자위소　상자위영굴　서왈　홍수경여　홍수자　홍

水也　使禹治之　禹掘地而注之海　驅蛇龍而放之菹　水由地中行　江淮
수야　사우치지　우굴지이주지해　구사룡이방지저　수유지중행　강회

河漢是也 險阻旣遠 鳥獸之害人者 消然後 人得平土而居之 堯舜旣
하한시야 험조기원 조수지해인자 소연후 인득평토이거지 요순기

沒 聖人之道衰 暴君代作 壞宮室以爲汙池 民無所安息 棄田以爲園
몰 성인지도쇠 폭군대작 괴궁실이위오지 민무소안식 기전이위원

囿 使民不得衣食 邪說暴行又作 園囿汙池沛澤 多而禽獸至 及紂之
유 사민부득의식 사설폭행우작 원유오지패택 다이금수지 급주지

身 天下又大亂 周公相武王 誅紂 伐奄三年 討其君 驅飛廉於海隅
신 천하우대란 주공상무왕 주주 벌엄삼년 토기군 구비렴어해우

而戮之 滅國者五十 驅虎豹犀象而遠之 天下大悅 書曰 丕顯哉 文
이륙지 멸국자오십 구호표서상이원지 천하대열 서왈 비현재 문

王謨 丕承哉 武王烈 佑啓我後人 咸以正無缺 世衰道微 邪說暴行
왕모 비승자 무왕렬 우계아후인 함이정무결 세쇠도미 사설폭행

有作 臣弑其君者 有之 子弑其父者 有之 孔子懼作春秋 春秋 天子
유작 신시기군자 유지 자시기부자 유지 공자구작춘추 춘추 천자

之事也 是故 孔子曰 知我者 其惟春秋乎 罪我者 其惟春秋乎 聖王
지사야 시고 공자왈 지아자 기유춘추호 죄아자 기유춘추호 성왕

不作 諸侯放恣 處士橫議 楊朱墨翟之言 盈天下 天下之言 不歸楊
부작 제후방자 처사횡의 양주묵적지언 영천하 천하지언 불귀양

則歸墨 楊氏 爲我 是無君也 墨氏 兼愛 是無父也 無父無君 是禽
즉귀묵 양씨 위아 시무군야 묵씨 겸애 시무부야 무부무군 시금

獸也 公明儀曰 庖有肥肉 廄有肥馬 民有飢色 野有餓莩 此率獸而
수야 공명의왈 포유비육 구유비마 민유기색 야유아표 차솔수이

食人也 楊墨之道不息 孔子之道不著 是邪說誣民 充塞仁義也 仁義
식인야 양묵지도불식 공자지도부저 시사설무민 충색인의야 인의

充塞 則率獸食人 人將相食 吾爲此懼 閑先聖之道 距楊墨 放淫辭
충색 즉솔수식인 인장상식 오위차구 한선성지도 거양묵 방음사

邪說者不得作 作於其心 害於其事 作於其事 害於其政 聖人復起
사설자부득작 작어기심 해어기사 작어기사 해어기정 성인부기

不易吾言矣 昔者 禹抑洪水而天下平 周公兼夷狄 驅猛獸而百姓寧
불역오언의 석자 우억홍수이천하평 주공겸이적 구맹수이백성녕

孔子成春秋 而亂臣賊子懼 詩云 戎狄是膺 荊舒是懲 則莫我敢承
공자성춘추 이난신적자구 시운 융적시응 형서시징 즉막아감승

無父無君 是周公所膺也 我亦欲正人心 息邪說 距詖行 放淫辭 以
무부무군 시주공소응야 아역욕정인심 식사설 거피행 방음사 이

承三聖者 豈好辯哉 予不得已也 能言距楊墨者 聖人之徒也
승삼성자 기호변재 여부득이야 능언거양묵자 성인지도야

─ 춘추(春秋)는 춘추시대 노(魯)나라의 연대기로 공자가 엮은 책이다. 유가의 오경(五經) 중 하나로,
노나라 은공(隱公)으로부터 애공(哀公)에 이르는 242년간(기원전722~기원전 481년)에 일어난 주요 사
건을 편년체로 기술하고 있다.

청렴함이 너무 지나쳐도 병

제나라 사람 광장이 맹자에게 물었다.

「진중자야말로 청렴결백한 사람이 아니겠습니까? 그는 자기 형이 의롭지 못한 녹을 먹는 다고 해서 집을 나와 어릉이라는 곳에 살면서 사흘이나 굶어 귀도 안 들리고 눈도 안보일 정도로 몸이 쇠약해진 적이 있었습니다. 그런데 마침 우물 옆에 자두나무가 있고, 그 밑에 는 벌레가 파먹다 남은 자두가 떨어져 있었습니다. 그는 엉금엉금 기어가서 그것을 주워 먹었는데, 세 입을 베어먹은 뒤에야 귀가 들리고 눈이 보였다고 합니다.」

맹자가 말했다.

「나도 제나라 사람 가운데서는 진중자는 꼽을만한 인물이라고 생각하고 있소. 그렇지만 그의 청렴함에는 문제가 있소. 그의 지조에 대한 의미를 넓혀가다 보면, 결국은 지렁이가 된 뒤에나 가능할 것이오. 무릇 지렁이는 땅위에서는 마른 흙을 먹고, 지하에서는 고인 물 을 마시면서 특별히 바라는 것도 없이 만족하게 여기며 살고 있소. 그런데 사람은 그러한 것만으로 만족을 느끼며 살 수는 없는 일 아니오.

지금 진중자가 살고 있는 어릉의 집은 백이처럼 청렴한 사람이 지은 것이라면 모르겠으 나, 도척처럼 탐욕스런 사람이 지은 것이라면 살아서는 안 되는 일 아니겠소? 또한 지금 먹고사는 곡식도 백이 같은 사람이 심었다면 모르지만, 도척 같은 사람이 심었을 수도 있 다면 그걸 먹어서는 안 되는 일 아니겠소?」

「그것이 무슨 상관이 있겠습니까? 지금 그는 스스로 짚신을 삼고, 그의 아내는 베를 짜서 번 돈으로 필요한 물건을 구입하여 생활하고 있습니다. 자기 노력으로 벌어서 생활하면 그만이지, 구입해온 물건을 누가 만들었는지 알아야 할 필요까지 있겠습니까?」

「원래 진중자는 제나라의 녹을 먹고 있는 명문 집안에서 태어난 사람이오. 그의 형인 대는 지금도 합이라는 영지에서 1만 종이나 되는 녹을 받고 있소. 그런데 진중자는 그의 형이 받는 녹이 의롭지 못한 녹이라 하여 먹지 않고, 또한 형의 집이 의롭지 못한 집이라 하여 살지도 않으며, 형을 피하고 어머니를 떠나서 지금 어릉에 살고 있는 것이오.

어느 날, 진중자가 형의 집에 간 적이 있었는데, 마침 어떤 사람이 형에게 거위를 선물로 보내온 일이 있었다고 하오. 그걸 보자 그는 눈살을 찌푸리며 '이 꽥꽥거리는 짐승을 무엇 에다 쓰라는 말인가?' 하고 한탄했다고 하오. 그런데 뒷날 어머니가 그 거위를 잡아 요리 를 하여 진중자가 먹고 있었는데, 그때 마침 밖에 나갔던 형이 들어오며 '지금 네가 먹고 있는 거위는 예전에 내가 선물로 받았던 그 꽥꽥거리던 짐승의 고기란다.' 하고 말하자 진 중자는 밖으로 뛰쳐나가 먹은 고기를 다 토해버렸다고 하오.

이처럼 진중자는 어머니가 만든 음식은 의롭지 않다며 먹지 않고, 아내의 음식은 아무 소 리 없이 먹었소. 또한 형의 집은 의롭지 않다며 살지 않고, 어릉의 집에서는 아무 소리 없 이 살고 있소. 이렇게 처신을 하면서도 그가 청렴에 대한 신조를 꿋꿋하게 지켜나갈 수 있 다고 생각하오? 그러므로 진중자는 인간인 이상은 자신의 청렴에 대한 신조를 지켜나갈 수가 없고, 오로지 지렁이가 된 후에야 신조를 지켜나갈 수 있을 것이라는 말이오.」

匡章曰 陳仲子 豈不誠廉士哉 居於陵 三日不食 耳無聞 目無見也
광장왈 진중자 기불성렴사재 거어릉 삼일불식 이무문 목무견야

井上有李 螬食實者過半矣 匍匐往將食之 三咽然後 耳有聞 目有見
정상유리 조식실자과반의 포복왕장식지 삼연연후 이유문 목유견

孟子曰 於齊國之士 吾必以仲子爲巨擘焉 雖然 仲子惡能廉 充仲子
맹자왈 어제국지사 오필이중자위거벽언 수연 중자오능렴 충중자

之操 則蚓而後可者也 夫蚓上食槁壤 下飮黃泉 仲子所居之室 伯夷
지조 즉인이후가자야 부인상식고양 하음황천 중자소거지실 백이

之所築與 抑亦盜蹠之所築與 所食之粟 伯夷之所樹與 抑亦盜蹠之
지소축여 억역도척지소축여 소식지속 백이지소수여 억역도척지

所樹與 是未可知也 曰是何傷哉 彼身織屨 妻辟纑 以易之也 曰仲
소수여 시미가지야 왈시하상재 피신직구 처벽로 이역지야 왈중

子 齊之世家也 兄戴 蓋祿萬鐘 以兄之祿 爲不義之祿而不食也 以
자 제지세가야 형대 합록만종 이형지록 위불의지록이불식야 이

兄之室 爲不義之室而不居也 辟兄離母 處於於陵 他日 歸則有饋其
형지실 위불의지실이불거야 피형리모 처어어릉 타일 귀즉유궤기

兄生鵝者 己頻顣曰 惡用是鶃鶃者爲哉 他日 其母殺是鵝也 與之食
형생아자 기빈축왈 오용시역역자위재 타일 기모살시아야 여지식

之 其兄 自外至曰 是鶃鶃之肉也 出而哇之 以母則不食 以妻則食
지 기형 자외지왈 시역역지육야 출이와지 이모즉불식 이처즉식

之 以兄之室則弗居 以於陵則居之 是尙爲能充其類也乎 若仲子者
지 이형지실즉불거 이어릉즉거지 시상위능충기류야호 약중자자

蚓而後 充其操者也
인이후 충기조자야

서기 25년경 중국 후한 시대에 양진이라는 학문이 깊고 인격이 높은 훌륭한 사람이 있었다. 양진이 태수라는 벼슬자리에 있을 때였다.

어느 날 밤, 어떤 관리가 찾아와서 전에 신세를 많이 입었으니 그 사례를 하는 것이라고 하면서 돈을 내놓는 것이었다. 다시 말하면 뇌물을 가져온 것이다.

그러나 양진은 그 돈을 받을 아무런 이유가 없다고 완강히 사절했다. 뇌물을 가져온 관리는 난처하게 되었다. 그는 다시 양진에게 그 돈을 받도록 권하며 다음과 같이 말했다.

　"지금 밤도 깊은데 아무도 모르는 일이니 어서 받아두십시오"

　그러자 양진이 엄한 표정으로 나무랐다.

　"아무도 모른다니 그게 무슨 말인가? 하늘이 알고, 땅이 알고, 그대가 알고, 내가 알고 있는데 어찌 아는 사람이 없다고 하는가."

　이에 관리는 매우 부끄러워하며 물러갔다.

　이러한 양심적인 양진은 점점 높은 벼슬자리로 승진되었다. 그러나 양진은 그 고결한 성품 때문에 환관들의 미움을 샀다. 환관들은 양진에게 뇌물을 주고 마음대로 하려 했으나 그가 말을 듣지 않으므로 결국은 모략을 써서 그를 관직에서 내쫓았다.

　이 소식을 들은 많은 백성들이 분개한 것은 물론이려니와 양진이 죽었을 때, 그의 청렴결백하고 높은 덕에 감탄하여 천하의 명사들이 구름같이 모여들어 그의 장례를 성대하게 했을 뿐만 아니라 이상하게도 어디서인지 큰 새 한 마리가 그의 무덤 앞을 날아가면서 슬프게 울었다고 한다.

　여기서 나온 양진의 '사지(四知)'는 하늘과 땅과 너와 내가 알고 있으니 세상에 비밀이 없다는 뜻이다. 누군가 보는 사람이 없다 해도 양심에 어긋나지 않는 청렴함을 가리키는 말이기도 하다.

제 4 장 · 상

離婁

章句 · 上

이루 장구 · 상

선왕들의 어진 정치를 본받아야

맹자가 말했다.

「이루 같은 시력과 공수자 같은 손재주가 있다 해도 규구, 즉 컴퍼스와 곡선 자가 없으면 정확하게 원과 사각형을 그릴 수 없을 것이며, 사광의 뛰어난 청력을 가졌다 하더라도 음률을 조절하는 육률을 사용하지 않고는 오음, 즉 궁·상·각·치·우의 음을 바로잡을 수가 없다. 이와 마찬가지로 요순 같은 성인의 도라 하더라도 어진 정치를 펴지 않으면 천하가 태평하게 다스려지지 않을 것이다.

그런데 지금 제후 중에 백성을 사랑하는 인자한 마음을 가진 자가 있기는 하지만 백성들이 그 은혜를 입지 못하고, 후세에 정치의 모범이 되지 못하는 것은 옛 성왕의 도를 실천하지 않았기 때문이다. 그러므로 마음은 착하지만 성왕의 도를 따르지 않으면 좋은 정치를 할 수 없고, 아무리 훌륭한 법률을 제정한다 해도 역시 성왕의 도를 따르지 않으면 좋은 정치가 이루어지지 않는다.

〈시경〉에 '어기지 않고 잊어버리지도 않고 선왕의 법대로 따라 하네.'라고 했듯이, 선왕의 법을 따라 행했다가 실수를 한 사람은 일찍이 없었다.

옛 성인들께서는 자신의 시력을 남김없이 다 쓰는 것은 물론이고 다시 거기에다 컴퍼스·곡선 자·수준기·먹줄까지 사용했기 때문에 사각형과 원형, 수평과 직선을 마음대로 만드셨는데, 그것을 이루 다 쓸 수 없을 만큼 많았다. 그리고 이미 자신의 청력을 남김없이 다 쓰는 것은 물론이고 다시 거기에다 육률을 써서 박자를 맞추었기 때문에 오음을 바로잡는 것은 아주 쉬웠던 것이다. 이와 마찬가지로 성인들께서는 이미 자신의 마음을 다하여 백성들을 사랑하시는 것은 물론이고 다시 거기에다 어진 정치를 베푸셨기 때문에 그 인덕이 천하를 뒤덮은 것이었다.

그러므로 '높은 대를 지으려면 언덕을 이용하고, 넓은 못을 만들려면 개천을 이용하라.'는 말이 있는 것이다. 정치를 하면서 선왕의 도를 따르지 않는 자가 있다면 어찌 지혜롭다고 하겠는가. 그러므로 어진 자만이 임금의 자리에 있어야 하는 것이다. 인자하지 못한 사람이 임금의 자리에 있으면 그의 악함을 여러 백성들에게 전파하는 결과를 빚게 된다.

그렇기 때문에 위에 있는 사람들에게 도덕적 규범이 없으면 아랫사람들도 법을 지킬 리가 없고, 조정의 신하들이 마땅히 지켜야 할 도리를 지키지 않으면 일반 장인들도 물품의 정해진 규격을 어기게 될 것이다. 이처럼 임금은 임금대로 의를 어기고, 백성들은 백성들대로 법을 어기기를 보통으로 하면서도 나라가 망하지 않고 존속해 있다면, 그것은 요행일 따름인 것이다.

그러기에 '성곽이 튼튼하지 못하고 무기가 많지 않다는 것이 결코 나라의 걱정거리는 아니며, 또한 토지가 개간되지 않고 재물이 모이지 않는 것 역시 나라의 걱정거리가 아니다. 그보다는 윗사람이 예의를 안 지키고 아랫사람이 교육을 받지 못해 배움이 없으면 남을 해치고 사방에서 도둑이 들끓게 되어 머지않아 나라가 망하게 되는데 그게 더 큰 걱정거리다.'라는 말이 있는 것이다.

〈시경〉에도 '바야흐로 하늘이 곧 주(周)나라를 뒤엎으려 하니 신하들은 늑장부리지 말아라.'고 하였는데, 여기서 늑장부린다는 것은 답답하다는 말과 같은 뜻이다. 임금을 섬기지만 의리가 없고, 물러가고 나아감에 예의가 없고, 입만 열면 선왕의 법도를 비방하는 것이 답답하다는 것이다.

그러므로 옛말에 '선왕의 법도에 따라 임금에게 어진 정치를 하도록 권하는 것을 공손하다 하고, 임금에게 사악한 일을 못하게 막아 정도를 걷게 하는 것을 공경스럽다고 한다. 반면에 우리 임금은 무능하기 때문에 어진 정치를 할 수 없다고 하는 것을 적이라고 하는데 이것은 임금을 해치는 것이다.'라고 이르고 있는 것이다.

孟子曰 離婁之明 公輸子之巧 不以規矩 不能成方員 師曠之聰 不
맹자왈 이루지명 공수자지교 불이규구 불능성방원 사광지총 불

以六律 不能正五音 堯舜之道 不以仁政 不能平治天下 今有仁心仁
이육률 불능정오음 요순지도 불이인정 불능평치천하 금유인심인

聞而民不被其澤 不可法於後世者 不行先王之道也 故曰 徒善不足
문이민불피기택 불가법어후세자 불행선왕지도야 고왈 도선부족

以爲政 徒法不能以自行 詩云 不愆不忘 率由舊章 遵先王之法而過
이위정 도법불능이자행 시운 불건불망 솔유구장 준선왕지법이과

者 未之有也 聖人旣竭目力焉 繼之以規矩準繩 以爲方員平直 不可
자 미지유야 성인기갈목력언 계지이규구준승 이위방원평직 불가

勝用也 旣竭耳力焉 繼之以六律 正五音 不可勝用也 旣竭心思焉
승용야 기갈이력언 계지이육률 정오음 불가승용야 기갈심사언

繼之以不忍人之政 而仁覆天下矣 故曰 爲高必因丘陵 爲下 必因川
계지이불인인지정 이인부천하의 고왈 위고필인구릉 위하 필인천

澤 爲政 不因先王之道 可謂智乎 是以惟仁者 宜在高位 不仁而在
택 위정 불인선왕지도 가위지호 시이유인자 의재고위 불인이재

高位 是播其惡於衆也 上無道揆也 下無法守也 朝不信道 工不信度
고위 시파기악어중야 상무도규야 하무법수야 조불신도 공불신도

君子犯義 小人犯刑 國之所存者幸也 故曰 城郭不完 兵甲不多 非
군자범의 소인범형 국지소존자행야 고왈 성곽불완 병갑부다 비

國之災也 田野不辟 貨財不聚 非國之害也 上無禮 下無學 賊民興
국지재야 전야불벽 화재불취 비국지해야 상무례 하무학 적민흥

喪無日矣 詩曰 天之方蹶 無然泄泄 泄泄猶沓沓也 事君無義 進退
상무일의 시왈 천지방궐 무연예예 예예유답답야 사군무의 진퇴

無禮 言則非先王之道者 猶沓沓也 故曰 責難於君謂之恭 陳善閉邪
무례 언즉비선왕지도자 유답답야 고왈 책난어군위지공 진선폐사

謂之敬 吾君不能謂之賊
위지경 오군불능위지적

- '이루'편은 상편이 28장, 하편이 33장으로 되어 있다. 앞의 편들과는 달리 대화로 이루어진 내용이 별로 없고 맹자가 한 말이 대부분이다. 윤리에 대한 내용과 임금의 도덕정치에 대한 내용이 많다.

우리가 다른 사람에게 줄 수 있는 가장 좋은 선물은 무엇일까.

영국의 정치가이자 저술가였던 밸푸어는 이렇게 말했다.

"그대의 원수에게는 용서를, 그대의 적대자에게는 관용을, 그대의 친구에게는 자신의 마음을, 그대의 아들에게는 모범을, 그대의 아버지에게는 효도를, 그대의 어머니에게는 어머니가 그대를 자랑할 일을 행하라. 그대 자신에게는 존경을, 모든 사람에게는 인애를 주는 것이 가장 좋은 선물이다."

은감불원(殷鑑不遠)

맹자가 말했다.

「규구가 사각형과 원의 표준이듯이, 성인은 사람들의 표준이다. 임금이 되려면 임금이 할 바를 다하고, 신하가 되려면 신하의 의무를 다해야 하는데, 이는 모두 요순임금을 본받아 실천하면 된다.

순임금이 요임금을 섬겼던 태도로 자기 임금을 섬기지 않는 자는 공경하는 마음이 없는 자이며, 요임금이 백성들을 다스렸던 태도로 자기 백성들을 다스리지 않는 임금은 백성들을 해치는 자이다.

공자께서 말씀하시기를 '정치를 하는 방법은 단 두 가지뿐이다. 어진 정치를 실현하느냐, 실현하지 못하느냐 하는 것이다.' 라고 하셨다. 임금이 어진 정치를 펴지 않고 폭정을 휘두르면, 심한 경우에는 임금 자신이 살해당하고 나라가 망할 것이며, 다소 심하지 않은 경우라 해도 임금 자신의 몸이 위태로워지고 나라가 쇠퇴할 것이다. 이러한 임금에게는 죽은 다음에도 유라든가 여 같은 불명예스런 시호가 붙여지게 된다. 일단 이러한 오명을 쓰게 되면 아무리 효성이 지극한 자손이 나와 이를 고치려 애쓴다해도 백 대 후에도 고치지 못할 것이다.」

孟子曰 規矩 方員之至也 聖人 人倫之至也 欲爲君 盡君道 欲爲臣
맹자왈 규구 방원지지야 성인 인륜지지야 욕위군 진군도 욕위신

盡臣道 二者 皆法堯舜而已矣 不以舜之所以事堯事君 不敬其君者
진신도 이자 개법요순이이의 불이순지소이사요사군 불경기군자

也 不以堯之所以治民治民 賊其民者也 孔子曰 道二 仁與不仁而已
야 불이요지소이치민치민 적기민자야 공자왈 도이 인여불인이이

矣 暴其民甚 則身弑國亡 不甚 則身危國削 名之曰幽厲 雖孝子慈
의 폭기민심 즉신시국망 불심 즉신위국삭 명지왈유려 수효자자

孫 百世不能改也 詩云 殷鑑不遠 在夏后之世 此之謂也
손 백세불능개야 시운 은감불원 재하후지세 차지위야

누구든지 인을 행하라

맹자가 말했다.

「하 · 은 · 주 3대가 천하를 얻은 것은 하나라 우왕 · 은나라 탕왕 · 주나라 문왕과 무왕이 어진 정치를 펼쳤기 때문이다. 그리고 3대가 천하를 잃은 것은 하나라 걸왕 · 은나라 주왕 · 주나라 유왕과 여왕이 어질지 못한 정치를 했기 때문이다. 제후의 나라가 흥하고 퇴보하며, 존속하고 망하는 것도 이와 마찬가지이다. 천자가 인자하지 못하면 사해를 보전하지 못하고, 제후가 인자하지 못하면 한 나라를 보전할 수 없으며, 경이나 대부가 인자하지 못하면 한 집안을 보전할 수 없고, 선비가 인자하지 못하면 자기 몸을 보전할 수 없는 것이다. 지금 사람들은 죽거나 망하는 것을 싫어하면서도 인자하지 못한 것을 즐기고 있으니, 이는 마치 취하기를 싫어하면서도 억지로 독한 술을 마시는 것과 같은 것이다.」

孟子曰 三代之得天下也以仁 其失天下也以不仁 國之所以廢興存
맹자왈 삼대지득천하야이인 기실천하야이불인 국지소이폐흥존

亡者亦然 天子不仁 不保四海 諸侯不仁 不保社稷 卿大夫不仁 不
망자역연 천자불인 불보사해 제후불인 불보사직 경대부불인 불

保宗廟 士庶人不仁 不保四體 今惡死亡而樂不仁 是猶惡醉而强酒
보종묘 사서인불인 불보사체 금오사망이락불인 시유오취이강주

아인슈타인의 이웃 중에 10살 소녀의 어머니는 딸이 아인슈타인 집을 가끔 방문하는 것을 알고는 딸에게 그 이유를 묻자 딸은 이렇게 말했다.

"저는 수학 숙제를 하는 게 너무 힘들었어요. 사람들이 112번 가에 매우 성품이 인자하고 위대한 수학자가 살고 있다고 했어요. 저는 그분에게 도와달라고 부탁했어요. 그분은 절 도와주었어요. 모든 것을 잘 설명해 주셨어요. 그리고 제가 어려움이 닥칠 때는 언제든 찾아오라고 말씀하셨어요."

딸의 대답에 놀란 어머니는 아인슈타인에게 사과하러 갔다. 그러나 아인슈타인은 도리어 이런 말을 했다.

"아닙니다. 소녀가 제게 배운 것보다 제가 더 많은 것을 소녀와의 대화 속에서 얻었습니다."

자기 반성

맹자가 말했다.

「내가 남을 아껴주는데도 상대방이 내게 호감을 갖지 않을 때는 자신의 인애에 결점이 있는지를 반성해보고, 남을 다스리는데 있어서 잘 다스려지지 않는다면 자신의 지혜에 결점이 있는지를 반성해보아야 하며, 남에게 예의를 갖춰 대해주었는데도 상대방이 예로써 화답해오지 않으면 자신의 공경심이 부족하지 않은지 반성해보아야 한다.

이처럼 어떤 일을 잘 해보려고 했지만 결과가 나쁘게 나왔다면 금방 실망하지 말고 자신을 냉철하게 반성해볼 일이다. 이렇게 자기를 반성하여 자신을 올바로 세우면 천하의 사람들이 다 자기에게 귀의할 것이다. 만약 자기에게 돌아오지 않는다면 아직 자신이 바로 서지 않았기 때문이다. 〈시경〉에 '길이길이 하늘이 내려준 뜻을 받들어 행하여, 스스로 그 복을 구하라.' 고 한 것은 이를 두고 한 말이다.」

孟子曰 愛人不親 反其仁 治人不治 反其智 禮人不答 反其敬 行有
맹자왈 애인불친 반기인 치인불치 반기지 예인부답 반기경 행유

不得者 皆反求諸己 其身正 而天下歸之 詩云 永言配命 自求多福
부득자 개반구저기 기신정 이천하귀지 시운 영언배명 자구다복

🕸 • • • • • •

랍비에게 두 사내가 찾아와 이런저런 이야기를 나누었다.

한 사내는 남의 물건을 한 번 훔친 적이 있는데 이것에 대해 회개하고 싶어했다. 그러나 또 다른 사내는 그다지 큰 죄를 짓지 않았기 때문에 나름대로 착한 인생을 살았다고 자부하고 있었다.

랍비는 첫 번째 사내에게 말했다.

"당신은 밖에 나가서 큰 돌 한 개만 주워 오시오."

그리고 또 다른 사내에게도 말했다.

"당신은 작은 돌 열 개만 주워 오시오."

두 사내는 랍비가 시키는 대로 각각 돌을 주워 왔다.

그러자 랍비가 다시 말했다.

"이번에는 가지고 온 돌을 모두 제자리에 갖다 놓으시오."

두 사내는 다시 밖으로 나갔다. 큰 돌 한 개를 들고 온 사내는 그 돌이 있었던 자리를 쉽게 기억해 냈다. 그러나 여러 개의 돌을 들고 온 사내는 일일이 그 돌이 있었던 자리를 기억해 낼 수 없었다.

이에 랍비가 말했다.

"죄라는 것도 마찬가집니다. 큰 돌을 들고 온 당신은, 한때 자신이 지은 잘못 때문에 그동안 여러 번 반성을 하며 살아왔을 것입니다. 그러나 작은 돌을 들고 온 당신은 비록 큰 잘못은 안 했지만 그동안 저질렀던 자잘한 잘못들을 모두 잊고 살아온 셈입니다. 이 세상 모든 사람들은 누구나 크고 작은 죄를 지으며 살고 있습니다. 그 죄들을 일일이 알아내어 반성하지 않으면 천국에 들어가지 못할 것입니다."

건강한 내 몸이 곧 천하

맹자가 말했다.

「사람들이 늘 하는 말 가운데 천하국가라는 것이 있는데, 이것은 천하의 근본은 국가에 있고, 국가의 근본은 가정에 있으며, 가정의 근본은 자기 개인의 몸에 있다는 말이다.」

孟子曰 人有恒言 皆曰 天下國家 天下之本在國 國之本在家 家之
맹자왈　인유항언　개왈　천하국가　천하지본재국　국지본재가　가지

本在身
본 재 신

🕸 • • • • • •

네덜란드의 대 의사인 베르하이트는 임종할 때 건강에 대한 숨은 비법이라고 하면서 700페이지나 되는 유서를 유족에게 남겼다. 나중에 유족들이 유서를 열어보니 전부 백지로 되어 있고 마지막 한 페이지에 이런 말이 쓰여 있었다.

"머리를 차게, 발은 따뜻하게, 배는 8부로 해야 한다."

배는 8부로 해야 한다는 뜻은 바로 밥은 자기 양보다 약간 적게 먹어야 건강하다는 뜻이다.

정치는 화합이 중요

맹자가 말했다.
「임금이 한 나라의 정치를 한다는 것은 어려운 일이 아니다. 자신을 바로 세우면 된다. 그리하여 여러 중신들의 의견을 거슬러 그들을 분노케 하지 않고 따르도록 만들면 된다. 여러 중신들이 따른다는 것은 한 나라가 따르는 것이요, 한 나라가 따른다는 것은 천하가 따른다는 것이다. 그리하여 자연스럽게 사해에 덕(德)이 교화되는 것이다.」

孟子曰 爲政不難 不得罪於巨室 巨室之所慕 一國慕之 一國之所慕
맹자왈 위정불난 부득죄어거실 거실지소모 일국모지 일국지소모

天下慕之 故沛然德敎 溢乎四海
천하모지 고패연덕교 일호사해

＊ ● ● ● ● ● ●

이 글은 정치를 하는 데 있어서는 무엇보다 윗사람과 아랫사람 사이의 화합이 중요하며, 화합이 도모되면 천하의 사람들도 이를 사모하여 따르게 된다는 말이다.

천명을 어기지 말아라

맹자가 말했다.

「천하에 바른 도가 행해져 태평세월이 이어지고 있을 때는 모든 이들이 덕을 존경하기 때문에 덕이 적은 사람이 덕이 많은 사람에게 지배를 당하고, 어진 면이 적은 사람은 크게 어진 사람에게 부림을 당한다. 또한 천하에 바른 도가 행해지지 않아 나라가 어지러워지면, 소국은 대국의 지배를 받고, 약국은 강국의 지배를 받게 된다. 이 두 가지는 자연의 도리이니, 자연의 도리에 따르는 자는 살아남을 것이지만 이에 역행하는 자는 망할 것이다.

옛날에 제나라 경공이 강국인 오나라로부터 자기 딸을 달라는 청혼을 받았을 때 '나는 이미 다른 나라에 명령할 힘도 없었거니와 거기다가 다른 나라의 명령까지도 들으려 하지 않는다면 이는 국교를 단절하자는 말과 같은 것이며, 그로 인해 나라가 패망의 길로 접어든다면 어찌하겠는가.' 하며 자기 딸을 시집보냈다. 그런데 지금은 약소국가이면서도 강대국을 스승처럼 여기고 명령받는 것을 부끄러워하고 있으니, 이는 마치 제자가 스승에게 명령받기를 부끄러워하는 것과 같다.

이와 같은 것을 부끄러워한다면, 주나라 문왕을 본받는 것이 좋을 것 같다. 진정으로 문왕을 본받는다면 대국은 5년 안에, 소국이라도 7년 안에 반드시 천하를 지배하는 왕자가 될 것이다. 〈시경〉에 '은나라의 후손이 십만 명에 달했으나 주왕이 포악했기 때문에 하늘이 그들을 주나라에 복종하게 했다. 이처럼 하늘이 주나라에 복종하게 한 것은 천명이 반드시 한 곳에 머물러 있는 게 아니라는 사실을 증명한 것이다. 그때 은나라의 현명한 신하들은 주나라의 수도로 들어가 술을 붓고 제물을 차려 하늘의 강림을 맞이했다.' 고 나와 있다.

또한 공자께서도 '어진 사람에게는 아무리 많은 군중들이 맞서도 상대가 되지 않으므로, 임금이 인을 좋아하면 천하에 맞설 자가 없는, 그야말로 천하무적이 될 것이다.' 라고 말씀하셨다.

그런데 지금 제후들은 천하무적의 강자가 되기를 원하면서도 어진 정치를 하려고 들지 않는다. 이는 마치 뜨거운 것을 손에 쥐고도, 찬물에 손을 넣으려고 하지 않는 것과 같다. 〈시경〉에 '그 누구도 뜨거운 것이 손에 닿으면 물을 끼얹어 식히지 않으려는 자가 없으리라.' 고 한 것도 이를 두고 하는 말이다.」

孟子曰 天下有道 小德役大德 小賢役大賢 天下無道 小役大 弱役
맹자왈 천하유도 소덕역대덕 소현역대현 천하무도 소역대 약역

强 斯二者天也 順天者存 逆天者亡 齊景公曰 旣不能令 又不受命
강 사이자천야 순천자존 역천자망 제경공왈 기불능령 우불수명

是絶物也 涕出而女於吳 今也小國師大國而恥受命焉 是猶弟子而
시절물야 체출이여어오 금야소국사대국이치수명언 시유제자이

恥受命於先師也 如恥之 莫若師文王 師文王 大國五年 小國七年
치수명어선사야 여치지 막약사문왕 사문왕 대국오년 소국칠년

必爲政於天下矣 詩云 商之孫子 其麗不億 上帝旣命 侯于周服 侯
필위정어천하의 시운 상지손자 기려불억 상제기명 후우주복 후

服于周 天命靡常 殷士膚敏 祼將于京 孔子曰 仁不可爲衆也 夫國
복우주 천명미상 은사부민 관장우경 공자왈 인불가위중야 부국

君好仁 天下無敵 今也欲無敵於天下而不以仁 是猶執熱而不以濯
군호인 천하무적 금야욕무적어천하이불이인 시유집열이불이탁

也 詩云 誰能執熱 逝不以濯
야 시운 수능집열 서불이탁

– 제경공(齊景公)은 BC547~490에 재위했던 공자 당대의 제나라 군주이다. 안자로 칭해지는 안영을 재상으로 등용해 정치가 비교적 안정되었다. 공자가 여러 번 만났는데 공자에게 정치가 무엇인가 하고 묻자 공자가 君君臣臣父父子子라 대답하기도 했다. 공자를 대부로 등용하려고 했으나 안자가 반대해 등용하지 못했다.

행·불행의 근본 원인은 자신

맹자가 말했다.

「어질지 못한 사람과 어찌 이야기할 수 있겠는가? 그런 부류의 사람들은 위험한 일을 오히려 안전한 것으로 착각하고, 재앙이 닥쳐오고야 말 일을 오히려 이익이 될 거라고 여기며, 결국 망하고야 말 일을 즐긴다. 어질지 못한 사람과 이야기를 나눠서 통할 수만 있다면야 왜 나라가 망하고 집안이 쓰러지겠는가?

어떤 아이가 이렇게 노래했다.

'창랑의 물이 맑으면 갓끈을 씻고, 창랑의 물이 흐리면 내 발을 씻을 것이다.'

공자께서 이 노래를 듣고 말씀하시기를 '얘들아, 이 노래를 들어보거라. 물이 맑으면 갓끈을 씻고 흐리면 발을 씻는다고 하니 모두가 물 스스로가 그렇게 만드는 것 아니겠느냐?'고 하셨다.

사람이란 반드시 스스로 업신여김을 받을 짓을 했기 때문에 남한테 업신여김을 당하는 것이다. 또한 집안도 반드시 스스로 훼손시킬 만한 원인을 제공했기 때문에 무너지는 것이다. 나라도 스스로 반드시 정복당할 원인을 제공했기 때문에 정복당하는 것이다. 〈서경〉 태갑편에 '하늘이 내린 재앙은 그래도 미리 대비하여 피할 수 있으나 자신이 스스로 부른 재앙은 피할 재간이 없다.' 고 한 것은 이를 두고 한 말이다.」

孟子曰　不仁者可與言哉　安其危而利其菑　樂其所以亡者　不仁而可
맹자왈　불인자가여언재　안기위이이기재　락기소이망자　불인이가

與言　則何亡國敗家之有　有孺子歌曰　滄浪之水淸兮　可以濯我纓　滄
여언　즉하망국패가지유　유유자가왈　창랑지수청혜　가이탁아영　창

浪之水濁兮　可以濯我足　孔子曰　小子聽之　淸斯濁纓　濯斯濯足矣
랑지수탁혜　가이탁아족　공자왈　소자청지　청사탁영　탁사탁족의

自取之也　夫人必自侮然後　人侮之　家必自毁而後　人毁之　國必自伐
자취지야　부인필자모연후　인모지　가필자훼이후　인훼지　국필자벌

而後　人伐之　太甲曰　天作孽　猶可違　自作孽　不可活　此之謂也
이후　인벌지　태갑왈　천작얼　유가위　자작얼　불가활　차지위야

이와 혀가 서로 누가 더 강한지 시비가 벌어졌다. 단단한 이가 부드러운 혀를 깨물기라도 하면 혀는 피가 흐르고 꼼짝하지 못했다. 이는 언제까지 자기가 강할 거라고 생각했다.

"자, 봐라. 네놈이 나를 이길 수 있겠니?"

이는 혀를 약올리곤 했다. 그럴 때마다 혀는 그 수모와 업신여김을 묵묵히 참아냈다.

세월이 지날수록 이는 단단한 것을 깨물어서 신경질을 내기도 했고, 나이가 들어 풍치가 생겨 이가 하나하나 빠져 나갔다.

그때 혀는 몇 개 남아 있지 않은 이에게 말했다.

"지금도 나를 이길 수 있겠니?"

그제서야 이는 자신이 잘못했다는 것을 깨닫게 되었다.

"그래 내가 어리석었어. 강하기만 하면 무조건 이기는 줄 알았어. 교만하기만 하고 타협도 없고 내 주장만 내세우고……. 이젠 거의 다 빠져 버리고 그나마 남아 있는 건 부러지고, 내 꼴이 말이 아니야. 그런데 부드러운 너는 부러지는 일도 없고 빠지는 일도 없으니 네가 정말 부럽다."

어진 정치에 뜻을 두어야

맹자가 말했다.

「하나라 걸왕이나 은나라 주왕이 천하를 잃은 까닭은 백성을 잃었기 때문이고, 백성을 잃었다는 것은 그들의 지지를 받지 못했다는 말이다. 천하를 얻는 데는 방법이 있으니, 백성을 얻으면 천하를 얻을 수 있다. 백성을 얻는 데도 방법이 있으니, 그들의 마음을 얻으면 된다. 백성들의 마음을 얻는 데도 방법이 있으니, 그들이 원하는 것을 해주고 싫어하는 것은 하지 않으면 된다. 백성들이 어진 정치를 좋아하는 것은 마치 물이 높은 데서 낮은 데로 흐르고, 짐승들이 광활한 벌판을 달려가는 것처럼 자연스러운 일이다. 그러므로 못으로 물고기를 몰아넣는 것은 수달이고, 숲속으로 새를 몰아넣는 것은 매이며, 은나라 탕왕과 주나라 무왕에게 백성들을 몰아준 것은 걸왕과 주왕이었다.

현재의 제후들 중에 어진 것을 좋아하는 사람이 있다면 다른 제후들이 모두 그에게 백성들을 몰아다 줄 것이다. 그러므로 그 어진 제후는 천하를 얻으려는 마음이 없어도 어쩔 수 없이 천하를 얻게 될 것이다.

지금 천하를 얻고자 하는 자들이 있다면 그것은 마치 이미 7년씩이나 앓아온 큰 병을 치료하기 위해 3년간 말린 약쑥을 구하는 것과 같은 것이다. 미리 준비해 두지 않고 갑자기 구하려 한다면 평생 가도 얻지 못할 것이다.

이렇듯 미리 인에 뜻을 두지 않는다면 나중에 가도 천하를 얻지 못하는 것은 물론이고, 평생 근심과 치욕에 시달리다가 죽음을 맞이하게 될 것이다. 〈시경〉에 '그러니 어찌 나라가 잘 될 수 있겠는가? 결국 모두가 함께 망하고 말 것이니 안타까운 일이구나.' 라는 대목은 이를 두고 한 말이다.」

孟子曰 桀紂之失天下也 失其民也 失其民者 失其心也 得天下 有
맹자왈 걸주지실천하야 실기민야 실기민자 실기심야 득천하 유

道 得其民 斯得天下矣 得其民 有道 得其心 斯得民矣 得其心 有
도 득기민 사득천하의 득기민 유도 득기심 사득민의 득기심 유

道 所欲 與之聚之 所惡 勿施爾也 民之歸仁也 猶水之就下 獸之走
도 소욕 여지취지 소오 물시이야 민지귀인야 유수지취하 수지주

壙也 故爲淵毆魚者 獺也 爲叢毆爵者 鸇也 爲湯武毆民者 桀與紂
광야 고위연구어자 달야 위총구작자 전야 위탕무구민자 걸여주

也 今天下之君 有好仁者 則諸侯皆爲之毆矣 雖欲無王 不可得已
야 금천하지군 유호인자 즉제후개위지구의 수욕무왕 불가득이

今之欲王者 猶七年之病 求三年之艾也 苟爲不畜 終身不得 苟不志
금지욕왕자 유칠년지병 구삼년지애야 구위불축 종신부득 구부지

於仁 終身憂辱 以陷於死亡 詩云 其何能淑 載胥及溺 此之謂也
어인 종신우욕 이함어사망 시운 기하능숙 재서급익 차지위야

☸ • • • • • •

이탈리아 출신의 세계적인 명지휘자 아르투로 토스카니니는 원래 첼로 연주가였다. 그런데 그는 남다른 불행을 한 가지 안고 있었다. 그는 아주 심한 근시여서 잘 보지 못했다. 토스카니니는 관현악단의 일원으로 연주할 때마다 앞에 놓인 악보를 볼 수 없는 까닭에 미리 악보를 통째로 외워 두고 연주회에 나가곤 했다.

한번은 연주회 직전에 지휘자가 갑자기 병원에 입원하게 되었다. 그런데 많은 오케스트라의 단원 중에 곡을 전부 암기하여 외우고 있던 사람은 오직 토스카니니뿐이었다. 그래서 그가 임시 지휘자로 단 위에 서게 되었다. 그때 그의 나이 19세였고 이 사건으로 지휘자 토스카니니가 탄생하게 된 것이다.

자포자기(自暴自棄)

맹자가 말했다.

「스스로 자기를 해치는 사람, 즉 자포자와는 가치 있는 이야기를 나눌 수 없고, 스스로 자기를 버리는 사람, 즉 자기자와는 가치 있는 일을 함께 도모할 수 없다. 말할 때 노골적으로 예의를 저버리는 자를 자포자, 즉 스스로 자기를 해치는 사람이라 한다. 그리고 자기 몸은 인에 머물러 있거나 의를 따르지 못한다고 지레 짐작하고 노력하지 않는 것을 자기자, 즉 스스로 자기를 버리는 사람이라 한다. 인은 우리가 편안하게 살 수 있는 집이요, 의는 우리가 걸어가야 할 바른 길이다. 그런데도 그 편안한 집을 비운 채 살지 않고, 바른 길을 내버려두고 가지 않고들 있으니 참으로 슬픈 일이 아닐 수 없다.」

孟子曰　自暴者　不可與有言也　自棄者　不可與有爲也　言非禮義　謂
맹자왈　자포자　불가여유언야　자기자　불가여유위야　언비예의　위

之自暴也　吾身不能居仁由義　謂之自棄也　仁　人之安宅也　義　人之
지자포야　오신불능거인유의　위지자기야　인　인지안택야　의　인지

安路也　曠安宅而弗居　舍正路而不由　哀哉
안로야　광안택이불거　사정로이불유　애재

🪷 • • • • • •

미국의 제34대 대통령이었던 드와이트 아이젠하워가 어린 시절 형제들과 함께 카드놀이를 하고 있었다. 그런데 놀이를 시작하자마자 첫 패부터 그에게는 형편없이 나쁜 패가 들어왔다.

아이젠하워는 화가 나서 들고 있던 패를 내동댕이쳐버렸다.

"처음부터 내 패가 너무 나쁘게 들어왔으니 다시 하자."

그 옆에서 지켜보고 있던 어머니가 아이들에게 이야기했다.

"자, 모두 카드를 테이블에 놓고 내 말을 들어보렴. 특히 아이젠하워, 너는 잘 들어야 한다. 지금 너희들이 하는 카드놀이는 앞으로 살아야 할 너희들의 인생과 똑같은 것이란다. 카드놀이에 나쁜 패가 들어왔다고 바꾸어달

라고 하지만 우리가 인생을 살다 보면 나쁜 패같이 어렵고 힘에 겨운 역경의 때가 꼭 찾아온단다. 그렇다고 외면하고 피해 갈 수만은 없는 것이다. 그 때를 지혜롭게 잘 넘겨야 너희가 원하는 인생의 해가 떠오르는 거야. 너희들은 좋은 패가 들어오든 나쁜 패가 들어오든 그 패를 가지고 놀이를 해야 한단다. 나쁜 패가 들어왔다고 불평만 해대면 더 냉정함을 잃고 무너지기 쉬운 일이지. 자, 이제부터 그렇게 할 수 있는 용감한 사람만 패를 잡고 다시 놀이를 계속하렴. 그리고 아주 중요한 한 가지 진실은 패는 항상 나쁘게만 들어오지도 않으며 또한 좋게만 들어오지도 않는 법이란다."

사람의 도는 가까이 있다

맹자가 말했다.
「사람이 행할 도는 가까운 데 있는데 멀리서 찾고, 사람이 해야 할 일은 쉬운 데 있는데 어려운 데서 찾고 있다. 사람들이 자기 어버이를 어버이로 여기고, 어른을 어른으로 모시면 세상은 참으로 화평해질 것이다.」

孟子曰　道在爾而求諸遠　事在易而求諸難　人人親其親　長其長而天
맹자왈　도재이이구저원　사재이이구저난　인인친기친　장기장이천
下平
하평

⠿ • • • • • •

미술 학교에서 졸업생들에게 그림을 그려오라고 하면서 '평화'라고 하는 제목을 내주었다. 졸업생마다 자기가 구상하는 대로 평화의 그림을 한 장씩 그려왔다.

여러 가지 그림 가운데 특별히 대조되는 두 그림이 들어왔다.

한 가지 종류의 그림은 산골짜기의 호수를 그린 것이다. 아름다운 푸른 산이 둘러 있다. 그 가운데는 잔잔한 호수가 있다. 그 옆에는 풀밭이 펼쳐져 있다. 그 풀 위에는 소, 나귀, 말, 양, 산양 이런 짐승들이 한가로이 풀을 먹고 혹은 누워 있다. 잔잔한 호수 위에는 몇 사람이 한가하게 작은 배를 타고 낚시를 하고 있다. 산이 조용하고 물이 잔잔하고 바람이 없고 모든 것이 참 평화롭다.

그 다음에는 다른 종류의 그림이 들어왔다. 아주 다른 성격의 그림이다. 바닷가에 높은 절벽이 있는데 때마침 바람이 분다. 파도가 밀려와서 그 벼

랑에 부딪치고는 다시 바다로 거품을 뿜으면서 흘러간다. 바람이 심하니까 나무가 꺾어져 내려온다. 나뭇잎이 춤을 추며 달아난다. 얼핏 보면 평화가 아니고 전쟁 그림 같았다.

그런데 자세히 살펴보니까 그 절벽 사이에 구멍이 하나 있다. 그 구멍을 들여다보니 그 속에 갈매기 한 마리가 둥지를 틀었다. 갈매기둥지 옆에는 어미 갈매기가 가만히 앉았는데 둥지 속에는 태어난 지 며칠 안 된 갈매기 새끼들이 편안하게 눈을 감고 바람은 불거나 말거나 물결은 세거나 말거나 낮잠만 잘 자고 있다.

선생님은 두 그림 중에 이 두 번째 그림에다 일등상을 주었다.

하늘의 도리이자 사람의 규범인 성실

맹자가 말했다.

「신하의 신분으로 임금에게 인정을 받지 못하면 백성들을 다스려 나갈 수 없다. 임금에게 인정을 받는 데는 방법이 있다. 먼저 친구의 신임을 얻어야 한다. 친구에게 신뢰받지 못하면 임금에게도 신임을 얻지 못한다.

친구에게 신뢰를 받는 데도 방법이 있다. 먼저 부모를 기쁘게 해드려야 한다. 부모를 기쁘게 해드리지 못하면 친구에게도 신임을 얻을 수 없다.

어버이를 기쁘게 해드리는 데도 방법이 있다. 먼저 자신이 성실한 마음을 지녀야 한다. 스스로 반성하여 성실하지 못하다면 어버이를 기쁘게 해드릴 수가 없다.

자신이 성실해지는 데도 방법이 있다. 무엇이 선한 도리인지를 확실하게 알아야 한다. 어떤 게 선한 도리인지 확실히 구별하지 못하면 자신에게 성실해질 수가 없다.

그러므로 성실이야말로 하늘의 도리이고, 사람이 추구해야 할 규범이다. 지극히 성실한데 남을 감동시키지 못한 사례는 아직 없었으며, 성실하지 못한데 남을 감동시킨 사례도 아직 없었다.」

孟子曰 居下位而不獲乎上 民不可得而治也 獲於上有道 不信於友
맹자왈 거하위이불획호상 민불가득이치야 획어상유도 불신어우

弗獲於上矣 信於友有道 事親弗悅 弗信於友矣 悅親有道 反身不誠
불획어상의 신어우유도 사친불열 불신어우의 열친유도 반신불성

不悅於親矣 誠身有道 不明乎善 不誠其身矣 是故 誠者 天之道也
불열어친의 성신유도 불명호선 불성기신의 시고 성자 천지도야

思誠者 人之道也 至誠而不動者 未之有也 不誠 未有能動者也
사성자 인지도야 지성이부동자 미지유야 불성 미유능동자야

어떤 사람에게 그 나라 임금으로부터 사자가 보내져 왔다. 곧 왕궁으로 출두하라는 명령이었다. 그는 왕이 부른다는 소리에 너무 겁이 나 혼자서 왕궁으로 갈 엄두를 내지 못했다.

그런데 그에게는 친구가 셋 있었다.

우선 첫 번째의 가장 절친하고 소중히 여기는 친구에게 가서 사정을 대충 설명한 뒤에, "함께 가주게!" 하고 청했다.

그러자 그 친구는 자세한 사정도 묻지 않은 채, "싫다." 하고 한마디로 거절하는 것이었다.

이번에는 두 번째 친구를 찾아갔다.

"그런가? 그럼 왕궁 문 앞까지만 함께 가줌세. 그 이상은 더 안 가겠네, 미안하지만."

그러나 사정을 들은 세 번째 친구는 이렇게 말했다.

"물론이네, 나와 함께 가보세. 자네가 무슨 나쁜 짓을 한 것도 아닌데 두려워할 것 없네. 내가 임금님께 그렇게 말씀드려주지."

그러고는 오히려 걱정까지 해주었다.

세 친구의 행동은 다음과 같은 뜻이 담겨 있다. 첫 번째 친구는 '부'이다. 아무리 사랑하고 소중히 여겨도 죽을 때에는 남겨 두고 갈 수밖에 없다. 두 번째 친구는 '가족'이다. 묘지까지는 따라오지만, 결국은 이쪽을 혼자 두고 가버린다. 세 번째 친구는 바로 '선행'이다. 평소에는 별로 눈에 띄지 않지만 죽은 후에는 항상 그와 함께 있을 것이다.

노인을 위한 선정(善政)

맹자가 말했다.

「백이는 폭군인 주왕을 피해 북해의 바닷가로 가서 살다가 문왕께서 선정을 편다는 소문을 듣고 '내가 어찌 찾아가지 않겠는가. 문왕께서는 나 같은 노인을 잘 부양해주신다고 들었다.' 며 찾아갔다.

또한 태공망도 주왕의 폭정을 피해 동해 해변가에 가서 살고 있었으나 문왕께서 선정을 편다는 소식을 듣고 백이처럼 '내가 어찌 찾아가지 않겠는가. 문왕께서는 나 같은 노인을 잘 부양해주신다고 들었다.' 며 찾아갔다.

백이와 태공망은 천하에서 덕망 높은 노인들이었다. 그러므로 두 사람이 문왕을 따랐다는 것은 온 천하의 아버지 되는 사람들이 문왕을 받들었다는 뜻이니, 그 자제들이라 할 수 있는 백성들이야 어디로 가겠는가? 문왕을 따랐을 것임은 말할 나위 없을 것이다.

지금부터라도 문왕과 같은 어진 정치를 펴는 임금이 나오면 반드시 7년 안에 천하를 다스리는 위치에 오를 수 있을 것이다.」

孟子曰 伯夷辟紂 居北海之濱 聞文王作興曰 盍歸乎來 吾聞西伯善
맹자왈 백이피주 거북해지빈 문문왕작흥왈 합귀호래 오문서백선

養老者 太公辟紂 居東海之濱 聞文王作興曰 盍歸乎來 吾聞西伯善
양로자 태공피주 거동해지빈 문문왕작흥왈 합귀호래 오문서백선

養老者 二老者 天下之大老也 而歸之 是天下之父歸之也 天下之父
양로자 이로자 천하지대로야 이귀지 시천하지부귀지야 천하지부

歸之 其子焉往 諸侯有行文王之政者 七年之內 必爲政於天下矣
귀지 기자언왕 제후유행문왕지정자 칠년지내 필위정어천하의

― 태공망(太空望)은 주(周)나라 정치가. 이름은 강상(姜尙)이다. 주나라 문왕의 초빙을 받아 그의 스승이 되었고, 무왕을 도와 은(殷)나라 주왕(紂王)을 멸하고 천하를 평정하여 그 공으로 제(齊)나라의 제후가 되었다. 그의 낚시질에 관한 고사를 빗대어 낚시질하는 사람을 가리켜 강태공이라 부르기도 한다.

유명한 강철왕 앤드루 카네기의 사무실 벽 한가운데에는 낡고 커다란 그림 하나가 그의 일생동안 걸려 있었다. 이 그림은 유명한 화가의 그림도 아니고 골동품의 가치가 있는 그림도 아니었다.

그림 내용은 커다란 나룻배 하나와 배를 젓는 노가 썰물 때에 밀려서 모래 사장에 아무렇게나 던져져 있는 것으로, 무척 절망스럽고 처절하게까지 보이는 그림이었다. 그런데 그 그림 밑에는 이런 글귀가 쓰여 있었다.

<반드시 밀물 때가 온다>

사람들이 카네기에게 어째서 이 그림을 그렇게 사랑하느냐고 물었더니 그의 대답은 다음과 같았다.

카네기가 청년 시절에 세일즈맨으로 이 집 저 집을 방문하며 물건을 팔았는데, 어느 노인댁에서 이 그림을 보았다. 그에게는 이 그림이 아주 인상적이었고 특히 '반드시 밀물 때가 온다' 라는 글귀는 오랫동안 그의 뇌리에서 잊혀지지 않았다.

그래서 28세 되던 해에 어렵게 그 노인을 찾아가 용기를 내어 간청했다. 할아버지께서 세상을 떠나실 때에는 이 그림을 자기에게 줄 수 없겠느냐고 부탁을 드린 것이다. 노인은 그의 청을 들어 주었다.

카네기는 이 그림을 일생동안 소중하게 보관했고 '반드시 밀물 때가 온다' 라는 말을 그의 생활 신조로 삼았던 것이다.

무거운 세금은 폭정 때문

맹자가 말했다.

「옛날에 공자의 제자인 염구가 노나라의 대부인 계씨의 가신이 되었는데, 계씨의 잘못된 점을 고쳐주려고 하기는커녕 오히려 백성들에게 받는 조세를 곱절로 올렸다. 이를 두고 공자께서는 제자들에게 '이미 염구는 내 제자가 아니다. 그러니 너희들은 북을 치며 그를 성토해도 좋다.'고 하셨다. 이를 통해 볼 때 임금이 어진 정치를 펴지 않는 데도 신하들이 잘못을 간하지 않고, 오히려 임금의 부를 축적하게 만든다면 모두 공자에게 버림을 받게 됨을 알 수 있을 것이다.

그런데 어진 정치를 펴지 않는 임금에게 잘못을 간하는 것은 고사하고 그런 임금을 위해 무리한 전쟁을 일으켜, 땅을 다투느라고 들에 시체들이 나뒹굴게 하고, 성을 쟁탈하기 위해 싸우다가 성 안에도 시체들이 쌓이게 하는 신하들이 있으니 이런 자들이야 더 말할 나위 있겠는가? 이는 토지로 인해 사람들이 죽어갔으므로, 토지에게 사람 고기를 먹이게 하는 것과 다를 바 없으니 그 죄는 죽음으로도 보상하지 못할 것이다.

따라서 전쟁을 잘 하는 자는 사형에 처하고, 제후들을 충동질하여 동맹을 맺게 하는 자는 그 다음의 중형에 처하며, 황무지를 백성들에게 개간케 하여 조세를 받아들이는 자는 그 다음의 중형으로 다스려야 한다.」

孟子曰 求也爲季氏宰 無能改於其德 而賦粟倍他日 孔子曰 求非我
맹자왈 구야위계씨재 무능개어기덕 이부속배타일 공자왈 구비아

徒也 小子鳴鼓而攻之可也 由此觀之 君不行仁政而富之 皆棄於孔
도야 소자명고이공지가야 유차관지 군불행인정이부지 개기어공

子者也 況於爲之强戰 爭地以戰 殺人盈野 爭城以戰 殺人盈城 此
자자야 황어위지강전 쟁지이전 살인영야 쟁성이전 살인영성 차

所謂率土地而食人肉 罪不容於死 故善戰者服上刑 連諸侯者次之
소위솔토지이식인육 죄불용어사 고선전자복상형 연제후자차지

辟草萊任土地者次之
피초래임토지자차지

눈동자는 진실의 거울

맹자가 말했다.
「사람이 가진 것 중에 눈동자만큼 진실된 것이 없다. 눈동자는 그 사람의 마음속에 지니고 있는 악을 은폐하지 못하기 때문이다. 그래서 마음이 바르면 눈동자가 맑고, 마음이 바르지 못하면 눈동자가 흐려지기 마련이다. 그러므로 사람들이 하는 말을 들으면서 그의 눈동자를 잘 살펴보면, 그의 본심이 어떠한지를 알 수 있는 것이다.」

孟子曰 存乎人者 莫良於眸子 眸子不能掩其惡 胸中正 則眸子瞭焉
맹자왈 존호인자 막량어모자 모자불능엄기악 흉중정 즉모자료언

胸中不正 則眸子眊焉 聽其言也 觀其眸子 人焉廋哉
흉중부정 즉모자모언 청기언야 관기모자 인언수재

⊗ • • • • • •

괴테의 집에는 언제나 정치가, 문학가, 군인, 실업가 등등 괴테의 문학을 사모하는 사람들이 모여서 이야기를 나누곤 했다. 그런데 가끔 남을 흉보거나 음담패설을 하는 사람들이 있었다.

그럴 때면 괴테는 눈을 날카롭게 반짝이면서 엄하게 이렇게 말했다.

"여러분, 종이 부스러기나 음식 부스러기를 흘리는 것은 괜찮습니다. 그러나 남의 흉이나 음담패설을 흘리는 것만은 용서할 수 없습니다. 그런 더러운 말들은 모두 주워 가십시오. 그리고 다시는 그런 더러운 말을 저의 집에 가져오지 마십시오. 흉을 보는 것은 공기를 더럽히는 것입니다."

공손함과 겸손함

맹자가 말했다.
「공손한 사람은 남을 업신여기지 않고, 검소한 사람은 남의 것을 빼앗지 않는다. 남을 업신여기고, 남의 것을 빼앗는 임금은 오로지 백성들이 자기에게 복종하지 않을까 봐 두려워하기만 한다. 그러니 어찌 그런 임금이 공손하고 겸손하겠는가? 공손함과 검소함을 어찌 목소리나 웃는 표정으로 꾸밀 수가 있겠는가? 그것은 진실한 마음에서만 우러나오는 것이다.」

孟子曰 恭者不侮人 儉者不奪人 侮奪人之君 惟恐不順焉 惡得爲恭
맹자왈　공자불모인　검자불탈인　모탈인지군　유공불순언　오득위공

儉 恭儉豈可以聲音笑貌爲哉
검　공검기가이성음소모위재

🥨 • • • • • •

재정난을 겪고 있는 한 학교에, 하루는 큰 부자가 찾아와 학장실을 찾았다. 벽에 칠을 하고 있는 백발의 한 남자에게 학장실이 어디냐고 물었다. 그 남자가 학교 안의 한 건물을 가리키면서 정오쯤 돼야 거기에 학장이 있을 거라고 말했다.

그 부자가 시간에 맞춰 학장실을 방문했더니 비록 의상은 다르지만 운동장에서 자신과 말을 나눈 바로 그 사람이 문을 열었다. 부자 방문객은 칠장이 학장과 점심을 하며 대학의 필요한 것들에 대해 묻고 작은 헌금을 보내겠다고 말했다. 대학 학장이라는 지위에도 거만하지 않고 작업복을 입고 급한 일을 할 수 있는 한 인간의 겸손은 부자의 돈주머니 끈을 풀 수 있게 한 것이다.

권도(權道)와 정도(正道)

순우곤이 맹자에게 물었다.

「남녀간에 물건을 교환할 때는 손으로써 서로 주고받지 않는 게 예의입니까?」

맹자가 대답했다.

「그것이 예의인 것이오.」

「그렇다면 자기 형수가 물에 빠졌을 때도 손을 내밀어 꺼내주어야 하지 말아야 한다는 것인가요?」

「아니오. 형수가 물에 빠졌는데도 꺼내주지 않는다면 그것은 짐승이나 다를 바 없는 것이오. 남녀간에 물건을 손으로 주고받지 않는 것은 예의지만, 형수가 물에 빠졌을 때 손을 잡고 꺼내주는 것은 임기응변, 즉 권도인 것이오.」

「지금 천하의 모든 사람들은 물에 빠졌다고 할 수 있는데, 선생께서 손을 뻗어 건져주지 않으시니 어찌 된 일입니까?」

「물에 빠진 천하의 사람들을 건져내는 데는 임기응변이 아닌 정도(正道)가 필요한 것이고, 물에 빠진 형수를 건져내는 데는 손이 필요한 것이오. 그런데 그대는 천하도 손으로 잡아당겨 끌어낼 수 있다고 생각하오?」

淳于髡曰 男女授受不親禮與 孟子曰 禮也 曰嫂溺則援之以手乎 曰
순 우 곤 왈　남 녀 수 수 불 친 예 여　맹 자 왈　예 야　왈 수 닉 즉 원 지 이 수 호　왈

嫂溺不援 是豺狼也 男女授受不親 禮也 嫂溺援之以手者 權也 曰
수 닉 불 원　시 시 랑 야　남 녀 수 수 불 친　예 야　수 닉 원 지 이 수 자　권 야　왈

今天下溺矣 夫子之不援 何也 曰天下溺 援之以道 嫂溺援之以手
금 천 하 닉 의　부 자 지 불 원　하 야　왈 천 하 닉　원 지 이 도　수 닉 원 지 이 수

子欲手援天下乎
자 욕 수 원 천 하 호

– 여기에 나오는 '권도'란 그때그때의 상황에 따라 일을 처리하는 임기응변을 말한다. 권(權)은 저울을 말하는 것인데, 물건의 무겁고 가벼움에 따라 변하는 것이 저울이므로, 변하는 상황에 따라 정의롭게 대응하는 것을 권도라고 이르게 되었다.

역자교지(易子教之)

제자 공손추가 맹자에게 물었다.

「군자가 자기 아들을 직접 가르치지 않는 것은 어떤 연유에서입니까?」

맹자가 대답했다.

「형세가 자연스럽게 잘 되어지지 않기 때문이다. 자식에게는 바르게 행하라고 정도만 가르치려고 할 것이다. 그렇지만 자식이 그에 따라주지 못하면 부모는 노여워하며 꾸짖게 된다. 그리하면 부모와 자식간의 정리에 금이 간다.

부모가 꾸짖는 것을 보고 자식은 '저렇게 노여워하는 것은 정도가 아니다.' 라고 생각할 것이다. 그리하여 부모는 제대로 행하지 않으면서 자기한테만 바르게 하라고 가르친다며 자식은 속으로 불만을 품게 된다. 이렇게 되어서는 부모 자식간에 사랑하고 존경하는 마음이 희미해지는데, 이것은 옳지 못한 일이다.

그러므로 옛날 사람들은 자식을 서로 바꾸어서 가르쳤다. 그리고 부모 자식간에는 서로 잘하라고 책망하지도 않았다. 잘하라고 책망하게 되면 서로간에 틈이 생기고, 틈이 생기면 부모 자식간의 정리가 멀어지게 되는데, 이보다 불행한 일이 어디 있겠는가.」

公孫丑曰 君子之不敎子 何也 孟子曰 勢不行也 敎者必以正 以正
공손추왈 군자지불교자 하야 맹자왈 세불행야 교자필이정 이정

不行 繼之以怒 繼之以怒 則反夷矣 夫子敎我以正 夫子未出於正也
불행 계지이노 계지이노 즉반이의 부자교아이정 부자미출어정야

則是父子相夷也 父子相夷 則惡矣 古者 易子而敎之 父子之間 不
즉시부자상이야 부자상이 즉악의 고자 역자이교지 부자지간 불

責善 責善則離 離則不祥 莫大焉
책선 책선즉리 리즉불상 막대언

부모의 뜻까지도 받들어라

맹자가 말했다.

「섬기는 일 가운데 가장 큰 것은, 부모를 섬기는 일이다. 지키는 일 가운데 가장 큰 것은, 불의에 빠지지 않도록 자기를 바르게 지키는 일이다. 자기를 바르게 지키고 난 후 어버이를 잘 섬겼다는 말은 들었어도, 자기를 바르게 지키지도 못하고 어버이를 잘 섬겼다는 말은 들어본 적이 없다.

하기야 어느 것인들 섬기는 것이 아니겠는가만은 섬기는 일의 근본은 부모를 섬기는 것이요, 지키는 것의 근본은 자신을 불의에 빠지지 않도록 지키는 것이리라.

증자께서 부친이신 증석을 봉양하는 데 있어서, 식사 때는 반드시 술과 고기를 차려드렸다. 그리고 드시고 남긴 음식이 있을 때는 반드시 누구에게 줄 것인지를 여쭈었다. 또한 부친께서 남은 음식이 있느냐고 물으면 꼭 있다고 대답했다. 부모께서 남에게 주고 싶어 하는 마음을 헤아렸기 때문이다.

증석께서 세상을 떠나시고, 증자의 아들 증원이 자기 부친을 모실 때도 식사 때 술과 고기를 차려드렸다. 그러나 증자께서 드시고 남긴 음식이 있을 때는 누구에게 줄 것인지를 여쭈어보지 않았다. 또한 증자께서 남은 음식이 있느냐고 물으면 없다고 대답했다. 남은 음식을 나중에 다시 차려드리려고 했기 때문이다. 그러니 증원은 자기 부친의 몸만을 봉양한 것에 지나지 않는다. 이에 비해 증자께서는 부친의 뜻까지도 봉양했다고 볼 수 있는 것이다.

무릇 부모를 섬길 때는 증자처럼 부모의 몸은 물론 뜻까지도 받드는 것이 좋은 것이다.」

孟子曰 事孰爲大 事親爲大 守孰爲大 守身爲大 不失其身而能事其
맹자왈 사숙위대 사친위대 수숙위대 수신위대 불실기신이능사기

親者 吾聞之矣 失其身而能事其親者 吾未之聞也 孰不爲事 事親
친자 오문지의 실기신이능사기친자 오미지문야 숙불위사 사친

事之本也 孰不爲守 守身 守之本也 曾子養曾晳 必有酒肉 將徹 必
사지본야 숙불위수 수신 수지본야 증자양증석 필유주육 장철 필

請所與 問有餘 必曰 有 曾晳死 曾元養曾子 必有酒肉 將徹 不請
청소여 문유여 필왈 유 증석사 증원양증자 필유주육 장철 불청

所與 問有餘 曰亡矣 將以復進也 此所謂養口體者也 若曾子 則可
소여 문유여 왈망의 장이부진야 차소위양구체자야 약증자 즉가

謂養志也 事親若曾子者 可也
위양지야 사친약증자자 가야

하버드대학의 총장인 닐 루딘스틴은 근면과 성실로써 그의 인생을 보낸 학자였다.

그러나 사람들은 그를 두고 이렇게 말했다.

"아니 어떻게 저 사람이 학장의 최고 위치인 하버드대학의 총장이 될 수 있었지?"

닐 루딘스틴의 가정 배경은 대대로 내려오는 하버드의 전통에는 맞지 않는 인물이었다.

그는 프린스턴 대학을 졸업했고, 그의 아버지는 유태계 소련인이 었으며, 그의 어머니는 이탈리아 출신으로 식당종업원이었다.

닐 루딘스틴은 그러한 배경에도 불구하고 오로지 학문을 위해서만 열심히 정진하여 모두가 우러러보는 대학의 총장이 되었다.

하루는 그의 어머니에게 사람들이 말했다.

"이제 아들이 그 유명한 하버드대학의 총장이 되었으니 식당일은 그만하셔도 되지 않습니까?"

그러자 어머니가 말했다.

"저는 아들이 더 높은 직책을 맡게 된다 하더라도 제가 하던 일을 계속할 것입니다."

올바른 임금 하나면 족하다

맹자가 말했다.

「소인을 높은 직위에 앉혔다고 탓할 것이 아니고, 정치가 잘못되었다고 비난할 일이 아니다. 이런 것은 아무것도 아니다.

오직 훌륭한 덕을 지닌 인물 한 사람만 있어도 족하다. 그런 사람만이 임금의 그릇된 마음을 바로잡을 수 있기 때문이다. 임금이 어질면 어질지 않은 백성들이 없을 것이고, 임금이 의로우면 의롭지 않은 백성들이 없을 것이다. 그러므로 훌륭한 덕을 지닌 사람이 임금을 바로잡기만 하면 나라는 저절로 바로잡히게 되는 것이다.」

孟子曰 人不足與適也 政不足間也 惟大人爲能格君心之非 君仁莫
맹자왈　인부족여적야　정부족간야　유대인위능격군심지비　군인막

不仁 君義莫不義 君正莫不正 一正君而國正矣
불인　군의막불의　군정막부정　일정군이국정의

늘 겸허하게 살아가야

맹자가 말했다.

「세상을 살아가다 보면 그다지 칭찬 받을 일이 아닌데도 뜻하지 않게 칭찬을 받게 될 경우도 있는 것이고, 그다지 비난받을 일이 아닌데도 뜻하지 않게 비난을 받게 될 경우도 있는 것이다.」

孟子曰 有不虞之譽 有求全之毁
맹 자 왈   유 불 우 지 예   유 구 전 지 훼

― 사람은 살아가면서 칭찬 받을 때도 있고, 비난받을 때도 있는데, 그런 것은 일시적일 뿐 늘 겸허하게 살아가려는 항심(恒心)이 있어야 한다는 충고이다.

남의 부족함을 나의 거울로 삼아라

맹자가 말했다.

「사람들이 말을 함부로 하는 것은 자신의 말에 대한 책임감이 없기 때문이다.」

孟子曰 人之易其言也 無責耳矣
맹 자 왈   인 지 이 기 언 야   무 책 이 의

아는 척하지 말아라

맹자가 말했다.
「사람의 병은, 남의 스승 노릇을 하기 좋아한다는 데 있다.」

孟子曰 人之患 在好爲人師
맹 자 왈   인 지 환   재 호 위 인 사

🦋 · · · · · ·

조금 아는 것이 있으면 그것을 남에게 자랑하고 싶어하는 사람의 상정(常情)을 맹자는 가차없이 '사람의 병'이라고 단정한다.

공자도 이런 말을 한 적이 있다.

"안다는 것은, 자기가 아는 것은 안다고 하고, 모르는 것은 모른다고 할 줄 아는 것을 가리킨다."

무례한 자와는 어울리지 말아라

맹자의 제자인 악정자(樂正子)가 자오(子敖)라는 제나라 사신을 따라 제나라로 갔다. 그리
고 그때 제나라에 머물고 있던 맹자를 찾아 뵈었다.
맹자가 말했다.
「자네도 나를 보러 왔는가?」
「제자인 제가 선생님을 뵈러 왔는데 왜 그런 말씀을 하시는지요?」
「자네 여기 온 지 며칠이나 됐나?」
「어제 왔습니다.」
「어제 왔으면 바로 찾아와야 할 것 아닌가? 그러니 내가 이렇게 말하는 것도 무리가 아니
지 않느냐?」
「묵을 곳을 정하지 못해서 늦게 찾아뵌 것입니다.」
「자네는 숙소를 정한 다음에 어른을 찾아 뵙는 것을 예의로 알고 있는가?」
그러자 악정자가 그제야 깨달은 듯 말했다.
「선생님, 제가 잘못했습니다.」

樂正子 從於子敖之齊 樂正子見孟子 孟子曰 子亦來見我乎 曰先生
악정자 종어자오지제 악정자현맹자 맹자왈 자역래현아호 왈선생

何爲出此言也 曰子來幾日矣 曰昔者 曰昔者 則我出此言也 不亦宜
하위출차언야 왈자래기일의 왈석자 왈석자 즉아출차언야 불역의

乎 曰舍館未定 曰子聞之也 舍館定 然後 求見長者乎 曰克有罪
호 왈사관미정 왈자문지야 사관정 연후 구현장자호 왈극유죄

🧿 • • • • • •

악정자는 맹자의 제자로서, 평공의 신하였고, 자오는 제나라의 우사로,
무례하여 맹자가 싫어했던 인물이다.

맹자가 악정자에게 퉁명스럽게 대한 이유는, 스승인 자기에게 인사를 늦
게 온 데 대한 질책도 있겠지만, 더 못마땅해했던 까닭은 평소 자오라는 제
나라 신하를 무례하게 여기고 있던 차에 그와 함께 찾아온 것이 불만스러
웠기 때문이다.

권력과 타협한 제자를 꾸짖음

맹자가 제자인 악정자에게 말했다.
「네가 제나라 사신인 자오를 따라 이곳 제나라까지 온 것은 그저 먹고 마시기 위한 것이었
구나. 나는 네가 옛 도를 배워서 그저 먹고 마시는 정도에만 사용할 줄은 몰랐구나.」

孟子謂樂正子曰　子之從於子敖來　徒餔啜也　我不意子學古之道　而
맹 자 위 악 정 자 왈　자 지 종 어 자 오 래　도 포 철 야　아 불 의 자 학 고 지 도　이

以餔啜也
이 포 철 야

🏵 • • • • • •

　제자인 악정자가 자오 같은 무례한 자를 따라서 제나라에 온 것이 그저
자기 한 몸 편하게 먹고 지내기 위해서였다는 사실을 알고 맹자가 꾸짖은
것이다.

세 가지 불효

맹자가 말했다.

「불효에는 세 가지가 있는데, 그 중 가장 큰 불효는 대를 끊어지도록 만드는 일이다. 순임금께서 부모에게 말도 하지 않고 요임금의 두 딸인 아황과 여영을 아내로 맞이한 까닭은 후손이 끊기게 될까봐 그런 것이었다. 그렇기 때문에 후세의 군자들은 이 일을 두고 '부모에게 말한 것이나 다름없다.' 고 평가하고 있는 것이다.」

孟子曰 不孝有三 無後爲大 舜不告而娶 爲無後也 君子以爲猶告也
맹 자 왈 　불 효 유 삼 　무 후 위 대 　순 불 고 이 취 　위 무 후 야 　군 자 이 위 유 고 야

3가지 불효란 다음과 같다.

후손이 없어 조상의 제사를 받들지 못하게 하는 일, 부모에게 너무 아첨하는 말을 해서 결국은 의롭지 못한 일을 하도록 원인을 제공하는 일, 집이 가난하고 부모가 연로해도 녹을 받는 벼슬을 하지 않는 것을 말한다.

순임금은 부모가 자신을 싫어하기 때문에 결혼 승낙을 해줄 리가 없다는 것을 잘 알고 있어서 허락을 받지 않았던 것이라고 한다.

인의예지악(仁義禮智樂)의 진수

맹자가 말했다.

「인의 진수는 부모를 잘 섬기는 것이고, 의의 진수는 형을 잘 따르는 것이다. 지의 진수는 이 두 가지를 잘 알아서 잊지 않고 행하는 것이고, 예의 진수는 이 두 가지를 조절하고 글로 아름답게 꾸미는 것이고, 악의 진수는 이 두 가지를 즐거워하는 것이다. 즐거워하면 어버이를 섬기고 형을 따르는 마음이 생기게 된다. 이런 마음이 생기면 어찌 그냥 있을 수가 있겠는가. 기쁨이 한껏 고조되어 자기도 모르게 저절로 발이 경중거리고 손이 덩실거리지 않겠는가.」

孟子曰 仁之實 事親是也 義之實 從兄是也 智之實 知斯二者弗去
맹자왈 인지실 사친시야 의지실 종형시야 지지실 지사이자불거

是也 禮之實 節文斯二者是也 樂之實 樂斯二者 樂則生矣 生則惡
시야 예지실 절문사이자시야 악지실 낙사이자 낙즉생의 생즉오

可已也 惡可已 則不知足之蹈之 手之舞之
가이야 오가이 즉부지족지도지 수지무지

큰 효도란?

맹자가 말했다.

「천하의 사람들이 크게 기뻐하여 모두 자기에게 오려 하는 데도 이를 마치 지푸라기 보듯 대수롭지 않게 여긴 분은 오직 순임금 뿐이었다. 이는 순임금께서 어버이의 마음에 들지 못하면 사람 구실을 할 수 없고, 어버이에게 순종하지 않으면 자식 구실을 할 수 없다고 여겼기 때문이다. 그리하여 순임금께서는 어버이를 진심으로 잘 섬기어 그토록 자신을 싫어하던 부친인 고수가 마침내 기뻐하게 되었다. 이처럼 순임금께 모질게 대하던 아버지가 기뻐하게 되자 천하의 부자들이 그 윤리에 감화되어 친하게 되었다. 이를 일컬어 '큰 효도'라고 말하는 것이다.」

孟子曰 天下大悅而將歸己 視天下悅而歸己 猶草芥也 惟舜爲然 不
맹 자 왈   천 하 대 열 이 장 귀 기   시 천 하 열 이 귀 기   유 초 개 야   유 순 위 연   부

得乎親 不可以爲人 不順乎親 不可以爲子 舜盡事親之道而瞽瞍底
득 호 친   불 가 이 위 인   불 순 호 친   불 가 이 위 자   순 진 사 친 지 도 이 고 수 지

豫 瞽瞍底豫而天下化 瞽瞍底豫而天下之爲父子者定 此之謂大孝
예   고 수 지 예 이 천 하 화   고 수 지 예 이 천 하 지 위 부 자 자 정   차 지 위 대 효

🥨 ● ● ● ● ● ●

전쟁터에 나가 있던 한 병사가 아버지께서 위독하다는 소식을 들었다.

그는 특별 휴가를 받아 병원으로 급히 달려갔다. 병원 중환자실로 뛰어들어간 병사는 반쯤 의식을 잃고 누워 있는 노인을 발견했다.

"아버지……."

그런데 자세히 보니 그 노인은 자신의 아버지가 아니었다. 동명의 다른 병사에게 전해져야 할 연락이 자신에게 잘못 전해진 모양이었다. 병사는 멍하니 서 있다가 의사에게 물었다.

"이 분은 앞으로 얼마나 사실 수 있나요?"

"몇 분밖에 남지 않았습니다. 제 때에 잘 와주셨군요."

병사는 아무 말도 하지 않았다. 죽어 가는 이 노인의 진짜 아들은 아버지가 돌아가시는 것도 모른 채, 지금 전쟁터에서 고생을 하고 있을 터였다. 또 눈도 제대로 뜨지 못하는 노인의 표정을 보니 마지막으로 만나고 싶은 간절함이 역력했다.

이윽고 병사는 몸을 숙인 채 가만히 노인의 손을 붙잡아 주었다.

"아버지, 제가 돌아왔습니다."

그 순간, 노인은 환한 표정을 지으며 편안히 저 세상으로 떠났다.

離婁

章句 · 下

이루 장구 · 하

순임금과 문왕의 어진 정치

맹자가 말했다.

「순임금께서는 동쪽 지방인 저풍에서 나시어, 부하라는 지방에서 사셨으며, 명조라는 지방에서 세상을 떠나셨으니, 위치적으로는 동쪽의 미개한 지방 출신이다. 그리고 주(周)나라 문왕(文王)께서는 중국 서쪽 지방인 기주에서 나시어, 필영이라는 지방에서 세상을 떠나셨으니, 위치적으로는 서쪽의 미개한 지방 출신이다. 두 분은 지역적으로도 1천 리 정도 멀리 떨어져 있었고, 시대상으로도 1천여 년이나 차이가 났지만, 뜻을 얻어 중국 천하에 바른 도를 행한 것은 마치 부절을 맞추는 것같이 들어맞았다. 그렇고 보면 먼저 나온 성인인 순임금이나 후에 나온 성인인 문왕이나 두 분께서 행한 도리는 똑같은 것이었다.」

孟子曰 舜生於諸馮 遷於負夏 卒於鳴條 東夷之人也 文王生於岐周
맹자왈　순생어저풍　천어부하　졸어명조　동이지인야　문왕생어기주

卒於畢郢 西夷之人也 地之相去也 千有餘里 世之相後也 千有餘歲
졸어필영　서이지인야　지지상거야　천유여리　세지상후야　천유여세

得志行乎中國 若合符節 先聖後聖 其揆一也
득지행호중국　약합부절　선성후성　기규일야

⊛ • • • • • •

하루는 순임금이 신하들에게 "구럭에다 물을 길어 부으라."고 명령했다. 그때 신하들은 이 핑계 저 핑계를 대며 물을 붓지 않았다. 새끼줄로 꼰 망태기에다 물을 부으라니 말도 안 된다고 생각했다. 그리고 한편 물을 길어 붓는 자도 조금 시늉을 하다가 별 진전이 없자 그만 두고 말았다.

그러나 한 신하는 "임금님의 명령을 어찌 거역하리오." 하며 하루 종일 물을 길어 부었다. 결국 우물의 물은 다 줄어 없어졌다. 물을 길으려고 두레박을 내렸으나 물이 퍼지지 않아 우물 속을 내려다보니 우물 밑에는 누런 황금덩이가 빛나고 있었다. 그것을 끌어 올려 임금님께 드렸더니 임금님은 기뻐하면서, "이것은 순종한 자의 상금이니 그대가 가져가라."고 하였다.

근본적인 해결책을 도모해야

정나라 대부 자산이 나라의 정치를 맡아보고 있을 때의 일이다. 하루는 자산이 진수와 유수를 건너려다가 보니 백성들이 맨발로 물을 건너는 것이 안쓰러워 자기가 타고 있는 수레에 그 사람들을 태워 건너도록 해주었다. 이에 대해 맹자가 말했다.

「과연 자산은 은혜를 베풀 줄 아는 사람이다. 하지만 그는 진정한 정치가 무엇인지는 잘 모르는 것 같구나. 농한기를 틈타 백성들이 11월에는 사람이 다닐 수 있는 작은 다리를 놓고, 그 다음에 12월에는 수레가 다닐 정도의 큰 다리를 놓는다면 수많은 사람들이 맨발로 강을 건너는 불편함은 겪지 않아도 될 것이기 때문이다. 한 나라의 정치를 책임지는 위치에 있는 사람이 백성들을 일일이 보살필 시간적인 여유가 있겠는가? 어찌 그 많은 백성들을 일일이 자기 수레에 태워 강을 건너게 해줄 수 있단 말인가?

따라서 정치를 하는 사람이 백성들 개개인마다 은혜를 베풀어주는 일은 거의 불가능하니, 날마다 그 일만 한다해도 만족시켜주지 못할 것이다. 그러므로 정치하는 사람들은 백성들에게 고루 은혜를 베풀 수 있는 근본적인 해결책을 찾아야 하는 것이다.」

子産聽鄭國之政 以其乘輿 濟人於溱洧 孟子曰 惠而不知爲政 歲十
자산청정국지정 이기승여 제인어진유 맹자왈 혜이부지위정 세십

一月 徒杠成 十二月 輿梁成 民未病涉也 君子平其政 行辟人可也
일월 도강성 십이월 여량성 민미병섭야 군자평기정 행벽인가야

焉得人人而濟之 故爲政者 每人而悅之 日亦不足矣
언득인인이제지 고위정자 매인이열지 일역부족의

신하에 대한 세 가지 예우

맹자가 제선왕에게 말했다.

「임금이 신하를 아끼는 것을 자신의 손과 발처럼 하면, 신하는 임금생각하기를 자신의 배나 가슴처럼 여길 것입니다. 하지만 임금이 신하 보기를 개나 말처럼 가볍게 한다면, 신하들 역시 임금 보기를 그저 지나가는 사람처럼 여길 것입니다. 거기서 더 나아가 임금이 신하 보기를 흙먼지나 지푸라기처럼 여긴다면, 신하들은 임금 보기를 원수 대하듯이 할 것입니다.」

그러자 제선왕이 물었다.

「옛날의 예법에 따르면, 전에 섬기던 임금이 돌아가시면 지금은 비록 섬기고 있지 않더라도 상복을 입는 것이 예의라고 들었는데, 임금이 어떻게 대해주었을 때 신하가 그런 예의를 갖추게 될까요?」

「세 가지 예우로써 신하를 대하면 됩니다. 신하가 건의를 하면 받아들여 시행하시어 그 은혜가 백성들에게 고루 미치도록 합니다. 그리고 신하가 불가피하게 나라를 떠나 외국에 가게 되었을 때는 사람을 시켜 국경까지 바래다주고 신하가 가는 나라에 사신을 보내 편하게 지낼 수 있도록 배려해 줍니다. 또한 그 신하가 3년 동안 고향으로 돌아오지 않으면 그때서야 비로소 나누어주었던 땅과 가옥을 회수합니다. 이것을 삼유례, 즉 세 가지 예우라고 하는 것입니다. 임금이 이 삼유례를 지키시면 신하는 그 임금을 위해 반드시 상복을 입게 되는 것입니다.

그런데 지금은 정반대가 되어 있습니다. 신하가 무슨 일을 건의하면 받아주지도 않고 시행하지도 않아 그 은혜가 백성들에게 미치지 못하고 있습니다. 신하가 불가피하게 나라를 떠나 외국에 가게 되었을 때도 사람을 시켜 국경까지 바래다주지도 않을 뿐더러 신하가 가는 나라에 사신을 보내 오히려 곤경에 빠뜨립니다. 또한 그 신하가 나라를 떠나자마자 나누어주었던 땅과 가옥을 몰수해 버립니다. 이것은 서로 원수로 삼자는 소행과 다를 바가 없는 것입니다. 그러니 원수 같은 임금을 위해 어느 신하가 상복을 입겠습니까?」

孟子告齊宣王曰 君之視臣如手足 則臣視君如腹心 君之視臣如犬
맹자고제선왕왈 군지시신여수족 즉신시군여복심 군지시신여견

馬 則臣視君如國人 君之視臣如土芥 則臣視君如寇讎 王曰 禮爲舊
마 즉신시군여국인 군지시신여토개 즉신시군여구수 왕왈 례위구

君有服 何如 斯可爲服矣 曰諫行言聽 膏澤下於民 有故而去 則君
군유복 하여 사가위복의 왈간행언청 고택하어민 유고이거 즉군

使人導之出疆 又先於其所往 去三年不反然後 收其田里 此之謂三
사인도지출강 우선어기소왕 거삼년불반연후 수기전리 차지위삼

有禮焉 如此 則爲之服矣 今也爲臣 諫則不行 言則不聽 膏澤不下
유례언 여차 즉위지복의 금야위신 간즉불행 언즉불청 고택불하

於民 有故而去 則君搏執之 又極之於其所往 去之日 遂取其田里
어민 유고이거 즉군박집지 우극지어기소왕 거지일 수취기전리

此之謂寇讐 寇讐 何服之有
차지위구수 구수 하복지유

❀ ‧ ‧ ‧ ‧ ‧ ‧

미국의 유명한 영화사인 워너브러더스의 잭 워너는 그가 거느리고 있는
시나리오 작가를 모욕하기로 유명했다.

월슨 미즈너라는 시나리오 작가도 잭 워너에게 갖은 수모를 당하면서도
일을 해주고 있었다.

그러던 어느 날 잭 워너가 말했다.

"대형 영화를 만들려고 하네. 출연자수나 제작비는 전혀 구애받지 말고
시나리오 한편 써주게나."

"어떤 종류의 영화입니까?" 하고 묻자 잭 워너는 대답도 않고 아무 말없
이 돌아서는 것이었다.

일주일이 지나도록 대형 영화의 시나리오가 나오지를 않자 화가 머리끝
까지 난 잭 워너가 호통을 치며 소리쳤다.

"당장 원고를 가지고 오지 않고 뭐하나."

이윽고 월슨 미즈너가 커다란 원고뭉치를 들고 나타났다.

"대형 영화의 시나리오입니다. 이만큼 규모가 큰 영화는 없을 겁니다. 아
마도 등장인물이 몇 만 명은 될 겁니다."

그러나 그가 내민 원고는 뉴욕시의 전화번호부였다.

현명한 처세술에 대해

맹자가 말했다.
「임금이 죄 없는 관리를 죽이면 장차 대부(大夫)도 죽일 것이므로 대부들이 그 나라를 떠나는 것이 좋고, 임금이 죄 없는 백성들을 죽이면 장차 관리들도 죽일 것이므로 관리들이 그 나라를 떠나는 것이 좋다.」

孟子曰 無罪而殺士 則大夫可以去 無罪而戮民 則士可以徙
맹 자 왈 무 죄 이 살 사   즉 대 부 가 이 거   무 죄 이 륙 민   즉 사 가 이 사

 – 포악한 임금 밑에서는 정치를 하기 힘들기 때문에 그 나라를 떠나는 것이 현명한 처사임을 밝힌 글이라 하겠다.

임금에게 배운다

맹자가 말했다.
「임금이 어질면 온 나라에 어질지 않은 사람이 없을 것이고, 임금이 의로우면 온 나라에 의롭지 않은 사람이 없을 것이다.」

孟子曰 君仁莫不仁 君義莫不義
맹 자 왈   군 인 막 불 인   군 의 막 불 의

— 이 대목은 맹자가 줄곧 주장하는 임금의 바른 도, 즉 왕도(王道)가 행해지면 백성들은 자연히 이를 본받게 되어 나라가 잘 다스려지게 된다는 논리에 입각한 말이다.

대인(大人)의 도(道)

맹자가 말했다.
「언뜻 보기에는 예인 것 같지만 사실은 예가 아닌 것이나, 언뜻 보면 옳은 것 같지만 사실은 옳은 게 아닌 것을 사물의 도리에 밝은 대인은 결코 행하지 않는다.」

孟子曰 非禮之禮 非義之義 大人不爲
맹 자 왈   비 례 지 례   비 의 지 의   대 인 불 위

가르침의 중요성

맹자가 말했다.
「중용의 덕을 갖춘 사람은 중용의 덕을 갖추지 못한 사람을 가르치고, 재능이 있는 사람은 재능이 없는 사람을 가르친다. 그래서 사람들은 누구라도 중용의 덕을 갖춘 사람이나 재능 있는 사람들을 존경하는 것이다. 그런데 만약 중용의 덕을 갖춘 사람이 중용의 덕을 갖추지 못한 사람을 가르치지 않고, 재능 있는 사람이 재능 없는 사람을 가르치지 않는다면, 그들의 잘나고 못남의 차이는 한 치도 못되며 결국 똑같은 사람이 되고 마는 것이다.」

孟子曰　中也養不中　才也養不才　故人樂有賢父兄也　如中也棄不中
맹자왈　중야양부중　재야양부재　고인요유현부형야　여중야기부중

才也棄不才　則賢不肖之相去其間　不能以寸
재야기부재　즉현불초지상거기간　불능이촌

⠿ • • • • • •

폴란드 소년이 피아니스트가 되기를 원했다. 그러나 선생님은 그의 손가락이 피아노를 치기에 너무 굵고 짧다는 이유로 반대했다. 그래서 소년은 코넷을 사서 배웠다. 그러나 코넷 역시 그에게 맞지 않는다는 말을 들었다. 다시 피아노를 배우게 된 소년은 마음의 상처를 입었다.

그때 마침 이 소년에게 유명한 피아니스트 루빈스타인을 만날 기회가 주어졌다. 빨강머리 소년은 루빈스타인 앞에서 피아노를 쳤다.

그런데 의외로 루빈스타인의 격려와 칭찬을 받게 되었다. 너무나 기뻤던 이 소년은 그후 매일 7시간씩 피아노를 연습하겠다고 결심했다.

이 빨강머리 소년이 바로 리스트 이후 그를 따를 수 있는 사람이 없었다고 찬사를 받는 폴란드 출신의 세계 최고의 피아니스트 파데레프스키였다.

실망과 낙담에 빠졌던 소년을 세계적인 음악가로 만든 것은 격려와 칭찬이었던 것이다.

하지 말아야 할 일을 알아야

맹자가 말했다.
「사람은 하지 말아야 할 것이 무엇인지 안 뒤에야, 비로소 해야 할 것이 무엇인지 제대로 알게 된다.」

孟子曰 人有不爲也而後 可以有爲
맹 자 왈 인 유 불 위 야 이 후 가 이 유 위

⊛ • • • • • •

　이 글은 불의가 무엇인지 제대로 알고 그것을 실천하지 말아야겠다는 결심을 한 뒤에라야, 비로소 의로운 일을 실천할 수 있다는 말이다.

　즉 하지 말아야 할 일이 어떤 것인지를 알았을 때, 비로소 자신이 해야 할 일이 무엇인지 알게 된다는 것이다.

입조심 하라

맹자가 말했다.
「남의 착하지 못한 행동을 비난하다가 원망을 사서 후환을 당하게 되면 그때 가서 어찌 할 것인가?」

孟子曰 言人之不善 當如後患何
맹 자 왈   언 인 지 불 선   당 여 후 환 하

- 남의 단점을 함부로 떠벌리고 다니지 말라는 경고이다.

중용의 도를 지킨 공자

맹자가 말했다.
「공자께서는 결코 중용을 잃은 지나친 행동은 하지 않으셨다.」

孟子曰 仲尼不爲已甚者
맹 자 왈   중 니 불 위 이 심 자

의로운 일만을 행하라

맹자가 말했다.
「자신이 뱉은 말은 꼭 지켜야 하지만 대인은 그것을 꼭 지키겠다고 고집부리지 않고, 한다
고 했으면 끝까지 해야 하지만 대인은 그것을 반드시 해내려고 하지 않는다. 왜냐하면 모
든 일은 오직 의에 합당한가를 따져 그것에 따라야 하기 때문이다.」

孟子曰 大人者言不必信 行不必果 惟義所在
맹 자 왈　 대 인 자 언 불 필 신　 행 불 필 과　 유 의 소 재

– 모든 일은 의(義)롭지 않으면 중간에라도 그만두는 융통성이 있어야 한다는 말이다.

어릴 적의 순수한 마음

맹자가 말했다.
「대인은 자신의 어린 시절의 마음을 잃지 않는다.」

孟子曰 大人者 不失其赤子之心者也
맹 자 왈　 대 인 자　 불 실 기 적 자 지 심 자 야

– 맹자가 주장한 성선설(性善說)에 바탕을 두고 있는 말이다. 사람은 어렸을 때 갖고 있던 순수하고
착한 심성을 성인이 되어서도 유지할 수 있어야 비로소 대인(大人) 소리를 들을 수 있다는 것이다.

부모의 장례는 후하게

맹자가 말했다.

「부모가 살아 계실 때 봉양하는 것은 큰 일이라고 할 수 없으며, 부모가 돌아가시고 난 후에 장사(葬事)를 잘 지내는 것만을 큰 일이라고 할 수 있다.」

孟子曰 養生者不足以當大事 惟送死可以當大事
맹 자 왈　양 생 자 부 족 이 당 대 사　유 송 사 가 이 당 대 사

— 부모의 장례는 후하게 치러야 한다는 뜻으로, 당시의 묵가(墨家)들은 장례를 박하게 치러야 한다고 주장하고 있었기 때문에 맹자가 이런 말을 한 듯하다.

자기만의 도(道)를 얻어야

맹자가 말했다.

「군자가 진리를 깨우치기 위해 올바른 방법으로 최선을 다하는 까닭은 스스로 자기만의 도를 터득하기 위해서 그러는 것이다.

이러한 방법으로 스스로 자기만의 도를 터득하게 되면, 그 도가 언제나 마음속에 들어 있어 잃어버릴 염려가 없게 된다. 그렇게 얻은 도가 있으면 무궁무진한 응용력을 발휘할 수가 있어서, 좌우의 하찮은 사물이나 현상을 가지고도 진리의 근본에 접근해 갈 수 있게 된다.

그러기에 군자들은 자기 자신만의 도를 터득하기 위해 스스로 노력하는 것이다.」

孟子曰 君子深造之以道 欲其自得之也 自得之 則居之安 居之安
맹 자 왈　군 자 심 조 지 이 도　욕 기 자 득 지 야　자 득 지　즉 거 지 안　거 지 안

則資之深 資之深 則取之左右逢其原 故君子欲其自得之也
즉 자 지 심　자 지 심　즉 취 지 좌 우 봉 기 원　고 군 자 욕 기 자 득 지 야

널리 배우는 의미

맹자가 말했다.
「널리 배우고 상세하게 해설하는 까닭은, 넓은 지식을 종합하고 정리하여 오히려 간략한 대의를 말하기 위해서이다.」

孟子曰 博學而詳說之 將以反說約也
맹 자 왈 박 학 이 상 설 지 장 이 반 설 약 야

– 사람이 많이 배우는 것은 결코 자신의 박식함을 자랑하기 위해서가 아니고, 사물의 이치를 간략하게 압축할 만한 요점을 알기 위해서라는 말이다.

마음으로 복종시켜야

맹자가 말했다.

「남을 복종시키기 위한 사심을 갖고 선을 행한 사람 가운데 남을 복종시켰던 자는 없었다. 다만 아무런 사심 없이 순수한 마음을 갖고 선을 행하여 남을 감화시킨 뒤에라야 비로소 천하를 복종시킬 수 있었다. 남들이 마음으로 복종하지 않았는데도 천하의 왕자가 된 사람은 아직 없었다.」

孟子曰 以善服人者 未有能服人者也 以善養人然後 能服天下 天下
맹 자 왈　이 선 복 인 자　미 유 능 복 인 자 야　이 선 양 인 연 후　능 복 천 하　천 하

不心服而王者 未之有也
불 심 복 이 왕 자　미 지 유 야

말을 할 때는 진실하게

맹자가 말했다.

「말은 그 자체가 상서롭지 않은 것이란 없다. 상서롭지 못한 말이란, 말하는 자의 현명함을 가려져 그 말이 상서로워지지 못하게 되는 것을 가리킨다.」

孟子曰 言無實不祥 不祥之實 蔽賢者當之
맹 자 왈　 언 무 실 불 상 　 불 상 지 실 　 폐 현 자 당 지

말 자체는 진실한 것이지만, 말을 하는 사람 자신이 진실하지 못해 결국 상서롭지 못한 말이 된다는 것이다. 따라서 말은 항상 진실 되고 공명정대하게 해야 한다는 것이다.

모든 일에는 근본이 있어야

제자인 서자(徐子)가 맹자에게 물었다.

「공자께서는 자주 물을 찬양하시어 '물이여! 물이여!' 하고 말씀하셨는데, 도대체 물의 어떠한 점을 찬양하신 것입니까?」

맹자가 대답했다.

「샘에서 솟아난 물은 밤낮을 가리지 않고 흘러가서 웅덩이를 메우고, 다시 흘러가 마침내는 바다에 이른다. 근원이 있는 모든 것은 이와 같기 때문에 공자께서는 바로 그 점을 찬양하신 것이다.

만약 근원이 없다면 7, 8월 사이에 내린 비가 아무리 많다 해도 그저 한때 고였다가는 이내 말라붙게 되어버리는 것이다. 그러므로 근거가 없는 명성이나 칭찬 같은 것은 금방 시들해질 것이므로, 군자는 실제보다 과분하게 주어지는 명성이나 칭찬을 부끄럽게 여기는 것이다.」

徐子曰 仲尼亟稱於水 曰 水哉 水哉 何取於水也 孟子曰 原泉混混
서 자 왈 　중 니 기 칭 어 수 　왈 　수 재 　수 재 　하 취 어 수 야 　맹 자 왈 　원 천 혼 혼

不舍晝夜 盈科而後進 放乎四海 有本者如是 是之取爾 苟爲無本 七
불 사 주 야 　영 과 이 후 진 　방 호 사 해 　유 본 자 여 시 　시 지 취 이 　구 위 무 본 　칠

八月之間雨集 溝澮皆盈 其涸也 可立而待也 故聲聞過情 君子恥之
팔 월 지 간 우 집 　구 회 개 영 　기 학 야 　가 립 이 대 야 　고 성 문 과 정 　군 자 치 지

❀ • • • • • •

아테네 사람들이 미네르바의 사원을 건축했을 때 그들은 가장 꼭대기에 놓을 조각상이 필요했다. 조각을 잘한다고 소문난 사람 중에 한 가난한 직공과 부자 조각가가 있었다. 두 사람은 자신의 이름을 걸고 경쟁을 하였다.

드디어 두 사람이 만든 석상이 공개되는 날이 다가왔다.

먼저 부자 조각가의 작품이 많은 박수를 받으면서 그 모습을 드러냈다.

아주 정교하고 세밀하게 조각한 작품이었다. 그러나 그것은 너무 작아서 미네르바 사원 꼭대기에 올려놓자 밑에서 보았을 때는 정교하고 세밀한 조각의 아름다운 모습은 볼 수 없고 마치 엉성하고 볼품없는 돌덩어리처럼 보였다.

두 번째로 가난한 직공이 만든 상이 벗겨졌다. 그것은 거대하고 웅장해 보이기만 했으며, 사람도 아닌 것 같고 신도 아닌 것 같았다. 그러나 그것을 사원 꼭대기에 올려놓자 겉으로 드러난 미숙함은 사라지고 멀리서 볼수록 더욱 아름답게 보였고 신성한 미와 생동감으로 가득했다. 그래서 그 가난한 직공은 명성을 얻게 되었지만 그는 언제나처럼 군중의 함성을 뒤로 하고 자신의 일터로 멀어져 갔다.

인의(仁義)를 행해야 비로소 사람

맹자가 말했다.
「사람과 금수의 차이점이라는 것은 아주 미미하다. 그 차이의 기준은 인의의 유무에 있다.
그런데 그 인의를 일반 사람들은 그냥 지나치고 있으며, 군자는 취하여 지니고 있다. 예를
들어 순임금께서는 사물과 인간의 도리에 밝았기 때문에 스스로 행하는 행동마다 인의에
의해서 자연스럽게 이루어질 수 있었던 것이다. 즉 인의가 좋은 것이라고 해서 억지로 그
것을 행하려고 했던 것이 아니라 마음속에서 우러나 자연스럽게 행했다는 말이다.」

孟子曰 人之所以異於禽獸者 幾希 庶民去之 君子存之 舜明於庶物
맹 자 왈 인 지 소 이 이 어 금 수 자 기 희 서 민 거 지 군 자 존 지 순 명 어 서 물

察於人倫 由仁義行 非行仁義也
찰 어 인 륜 유 인 의 행 비 행 인 의 야

⊛ • • • • • •

어떤 높은 벼슬자리에 있던 사람이 그가 데리고 있는 매우 총명한 부하
의 지혜를 한 번 시험해 보려고 질문을 했다.

"세상에서 제일 흔하게 많은 것은 무엇인가?"

"네, 사람입니다." 하고 부하는 대답했다.

그가 가만히 생각해 보니 과연 세상에 흔한 것이 사람임에 틀림없는지라
우선 수긍할 수밖에 없었다. 그는 다시 물었다.

"그러면 세상에서 가장 찾아보기 어려운 귀한 것은 무엇인가?"

"네, 그것도 사람인 줄로 압니다." 하고 부하는 서슴지 않고 대답했다.

그는 처음엔 이상히 여겼으나 다시 생각해 보니 세상에 사람이 많지만
정말 필요한 자리에서 골라 쓰려고 하면 찾기 어려운 일임에 틀림없었다.

그는 무릎을 치면서 이 말이 옳다고 감탄했다.

주공의 어진 도

맹자가 말했다.

「옛날에 하나라 우임금께서는 맛있는 술을 싫어하시고 선한 말씀을 좋아하셨다. 그리고 은나라 탕임금께서는 중용을 지키시며 어진 인재를 등용하시어 출신 성분을 따지지 않으셨다. 또한 주나라 문왕께서는 모든 백성을 마치 다친 사람들을 다루듯이 가엾이 여기셨으며, 바른 도를 갈망하되 마치 못 본 것이 보고싶어 못 견뎌 하는 것처럼 하셨다. 그 다음 무왕께서는 측근에 있는 사람들이라고 해서 지나치게 가까이 하지 않으셨고, 멀리 있는 사람이라고 해서 잊고 있거나 버리지 않으셨다.

주나라 주공께서는 앞에서 말한 세분의 임금[三王]께서 지니고 있는 장점만을 한몸에 지니시어, 그분들이 한 일을 천하에 펼치려고 하신 분이다. 그리고 그 분들이 하신 일 가운데 당시 시대와 맞지 않는 것이 있으면 하늘을 우러러 생각하며 어떻게든 지금 시대에 적용시켜보려고 애쓰셨다. 그렇게 애쓰시다가 마침내 그 방법을 찾아내시면 빨리 그것을 시행하시려고 어서 날이 밝기를 밤새 기다리시곤 했다.」

孟子曰 禹惡旨酒而好善言 湯執中 立賢無方 文王 視民如傷 望道
맹자왈 우오지주이호선언 탕집중 입현무방 문왕 시민여상 망도
而未之見 武王 不泄邇 不忘遠 周公 思兼三王 以施四事 其有不合
이미지견 무왕 불설이 불망원 주공 사겸삼왕 이시사사 기유불합
者 仰而思之 夜以繼日 幸而得之 坐以待旦
자 앙이사지 야이계일 행이득지 좌이대단

- 삼왕(三王)은 하나라 우(禹)임금, 은나라 탕(湯)임금, 주나라 문왕(文王)·무왕(武王)을 가리킨다. 모두 4명이지만 주나라 문왕과 무왕은 부자지간이므로 한 사람으로 본 것이다.

❀ • • • • • •

중국에 한신이라는 숨은 인재가 있었다. 한신은 처음 초나라 군대에 있었는데 자기가 훌륭한 전략을 세워도 항우가 받아들이지를 않자 한나라 군대로 갔다. 그러나 한왕인 유방에게 자기 실력을 인정받을 기회가 생기지 않았다. 한신이 겨우 군량을 관리하는 직책을 맡았을 때, 우연한 기회에 정

승인 소하에게 그의 재능을 인정받았다. 그리고 얼마 안 있어 한나라 군대의 전세가 불리해지자 많은 병사들이 도망을 쳤다.

이때 한신도 자기 능력에 비해 현직에 불만을 품고 도망쳤다. 이것을 안 정승 소하가 한신의 뒤를 쫓았다. 이 사실이 한왕인 유방에게 알려졌다. 왕은 매우 낙심을 하였다.

이틀 후에 소하가 돌아왔다. 왕은 기뻐하면서도 노한 어조로 책망했다.

"정승이라고 하는 위인이 도망을 치다니 그게 될 말이오."

"도망친 것이 아니옵니다. 신이 어찌 도망을 치겠습니까?"

"그럼, 어디를 갔다 왔다는 말이요?"

"예, 신은 도망친 부하를 쫓아가서 잡아오려던 참이었습니다."

"누구를 쫓아갔단 말이요?"

"예, 바로 한신이옵니다"

"무엇이! 한신을? 이때까지 도망친 장군은 십여 명이 넘는데, 경은 그래 한 놈만을 찾아서 쫓아갔단 말이오? 그 이름도 모를 한신을?"

"지금까지 도망친 장군들과 같은 인물은 얼마든지 있습니다. 이름도 없는 한신이라고 하셨으나 그것은 한신을 모르고 하시는 말씀입니다. 한신은 이 땅에 둘도 없을 인물입니다. 한신이 필요하냐 필요치 않으냐 하는 것은 대왕께서 천하를 필요하다고 여기느냐 그렇지 않으냐와 같습니다."

"그야 물론 짐의 목표는 천하를 얻는 데 있소."

"그러하오면 한신을 중용하면 반드시 큰 일을 할 것입니다."

"좋소, 짐은 한신을 잘 모르나 경이 그토록 천거한다면 경을 위해서도 한신을 장군에 임명하겠소."

"아니옵니다. 그 정도로는 중용하는 것이 못됩니다."

"그러면 대장군으로 하리라."

이리하여 한신은 한나라의 대장군이 되었고 한신의 영재는 이때부터 발휘되었다.

「춘추」의 다른 점

맹자가 말했다.

「주나라 왕조가 쇠퇴해지자 천자의 순수가 없어지고, 그로 인해 시가 없어졌으며, 시가 없어진 뒤에 공자께서 〈춘추〉를 지으셨다. 원래 진(晉)나라의 〈승〉이나 초(楚)나라의 〈도올〉, 노나라의 〈춘추〉는 다 같은 역사책이다. 이 책들의 내용은 제나라 환공, 진(晉)나라 문공의 패업을 기록한 것이다. 그러나 공자께서는 '역사적 사실에 대한 옳고 그름의 비판은 내가 가필했다.'고 말씀하셨는데, 이것이 바로 다른 역사책들과 다른 점이다.」

孟子曰 王者之迹熄而詩亡 詩亡然後 春秋作 晉之乘 楚之檮杌 魯
맹 자 왈   왕 자 지 적 식 이 시 망   시 망 연 후   춘 추 작   진 지 승   초 지 도 올   노

之春秋 一也 其事則齊桓 晉文 其文則史 孔子曰 其義則丘竊取之矣
지 춘 추   일 야   기 사 즉 제 환   진 문   기 문 즉 사   공 자 왈   기 의 즉 구 절 취 지 의

― 천자가 제후들이 지키고 있는 땅을 돌아보는 일을 순수라고 한다. 천자는 정기적으로 순수를 하여 잘하면 상을 주고 못하면 벌을 내렸다. 이때 민정을 살피는 방법으로 항간에 나도는 시를 모아 읽기도 했다.

사숙(私淑)

맹자가 말했다.

「군자가 베푼 가르침은 대개 5대(代)면 끊기고, 소인의 경우도 마찬가지로 5대면 끊어진다. 나는 공자께 직접 가르침을 받은 문하생은 아니지만, 그 분의 가르침을 받은 사람들이 아직도 남아 있어서 간접적으로나마 도를 배워 깨우칠 수 있었다.」

孟子曰 君子之澤五世而斬 小人之澤五世而斬 予未得爲孔子徒也
맹 자 왈   군 자 지 택 오 세 이 참   소 인 지 택 오 세 이 참   여 미 득 위 공 자 도 야

予私淑諸人也
여 사 숙 제 인 야

― 여기서 '사숙(私淑)'이라는 말이 유래되었다. 사숙이란, 어떤 사람에게 직접 가르침을 받지는 않았지만 그를 사모하여 본받아서 학문이나 도를 닦는 것을 말한다

정확한 판단력을 길러라

맹자가 말했다.

「받아도 그만 안 받아도 그만일 경우에는 받지 않는 것이 좋은데, 만약 받는다면 자신의 청렴함을 손상시키는 결과가 빚어지기 때문이다. 주어도 그만 안 주어도 그만일 경우에는 안 주는 것이 좋은데, 만약 준다면 자신의 은혜로움을 손상시키는 결과가 되기 때문이다.」

죽어도 그만 안 죽어도 그만일 경우에는 안 죽는 것이 좋은데, 만약 죽게 되면 죽음으로써 도리어 자신의 진정한 용맹을 손상시키는 결과가 되기 때문이다.」

孟子曰 可以取 可以無取 取傷廉 可以與 可以無與 與傷惠 可以死
맹 자 왈   가 이 취   가 이 무 취   취 상 렴   가 이 여   가 이 무 여   여 상 혜   가 이 사

可以無死 死傷勇
가 이 무 사   사 상 용

• • • • • •

미국 뉴욕의 시장 중 라과디아씨의 일화가 있다. 그가 뉴욕시의 즉결 재판부 판사로 있을 때였다. 어느 날 빵을 훔치다 체포되어 기소된 노인을 재판하게 되었다. 빵을 훔친 이유를 묻자 노인은 울먹이며 말했다.

"죄송합니다. 배가 너무 고파서 지나가다가 나도 모르게 손이 갔습니다."

"당신의 죄는 10달러 벌금형에 해당합니다. 벌금 10달러를 내시오."

재판장은 판결을 하고 자기 지갑에서 10달러를 꺼내면서 말했다.

"벌금 10달러는 내가 내겠습니다. 이처럼 배고픈 사람이 뉴욕 거리를 헤매고 있었는데, 나는 그동안 너무 좋은 음식을 배불리 먹었습니다. 그 죄로 이 벌금은 내가 내겠습니다."

그러고는 그는 나 같은 죄인으로 벌금 내실 분이 있으면 내라고 말하면서 자기의 모자를 벗어 돌렸다. 그 자리에서 47달러를 모금해서 노인에게 주었고 그 노인은 눈물을 흘리면서 재판정을 나갔다.

바른 사람을 취해 가르쳐라

하나라 때 방몽이라는 사람은 예에게서 활쏘기를 배웠다. 그런데 방몽은 활쏘기를 다 배운 뒤 천하에 활을 잘 쏘는 사람은 스승인 예 뿐이라고 생각하여 그를 살해했다. 이에 대해 맹자가 말했다.

「그렇게 된 데는 예에게도 죄가 있다.」

그러자 공명의가 맹자에게 물었다.

「예에게는 죄가 없는 것 같은데 어떻게 그런 말씀을 하십니까?」

맹자가 대답했다.

「방몽에 비해 예의 죄가 가벼울 뿐이지 어찌 죄가 없다고 할 수 있겠는가.」

그리고 예에게 죄가 있는 이유에 대해 이렇게 말했다.

「정나라에서 자탁유자라는 사람을 시켜 위나라를 공격하도록 했다. 그러자 위나라에서는 유공지사라는 사람을 시켜 그를 추적하게 했다.

그런데 위나라를 공격하던 중 자탁유자가 병이 생겨 '오늘 나는 병으로 활을 쏠 수 없으니 꼼짝없이 죽게 되었구나.' 하고 말한 뒤 부하에게 '나를 추격하는 자가 누구냐?' 고 물었다. 부하가 '유공지사입니다.' 하고 대답하자 자탁유자는 얼굴이 밝아지며 '그럼 나는 이제 살았구나.' 하고 말했다.

부하가 '유공지사는 위나라에서 활을 잘 쏘기로 유명한 사람인데 어찌 살았다고 말씀하십니까?' 하고 물었다. 이에 자탁유자는 '유공지사는 윤공타에게 활쏘기를 배웠고, 윤공타는 내게 활쏘기를 배운 자이다. 윤공타는 단아한 사람이니 그가 선택하여 가르친 친구도 반드시 단아할 것이기 때문이다.' 라고 말했다.

마침내 유공지사가 추격해와서 자탁유자에게 '선생님은 왜 활을 잡지 않으십니까? 하고 물으니, 자탁유자는 '나는 오늘 병이 생겨서 활을 잡지 못하고 있소.' 하고 대답했다.

그러자 유공지사는 '저는 윤공타에게 궁술을 배웠고, 윤공타는 선생님께 궁술을 배웠으니 저는 결국 선생님께 궁술을 배운 것이나 마찬가지입니다. 그러므로 저는 차마 선생님께서 가르치신 방법으로 선생님을 해치지는 못하겠습니다. 하지만 오늘 제가 추격해 온 것은 어디까지나 임금의 명을 받은 공적인 일이지 개인적인 일이 아니므로 아예 활을 쏘지 않을 수는 없습니다.' 라고 말하고는 활집에서 활을 뽑아 수레바퀴에 두들겨 활촉을 없애버린 뒤 네 발을 쏘고 돌아갔다.

그러니 예가 방몽과 같이 스승의 은공도 모르는 자를 선택하여 가르친 것은 그 자신에게도 책임이 전혀 없다고 할 수는 없는 일이 아니겠는가?」

逢蒙學射於羿　盡羿之道　思天下　惟羿爲愈己　於是殺羿　孟子曰　是
방몽학사어예　진예지도　사천하　유예위유기　어시살예　맹자왈　시

亦羿有罪焉　公明儀曰　宜若無罪焉　曰薄乎云爾　惡得無罪　鄭人使子
역예유죄언　공명의왈　의약무죄언　왈박호운이　오득무죄　정인사자

濯孺子侵衛 衛使庚公之斯追之 子濯孺子曰 今日我疾作 不可以執
탁유자침위　위사유공지사추지　자탁유자왈　금일아질작　불가이집

弓 吾死矣夫 問其僕曰 追我者誰也 其僕曰 庚公之斯也 曰吾生矣
궁　오사의부　문기복왈　추아자수야　기복왈　유공지사야　왈오생의

其僕曰 庚公之斯 衛之善射者也 夫子曰吾生 何謂也 曰庚公之斯
기복왈　유공지사　위지선사자야　부자왈오생　하위야　왈유공지사

學射於尹公之他 尹公之他 學射於我 夫尹公之他 端人也 其取友必
학사어윤공지타　윤공지타　학사어아　부윤공지타　단인야　기취우필

端矣 庚公之斯至曰 夫子何爲不執弓 曰今日我疾作 不可以執弓 曰
단의　유공지사지왈　부자하위부집궁　왈금일아질작　불가이집궁　왈

小人學射於尹公之他 尹公之他學射於夫子 我不忍以夫子之道 反
소인학사어윤공지타　윤공지타학사어부자　아불인이부자지도　반

害夫子 雖然 今日之事 君事也 我不敢廢 抽矢扣輪 去其金 發乘矢
해부자　수연　금일지사　군사야　아불감폐　추시구륜　거기금　발승시

而後反
이후반

어떤 스승이 바구니 안에 꽃을 담고 제자들에게 물었다.

"이것이 무슨 바구니입니까?"

제자들은 너무나 당연하다는 듯이 대답했다.

"꽃바구니입니다."

스승은 꽃을 들어내고 생선을 바구니에 담고 똑같이 물었다.

제자들은 "생선 바구니입니다." 하고 대답했다.

그러자 스승은 다음과 같이 말했다.

"맞습니다. 똑같은 바구니지만 꽃을 담으면 꽃바구니요, 생선을 담으면 생선바구니입니다. 마찬가기로 사람도 그 안에 쓰레기가 담겨 있으면 쓰레기 같은 사람이지만, 그 안에 향기 나는 꽃이 담겨 있으면 향기 나는 사람입니다."

자질보다는 수양이 중요

맹자가 말했다.
「서자 같은 미인도 더러운 것을 몸에 뒤집어쓰고 있으면 사람들이 코를 막고 지나갈 것이
요, 아무리 악한 사람이라 해도 정갈하게 목욕재계를 하면 상제에게라도 제사를 지낼 수
있을 것이다.」

孟子曰　西子蒙不潔　則人皆掩鼻而過之　雖有惡人　齊戒沐浴　則可以
맹 자 왈　서 자 몽 불 결　즉 인 개 엄 비 이 과 지　수 유 악 인　재 계 목 욕　즉 가 이
祀上帝
사 상 제

🏵 ● ● ● ● ● ● ●

　옷을 곱게 차려입은 한 부인이 일곱 살쯤 되어 보이는 아들의 손을 잡고
미술품 전시장에 관람하러 왔다. 부인의 모습이 어찌나 우아하던지 미술관
에 온 사람들의 시선을 끌었다. 부인은 아들과 함께 작품 한 점 한 점을 천천
히 감상하며 어떤 작품 앞에서는 미소를 짓기도 하고, 또 어떤 작품 앞에서
는 살짝 고개를 끄덕이기도 하는 모습이 부인의 기품을 더욱 자아냈다.

　그런데 부인의 손을 잡고 있던 아들은 어찌나 짓궂던지 작품에 함부로
손을 대고 다녔다.

　부인은 그럴 때마다 나직한 소리로 아들에게 말했다.

　"애야, 작품에 마구 손을 대면 안 돼요. 조용히 눈으로 보고 마음으로 느
껴야 하는 거예요."

　아이를 타이르는 부인의 태도에 많은 사람들은 크게 감동을 했다.

얼마 후 미술관에 있던 사람들이 점점 빠져나가고 부인과 아들 둘만 남게 되었다.

아들이 도자기 진열대 앞에서 자기 머리 위에 있는 도자기에 손을 대자 재빨리 전시장을 둘러본 부인이 전시장에 아무도 없는 것을 확인하고 아들에게 무섭게 꾸짖었다.

"이 새끼야, 도자기가 떨어지면 대가리 깨진단 말이야. 알았어?"

진리는 자연의 법칙을 따르는 것

맹자가 말했다.

「천하의 사람들이 인간의 본성에 대해 말하는 것은 모두 과거의 경험을 기초로 하고 있다. 과거의 경험이라는 것은 억측이나 집착이 없는 자연의 법칙을 따르는 것을 근본으로 삼고 있다. 대개 지혜로운 것을 미워하는 까닭은 너무 천착하여 자연 그대로의 것을 외면하기 때문이다.

옛날에 우왕께서 홍수가 났을 때 물을 인도했던 것과 같이 한다면 지혜로움을 미워하는 일은 없을 것이며, 오히려 존중하게 될 것이다. 우왕의 치수는 자연의 법칙을 따른 것이었다. 이처럼 지혜로운 자가 자연의 법칙을 따르기만 한다면, 그가 가지고 있는 지혜가 비로소 위대한 것이 될 수 있는 것이다.

하늘이 높고 별이 멀리 있다고 하지만 과거의 천체 운동을 잘 관찰해보면, 1천 년 뒤의 동짓날도 가만히 앉아서 계산해 볼 수가 있게 되는 것이다.」

孟子曰 天下之言性也 則故而已矣 故者以利爲本 所惡於智者 爲其
맹자왈 천하지언성야 즉고이이의 고자이리위본 소오어지자 위기

鑿也 如智者 若禹之行水也 則無惡於智矣 禹之行水也 行其所無事
착야 여지자 약우지행수야 즉무오어지의 우지행수야 행기소무사

也 如智者 亦行其所無事也 則智亦大矣 天之高也 星辰之遠也 苟
야 여지자 역행기소무사야 즉지역대의 천지고야 성진지원야 구

求其故 千歲之日至 可坐而致也
구기고 천세지일지 가좌이치야

왕환을 미워한 맹자

제나라 대부인 공행자가 아들의 상을 당하자 우사인 왕환이 문상을 갔다. 왕환이 공행자의 집 대문을 들어서자 쫓아와서 이야기를 나누는 사람이 있는가 하면, 또한 자리를 잡고 앉자 다가와서 말을 건네는 사람도 있었다. 그러나 맹자는 왕환과 떨어져 앉아 한마디도 나누지 않았다.

이를 못마땅하게 여긴 왕환이 말했다.

「다른 군자들은 다 나와 더불어 이야기를 나누고자 하는데, 맹자만이 한 마디도 말을 걸어오지 않으니, 이는 나를 무시하는 게 아니고 무엇인가?」

이 말을 전해들은 맹자가 말했다.

「예법에 의하면, 조정에서는 남의 자리를 지나쳐 가서 다른 사람들과 이야기를 나누지 않으며, 직위를 넘어서는 서로 읍(揖)하지 않는 것이다. 나는 이러한 예법에 따라 행동하고 있었는데 왕환은 내게 자기를 무시한다고 비난하니 참으로 이해할 수 없는 노릇이 아닌가.」

公行子有子之喪　右師往弔　入門　有進而與右師言者　有就右師之位
공 행 자 유 자 지 상　우 사 왕 조　입 문　유 진 이 여 우 사 언 자　유 취 우 사 지 위

而與右師言者　孟子不與右師言　右師不悅曰　諸君子皆與驩言　孟子
이 여 우 사 언 자　맹 자 불 여 우 사 언　우 사 불 열 왈　제 군 자 개 여 환 언　맹 자

獨不與驩言　是簡驩也　孟子聞之曰　禮朝廷不歷位而相與言　不踰階
독 불 여 환 언　시 간 환 야　맹 자 문 지 왈　예 조 정 불 력 위 이 상 여 언　불 유 계

而相揖也　我欲行禮　子敖以我爲簡　不亦異乎
이 상 읍 야　아 욕 행 례　자 오 이 아 위 간　불 역 이 호

– 왕환은 제나라 선왕의 총애를 받은 인물로서, 우사(右師)라는 벼슬은 우의정과 비슷하다. 공자는 왕환을 아첨을 일삼는 간신으로 생각했다.

순임금도 사람이요, 나도 사람이다

맹자가 말했다.
「군자가 보통사람들과 다른 점은, 항상 도덕적인 양심을 지니고 있다는 것이다. 군자는 인과 예를 닦아 도덕적 양심을 지니게 된다. 어진 사람은 남을 사랑하고, 예가 있는 사람은 남을 공경한다. 사람을 사랑하면 항상 남에게 사랑을 받게 되며, 사람을 공경하면 항상 남에게 공경받게 된다.

여기 한 사람이 있는데, 그가 나한테 무도한 짓을 했다고 하자. 그러할 때 군자는 반드시 이렇게 반성한다. '내가 필시 어질지 못하고 무례한가 보구나. 그렇지 않다면 어찌 나에게 이 같은 짓을 한단 말인가.' 그런데 아무리 반성해 보아도 자신은 인과 예에 어긋난 행동을 하지 않았는데, 그가 여전히 나에게 무도한 짓을 한다면 군자는 다시 이렇게 반성한다. '내가 필시 성실하지 못한가 보구나.' 라고. 그런데 아무리 반성해 보아도 자신은 불성실하게 행동한 적이 없는데, 그가 여전히 나에게 무도한 짓을 한다면 군자는 그때 가서 비로소 '그 사람은 미치광이다. 그렇다면 그 자는 금수와 마찬가지라고 볼 수 있다. 금수에 대해 무슨 생각의 여지가 있겠는가.' 라고 말한다. 그러므로 군자에게는 평생 동안 마음속에서 떠나지 않는 근심은 있을지 몰라도, 갑자기 생기는 돌발적인 근심거리 같은 것은 없다. 만약 근심이 있다면 이런 것이다. '성군인 순임금도 사람이요, 나도 사람이다. 그런데 순임금께서는 천하의 모든 사람에게 모범이 되셨으나 나는 한낱 평범한 인간에 불과하다.' 이것은 크나큰 걱정거리가 아닐 수가 없다. 그렇다면 이 걱정을 어떻게 해소할 것인가? 그것은 단 하나, 순임금을 본받는 일밖에 없을 것이다.

군자라면 걱정하는 일은 없다. 인이 아니면 행하지 않고 예가 아니어도 행하지 않기 때문이다. 그러므로 다른 사람이 자기를 비난하는 것 등은 그들이 나쁜 탓이므로 자신은 걱정거리로 삼지 않는다.」

孟子曰 君子所以異於人者 以其存心也 君子以仁存心 以禮存心 仁
맹 자 왈 군 자 소 이 이 어 인 자　이 기 존 심 야　군 자 이 인 존 심　이 례 존 심　인

者愛人 有禮者敬人 愛人者 人恒愛之 敬人者 人恒敬之 有人於此
자 애 인　유 례 자 경 인　애 인 자　인 항 애 지　경 인 자　인 항 경 지　유 인 어 차

其待我以橫逆 則君子必自反也 我必不仁也 必無禮也 此物奚宜至
기 대 아 이 횡 역　즉 군 자 필 자 반 야　아 필 불 인 야　필 무 례 야　차 물 해 의 지

哉 其自反而仁矣 自反而有禮矣 其橫逆由是也 君子必自反也 我必
재　기 자 반 이 인 의　자 반 이 유 례 의　기 횡 역 유 시 야　군 자 필 자 반 야　아 필

不忠 自反而忠矣 其橫逆由是也 君子曰 此亦妄人也已矣 如此 則
불 충　자 반 이 충 의　기 횡 역 유 시 야　군 자 왈　차 역 망 인 야 이 의　여 차　즉

與禽獸奚擇哉 於禽獸又何難焉 是故君子有終身之憂 無一朝之患
여 금 수 해 택 재　어 금 수 우 하 난 언　시 고 군 자 유 종 신 지 우　무 일 조 지 환

也 乃若所憂則有之 舜人也 我亦人也 舜爲法於天下 可傳於後世
야　내약소우즉유지　순인야　아역인야　순위법어천하　가전어후세
我由未免爲鄕人也 是則可憂也 憂之如何 如舜而已矣 若夫君子所
아유미면위향인야　시즉가우야　우지여하　여순이이의　약부군자소
患則亡矣 非仁無爲也 非禮無行也 如有一朝之患 則君子不患矣
환즉망의　비인무위야　비례무행야　여유일조지환　즉군자불환의

– 이 문장은 맹자의 기개를 엿볼 수 있는 명문이다. 성군(聖君)인 순(舜)임금도 사람이고, 맹자 자신
도 사람이라는 대목에서 맹자다운 자존심과 기개를 느낄 수 있다.

한 천재음악가가 파이프 오르간 연주회를 열었다.

연주회를 갖고 휴식시간에 잠시 오르간 뒤에서 쉬려고 할 때 한 노인이 담배를 피우고 있다가 음악가를 보고 말했다.

"우리들의 연주회는 성공적이로군요."

이 천재음악가는 의아해 하며 말했다.

"오르간을 연주한 사람은 나인데 어째서 우리들의 연주회란 말입니까?"

그러자 노인이 말했다.

"나는 뒤에서 파이프에 바람넣는 일을 열심히 했답니다."

그러나 음악가는 듣는 척도 안 하고 다시 연주회가 계속되자 오르간 앞에 앉았다. 두 손을 들고 오르간의 건반을 눌렀으나 소리가 나지 않았다.

관객들이 웅성거리자 다시 손가락에 힘을 주어 건반을 눌렀으나 마찬가지였다. 음악가는 이상한 생각이 들어 오르간 뒤쪽을 보니 노인이 담배만 피운 채 쉬고 있었다.

그때서야 음악가는 모든 것을 알아차리고 노인을 향해 빙긋이 웃으며 말했다.

"우리들의 연주회를 멋있게 성공적으로 끝냅시다."

상황에 따라 달라지는 행동

옛날에 우와 직 등이 홍수를 다스리는 등 열심히 일을 하여 태평성대를 누릴 때, 그들은
자기 집 앞을 세 번씩이나 지나가면서도 일에만 열중하여 집에 들르지도 않았다. 이를 두
고 공자께서는 현자라고 칭찬하셨다.

또한 공자의 제자인 안자는 어려운 세상을 맞이하여 한 줌의 밥과 한 모금의 물로 어렵게
살았다. 이러한 상황은 보통사람들 같으면 견디기 힘들었겠지만 그는 변함없이 즐거운 마
음을 잃지 않고 생활했다. 그래서 공자께서 안회를 어질다고 말씀하신 것이다.

맹자가 말했다.

「우와 직과 안회 세 사람은 살아온 행적은 같지 않지만 그 근본을 이룬 도(道)는 한가지라
고 말할 수 있다. 왜냐하면, 우는 물에 빠진 자가 있으면 마치 자신이 그를 물에 빠트린 것
처럼 안타깝게 여겼고, 직은 굶주린 자가 있으면 마치 자신이 그를 굶주리게 한 것처럼 애
석하게 생각하였기 때문이다. 그래서 이 두 분이 그처럼 급하게 다니셨던 것이다. 안회의
경우는 이 두 분과 경우가 다르다고 할 수 있다. 안회는 두 분처럼 공적인 지위에 있지 않
았다. 그러므로 안회는 뒤로 물러나 자기 수양에 정진했다. 서로 자기가 처한 상황이 달랐
기 때문에 각기 조건에 맞는 처세술을 선택했던 것이므로 세 사람의 도는 모두 같다고 볼
수 있다.

이것을 예로 들면 이렇다. 어떤 사람들 사이에서 싸움이 벌어졌는데, 그들을 말리려고 한
사람이 나섰다고 하자. 만약 싸우는 사람들이 자기 가 잘 아는 동네 사람들이었다면 제대
로 옷을 챙겨 입지 않고, 머리가 흩어진 채 그저 갓만 뒤집어쓰고 나가서 말렸다 해도 아
무 상관이 없었을 것이다. 그러나 다른 동네 사람들의 싸움에 그렇게 했다면 미친놈 취급
을 당하고 말았을 것이다. 후자의 경우에는 오히려 집안에 가만히 들어앉아 있는 게 더 나
았을 것이란 말이다. 이처럼 같은 일을 했더라도 상황에 따라 달라질 수 있는 것이다.」

禹稷 當平世 三過其門而不入 孔子賢之 顔子當難世 居於陋巷 一
우 직 당평세 삼과기문이불입 공자현지 안자당난세 거어누항 일

簞食 一瓢飮 人不堪其憂 顔子不改其樂 孔子賢之 孟子曰 禹稷顔
단 사 일표음 인불감기우 안자불개기락 공자현지 맹자왈 우직안

回同道 禹思天下有溺者 由己溺之也 稷思天下有餓者 由己餓之也
회동도 우사천하유익자 유기익지야 직사천하유기자 유기기지야

是以 如是其急也 禹稷顔子 易地則皆然 今有同室之人 鬪者 救之
시 이 여시기급야 우직안자 역지즉개연 금유동실지인 투자 구지

雖被髮纓冠而救之 可也 鄕隣 有鬪者 被髮纓冠而往救之 則惑也
수 피발영관이구지 가 야 향린 유투자 피발영관이왕구지 즉 혹야

雖閉戶 可也
수 폐 호 가 야

어느 날 태산을 유람하던 공자는 사슴의 가죽으로 만든 옷을 입고 새끼로 만든 띠를 졸라매고 거문고를 타며 노래를 부르는 노인을 보았다.

"선생께서 즐거워하는 까닭은 무엇입니까?"

"나의 즐거움은 많소. 하늘이 만물을 낼 때에 모든 것들 중에 사람을 가장 귀한 존재로 내었는데 내가 사람으로 태어났으니 이것이 바로 첫째 가는 즐거움이오, 또 사람이 태어나면서 빛나는 해와 달도 보지 못하고 강보 속에서 죽음을 맞게 되기도 하는데 나는 이미 90세나 되니 그 또한 내 즐거움이오, 가난하게 사는 것은 도를 닦는 이에게 당연히 있는 일이요, 죽음이란 산 사람에게 있어서 당연한 종말이오, 그러니 이제 나는 당연히 있는 일에 처하여 살다가 제명에 죽게 되니 내가 무엇을 근심하겠소."

"참으로 좋은 말씀입니다. 선생은 스스로 마음을 너그럽게 가질 수 있는 분이십니다."

백열아홉 이루·하 30

다섯 가지 불효

공도자가 맹자에게 물었다.

「온 나라 사람들이 모두 광장을 불효자라고 말하는데, 선생님께서는 그 사람과 만나시면서 예를 갖추시니 어찌된 일인가요?」

맹자가 말했다.

「세속에서 사람들이 불효라고 말하는 것에는 다섯 가지가 있다. 첫째 불효는, 자기 몸을 게을리 하여 부모를 봉양하지 않는 것이다. 둘째는, 술 마시기를 좋아하여 부모를 봉양하지 않는 것이다. 셋째는, 재물을 좋아하고 처자를 좋아하여 부모를 봉양하지 않는 것이다. 넷째는, 귀와 눈의 욕심을 채우느라고 부모를 봉양하지 않는 것이다. 마지막으로는, 쓸데없는 호기를 부려 싸움을 해서 부모를 위기에 빠뜨리는 것이다.

광장이 불효자라고 비난받게 된 까닭은 이 다섯 가지에 대해 그와 그의 아버지가 서로 어떤 게 맞고 어떤 게 그르니 하는 시비를 따지다가 의견이 어긋났기 때문에 그리 된 것이다. 친구끼리는 몰라도 부자지간에는 효도에 대해서는 논의의 대상이 아닌 것이다.

그런데 광장은 이 가운데 한 가지라도 잘못을 저지른 적이 없었다. 다만 그가 아버지에게 죄를 지어 가까이에서 모시지 못했다. 그러나 스스로 아내와 아이들이 자신을 봉양하지 못하도록 했다. 그렇게 하지 않으면 아버지에게 더 큰 불효를 저지른다고 생각했기 때문이다. 광장이 실제로 한 일은 이것뿐이지만, 그가 불효자라는 이유로 교제를 끊을 만큼 큰 죄를 짓지는 않았다고 생각한다.」

公都子曰 匡章 通國 皆稱不孝焉 夫子與之遊 又從而禮貌之 敢問
공도자왈 광장 통국 개칭불효언 부자여지유 우종이예모지 감문

何也 孟子曰 世俗所謂不孝者五 惰其四肢 不顧父母之養 一不孝也
하야 맹자왈 세속소위불효자오 타기사지 불고부모지양 일불효야

博奕好飮酒 不顧父母之養 二不孝也 好貨財 私妻子 不顧父母之養
박혁호음주 불고부모지양 이불효야 호화재 사처자 불고부모지양

三不孝也 從耳目之欲 以爲父母戮 四不孝也 好勇鬪狼 以危父母
삼불효야 종이목지욕 이위부모륙 사불효야 호용투흔 이위부모

五不孝也 章子有一於是乎 夫章子 子父責善而不相遇也 責善 朋友
오불효야 장자유일어시호 부장자 자부책선이불상우야 책선 붕우

之道也 父子責善 賊恩之大者 夫章子 豈不欲有夫妻子母之屬哉 爲
지도야 부자책선 적은지대자 부장자 기불욕유부처자모지속재 위

得罪於父 不得近 出妻屛子 終身不養焉 其設心以爲不若是 是則罪
득죄어부 부득근 출처병자 종신불양언 기설심이위불약시 시즉죄

之大者 是則章子已矣
지대자 시즉장자이의

어느 날 임금님이 시골로 행차하게 되었다. 사람들은 가까이에서 임금님을 한번 보는 것이 소원이었다. 한편 멀리서 이 소식을 들은 한 할머니가 있었다. 자리에 누워 있어 거동이 불편한지라, 아들에게 부탁하였다.

"애야, 내가 임금님 얼굴 한번 뵈었으면 좋겠구나."

"예, 그렇게 하시지요."

효자 아들은 어머니를 업고 먼길을 걸어서 임금님이 행차하시는 곳까지 왔다. 아들은 어머니를 아기 업듯이 단단히 받쳐 업고서, 어떻게든 어머니가 임금님 얼굴을 가까이 볼 수 있도록 애썼다.

임금님이 지나가다가 이 모자의 모습을 보고 행차를 멈추었다.

"어떻게 된 사연이냐? 왜 노인을 업고 있느냐?"

"제 어머니가 임금님을 뵙고 싶다 하시서 제가 모셔왔습니다."

"참으로 효자로구나."

임금님은 그 자리에서 효자 아들에게 상을 후하게 주었다.

이 소문이 퍼지자 다른 마을의 아주 못돼먹기로 소문난 불효자가 배가 아팠다. 그래서 안 가겠다는 어머니를 강제로 업고, 임금님이 행차하실 길목에 가서 떡 하니 서 있었다. 역시나 임금님이 이 모습을 보았다.

"이 근방에는 효자도 많구나, 기특한 일이구나. 너는 무슨 사연으로 어머니를 모시고 왔느냐?"

불효자는 효자의 말을 그대로 흉내내어 아뢰었다.

그러자 옆에 있던 동네 사람들이 "아닙니다, 임금님. 저놈은 욕심 때문에 효자 흉내를 내는 것입니다."라고 일러바쳤다.

이 말을 들은 임금님은 껄껄 웃으면서 대답하였다.

"흉내면 어떤가. 효도를 흉내내는 것은 참으로 좋은 일일세."

그리고 불효자에게도 상을 후하게 주었다.

증자와 자사의 처신

증자가 노나라의 무성이라는 마을에 머물 때 월나라 도적들이 쳐들어왔다. 어떤 사람이
증자에게 말했다.

「도적떼가 몰려왔습니다. 어서 피하십시오.」

그러자 증자가 말했다.

「내가 없는 동안에 도적들이 집에 들어오지 못하도록 막고, 뜰에 있는 나무들이 망가지지
않도록 주의하거라.」

그리고 증자는 집을 떠났다. 도적들이 물러가자 증자가 집에 돌아오기 전에 이렇게 일렀다.

「담과 집안을 수리하도록 해라. 내가 곧 돌아갈 것이다.」

그리고 증자가 집에 돌아왔는데, 이를 보고 제자가 말했다.

「여기 무성 사람들이 선생님을 극진하게 대접하였는데, 적들이 쳐들어오자 선생님께서는
먼저 이곳을 떠나시어 사람들에게 도망가고 싶은 마음이 들도록 하셨습니다. 또한 적이
물러간 뒤에야 돌아오시니, 이건 좀 옳지 않은 듯합니다.」

이에 대해 증자의 제자 심유행이 말했다.

「그것은 너희들이 모르고 하는 말이다. 전에도 우리 심유 씨 집안에 부추라는 자가 환란을
일으킨 적이 있었는데, 선생님을 따라다니던 제자가 70명이나 되는데도 모두 데리고 떠나
셨기 때문에 화를 입은 사람이 한 사람도 없었다.」

그리고 한번은 자사(子思)가 위나라에서 살 때 제나라 군대가 쳐들어온 적이 있었다. 그때
어떤 사람이 자사에게 말했다.

「도적떼가 몰려왔습니다. 어서 피하십시오.」

그랬더니 자사가 이렇게 말했다.

「만약 내가 이곳을 떠난다면 임금께서 누구와 함께 나라를 지키겠느냐?」

그러고는 나라를 떠나지 않았다.

이를 두고 맹자가 말했다.

「증자나 자사나 행한 일은 각각 다르지만 근본적인 도는 한가지이다. 다만 입장이 달랐을
뿐이다. 증자께서 무성에 계셨을 때는 스승이면서 부형(父兄)인 입장에 있었고, 자사께서
위나라에 계셨을 때는 신하의 입장에 있었기 때문에 미약한 존재였다. 만약 두 분의 입장
이 바뀌어 있었다면 모두 그렇게 하셨을 것이다.」

曾子居武城 有越寇 或曰 寇至 盍去諸 曰無寓人於我室 毁傷其薪
증자거무성 유월구 혹왈 구지 합거저 왈무우인어아실 훼상기신

木 寇退 則曰 修我牆屋 我將反 寇退 曾子反 左右曰 待先生如此
목 구퇴 즉왈 수아장옥 아장반 구퇴 증자반 좌우왈 대선생여차

之忠且敬也 寇至 則先去 以爲民望 寇退 則反 殆於不可 沈猶行曰
지충차경야 구지 즉선거 이위민망 구퇴 즉반 태어불가 심유행왈

是非汝所知也 昔沈猶有負芻之禍 從先生者七十人 未有與焉 子思
시 비 여 소 지 야　석 심 유 유 부 추 지 화　종 선 생 자 칠 십 인　미 유 여 언　자 사

居於衛 有齊寇 或曰 寇至 盍去諸 子思曰 如伋去 君誰與守 孟子
거 어 위　유 제 구　혹 왈　구 지　합 거 저　자 사 왈　여 급 거　군 수 여 수　맹 자

曰 曾子 子思同道 曾子 師也 父兄也 子思 臣也 微也 曾子 子思易
왈　증 자　자 사 동 도　증 자　사 야　부 형 야　자 사　신 야　미 야　증 자　자 사 역

地則皆然
지 즉 개 연

만민평등론

제나라 사람인 저자가 맹자에게 물었다.

「우리 제나라 임금께서 사람을 시켜 선생님이 보통 사람과는 다른 점이 있는지를 알아보라고 하셨다는데, 정말로 선생님께서는 다른 면이 있으신가요?」

맹자가 대답했다.

「아니오. 나라고 보통 사람들과 다른 점이 뭐가 있겠소? 나뿐만이 아니라 위대한 요임금과 순임금께서도 그저 보통 사람과 다를 바가 없었소.」

儲子曰 王使人瞯夫子 果有以異於人乎 孟子曰 何以異於人哉 堯舜
저자왈　왕사인간부자　과유이이어인호　맹자왈　하이이어인재　요순

與人同耳
여인동이

부귀영화를 좇는 사람을 풍자함

제나라 사람 가운데 한 집안에서 아내와 첩을 거느리고 사는 사람이 있었다.
그 사람은 밖에 나가기만 하면 항상 술과 고기를 배불리 먹고 집으로 돌아오곤 했다.
하루는 그의 아내가 남편에게 물었다.
「도대체 누구하고 그렇게 매일 술을 마시고 오는 거예요?」
남편이 대답했다.
「부자면서 귀한 사람들하고 마시는 거요.」
그러자 하루는 그의 본처가 첩에게 말했다.
「그이는 외출만 하면 술과 고기로 배를 채우고 돌아오시는데, 누구하고 마셨느냐고 물어
보니 대답하는 사람들마다 이름난 명사들이었다네. 그런데 그 명사들이 지금까지 한 번도
우리 집에 찾아온 적이 없으니 이상한 일이 아니겠나? 그래서 하는 말인데 그이 뒤를 미행
해 보면 어떻겠나?」
그러던 어느 날, 아침 일찍 일어난 본처가 남편의 뒤를 미행하기 시작했다. 그런데 아무리
멀리 가도 남편은 어느 사람하고도 이야기를 나누지 않았다.
마침내 동쪽 성밖의 무덤에 이르자 남편이 멈춰 섰다. 그곳에는 무덤들이 많았는데 마침
제사 지내는 사람들이 몇 명 있었다. 남편은 제사를 지내고 있는 한 사람에게 다가갔다.
그러고는 거기 가서 제사 지내고 남은 음식을 얻어먹었다. 더구나 그것만으로는 배가 차
지 않았는지 옆에서 제사 지내는 데로 찾아가 또 남은 음식을 얻어먹었다. 알고 보니 남편
은 지금까지 그렇게 해서 술과 고기로 배를 채우고 돌아오곤 하였던 것이다.
본처가 집으로 돌아와 첩에게 이 사실을 이야기한 뒤에 이렇게 말했다.
「남편이란 죽을 때까지 우러러보아야 할 존재인데 지금 저러고 있으니 이게 무슨 꼴이란
말인가?」
그러고는 남편 험담을 하면서 두 사람은 마당에 서서 울었다.
한편 남편은 그런 줄도 모르고 보통 때와 마찬가지로 의기양양하게 집으로 돌아와서는 거
드름을 피웠다.
군자의 안목으로 볼 때, 지금 천하에서 부귀영화를 찾아 날뛰는 모든 사람 치고 위에서 말
한 남편과 같지 않은 사람이 없다. 만약 그 사람의 처와 첩들이 그것을 본다면 너무 부끄
러워 눈물을 흘리지 않을 자가 없을 것이다.

齊人有一妻一妾而處室者　其良人出　則必饜酒肉而後反　其妻問所
제 인 유 일 처 일 첩 이 처 실 자　기 량 인 출　즉 필 염 주 육 이 후 반　기 처 문 소

與飮食者　則盡富貴也　其妻告其妾曰　良人出　則必饜酒肉而後反　問
여 음 식 자　즉 진 부 귀 야　기 처 고 기 첩 왈　량 인 출　즉 필 염 주 육 이 후 반　문

其與飮食者　盡富貴也　而未嘗有顯者來　吾將瞯良人之所之也　蚤起
기 여 음 식 자　진 부 귀 야　이 미 상 유 현 자 래　오 장 간 량 인 지 소 지 야　조 기

施從良人之所之 徧國中 無與立談者 卒之東郭墦間之祭者 乞其餘
시 종 량 인 지 소 지　편 국 중　무 여 입 담 자　졸 지 동 곽 번 간 지 제 자　걸 기 여

不足 又顧而之他 此其謂饜足之道也 其妻歸 告其妾曰 良人者 所
부 족　우 고 이 지 타　차 기 위 염 족 지 도 야　기 처 귀　고 기 첩 왈　량 인 자　소

仰望而終身也 今若此 與其妾訕其良人 而相泣於中庭 而良人未之
앙 망 이 종 신 야　금 약 차　여 기 첩 산 기 량 인　이 상 읍 어 중 정　이 량 인 미 지

知也 施施從外來 驕其妻妾 由君子觀之 則人之所以求富貴利達者
지 야　시 시 종 외 래　교 기 처 첩　유 군 자 관 지　즉 인 지 소 이 구 부 귀 이 달 자

其妻妾不羞也 而不相泣者 幾希矣
기 처 첩 불 수 야　이 불 상 읍 자　기 희 의

– 부귀 영화를 위해 그 어떤 추잡한 행동도 마다하지 않는 자들을 풍자한 일종의 소설이라고 볼 수
있는 문장이다. 이 글의 무대가 된 제(齊)나라의 수도 임치(臨淄)는 당대에 가장 번화한 도시 가운데 하
나였다. 그렇게 번화한 곳을 배경으로 삼았다는 것은 소설적 요건으로 보아서도 타당성이 있으며, 가공
의 인물을 등장시켜 이야기 한 편을 꾸며냈다는 점에서도 실제로 위와 같은 일이 있지는 않았던 것 같
다. 그러나 소설 형식을 빌어 맹자의 속내를 잘 드러냈다는 점에서 이 문장 역시 명문으로 불릴 만하다.

그리스의 철학자 디오게네스는 느끼고 생각한 것을 그대로 행동에 옮기
는 사람이었다. 그는 아무것도 소유하지 않고 그야말로 거지와 같은 생활
을 했다.

어느 날 그 동네의 벼락부자가 디오게네스의 명성을 듣고 그를 자신의
집으로 초대했다. 벼락부자의 집은 졸부답게 입구에서부터 온통 값비싼 대
리석과 금으로 번쩍거렸다. 그런데 갑자기 디오게네스가 주위를 두리번거
리더니, 퉤하고 벼락부자의 얼굴에 침을 뱉었다.

명성이 자자한 철학자의 이 어이없는 행동에 놀라 당혹해 하는 부자에게
디오게네스는 말했다.

"그대의 집과 정원은 정말로 훌륭하네. 이렇게 아름답고 깨끗한 집에서
내가 침을 뱉을 곳이란 자네 얼굴밖에 없네. 거만과 탐욕으로 가득한 자네
의 얼굴이 곧 쓰레기통이니까."

萬章

章句 · 上

만장 장구 · 상

순(舜)임금의 큰 효도

제자인 만장이 맹자에게 물었다.

「순임금께서 아직 요임금께 발탁되기 전에 역산에서 경작하고 계셨는데, 하루는 밭에 나가 일을 하다가 멈춰 서서 하늘을 우러러보며 부모의 이름을 부르며 큰 소리로 울부짖었다고 합니다. 왜 그렇게 울부짖었습니까?」

맹자가 대답했다.

「한편으로는 부모가 그립기도 하고, 다른 한편으로는 부모가 왜 자신을 사랑해 주시지 않는가 하고 원망하는 마음을 하늘에 호소한 것이다.」

「부모가 사랑해 주시면 기뻐하여 그 은혜를 잊지 않고, 부모가 미워하셔도 근심하거나 원망하지 않는 것이 자식의 도리라고 들었습니다. 그런데 순임금 같은 훌륭한 분이 자기 부모를 원망했다는 말씀이신가요?」

「일찍이 장식이 스승인 공명고에게 '순임금께서 밭에 나가 일을 했다는 사실은 선생님께 들어서 잘 알고 있습니다만 부모를 부르면서 하늘을 우러러 울부짖었다는 것은 이해가 잘 안 됩니다. 그 까닭을 알고 싶습니다.' 라고 물었다. 그러자 공명고가 '그것은 네가 알 수 있는 일이 아니다.' 라고 대답하였다고 한다. 공명고가 이렇게 말한 것은 아마도 부모에게 사랑을 받지 못하면 근심이 생길 수밖에 없는 게 효자의 마음일 거라고 여겼기 때문일 것이다. 그리고 순임금께서 한 행동은, 자신은 힘들여 농사를 지으며 자식으로서의 도리를 다하는데도 불구하고 부모가 자기를 사랑하지 않는 것은 다른 잘못이 있어서 그러는가보다 하고 괴로워한 것이다. 부모를 사랑하는 마음이 깊어져 끝내 설움이 북받친 나머지 하늘을 보며 눈물로써 호소한 것일 뿐, 결코 부모를 원망하여 그런 행동을 한 것은 아니다.

요임금께서는 아홉 명의 아들과 두 딸에게 분부하기를, 여러 일꾼들과 소, 양, 창고 등을 갖추어서 밭에서 일하는 순을 섬기도록 했다. 그러자 이 광경을 본 천하의 선비들이 순의 덕을 사모하여 따르는 자가 많이 생겼다. 그러자 요임금께서는 민심이 순에게 돌아가고 천하가 잘 다스려지는 것을 확인하고 나서 천하를 순에게 양도하려 하셨던 것이다. 그렇지만 순께서는 천하를 물려받게 된 것을 좋아하기는커녕, 부모에게 사랑을 받지 못하고 있는 점이 걱정되어 마치 곤궁한 사람이 몸둘 곳이 없는 것처럼 넋을 잃고 행동하셨다.

무릇 천하의 사람들이 자기에게 감화되어 따르고자 열망하는 일은 사람이라면 누구라도 바라는 일일 것이다. 그러나 순께서는 그러한 일로써도 자기의 근심을 덜어내지 못했다. 또한 잘 생긴 미인을 좋아하는 일은 사람이라면 누구나 원하는 일일 것인데, 순께서는 요임금의 아름다운 두 딸을 아내로 삼고도 자기의 근심을 덜어내지 못했다.

그리고 부자가 되는 것 역시 사람이라면 누구나 원하는 일일 것인데, 순께서는 천하를 차지하게 되었는데도 자기의 근심을 덜어내지 못했다. 또 자신의 존재가 귀하게 되는 것도 사람이라면 누구나 원하는 일일 것인데, 순께서는 천자가 되어 가장 높은 귀함을 누릴 수 있게 되었는데도 자기의 근심을 덜어내지 못했다.

이처럼 순께서는 천하의 사람들이 자기를 따르고자 하는 것도, 미인과 부귀영화 등 그 어떠한 것도 자기의 근심을 덜어내는 데는 도움이 되지 않았다. 순께서는 오로지 부모에게 사랑을 받아야만 자기의 근심이 사라진다고 생각했던 것이다.

사람이란 일반적으로 어릴 때에는 부모를 사모하고 따르지만 나이가 들어감에 따라 그런 마음이 희미해지는 법이다. 그리하여 여색을 알 나이가 되면 젊은 미인을 좋아하게 되고, 처자를 가진 뒤에는 처자를 좋아하게 되며, 벼슬을 하게 되면 임금을 좋아하게 되고, 임금의 신임을 얻지 못하면 마음에 들기 위해 갖은 노력을 하며 초조해지는 법이다.

그러나 큰 효자는 죽을 때까지 부모를 사모하는 마음을 변함없이 간직하고 있다. 그런데 나이 오십까지 부모를 못 잊어 한 효자는 오로지 순에게서만 그 예를 찾아볼 수 있다.」

萬章問曰 舜往于田 號泣于旻天 何爲其號泣也 孟子曰 怨慕也 萬
만장문왈 순왕우전 호읍우민천 하위기호읍야 맹자왈 원모야 만

章曰 父母愛之 喜而不忘 父母惡之 勞而不怨 然則舜怨乎 曰長息
장왈 부모애지 희이불망 부모오지 로이불원 연즉순원호 왈장식

問於公明高曰 舜往于田 則吾旣日聞命矣 號泣于旻天 于父母 則吾
문어공명고왈 순왕우전 즉오기일문명의 호읍우민천 우부모 즉오

不知也 公明高曰 是非爾所知也 夫公明高以孝子之心 爲不若是恝
부지야 공명고왈 시비이소지야 부공명고이효자지심 위불약시개

我竭力耕田 共爲子職而已矣 父母之不我愛 於我何哉 帝使其子九
아갈력경전 공위자직이이의 부모지불아애 어아하재 제사기자구

男二女 百官牛羊倉廩備 以事舜於畎畝之中 天下之士 多就之者 帝
남이녀 백관우양창름비 이사순어견무지중 천하지사 다취지자 제

將胥天下而遷之焉 爲不順於父母 如窮人無所歸 天下之士悅之 人
장서천하이천지언 위불순어부모 여궁인무소귀 천하지사열지 인

之所欲也 而不足以解憂 好色 人之所欲 妻帝之二女 而不足以解憂
지소욕야 이부족이해우 호색 인지소욕 처제지이녀 이부족이해우

富 人之所欲 富有天下 而不足以解憂 貴 人之所欲 貴爲天子 而不
부 인지소욕 부유천하 이부족이해우 귀 인지소욕 귀위천자 이부

足以解憂 人悅之 好色 富貴 無足以解憂者 惟順於父母 可以解憂
족이해우 인열지 호색 부귀 무족이해우자 유순어부모 가이해우

人少 則慕父母 知好色 則慕少艾 有妻子 則慕妻子 仕則慕君 不得
인소 즉모부모 지호색 즉모소애 유처자 즉모처자 사즉모군 부득

於君則熱中 大孝 終身慕父母 五十而慕者 予於大舜見之矣
어군즉열중 대효 종신모부모 오십이모자 여어대순견지의

─ 순임금은 어진 정치를 베풀어 이상 국가를 실현한 고대의 임금이었다. 또한 순임금은 효를 행한 인물로도 이름이 높아 중국 역사를 통해 알려진 24효의 맨 위에 자리잡고 있다. 순임금은 일찍이 어머니를 여의고 계모 밑에서 자랐다. 그의 아버지 고수는 고집이 세고 계모 역시 포악했으며 이복동생인 상도 성질이 못돼먹은 사람이었다. 그래서 순이 아무리 부모를 잘 모셔도 그들은 언제나 순을 미워하기만 했다. 이때 요임금은 순의 효성스러움을 보고 자기의 두 딸 아황과 여영을 순에게 시집보냈으며, 아홉 아들을 시켜 소와 양, 일꾼, 창고 등을 갖추어 순의 밭가는 일을 돕도록 했던 것이다.

순의 효성과 형제애

만장이 맹자에게 물었다.

「〈시경〉에 '아내를 얻으려면 어떻게 해야 하나? 반드시 부모에게 알리고 허락을 받아야 한다.' 고 나와 있습니다. 이 말 대로라면 순(舜)과 같이 행동해서는 안 되는 것 아닙니까? 순께서 부모에게 알리지 않고 결혼한 까닭은 무엇입니까?」

맹자가 대답했다.

「순께서는 부모에게 미움을 받고 있었기 때문에 알리지 않았던 것이다. 남녀가 가정을 이루고 사는 것은 인륜의 대사인데, 만약 그 사실을 부모에게 알리면 순에 대해 미운 감정을 갖고 있는 부모가 허락하지 않을 것이고, 그리 되면 인륜의 중대사를 저버리게 되어 부모를 원망하게 될 터이기 때문이었다. 부모를 원망하는 일은 결혼 사실을 알리지 않은 것보다 더 큰 불효가 되므로 어쩔 수 없이 부모의 승낙을 받지 않고 결혼을 했던 것이다.」

「이제 순께서 부모에게 알리지도 않고 결혼한 까닭을 알겠습니다. 그런데 요임금께서 자기 두 딸을 순에게 시집보내면서 순의 부모에게 알리지 않은 까닭은 무엇입니까?」

「요임금께서도 순의 부모에게 알리면, 아내를 맞이하도록 허락하지 않을 것임을 미리 알고 계셨기 때문이다.」

「순의 부모는 순에게 창고를 수리하라고 하고는, 순께서 지붕에 올라가니 사다리를 치워버린 뒤 쌀창고에 불을 질렀습니다. 그리고 또 한번은 순에게 우물을 파도록 한 뒤, 순께서 우물 밑으로 들어가자 흙을 덮어 메워버렸습니다. 그런 뒤에 이복동생인 상(象)은 '순을 흙으로 덮어 죽게 한 꾀를 낸 것은 다 내 공이다. 이제 형의 재산 가운데 소와 양과 창고는 부모께 드리고, 방패와 창과 거문고와 활은 내가 가질 것이다. 그리고 두 형수는 내 잠자리를 돌보게 하겠다.' 고 말했다.

그러고는 순의 집으로 가보니 뜻밖에도 순은 평상 위에 앉아서 거문고를 뜯고 있었습니다. 이를 보자 상은 '형님 생각이 간절해져서 한번 찾아와 보았습니다.' 하고 둘러대고는 부끄러운 표정을 지었습니다. 그러자 순께서는 오히려 '그래 잘 왔다. 네가 나를 도와 여기 많은 사람들을 좀 다스리도록 해라.' 하고 말하셨다는데, 정말 순께서는 상이 자기를 죽이려 했던 사실을 몰랐던 것입니까?」

「왜 그 사실을 몰랐겠느냐? 순께서는 형제에 대한 애정이 무엇인지 알고 있었기 때문에 상이 근심하면 함께 근심해 주고, 상이 기뻐하면 함께 기뻐해 주었던 것이다.」

「그렇다면 순께서는 거짓으로 기뻐한 것입니까?」

「아니다. 옛날에 어떤 사람이 정자산에게 살아 있는 물고기를 보내주었다. 그러자 자산은 그 고기를 연못 관리인에게 주면서 연못에다 놓아기르도록 했다.

그런데 관리인이 물고기를 삶아서 먹어 버리고 말았다. 그 뒤 자산에게 말하기를 '물고기를 연못에 놓아주니 처음에는 비실비실 하더니 조금 있으니까 점차 원기를 찾아 활기차게 멀리 헤엄쳐 도망갔습니다.' 라고 거짓말을 했다. 자산은 이 말을 곧이곧대로 듣고는 '물고기가 제 살 곳을 찾아갔구나! 제 살 곳을 찾아갔어!' 하고 기뻐했다. 그러자 연못 관리인은

'누가 자산을 지혜로운 사람이라고 했는가? 내가 벌써 삶아 먹어 버렸는데 그것도 모르고 물고기가 제 살 곳을 찾아갔다고 기뻐하고 있으니 딱한 일이 아닌가.' 하며 비웃었다.

이처럼 사리에 맞는 일을 가지고 군자를 속이려 들면 속일 수가 있는 것이다. 그리고 비록 그것이 거짓말이라 해도 군자는 사리에 맞는다면 이해하고 넘어가는 것이다.

상의 경우에도 비록 순을 죽이려고 했었지만 형님 생각이 간절해져서 찾아왔다는 말은 분명 형제간의 우애가 담긴 것이었으므로, 어찌 되었건 그렇게 말하는 동생을 진심으로 받아들였던 것이다. 그러니 순께서는 동생의 말을 듣고 진심으로 기뻐하셨던 것이다.」

萬章問曰 詩云 娶妻如之何 必告父母 信斯言也 宜莫如舜 舜之不
만장문왈 시운 취처여지하 필고부모 신사언야 의막여순 순지불

告而娶 何也 孟子曰 告則不得娶 男女居室 人之大倫也 如告 則廢
고이취 하야 맹자왈 고즉부득취 남녀거실 인지대륜야 여고 즉폐

人之大倫 以懟父母 是以不告也 萬章曰 舜之不告而娶 則吾旣得聞
인지대륜 이대부모 시이불고야 만장왈 순지불고이취 즉오기득문

命矣 帝之妻舜而不告 何也 曰帝亦知告焉則不得妻也 萬章曰 父母
명의 제지처순이불고 하야 왈제역지고언즉부득처야 만장왈 부모

使舜完廩 捐階 瞽瞍焚廩 使浚井 出 從而揜之 象曰 謨蓋都君 咸
사순완름 연계 고수분름 사준정 출 종이엄지 상왈 모개도군 함

我績 牛羊父母 倉廩父母 干戈朕 琴朕 弤朕 二嫂 使治朕棲 象往
아적 우양부모 창름부모 간과짐 금짐 저짐 이수 사치짐서 상왕

入舜宮 舜在牀琴 象曰 鬱陶思君爾 忸怩 舜曰 惟茲臣庶 汝其于予
입순궁 순재상금 상왈 울도사군이 뉴니 순왈 유자신서 여기우여

治 不識 舜不知象之將殺己與 曰奚而不知也 象憂亦憂 象喜亦喜
치 불식 순부지상지장살기여 왈해이부지야 상우역우 상희역희

曰然則舜僞喜者與 曰否 昔者有饋生魚於鄭子産 子産使校人 畜之
왈연즉순위희자여 왈부 석자유궤생어어정자산 자산사교인 축지

池 校人 烹之 反命曰始舍之 圉圉焉 少則洋洋焉 攸然而逝 子産曰
지 교인 팽지 반명왈시사지 어어언 소즉양양언 유연이서 자산왈

得其所哉 得其所哉 校人出 曰孰謂子産智 予旣烹而食之 曰得其所
득기소재 득기소재 교인출 왈숙위자산지 여기팽이식지 왈득기소

哉 得其所哉 故君子可欺以其方 難罔以非其道 彼以愛兄之道來 故
재 득기소재 고군자가기이기방 난망이비기도 피이애형지도래 고

誠信而喜之 奚僞焉
성신이희지 해위언

– 순의 부모는 순에게 창고를 수리하라고 하고는, 순이 지붕으로 올라가자 사다리를 치워 버렸다. 그리고 아버지인 고수는 창고에 불을 질렀다. 하지만 순은 지붕에 올라갈 때 삿갓 두 개를 가지고 올라갔기 때문에 그것을 이용하여 뛰어내려 다치지 않았다. 그것이 실패로 돌아가자, 이번에는 순을 시켜 우물을 파도록 했다. 순은 우물을 파러 내려갔는데 그때 이복동생 상이 흙을 퍼와 우물을 메워버렸다. 하지만 그래도 순은 살아날 수 있었는데, 우물에 들어가기 전에 미리 곁굴을 만들어 놓았기 때문이었다.

여섯 살 된 소녀가 수혈을 받지 못하면 금방 죽게 되었다. 그런데 그녀의 혈액형은 희귀해서 구하기가 힘들었는데 마침 그녀의 오빠가 혈액형이 동일해서 수혈을 할 수 있게 되었다. 의사가 소년에게 물었다.

"네가 동생을 위해서 피를 줄 수 있겠니?"

"그럼요. 할 수 있어요."

소년은 막상 그렇게 대답은 했지만 너무도 무서웠다.

'피를 다른 사람에게 주고 나면 나는 죽을 텐데, 정말 무섭다. 하지만 내가 죽더라도 내 동생을 살릴 수만 있다면……'

두 어린이는 곧 수술실로 들어갔고 오빠와 동생의 두 눈이 마주쳤을 때 둘은 조용히 웃고 있었다. 점점 소년의 피가 동생에게 흘러 들어가고 있었다. 수혈이 끝나갈 무렵 소년은 의사에게 조용히 물었다.

"선생님, 이제 수혈이 거의 끝났지요?"

"그렇단다. 동생을 위해 정말 좋은 일을 했구나."

"아니에요. 그런데 선생님, 저는 언제 죽게 되나요?"

의사는 놀라서 대답했다.

"너는 죽지 않는단다. 너와 네 동생은 모두 살 수 있단다. 너는 그럼 죽음까지도 무릅쓰고 동생에게 피를 준 거구나."

순임금의 동생을 사랑하는 마음

만장이 맹자에게 물었다.

「순의 이복동생인 상은 항상 순을 죽이려고 벼렀는데, 순께서 천자가 되신 뒤에 그처럼 무도한 상을 죽이지 않고, 그저 먼 곳으로 내쫓기만 한 것은 무슨 까닭에서입니까?」

맹자가 대답했다.

「그런 게 아니다. 상을 쫓아낸 것이 아니라, 유비라는 곳의 임금으로 봉해 주었던 것이다. 그런데 일부 사람들이 잘못 알고 쫓아냈다고 하는 것이다.」

「순께서는 공공을 유주로 귀향 보내고, 환두를 숭산으로 쫓아내었으며, 삼묘 나라의 임금을 삼위에서 죽이고, 곤을 우산에서 사형시켰습니다. 이 네 사람의 악인을 처벌하자 비로소 천하가 모두 복종하게 되었는데, 그것은 결국 불인한 자들을 베었기 때문입니다. 임금으로 봉해 주었으니, 그곳 백성들이 무슨 죄가 있어서 그처럼 무도한 사람을 임금으로 받들어야 한단 말입니까? 순 같은 어진 분이라면 그런 불공평한 일을 해도 된다는 말입니까? 남이면 죽여도 되고 동생은 임금으로 앉혀주어도 된다는 말입니까?」

「어진 사람은 자기 동생에 대해서 노할 때는 노하더라도 그 노여움을 마음속에 두지 않고, 원망할 일이 있어도 원한을 품지 않으며, 오직 친하게 대해 주고 사랑해 줄 따름이다. 동생을 친하게 대해주면 귀하게 되기를 바라는 마음이 생기고, 동생을 사랑하면 부유하게 되기를 바라는 마음이 생기는 법이다. 순께서 상을 유비의 임금으로 봉해 준 것도 동생을 부유하고 귀하게 해주려고 그랬던 것이다. 자신은 천자의 자리에 있으면서 동생은 일개 필부로 그냥 놔둔다면 동생을 친하게 대해주고 사랑해준다고 할 수 없는 일 아니겠느냐?」

「감히 여쭙겠습니다만, 어떤 사람들은 상을 쫓아낸 것이라 하는데, 이건 또 무슨 말입니까?」

「상은 덕이 모자라 유비 땅을 다스릴 재목이 아니었으므로 순께서 관리를 보내 다스리게 하고, 그 나라에서 징수한 조세를 상에게 주었던 것이다. 일부 사람들이 상을 쫓아냈다고 말하는 것이다. 이처럼 순께서 손을 써놓았기 때문에 상이 아무리 유비 땅의 사람들을 괴롭히려 해도 그렇게 할 수가 없었다. 비록 그렇긴 해도 순께서는 늘 상을 만나보고 싶어했기 때문에, 상을 끊임없이 찾아오게 했던 것이다. 옛 책에 '조공을 받는 날이 아닌데도 정치적인 일로 유비의 임금, 즉 상을 만나보았다.'고 한 것은 바로 이것을 두고 한 말이다.」

萬章問曰 象日以殺舜爲事 立爲天子則放之 何也 孟子曰 封之也
만장문왈 상일이살순위사 입위천자즉방지 하야 맹자왈 봉지야

或曰 放焉 萬章曰 舜流共工于幽州 放驩兜于崇山 殺三苗于三危
혹왈 방언 만장왈 순류공공우유주 방환도우숭산 살삼묘우삼위

殛鯀于羽山 四罪而天下咸服 誅不仁也 象至不仁 封之有庳 有庳之
극곤우우산 사죄이천하함복 주불인야 상지불인 봉지유비 유비지

人 奚罪焉 仁人 固如是乎 在他人則誅之 在弟則封之 曰仁人之於
인 해죄언 인인 고여시호 재타인즉주지 재제즉봉지 왈인인지어

弟也 不藏怒焉 不宿怨焉 親愛之而已矣 親之 欲其貴也 愛之 欲其
제야 부장노언 불숙원언 친애지이이의 친지 욕기귀야 애지 욕기

富也 封之有庳 富貴之也 身爲天子 弟爲匹夫 可謂親愛之乎 敢問
부야 봉지유비 부귀지야 신위천자 제위필부 가위친애지호 감문

或曰 放者何謂也 曰象不得有爲於其國 天子使吏治其國 而納其貢
혹왈 방자하위야 왈상부득유위어기국 천자사리치기국 이납기공

稅焉 故謂之放 豈得暴彼民哉 雖然 欲常常而見之 故源源而來 不
세언 고위지방 기득폭피민재 수연 욕상상이견지 고원원이래 불

及貢 以政接于有庳 此之謂也
급공 이정접우유비 차지위야

순임금의 윤리적 행동과 효

제자인 함구몽이 맹자에게 물었다.

「옛부터 전해 오는 말에 '덕이 높은 사람은 임금이 신하로 삼지 못하고 아버지도 자식으로 삼지 못한다. 그렇기 때문에 순임금께서 천자가 되어 남면하고 서시자 그때까지 천자로 계시던 요임금께서 천하의 제후들을 이끌고 북면하여 신하의 예를 갖추어 조회를 하셨다. 순임금의 아버지 고수도 북면하여 신하의 예로 순임금을 뵈었다. 그러자 순임금께서는 자기 아버지가 신하의 예를 갖추어 북면하고 있는 것을 보고, 불안한 표정을 지으셨다. 공자께서는 이 일을 비판하시어, 그때야말로 부자와 군신의 윤리에 혼란이 생겨 천하가 매우 위태로운 상태였다고 말씀하셨다.' 고 하는데 이 말이 정말입니까?」

맹자가 대답했다.

「아니다. 그것은 군자의 말이 아니라 제나라의 동쪽에 있는 시골 야인들 사이에서 전해오는 말이다. 요임금께서 나이가 많이 드셔서 정치를 하시기가 어렵게 되자 순임금으로 하여금 섭정을 하도록 했던 것이다. 〈서경〉 요전에 '순이 섭정한 지 28년째에 요임금이 세상을 떠났다. 그러자 백성들은 자기 부모를 잃은 것처럼 슬퍼하였으며 3년 동안 온 천하가 8음의 음악을 연주하지 않고 조용하게 지냈다.' 고 했다. 공자께서도 '하늘에 두 개의 해가 없듯이 백성들에게도 두 명의 임금이 없다.' 고 말씀하셨다. 만일 순이 요임금이 죽기 전에 천자의 자리에 오르고, 그런 다음 요임금이 돌아가신 뒤에 제후들을 이끌고 3년상을 치렀다면 이는 같은 시대에 천자가 두 사람이었다는 말이 된다. 이런 일은 있을 수 없는 것이다.」

함구몽이 다시 맹자에게 물었다.

「순께서 요임금을 신하로 삼지 않았다는 것은 이제 선생님의 가르침을 들어 잘 알겠습니다. 그런데 〈시경〉 소아편에 '하늘 밑의 온 천하가 왕의 땅이 아닌 곳이 없고, 땅의 끝에까지 살고 있는 백성으로서 왕의 신하가 아닌 사람이 없네.' 라고 하였습니다. 감히 여쭈어보겠습니다. 순께서 천자가 되셨으니 모든 사람들이 다 신하가 된 셈인데, 고수만이 신하가 아니라고 한다면 이건 대체 어떻게 되는 것입니까?」

맹자가 대답했다.

「이 시는 그런 점을 말한 게 아니다. 왕의 일이 힘들여서 부역하느라고 부모를 부양하지 못하는 것을 원망하여 노래한 시다. 즉 '지금 하는 일이 왕의 일이 아닌 것이 하나도 없는데 오로지 나만이 힘들여 일하고 있다.' 고 한탄한 것이다. 결코 자기 아버지를 신하로 다뤄도 좋다고 말한 것은 아니다. 그러므로 시를 해설하는 사람은 글자에 구애되어 말의 뜻을 그르치게 해서는 안 되고, 말에 구애되어 전체의 의미를 손상시켜도 안 된다. 마음으로써 작자가 말하려는 정신을 받아들여야 하는 것이다. 그래야만 비로소 그 시를 올바로 이해할 수 있게 된다. 그런데 만일 말의 뜻만 가지고 시를 이해하려 한다면 〈시경〉 대아의 운한 한편에 나오는 '여왕의 난이 있은 뒤에 주나라에서 생존한 백성은 한 사람도 없네.' 라는 구절도 글자 그대로 본다면 주나라에는 살아 남은 백성이 한 사람도 없다는 것이 되고 마는 것이다. 무릇 효도의 극치는 어버이를 높이는 것보다 더 큰 일이 없고, 어버이를 높이는 것의 극치는 천하의 부를 가지고 봉양하는 것보다 더 큰 일이 없다. 이렇게 볼 때 고수는 천자의 아버지가 되었으니, 순께서는 어버이를 최고로 높여드린 것이나 마찬가지이고, 천하의 부를 가지고 어버이를 봉양하셨으니, 순께서는 어버이를 최고로 봉양해드린 것이나 마찬가지이다. 〈시경〉에 '길이길이 오래 효도하는구나. 이 효도를 곧 모범으로 삼으리라.'고 한 것은 결국 이 점을 말한 것이다. 또한 〈서경〉에 '순은 아들로서 평생 도리를 다하여 아버지 고수를 대하였고 언제나 조심하고 두려운 마음으로 아버지를 섬겼다. 그래서 마침내 고수도 순을 믿고 따르게 되었다.'고 했다. 결국 아버지가 자식의 덕에 감화되었다는 말인데, 이것으로 볼 때 아버지라고 해서 자식을 함부로 다룰 수는 없는 것이다.」

咸丘蒙問日 語云 盛德之士 君不得而臣 父不得而子 舜南面而立
함구몽문왈 어운 성덕지사 군부득이신 부부득이자 순남면이립

堯帥諸侯 北面而朝之 瞽瞍亦北面而朝之 舜見瞽瞍 其容有蹙 孔子
요솔제후 북면이조지 고수역북면이조지 순견고수 기용유축 공자

日 於斯時也 天下殆哉 岌岌乎 不識 此語誠然乎哉 孟子日 否 此
왈 어사시야 천하태재 급급호 불식 차어성연호재 맹자왈 부 차

非君子之言 齊東野人之語也 堯老而舜攝也 堯典日 二十有八載 放
비군자지언 제동야인지어야 요노이순섭야 요전왈 이십유팔재 방

勳乃徂落 百姓如喪考妣 三年 四海遏密八音 孔子日 天無二日 民
훈내조락 백성여상고비 삼년 사해알밀팔음 공자왈 천무이일 민

無二王 舜旣爲天子矣 又帥天下諸侯 以爲堯三年喪 是二天子矣 咸
무이왕 순기위천자의 우솔천하제후 이위요삼년상 시이천자의 함

丘蒙日 舜之不臣堯 則吾旣得聞命矣 詩云 普天之下 莫非王土 率
구몽왈 순지불신요 즉오기득문명의 시운 보천지하 막비왕토 솔

土之濱 莫非王臣 而舜旣爲天子矣 敢問瞽瞍之非臣 如何 日是詩也
토지빈 막비왕신 이순기위천자의 감문고수지비신 여하 왈시시야

非是之謂也 勞於王事 而不得養父母也 日此莫非王事 我獨賢勞也
비시지위야 로어왕사 이부득양부모야 왈차막비왕사 아독현로야

故說詩者 不以文害辭 不以辭害志 以意逆志 是爲得之 如以辭而已
고설시자 불이문해사 불이사해지 이의역지 시위득지 여이사이이

矣 雲漢之詩日 周餘黎民 靡有子遺 信斯言也 是周無遺民也 孝子
의 운한지시왈 주여려민 미유혈유 신사언야 시주무유민야 효자

之至 莫大乎尊親 尊親之至 莫大乎以天下養 爲天子父 尊之至也
지지 막대호존친 존친지지 막대호이천하양 위천자부 존지지야

以天下養 養之至也 詩日 永言孝思 孝思維則 此之謂也 書日 祗載
이천하양 양지지야 시왈 영언효사 효사유칙 차지위야 서왈 지재

見瞽瞍 夔夔齊栗 瞽瞍亦允若 是爲父不得而子也
현고수 기기제률 고수역윤약 시위부부득이자야

고려장 풍습이 있던 고구려 때 박 정승이라는 사람이 있었다. 그는 나이 든 노모를 지게에 짊어지고 고려장을 하기 위해서 산으로 올라갔다. 그가 눈물로 노모에게 마지막 절을 올리자 노모가 말했다.

"네가 길을 잃을까 봐 나뭇가지를 꺾어 표시를 해두었다."

박 정승은 이런 상황에서도 자식을 생각하는 노모를 차마 버리지 못하고 몰래 노모를 모시고 와서 봉양했다.

그 무렵 당나라 사신이 말 두 마리를 끌고 고구려를 찾았다.

사신은 "이 말은 크기와 생김새가 같다. 어미와 새끼를 가려내 보라."고 문제를 냈다.

조정은 매일 회의를 했으나 묘안을 찾지 못했다. 박 정승이 이 문제로 고민하는 것을 보고 노모가 말했다.

"그게 무슨 걱정거리냐. 나처럼 나이 먹은 부모면 누구나 안다. 말을 하루 정도 굶긴 후 여물을 갖다 주어라. 먼저 먹는 놈이 새끼말이다. 새끼를 배불리 먹이고 나중에 먹는 놈이 어미다."

박 정승은 당나라 사신 앞에서 그대로 시행했고, 사신은 고구려인의 지혜에 탄복하고 본국으로 돌아갔다. 박 정승은 임금님께 자초지종을 설명했고 그때부터 고려장은 사라졌다.

민심(民心)은 천심(天心)

만장이 맹자에게 물었다.

「요임금께서 천하를 순임금께 주셨다고 하는데 그게 사실입니까?」

맹자가 대답했다.

「아니다. 천자라고 해서 자기 마음대로 천하를 남에게 줄 권리는 없는 것이다.」

「그렇다면 순임금께서 천하를 얻으신 것은 누가 주어서 그리 된 것입니까?」

「하늘이 주신 것이다.」

「하늘이 주셨다면, 하늘이 이래라 저래라 하면서 자세하게 명령을 했다는 말씀이십니까?」

「그게 아니다. 원래 하늘은 아무 말도 하지 않는 법이다. 다만 그 사람의 행동과 그 행동에서 빚어지는 일의 발자취를 통해서 하늘의 뜻을 표시할 뿐이다.」

「사람의 행동과 일의 발자취를 가지고 하늘이 그 뜻을 보여 준다는 것은 어떤 방법으로 그렇게 하는 것입니까?」

「천자는 천자가 될만한 인물을 찾아내어 하늘에 천거할 수는 있지만, 하늘에 강요해서 자기가 추천한 사람에게 천하를 주도록 할 수는 없다. 천자 아래 있는 제후는 제후가 될만한 인물을 골라 천자에게 천거는 할 수 있지만, 천자에게 강요해서 자기가 추천한 사람을 제후로 삼게 할 수는 없다. 제후 아래 있는 대부도 대부가 될만한 인물을 골라 제후에게 천거는 할 수 있지만, 제후에게 강요해서 자기가 추천한 사람을 대부로 삼게 할 수는 없다. 옛날에 요임금께서는 순을 하늘에 천거하셨고, 하늘은 이를 받아들였다. 그리고 백성들에게 순을 내놓아 여러 가지 일을 시켜보았는데, 하는 일마다 백성들의 마음에 들게 하는 터라 모두가 순을 따랐다. 바로 이러한 것을 두고 하늘은 말을 하지 않지만, 천자로 추천된 사람의 행동과 그 행동에서 빚어지는 일의 발자취를 통해서 하늘의 뜻을 표시하는 것이라고 말하는 것이다.」

「송구합니다만 또 여쭤 보겠습니다. 요임금께서 순을 하늘에 천거하자 하늘이 이를 받아들이고, 백성들에게 내놓아 여러 가지 일을 시켜보니 백성들이 모두 따르게 되었다는 것은 어떤 사실을 가리키는 것입니까?」

「요임금께서 순으로 하여금 천지와 산천의 신들에게 제사를 올리도록 하였는데, 모든 신들이 이를 받아들였다. 이것은 바로 하늘이 받아들였다는 증거이다. 또한 순으로 하여금 여러 가지 정사를 맡겨보았더니 하는 일마다 잘 다스려지고 백성들이 안심하고 따랐다. 이것 역시 백성들이 받아들였다는 증거이다. 이것으로 볼 때 하늘과 백성들이 모두 순에게 천하를 준 것인데, 그렇기 때문에 천자라고 해서 천하를 자기 마음대로 물려주지 못한다는 말이다. 순께서는 요임금을 도와 천하를 통치한 게 28년이나 된다. 이는 사람의 힘만으로는 해낼 수 있는 일이 아니고, 하늘의 뜻에 의해 가능했던 일이다. 요임금께서 세상을 떠나자 순께서는 3년상을 끝낸 뒤, 요임금의 아들 단주에게 천자를 계승시키기 위해 스스로 남쪽 지방으로 몸을 피해 숨었다. 그러나 천하의 제후들은 천자에게 인사를 드리러 요임금의 아들에게 가지 않고 순께서 계신 곳으로 몰려왔다. 또한 성덕을 칭송하여 노래하고자 하는 사람들도 요임금의 아들의 덕을 노래하지 않고, 순의 덕을 노래했다. 이것을 바로 하늘의 뜻이라고 말하는 것이다. 이렇게 된 후에야 순께서는 서울로 돌아와서 천자의 자리에 오르셨다. 만약 요임금께서 세상을 떠나셨을 때, 순께서 궁궐을 차지하고 앉아 요임금의 아들을 강요하여 천자의 자리를 빼앗으려 하셨다면, 이는 찬탈이지 하늘이 천하를 주었다고 할 수 없는 것이다. 〈서경〉 태서편에 '백성들의 눈은 하늘의 눈이고, 백성들의 귀는 하늘의 귀이다.' 라고 한 것은 바로 이것을 두고 말한 것이다. 즉 백성들의 눈과 귀가 향하는 곳에 반드시 하늘의 뜻이 닿아 있다는 것을 나타낸 말이라 하겠다.」

萬章曰 堯以天下與舜 有諸 孟子曰 否 天子不能以天下與人 然則
만 장 왈 요 이 천 하 여 순 유 저 맹 자 왈 부 천 자 불 능 이 천 하 여 인 연 즉

舜有天下也 孰與之乎 曰天與之 天與之者 諄諄然命之乎 曰 否 天
순 유 천 하 야 숙 여 지 호 왈 천 여 지 천 여 지 자 순 순 연 명 지 호 왈 부 천

不言 以行與事 示之而已矣 曰以行與事 示之者 如之何 曰天子能
불 언 이 행 여 사 시 지 이 이 의 왈 이 행 여 사 시 지 자 여 지 하 왈 천 자 능

薦人於天 不能使天與之天下 諸侯能薦人於天子 不能使天子 與之
천 인 어 천 불 능 사 천 여 지 천 하 제 후 능 천 인 어 천 자 불 능 사 천 자 여 지

諸侯 大夫能薦人於諸侯 不能使諸侯 與之大夫 昔者 堯薦舜於天
제 후 대 부 능 천 인 어 제 후 불 능 사 제 후 여 지 대 부 석 자 요 천 순 어 천

而天受之 暴之於民 而民受之 故曰 天不言 以行與事 示之而已矣
이 천 수 지 폭 지 어 민 이 민 수 지 고 왈 천 불 언 이 행 여 사 시 지 이 이 의

曰敢問薦之於天而天受之 暴之於民而民受之 如何 曰使之主祭而
왈 감 문 천 지 어 천 이 천 수 지 폭 지 어 민 이 민 수 지 여 하 왈 사 지 주 제 이

百神享之 是天受之 使之主事而事治 百姓安之 是民受之也 天與之
백 신 향 지 시 천 수 지 사 지 주 사 이 사 치 백 성 안 지 시 민 수 지 야 천 여 지

人與之 故曰 天子不能以天下與人 舜相堯二十有八載 非人之所能
인 여 지 고 왈 천 자 불 능 이 천 하 여 인 순 상 요 이 십 유 팔 재 비 인 지 소 능

爲也 天也 堯崩 三年之喪畢 舜避堯之子於南河之南 天下諸侯朝覲
위 야 천 야 요 붕 삼 년 지 상 필 순 피 요 지 자 어 남 하 지 남 천 하 제 후 조 근

者 不之堯之子而之舜 訟獄者 不之堯之子而之舜 謳歌者 不謳歌堯
자 부 지 요 지 자 이 지 순 송 옥 자 부 지 요 지 자 이 지 순 구 가 자 불 구 가 요

之子而謳歌舜 故曰 天也 夫然後之中國 踐天子位焉 而居堯之宮
지 자 이 구 가 순 고 왈 천 야 부 연 후 지 중 국 천 천 자 위 언 이 거 요 지 궁

逼堯之子 是篡也 非天與也 太誓曰 天視自我民視 天聽自我民聽
핍 요 지 자 시 찬 야 비 천 여 야 태 서 왈 천 시 자 아 민 시 천 청 자 아 민 청

此之謂也
차 지 위 야

태종이 세종에게 왕위를 물려주고 상왕으로 지내고 있던 어느 날, 우연히 두 아전들이 서로 하늘과 사람의 이치를 논하고 있는 것을 보았다.

갑이 말하였다.

"부귀와 영달은 모두 임금에게서 나온다."

이에 을은, "아니 그렇지 않다. 한 계급이 오르거나 한 벼슬을 하게 되는 것은 모두 하늘이 정하는 것이다. 비록 임금이라도 그것은 어쩔 수 없다." 하여 서로 자기 주장을 굽히지 않았다.

태종이 그 말을 엿듣고 나서 종이 쪽지에, '지금 이 쪽지를 가지고 가는 아전에게 한 직급을 올려주기 바라오.' 라고 써서, 갑을 시켜 세종에게 보냈다. 그런데 갑은 그 쪽지를 받고 나오다가 갑자기 복통이 나서 그 쪽지를 을에게 대신 부탁하였다.

다음날 인사 발령 내용을 보니 을은 직급이 올랐으나 갑은 그대로였다. 태종이 이상히 여겨 그 까닭을 알아보았다. 그리고 그 사실을 알고 난 태종은 경탄해 마지않았다.

천명에 따라 계승되는 천하

만장이 맹자에게 물었다.

「우임금 대에 이르러 덕이 쇠약해졌기 때문에 현자에게 천하를 물려주지 않고 자기 자식에게 물려주었다고 하는데, 이것이 사실입니까?」

맹자가 대답했다.

「그렇지 않다. 모두 하늘의 뜻에 달린 문제이다. 하늘이 현자에게 천하를 주려는 뜻이 있으면 그렇게 하는 것이고, 하늘이 천자의 자식에게 천하를 주려는 뜻이 있으면 그렇게 하는 것이다. 옛날에 순임금께서는 우를 하늘에 천거하여 천하를 그에게 물려줄 뜻을 갖고 계신 적이 있었다. 그후 17년 만에 순임금께서 세상을 떠나시자, 우께서는 3년상을 치른 뒤, 순임금의 아들 상균에게 천자를 자리를 잇게 하려고 스스로 몸을 피하여 양성으로 가 계셨다. 그러자 천하의 백성들은 우임금을 따르기를, 예전에 요임금께서 세상을 떠난 뒤 요임금의 아들을 따르지 않고, 순임금을 따르던 것처럼 했다.

우께서는 현신 익을 하늘에 천거했는데, 섭정한 지 7년 만에 세상을 떠나셨다. 익은 3년상을 치른 뒤, 우임금의 아들 계에게 천자의 자리를 양보하기 위해 스스로 기산 북쪽으로 가 숨어 지냈다. 그러나 천자에게 인사를 드리려는 사람이나, 재판을 받으려는 사람들이 익에게 가지 않고 우임금의 아들 계에게 가서 '우리 임금님의 아드님이시다.' 라고 말했다. 또 덕을 칭송하여 노래하는 사람들도 익을 노래하지 않고, 계를 노래했다. 그러니 천자의 아들이더라도 그가 하늘의 뜻을 받은 인물이었음을 알 수 있는 것이다. 요임금의 아들 단주와 순임금의 아들 상균은 현명한 인물이 아니었다. 거기다가 순께서 요임금을 도와 섭정하고, 우께서 순임금을 도와 섭정한 세월은 무척 길었다. 그러니 그 분들의 은혜가 백성들에게 오래 베풀어졌고, 그 은혜를 하늘이 알아 천자의 자리에 오를 수 있었던 것이다.

하지만 계와 익은 달랐다. 우임금의 아들 계는 현명해서 아버지의 덕을 능히 계승할 만했다. 그러나 익은 우임금을 도와 섭정한 세월이 너무 짧고 백성들에게 은혜를 베푼 시일도 짧았기 때문에 천자의 자리에 오르지 못했던 것이다. 이렇게 순·우·익 세 사람이 섭정한 기간에는 길고 짧음이 있었으며, 또 그들의 아들이 현명하거나 그렇지 못한 것은 모두 하늘의 뜻이었으니 인력으로는 어쩔 수 없는 일이었다. 인력으로 안 되는 일이 저절로 이루어지는 것은 하늘의 뜻이고, 인력으로 한 일이 아닌데도 저절로 닥쳐오는 것은 운명이다.

보통 백성으로서 천하를 얻는 경우, 그의 덕은 반드시 순과 우에 필적할 만해야 할 것이며, 또한 천자가 하늘에 천거해 주어야만 천하를 얻을 수 있는 것이다. 그래서 공자 같은 덕이 높은 분도 천자가 천거해 주지 않았기 때문에 천자의 자리에 오르지 못했던 것이다.

또한 아버지로부터 천하를 계승한 경우, 하늘이 그를 천자의 자리에서 물러나게 하는 것은 그 포악함이 걸이나 주와 같았기 때문에 그런 것이다. 그래서 익·이윤·주공 같은 덕이 높은 분들이 천하를 차지하지 못하고 계·태갑·성왕이 천하를 차지했던 것이다.

이윤은 은나라 탕임금의 재상으로 보좌를 잘하여 천하를 통일하게 했다. 그 뒤 탕임금이 세상을 뜨자 태자인 태정은 임금의 자리에 오르지 못하고 죽었다. 태정의 아우 외병은 2년

간 즉위했다가 죽고, 태정의 또 다른 아우 중임은 4년간 즉위했다가 죽었다. 그래서 태정의 아들 태갑이 즉위했는데, 탕임금께서 만들어놓은 법과 제도들을 파괴했다. 그래서 이윤이 태갑을 탕임금의 묘가 있는 동읍으로 추방해 버렸다. 태갑은 3년 동안 자기 잘못을 뉘우치고 수양에 힘썼다. 그리고 자신이 행한 불인을 버리고 옳은 일만을 행하여 이윤의 가르침을 따르자, 이윤은 그를 다시 서울인 박으로 오도록 하여 천자로 받들었던 것이다.

또한 주공께서 천하를 얻지 못한 것은, 하나라에 있어서 익의 처지나, 은나라에 있어서 이윤의 처지와 똑같았다. 그리고 공자께서는 '요 · 순께서는 천하를 어진 현인에게 물려주셨고, 하 · 은 · 주 3대는 대대로 그 자손들에게 천하를 전하였으나 그 도리에 있어서는 같다.'고 하셨다. 이것은 모두 하늘의 뜻과 민심에 따라 천하를 물려주었다는 말이다.」

萬章問曰 人有言 至於禹而德衰 不傳於賢而傳於子 有諸 孟子曰
만장문왈 인유언 지어우이덕쇠 부전어현이전어자 유저 맹자왈

不 不然也 天與賢 則與賢 天與子 則與子 昔者舜薦禹於天 十有七
부 불연야 천여현 즉여현 천여자 즉여자 석자순천우어천 십유칠

年 舜崩 三年之喪畢 禹避舜之子於陽城 天下之民 從之 若堯崩之
년 순붕 삼년지상필 우피순지자어양성 천하지민 종지 약요붕지

後 不從堯之子而從舜也 禹薦益於天 七年 禹崩 三年之喪畢 益避
후 부종요지자이종순야 우천익어천 칠년 우붕 삼년지상필 익피

禹之子於箕山之陰 朝覲訟獄者 不之益而之啓 曰吾君之子也 謳歌
우지자어기산지음 조근송옥자 부지익이지계 왈오군지자야 구가

者 不謳歌益而謳歌啓 曰吾君之子也 丹朱之不肖 舜之子亦不肖 舜
자 불구가익이구가계 왈오군지자야 단주지불초 순지자역불초 순

之相堯 禹之相舜也 歷年多 施澤於民 久 啓賢 能敬承繼禹之道 益
지상요 우지상순야 력년다 시택어민 구 계현 능경승계우지도 익

之相禹也 歷年少 施澤於民 未久 舜 禹 益相去久遠 其子之賢不肖
지상우야 역년소 시택어민 미구 순 우 익상거구원 기자지현불초

皆天也 非人之所能爲也 莫之爲而爲者 天也 莫之致而至者 命也
개천야 비인지소능위야 막지위이위자 천야 막지치이지자 명야

匹夫而有天下者 德必若舜禹 而又有天子薦之者 故仲尼不有天下
필부이유천하자 덕필약순우 이우유천자천지자 고중니불유천하

繼世以有天下 天之所廢 必若桀紂者也 故益 伊尹 周公 不有天下
계세이유천하 천지소폐 필약걸주자야 고익 이윤 주공 불유천하

伊尹相湯 以王於天下 湯崩 太丁未立 外丙二年 仲壬四年 太甲顚
이윤상탕 이왕어천하 탕붕 태정미립 외병이년 중임사년 태갑전

覆湯之典刑 伊尹放之於桐 三年 太甲悔過 自怨自艾 於桐處仁遷義
복 탕지전형 이윤방지어동 삼년 태갑회과 자원자예 어동처인천의

三年 以聽伊尹之訓己也 復歸于亳 周公之不有天下 猶益之於夏 伊
삼년 이청이윤지훈기야 복귀우박 주공지불유천하 유익지어하 이

尹之於殷也 孔子曰 唐虞禪 夏后殷周繼 其義一也
윤지어은야 공자왈 당우선 하후은주계 기의일야

이윤의 인물됨과 업적을 찬양함

만장이 맹자에게 물었다.

「남들이 말하기를 이윤은 요리 솜씨를 가지고 탕임금께 가까이 갔다고 하는데, 이것이 사실입니까?」

맹자가 대답했다.

「아니다. 그렇지가 않다. 이윤은 유신 땅의 논밭에서 농사를 지으면서 요임금과 순임금의 도를 즐기고 있었다. 그리하여 의에 벗어난 일이나 도에 맞지 않는 일이라면 천하를 녹봉으로 준다고 해도 돌아보지 않았고, 제후라야 누릴 수 있는 4천 필의 말을 매어놓고 기다린다 해도 거들떠보지 않았다. 또한 의에 벗어난 일이나 도에 맞지 않는 일이라면 한 오라기의 풀이라도 남에게 주지 않고, 받으려고 하지도 않는 사람이었다.

한번은 탕임금께서 이윤의 사람됨을 듣고 사람을 시켜 예물을 보내면서 그를 초청했다. 그러자 이윤은 태연하게 '탕이 보내온 예물을 가지고 내가 무엇을 하겠는가? 내가 그에게 가는 것이 어찌 밭을 갈며 요순의 도를 즐기는 것과 같을 수 있단 말인가?' 라고 말했다. 그래도 탕임금께서는 계속해서 사람을 시켜 찾아가게 했는데, 그렇게 하기를 세 번이나 거듭하자 이윤은 그제야 마음을 돌려 다음과 같이 말했다.

'내가 밭을 갈며 요순의 도를 즐기는 것보다는 탕임금을 섬겨, 이 임금을 요순 같은 훌륭한 임금으로 만드는 것이 더 낫지 않겠는가? 천하의 백성들을 요임금과 순임금의 백성들처럼 만드는 것이 더 낫지 않겠는가? 그리고 나 역시 요순의 도가 천하에 행해지는 것을 직접 두 눈으로 보는 것이 더 낫지 않겠는가?

하늘이 이 세상에 사람들을 내실 때, 먼저 아는 사람을 시켜 뒤늦게 안 사람을 일깨워주게 하고, 먼저 깨우친 사람을 시켜 뒤늦게 깨우친 사람을 일깨워주게 했다. 나는 하늘이 내신 사람 중에 먼저 깨우친 사람이다. 그렇기 때문에 나는 이 요순의 도를 가지고 천하의 백성들을 일깨워 주겠다. 만일 내가 이 백성들을 일깨워 주지 않으면 누가 일깨워 준단 말인가?

이윤은 천하의 백성들 중에 일개 필부필부에 이르기까지 단 한 사람이라도, 요순의 은덕을 입지 못한 자가 있다면, 그것을 마치 자기가 그를 도랑에 밀어 넣은 것처럼 생각했다. 이윤이 천하의 중대한 사명을 짊어지고 나선 것이 이러했다. 그래서 탕임금에게로 가 하나라의 포악한 임금인 걸을 치도록 권유하여 폭정에 시달리던 백성들을 구했던 것이다.

나는 지금까지 자신의 올바른 도리를 굽히고 남을 바로잡아 주었다는 말은 들어본 적이 없다. 하물며 자신을 욕되게 하는 행위를 하면서 천하를 바로잡는다는 말이야 해서 무엇하겠는가?

성인들의 행동이란 경우에 따라 다를 수가 있어서, 세상을 피하여 은둔하기도 하고, 세상으로 나아가 벼슬하기도 하며, 그러다가 뜻이 맞지 않으면 떠나기도 하고, 그대로 견디면서 머물러 있기도 한다. 하지만 결국은 다 자기 몸을 깨끗하게 보전한다는 점에 있어서는 모두가 마찬가지이다.

나는 이윤이 요순의 도를 가지고 탕임금에게 벼슬하기를 요구했다는 말은 들었어도, 요리
하는 솜씨를 가지고 벼슬하기를 요구했다는 말은 들은 적이 없다.
〈서경〉 이훈편에도 '하늘이 걸왕을 공격한 것은 목궁에서부터 시작되었으나, 나 이윤은
이미 박에서부터 탕임금을 도와 이 일을 시작하고 있었다.'고 나와 있으니 요리 운운하는
것은 옳지 않다.」

萬章問曰 人有言 伊尹以割烹要湯 有諸 孟子曰 否 不然 伊尹耕於
만 장 문 왈　인 유 언　이 윤 이 할 팽 요 탕　유 저　맹 자 왈　부　불 연　이 윤 경 어

有莘之野 而樂堯舜之道焉 非其義也 非其道也 祿之以天下 弗顧也
유 신 지 야　이 락 요 순 지 도 언　비 기 의 야　비 기 도 야　록 지 이 천 하　불 고 야

繫馬千駟 弗視也 非其義也 非其道也 一介 不以與人 一介 不以取
계 마 천 사　불 시 야　비 기 의 야　비 기 도 야　일 개　불 이 여 인　일 개　불 이 취

諸人 湯使人以幣聘之 囂囂然曰 我何以湯之聘幣爲哉 我豈若處畎
저 인　탕 사 인 이 폐 빙 지　효 효 연 왈　아 하 이 탕 지 빙 폐 위 재　아 기 약 처 견

畝之中 由是以樂堯舜之道哉 湯三使往聘之 旣而 幡然改曰 與我處
무 지 중　유 시 이 락 요 순 지 도 재　탕 삼 사 왕 빙 지　기 이　번 연 개 왈　여 아 처

畎畝之中 由是以樂堯舜之道 吾豈若使是君 爲堯舜之君哉 吾豈若
견 무 지 중　유 시 이 락 요 순 지 도　오 기 약 사 시 군　위 요 순 지 군 재　오 기 약

使是民 爲堯舜之民哉 吾豈若於吾身 親見之哉 天之生此民也 使先
사 시 민　위 요 순 지 민 재　오 기 약 어 오 신　친 견 지 재　천 지 생 차 민 야　사 선

知覺後知 使先覺覺後覺也 予天民之先覺者也 予將以斯道覺斯民
지 각 후 지　사 선 각 각 후 각 야　여 천 민 지 선 각 자 야　여 장 이 사 도 각 사 민

也 非予覺之 而誰也 思天下之民 匹夫匹婦 有不被堯舜之澤者 若
야　비 여 각 지　이 수 야　사 천 하 지 민　필 부 필 부　유 불 피 요 순 지 택 자　약

己推而內之溝中 其自任以天下之重如此 故就湯而說之 以伐夏救
기 추 이 납 지 구 중　기 자 임 이 천 하 지 중 여 차　고 취 탕 이 세 지　이 벌 하 구

民 吾未聞枉己而正人者也 況辱己以正天下者乎 聖人之行不同也
민　오 미 문 왕 기 이 정 인 자 야　황 욕 기 이 정 천 하 자 호　성 인 지 행 부 동 야

或遠 或近 或去 或不去 歸潔其身而已矣 吾聞其以堯舜之道要湯
혹 원　혹 근　혹 거　혹 불 거　귀 결 기 신 이 이 의　오 문 기 이 요 순 지 도 요 탕

未聞以割烹也 伊訓曰 天誅造攻 自牧宮 朕載自亳
미 문 이 할 팽 야　이 훈 왈　천 주 조 공　자 목 궁　짐 재 자 박

의와 천명을 중시한 공자의 처신

만장이 맹자에게 물었다.

「어떤 사람이 말하기를 공자께서 위나라에 계실 때는 옹저를 치료하는 의원집에 머무셨고, 제나라에 계실 때는 내시 척환의 집에 머무셨다고 하는데, 정말 그런 일이 있었습니까?」

맹자가 대답했다.

「아니다. 그런 일은 없었다. 일 벌이기를 좋아하는 사람들이 꾸며서 그런 말을 한 것이다. 공자께서 위나라에 계실 때는 어진 대부인 안수유의 집에 머무셨다. 위나라 영공이 총애한 신하인 미자하의 아내는 공자의 제자인 자로의 아내와 자매간이었다. 그래서 미자하가 자로에게 말하기를 '공자께서 우리 집에 머물러 계시기만 한다면 내가 추천하여 위나라 경의 자리를 얻어 드리도록 하겠습니다.' 라고 했다. 그 말을 자로가 공자에게 전하자 공자는 '천명이 있는데, 왜 내가 무리하게 얻으려 하겠느냐?' 며 사양하셨다. 이처럼 공자께서는 나아가시는 데는 예에 따라 하셨고, 물러나시는 데는 의에 따라 하셨으며, 벼슬을 얻고 못 얻는 것은 천명에 달려 있다고 말씀하셨다. 만일 공자께서 종기 치료하는 의원의 집이나 내시의 집에 머무셨다면, 그것은 의도 무시하고 천명도 저버린 일이 될 것이다.

공자께서는 노나라나 위나라에서는 환영을 받지 못하셨기 때문에 송나라로 가시고자 했는데, 그때 송나라 사마 벼슬에 있던 환퇴가 공자께서 지나가는 길목을 지키다가 살해하려하자 할 수 없이 변장을 하신 채 송나라를 지나가셨다. 이처럼 불미스런 봉변을 당하시고도 공자께서는 당시 진나라의 현자였던 사성 정자의 집에 머무셨다.

내가 듣기에 가까운 신하의 됨됨이를 살펴보려면 그의 집에 머물고 있는 사람의 됨됨이를 살펴보면 되고, 먼 곳에 떨어져 벼슬을 하고 있는 사람의 됨됨이를 알아보려면 그가 머물고 있는 집주인의 됨됨이를 살펴보면 알 수 있다고 했다. 만일 공자께서 종기를 치료하는 의원이나 내시 같은 사람의 집에 머무셨다면, 왜 사람들이 공자를 성인으로 받들겠느냐?」

萬章問日 或謂孔子於衛 主癰疽 於齊主侍人瘠環 有諸乎 孟子日
만장문왈 혹위공자어위 주옹저 어제주시인척환 유저호 맹자왈

否 不然也 好事者爲之也 於衛主顔讐由 彌子之妻 與子路之妻 兄
부 불연야 호사자위지야 어위주안수유 미자지처 여자로지처 형

弟也 彌子謂子路日 孔子主我 衛卿可得也 子路以告 孔子日 有命
제야 미자위자로왈 공자주아 위경가득야 자로이고 공자왈 유명

孔子進以禮 退以義 得之不得 日有命 而主癰疽與侍人瘠環 是無義
공자진이례 퇴이의 득지부득 왈유명 이주옹저여시인척환 시무의

無命也 孔子不悅於魯衛 遭宋桓司馬 將要而殺之 微服而過宋 是時
무명야 공자불열어노위 조송환사마 장요이살지 미복이과송 시시

孔子當阨 主司城貞子 爲陳侯周臣 吾聞觀近臣 以其所爲主 觀遠臣
공자당액 주사성정자 위진후주신 오문관근신 이기소위주 관원신

以其所主 若孔子 主癰疽與侍人瘠環 何以爲孔子
이 기 소 주   약 공 자   주 옹 저 여 시 인 척 환   하 이 위 공 자

❀ • • • • • •

1960년대, 슈바이처는 노벨 평화상을 받기 위해 아프리카를 떠나 유럽으로 향했다. 그는 파리에 내려서 시상식 장소인 덴마크행 기차를 탔다.

그때 슈바이처가 왔다는 이야기를 들은 기자들이 취재하기 위해서 같은 기차를 탔다. 그들은 슈바이처와 같이 가면서 기차 안에서 여러 대화를 통해 기사를 작성하려고 했는데 도무지 슈바이처를 찾을 수가 없었다.

기자들은 당연히 특등실에 가서 슈바이처를 찾았다. 그러나 그곳에 없었다. 그래서 1등칸에 가 보았다. 그곳에도 찾을 수가 없었다.

2등칸에도 갔다. 역시 없었다. 마지막으로 3등칸에 가니 매우 가난한 시골 사람들이 나무로 된 의자에 쭈그리고 앉아 있었는데 거기서 슈바이처가 그들을 진맥하고 있었다.

기자들이 슈바이처에게 물었다.

"선생님께서 어째서 이렇게 남루한 3등칸에서 고생하며 가십니까?"

그러자 슈바이처가 대답했다.

"나는 나를 필요로 하는 그곳을 찾아다니며 살아왔습니다. 지금도 나는 그렇게 살 뿐입니다."

백리해의 현명한 판단

만장이 맹자에게 물었다.

「어떤 사람이 말하기를 '백리해는 스스로 진나라의 희생치는 사람에게 자기 몸을 팔았는데, 그 값이 양가죽 다섯 장이었다. 그는 희생치는 사람 집에서 희생에 쓸 소를 길러주고 있었는데 기회를 잡아 진목공에게 벼슬자리를 부탁했다' 고 하는데 그게 사실입니까?」

맹자가 대답했다.

「아니다. 그렇지 않다. 말 꾸미는 사람들이 꾸며서 그런 말을 한 것이다. 백리해는 우나라 사람이었다. 한번은 진나라 사람들이 수극 지방에서 생산되는 훌륭한 옥과 굴 땅에서 생산되는 훌륭한 말을 우나라에 선물로 보냈다. 괵나라를 정벌하러 가는데 우나라를 통과해 갈 수 있도록 허락해 달라고 부탁하기 위해서였다. 그때 궁지기라는 사람은 우나라 임금에게 길을 내어주어서는 안 된다고 간했으나, 백리해는 간하지 않았다. 백리해는 길을 내주지 말라고 간해도 자기 임금은 이미 선물에 눈이 멀어 길을 내주고 말리라는 것을 알고 진나라로 가버렸던 것이다. 그때 그의 나이가 이미 70세였다. 그렇게 나이를 많이 먹은 사람이 만일 소를 사육해 주는 일을 하면서 기회를 보아 진목공에게 벼슬자리를 구걸하는 행위가 수치스러운 짓임을 몰랐다면 그는 결코 지혜롭지 못한 사람이었을 것이다.

그러나 백리해는 이미 우나라 임금에게 간해도 소용이 없다는 것을 알고 간하지 않았기 때문에 지혜롭지 못한 사람이라고 말할 수 없는 것이다. 또한 그는 장차 우나라가 망할 줄 알고 미리 우나라를 떠났으니 역시 지혜롭지 못한 사람이라고 말할 수 없는 것이다.

그리고 우나라를 떠난 백리해는 마침 진나라에 등용되어, 목공이 함께 일할 만한 임금임을 알아보고 그의 재상이 되어 함께 일을 도모했으니 역시 지혜롭지 못한 사람이라고 말할 수 없는 것이다. 이렇게 진나라 목공을 도와서 그 주군의 이름을 천하에 유명해지게 만들어 후세에까지 전하여지도록 하였으니, 현자가 아니고서야 그런 일을 해낼 수가 있었겠느냐? 스스로 자기 몸을 팔아서 자기 주군의 공업 성취하도록 하는 일은 시골에 틀어박힌 사람조차 하지 않는데, 하물며 백리해 같은 현자가 쓸데없이 자기 몸을 팔았겠냐?」

萬章問日 或日 百里奚 自鬻於秦養牲者 五羊之皮 食牛 以要秦穆
만장문왈 혹왈 백리해 자육어진양생자 오양지피 식우 이요진목

公 信乎 孟子日 否 不然 好事者爲之也 百里奚 虞人也 晉人以垂
공 신호 맹자왈 부 불연 호사자위지야 백리해 우인야 진인이수

棘之璧 與屈産之乘 假道於虞 以伐虢 宮之奇諫 百里奚不諫 知虞
극지벽 여굴산지승 가도어우 이벌괵 궁지기간 백리해불간 지우

公之不可諫而去 之秦 年已七十矣 曾不知以食牛 干秦穆公之爲汚
공지불가간이거 지진 년이칠십의 증부지이식우 우진목공지위오

也 可謂智乎 不可諫而不諫 可謂不智乎 知虞公之將亡而先去之 不
야 가위지호 불가간이불간 가위부지호 지우공지장망이선거지 불

可謂不智也 時擧於秦 知穆公之可與有行也而相之 可謂不智乎 相
가 위 부 지 야　시 거 어 진　지 목 공 지 가 여 유 행 야 이 상 지　가 위 부 지 호　상

秦而顯其君於天下 可傳於後世 不賢而能之乎 自鬻以成其君 鄕黨
진 이 현 기 군 어 천 하　가 전 어 후 세　불 현 이 능 지 호　자 육 이 성 기 군　향 당

自好者不爲 而謂賢者爲之乎
자 호 자 불 위　이 위 현 자 위 지 호

– 중국 춘추시대에는 주(周)나라에 천자(天子)가 있었으나, 실질적인 힘을 갖고 있지는 못했고, 여러
제후국(諸侯國)이 난립하여 서로 힘을 겨루며 패권을 차지하려고 했다. 또한 이 무렵에는 중국 주변에
있는 이민족들도 세력을 키워 자주 침입을 시도했다. 따라서 힘이 있는 제후는 이미 권위를 상실한 주나
라 황실을 지키고 여러 제후국들을 다스리며 천하의 질서를 유지해 나갔다.

이때 여러 제후국의 지도자 위치에 있는 제후를 '패자(霸者)'라고 불렀는데, 춘추시대에는 유명한 다
섯 패자가 있어 이들을 춘추오패(春秋五霸)라 불렀다. 춘추오패는 오백(五佰)이라고도 하는데, 제(齊)
나라 환공(桓公), 진(晋)나라 문공(文公), 초(楚)나라 장왕(莊王), 오(吳)나라 합려(闔閭), 월(越)나라 구
천(句踐)을 말한다. 여기서 오나라 합려와 월나라 구천 대신에 송(宋)나라 양공(襄公)과 진(秦)나라의 목
공(穆公)을 넣기도 하며, 또 초나라 장왕을 빼고 오(吳)나라 부차(夫差)를 넣기도 한다.

⬚ • • • • • •

알렉산더 대왕이 친한 친구로부터 귀한 선물을 받았다. 선물은 잘 훈련
된 사냥개 두 마리였다. 사냥을 즐겼던 대왕은 매우 기뻐했다.

어느 날 대왕은 사냥개를 데리고 토끼사냥을 나갔다. 그런데 개들은 사
냥할 생각이 전혀 없는 듯했다. 달아나는 토끼를 물끄러미 바라보며 빈둥
빈둥 누워 있었다. 알렉산더 대왕은 화가 나서 사냥개들을 모두 죽여버렸
다. 그리고 대왕은 사냥개를 선물한 친구를 불러 호통을 쳤다.

"토끼 한 마리도 잡지 못하는 볼품 없는 개들을 왜 내게 선물했는가? 그
쓸모 없는 사냥개들을 내가 모두 죽여버렸다."

친구는 대왕의 말을 듣고 실망스런 표정을 지었다.

"대왕이시여, 그 사냥개들은 토끼를 잡기 위해 훈련된 개들이 아닙니다.
호랑이와 사자를 사냥하기 위해 오랜 시간 훈련받은 개들입니다."

친구의 말을 듣고 알렉산더 대왕은 땅을 치며 후회했다.

제 5 장 · 하

萬章

章句 · 下

만장 장구 · 하

백이 · 이윤 · 유하혜 · 공자에 대해

맹자가 말했다.

「백이는 눈으로 부정한 것을 보지 않았고, 귀로 부정한 소리를 듣지 않았다. 자기와 맞지 않는 임금은 섬기지 않았고, 자기와 맞지 않는 백성은 부리지 않았다. 또한 세상이 잘 다스려지면 정치하러 나아갔고, 세상이 어지러우면 물러났다. 그는 도리에 맞지 않는 사나운 정치를 하는 곳과 도리를 어기는 사나운 백성이 사는 곳에서는 살지 못했다. 예의도 모르는 시골사람들과 섞여 사는 것을 조정의 예관을 갖추고 진흙탕에서 뒹구는 것으로 여겼다. 그래서 은나라 폭군인 주왕 때를 당해서는 북해의 변두리로 피해 살면서 천하가 깨끗해지기를 기다렸다. 그래서 백이의 인품을 들은 사람들은 아무리 우둔하고 지각이 없는 사람이라도 청렴해지고, 나약하고 겁이 많은 사람이라도 지조를 세울 수 있게 된다.

이윤은 백이와 대조적으로 어느 임금이든 섬기면 나의 임금이고, 어느 백성이든 부리면 나의 백성이 된다고 생각했다. 그리고 세상이 잘 다스려져도 정치를 하러 나아가고, 세상이 어지러워도 나아가 정치를 했다. 이윤은 말하기를 '하늘이 이 세상에 사람들을 내실 때, 먼저 아는 사람을 시켜 뒤늦게 안 사람을 일깨워주게 하고, 먼저 깨우친 사람을 시켜 뒤늦게 깨우친 사람을 일깨워주게 했다. 나는 하늘이 내신 사람 중에 먼저 깨우친 사람이다. 그렇기 때문에 나는 요순의 도를 가지고 천하의 백성들을 일깨워 주겠다.' 고 했다.

이윤은 천하의 백성들 중에 일개 필부필부에 이르기까지 단 한 사람이라도, 요순의 은덕을 입지 못한 자가 있다면, 그것을 마치 자기가 그를 도랑에 밀어 넣은 것처럼 생각했다. 이윤이 천하의 중대한 사명을 짊어지고 나선 것이 이러했다.

노나라 대부 유하혜도 백이와는 정반대였다. 그는 부정한 임금을 섬겨도 부끄러워하지 않았고, 하찮은 벼슬도 창피해 하지 않았다. 그는 스스로 자신의 현명함을 숨기지 않아 벼슬에 나아가 신념대로 일을 추진했고, 버림받는다 해도 원망하지 않았다. 또 가난에 시달려도 걱정하지 않았고, 시골사람들과 함께 어울릴 때도 너그럽게 대해주고 떠나지 못했다. 그래서 그는 '너는 너이고 나는 나다. 내 곁에서 너희들이 벌거벗고 설친다해도 너희들이 더럽혀질 뿐이지 나는 더럽혀지지 않는다.' 고 생각했다. 그래서 유하혜의 인품을 들은 사람은 아무리 편협한 사람이라도 너그러워지고, 박정한 사람이라도 인정이 후하게 된다.

공자께서는 제나라를 떠날 때 밥을 지으려고 앉혀놓은 쌀을 건져가지고 갈 정도로 서둘렀지만, 고국인 노나라를 떠날 때는 '내 발이 잘 떨어지지 않는구나.' 하며 천천히 떠나셨다. 빨리 떠나야 할 경우에는 빨리 떠나고, 오래 머물러 있을 만하면 오래 머물러 있으며, 벼슬을 해야 할 경우에는 나아가 벼슬하는 등 경우에 맞는 행동을 하신 분이 바로 공자시다.」

맹자가 결론을 내려 말했다.

「백이는 성인 가운데 청렴 면에서 대표적인 분이었고, 이윤은 성인 가운데 책임감이 강한 면에서 대표적인 분이었으며, 유하혜는 성인 중 사람들과 조화를 잘 이루는 면에서 대표적인 분이었고, 공자께서는 성인 가운데서도 시기를 잘 맞추어 행동하셨던 분이었다. 공자를 가리켜 덕을 집대성한 분이라고 하는 것이다. 집대성했다는 것은, 음악에 비유하면

악기 소리를 모여 연주하는 것과 같다. 먼저 종소리를 내고 나중에 옥경을 울린다. 종소리를 울리는 것은 음의 합주를 조리 있게 이끄는 것이고, 옥경을 울리는 것은 합주를 조리 있게 마무리하는 것이다. 처음에 조리 있게 인도한다는 것은 지의 작용을 뜻하고, 나중에 조리 있게 마무리한다는 것은 성의 힘이다. 결국 집대성은 지의 작용과 성의 힘을 겸비한 것이다. 예를 들어, 1백 보 떨어진 곳에서 활을 쏠 때, 활을 당기는 기술이 지에 해당하고, 과녁에까지 도달하게 하는 힘은 성에 해당한다. 이때 화살이 과녁에까지 이르게 하는 것은 화살을 쏜 사람의 힘에 의한 것이지만, 명중을 하고 안 하고는 힘이 아니라 기술이다.」

孟子曰 伯夷 目不視惡色 耳不聽惡聲 非其君不事 非其民不使 治
맹자왈 백이 목불시악색 이불청악성 비기군불사 비기민불사 치

則進 亂則退 橫政之所出 橫民之所止 不忍居也 思與鄕人處 如以
즉진 란즉퇴 횡정지소출 횡민지소지 불인거야 사여향인처 여이

朝衣朝冠 坐於塗炭也 當紂之時 居北海之濱 以待天下之淸也 故聞
조의조관 좌어도탄야 당주지시 거북해지빈 이대천하지청야 고문

伯夷之風者 頑夫廉 懦夫有立志 伊尹曰 何事非君 何使非民 治亦
백이지풍자 완부렴 나부유립지 이윤왈 하사비군 하사비민 치즉

進 亂亦進 曰天之生斯民也 使先知 覺後知 使先覺 覺後覺 予天民
진 란즉진 왈천지생사민야 사선지 각후지 사선각 각후각 여천민

之先覺者也 予將以此道覺此民也 思天下之民 匹夫匹婦 有不與被
지선각자야 여장이차도각차민야 사천하지민 필부필부 유불여피

堯舜之澤者 若己推而內之溝中 其自任以天下之重也 柳下惠 不羞
요순지택자 약기추이납지구중 기자임이천하지중야 류하혜 불수

汚君 不辭小官 進不隱賢 必以其道 遺佚而不怨 阨窮而不憫 與鄕
오군 불사소관 진불은현 필이기도 유일이불원 액궁이불민 여향

人處 由由然不忍去也 爾爲爾 我爲我 雖袒裼裸裎於我側 爾焉能浼
인처 유유연불인거야 이위이 아위아 수단석라정어아측 이언능면

我哉 故聞柳下惠之風者 鄙夫寬 薄夫敦 孔子之去齊 接淅而行 去
아재 고문류하혜지풍자 비부관 박부돈 공자지거제 접석이행 거

魯 曰遲遲 吾行也 去父母國之道也 可以速則速 可以久則久 可以
로 왈지지 오행야 거부모국지도야 가이속즉속 가이구즉구 가이

處則處 可以仕則仕 孔子也 孟子曰 伯夷 聖之淸者也 伊尹 聖之任
처즉처 가이사즉사 공자야 맹자왈 백이 성지청자야 이윤 성지임

者也 柳下惠 聖之和者也 孔子 聖之時者也 孔子之謂集大成 集大
자야 류하혜 성지화자야 공자 성지시자야 공자지위집대성 집대

成也者 金聲而玉振之也 金聲也者 始條理也 玉振之也者 終條理也
성야자 금성이옥진지야 금성야자 시조리야 옥진지야자 종조리야

始條理者 智之事也 終條理者 聖之事也 智譬則巧也 聖譬則力也
시조리자 지지사야 종조리자 성지사야 지비즉교야 성비즉력야

由射於百步之外也 其至 爾力也 其中 非爾力也
유사어백보지외야 기지 이력야 기중 비이력야

작위와 녹봉의 서열

위나라 사람인 북궁기가 맹자에게 물었다.

「주나라 왕실에서는 작위와 녹봉의 서열이 어떠하였습니까?」

맹자가 대답했다.

「자세한 것은 들은 바가 없소. 왜냐하면 제후들이 제멋대로 작위와 녹봉을 정해 시행하여 자기들에게 해가 될까봐 그와 관련된 문헌들을 모두 없애 버렸기 때문이오. 하지만 나는 예전에 그것에 대해 들은 일이 있으니 아는 대로 말해보겠소.

천하에는 모두 5등급이 있는데, 천자가 한 지위를 차지하고, 그 밑에 공이 한 지위, 후가 한 지위, 백이 한 지위, 자와 남이 한 지위를 차지하고 있소.

나라에는 모두 6등급이 있는데, 임금이 한 지위를 차지하고, 경이 한 지위, 대부가 한 지위, 상사가 한 지위, 중사가 한 지위, 하사가 한 지위를 차지하고 있소.

천자가 영위하는 영토는 사방 1천 리, 공·후는 사방 1백 리, 백은 사방 70리, 자·남은 사방 50리였소. 사방 50리가 못 되는 영토를 갖고 있는 작은 나라는 천자에게 직접 조공을 바치지 않고 인근의 제후에게 복속시켰으니 이를 부용이라고 불렀소.

녹봉에 있어서는 이러하였소.

천자의 경이 받는 영지는 후에 준하고, 대부는 백에 준하며, 상사는 자·남에 준하였소. 큰 나라는 사방 1백 리이니 임금은 경의 녹봉의 10배, 경은 대부의 4배, 대부는 상사의 2배, 상사는 중사의 2배, 중사는 하사의 2배, 하사는 서민 중에서 벼슬하는 자와 녹봉이 같았는데, 그 녹봉은 농사 짓는 것을 대신하기에 충분한 것이었소.

그 다음 가는 나라는 그 영지가 사방 70리인데, 임금은 그 나라 경이 받는 녹봉의 10배이고, 경은 대부의 3배, 대부는 상사의 2배, 상사는 중사의 2배, 중사는 하사의 2배, 하사는 서민 중에서 벼슬하는 자와 녹봉이 같았는데, 그 녹봉은 농사 짓는 것을 대신하기에 충분한 것이었소.

작은 나라는 그 영지가 사방 50리인데, 임금은 그 나라 경이 받는 녹봉의 10배이고, 경은 대부의 2배, 대부는 상사의 2배, 상사는 중사의 2배, 중사는 하사의 2배, 하사는 서민 중에서 벼슬하는 자와 녹봉이 같았는데, 그 녹봉은 농사 짓는 것을 대신하기에 충분한 것이었소.

농민의 소득은 이러하였소. 한 농민이 1백 묘의 땅을 분배받아, 이 농지를 가꾸어 수확한 것으로 농사를 가장 잘 짓는 상(上)농부는 9명의 식구를 먹여 살리고, 중농부는 8명의 식구를 먹여 살리며, 그 다음 중농부는 7명의 식구를 먹여 살리고, 하농부는 5명의 식구를 먹여 살렸소. 서민으로서 관직에 있는 사람들은 그 녹봉을 이와 같은 농부 소득의 차등을 표준으로 삼아 5등급으로 구분했소.」

北宮錡問日 周室班爵祿也 如之何 孟子日 其詳不可得而聞也 諸侯
북 궁 기 문 왈　주 실 반 작 록 야　여 지 하　맹 자 왈　기 상 불 가 득 이 문 야　제 후

惡其害己也 而皆去其籍 然而軻也 嘗聞其略也 天子一位 公一位
오 기 해 기 야 　 이 개 거 기 적 　 연 이 가 야 　 상 문 기 략 야 　 천 자 일 위 　 공 일 위

侯一位 伯一位 子男同一位 凡五等也 君一位 卿一位 大夫一位 上
후 일 위 　 백 일 위 　 자 남 동 일 위 　 범 오 등 야 　 군 일 위 　 경 일 위 　 대 부 일 위 　 상

士一位 中士一位 下士一位 凡六等 天子之制 地方千里 公侯 皆方
사 일 위 　 중 사 일 위 　 하 사 일 위 　 범 육 등 　 천 자 지 제 　 지 방 천 리 　 공 후 　 개 방

百里 伯 七十里 子男 五十里 凡四等 不能五十里 不達於天子 附
백 리 　 백 　 칠 십 리 　 자 남 　 오 십 리 　 범 사 등 　 불 능 오 십 리 　 부 달 어 천 자 　 부

於諸侯 曰附庸 天子之卿 受地視侯 大夫 受地視伯 元士 受地視子
어 제 후 　 왈 부 용 　 천 자 지 경 　 수 지 시 후 　 대 부 　 수 지 시 백 　 원 사 　 수 지 시 자

男 大國地方百里 君十卿祿 卿祿 四大夫 大夫 倍上士 上士 倍中
남 　 대 국 지 방 백 리 　 군 십 경 록 　 경 록 　 사 대 부 　 대 부 　 배 상 사 　 상 사 　 배 중

士 中士 倍下士 下士 與庶人在官者 同祿 祿 足以代其耕也 次國
사 　 중 사 　 배 하 사 　 하 사 　 여 서 인 재 관 자 　 동 록 　 록 　 족 이 대 기 경 야 　 차 국

地方七十里 君十卿祿 卿祿 三大夫 大夫 倍上士 上士 倍中士 中
지 방 칠 십 리 　 군 십 경 록 　 경 록 　 삼 대 부 　 대 부 　 배 상 사 　 상 사 　 배 중 사 　 중

士 倍下士 下士 與庶人在官者 同祿 祿足以代其耕也 小國地方五
사 　 배 하 사 　 하 사 　 여 서 인 재 관 자 　 동 록 　 록 족 이 대 기 경 야 　 소 국 지 방 오

十里 君十卿祿 卿祿 二大夫 大夫 倍上士 上士 倍中士 中士 倍下
십 리 　 군 십 경 록 　 경 록 　 이 대 부 　 대 부 　 배 상 사 　 상 사 　 배 중 사 　 중 사 　 배 하

士 下士 與庶人在官者同祿 祿足以代其耕也 耕者之所獲 一夫百畝
사 　 하 사 　 여 서 인 재 관 자 동 록 　 록 족 이 대 기 경 야 　 경 자 지 소 획 　 일 부 백 무

百畝之糞 上農夫 食九人 上次 食八人 中食七人 中次 食六人 下
백 무 지 분 　 상 농 부 　 식 구 인 　 상 차 　 식 팔 인 　 중 식 칠 인 　 중 차 　 식 육 인 　 하

食五人 庶人在官者 其祿 以是爲差
식 오 인 　 서 인 재 관 자 　 기 록 　 이 시 위 차

우정에 대하여

만장이 맹자에게 물었다.
「친구와 교제하는 도리가 무엇인지 여쭤 보고자 합니다.」
맹자가 대답했다.
「자기가 나이가 많다고 해서 우쭐대지 말고, 자기가 존귀한 지위에 있다고 해서 우쭐대지 말며, 권세 있는 형제가 있음을 내세워 우쭐대지 않으면서 친구를 사귀어야 한다. 친구를 사귄다는 것은 그 사람의 덕을 존중해야 하는 것이기 때문에 다른 어떤 것을 믿고 우쭐대거나 해서는 안 되는 것이다.
노나라 대부였던 맹헌자는 병거 1백 승을 거느린 집안이었다. 그에게 다섯 친구가 있었다. 악정구와 목중 두 사람의 이름은 기억하고 있는데, 나머지 세 사람은 이름을 잊어버렸다. 맹헌자가 이 다섯 사람과 진정한 우정을 나눌 수 있었던 것은 그가 자기 가문의 부귀를 마음에 두지 않기 때문이었다. 그 다섯 사람들 역시 맹헌자의 집안이 부유하다는 사실을 마음속에 두고 있었다면 그와 진정한 우정을 나눌 수 없었을 것이다.
단지 1백 승의 집안 사람만이 그 같은 우정을 나누었던 것은 아니다. 작은 나라의 임금도 그러한 교우를 한 사례가 있다. 비나라 혜공은 '나는 자사를 스승으로서 존경하고 안반은 벗으로서 사귄다. 왕순과 장식은 이와 다른데, 그 두 명은 나를 섬기는 자들일 뿐이다.' 라고 말했다.
단지 작은 나라의 임금만이 그 같은 우정을 나누었던 것은 아니다. 큰 나라의 임금도 그러한 교우를 한 사례가 있다. 진나라 평공은 해당과 사귀는 데 있어, 해당이 들어오라고 하면 들어가고, 앉으라고 하면 앉고, 먹으라고 하면 먹었다. 평공은 비록 거친 밥과 야채 국물일지라도 배불리 먹었는데, 해당과 같은 현자가 권하는 바람에 먹지 않을 수가 없었을 것이라고 생각된다.
그러나 평공과 해당의 교우는 거기서 그쳤을 뿐이다. 평공은 해당을 등용하여 하늘이 준 지위를 함께 나누어 갖지 않았고, 하늘이 준 관직을 함께 나누어 갖지도 않았으며, 하늘이 준 봉록을 함께 나누어 먹지도 않았다. 평공이 해당과 교우한 것은, 임금의 입장에서가 아니라 일개 선비의 입장에서 현자를 존중하여 이루어진 것이었다.
순임금은 필부의 몸으로 요임금의 사위가 되어 만나 뵙게 되었다. 요임금은 사위를 부궁에다 머물게 했고, 또한 순을 초대하여 잔치를 베풀며 서로 주인이 되고 손님이 된 입장에서 교우하셨다. 이것은 천자의 몸으로 필부와 교우한 사례이다.
아랫사람이 윗사람을 존경하는 것을 귀한 사람을 귀하게 여긴다고 하고, 윗사람이 아랫사람을 존중하는 것을 현자를 존중하는 것이라고 말한다. 귀한 사람을 귀하게 여기는 것과 현자를 존중하는 것은 그 의의가 같다고 말할 수 있는 것이다.」

萬章問曰 敢問友 孟子曰 不挾長 不挾貴 不挾兄弟而友 友也者 友
만 장 문 왈 　감 문 우 　맹 자 왈 　불 협 장 　불 협 귀 　불 협 형 제 이 우 　우 야 자 　우

其德也 不可以有挾也 孟獻子 百乘之家也 有友五人焉 樂正裘 牧
기덕야 불가이유협야 맹헌자 백승지가야 유우오인언 낙정구 목

仲 其三人 則予忘之矣 獻子之與此五人者 友也 無獻子之家者也
중 기삼인 즉여망지의 헌자지여차오인자 우야 무헌자지가자야

此五人者 亦有獻子之家 則不與之友矣 非惟百乘之家爲然也 雖小
차오인자 역유헌자지가 즉불여지우의 비유백승지가위연야 수소

國之君 亦有之 費惠公曰 吾於子思則師之矣 吾於顏般則友之矣 王
국지군 역유지 비혜공왈 오어자사즉사지의 오어안반즉우지의 왕

順 長息 則事我者也 非惟小國之君爲然也 雖大國之君 亦有之 晉
순 장식 즉사아자야 비유소국지군위연야 수대국지군 역유지 진

平公之於亥唐也 入云則入 坐云則坐 食云則食 雖疏食菜羹 未嘗不
평공지어해당야 입운즉입 좌운즉좌 식운즉식 수소식채갱 미상불

飽 蓋不敢不飽也 然終於此而已矣 弗與共天位也 弗與治天職也 弗
포 개불감불포야 연종어차이이의 불여공천위야 불여치천직야 불

與食天祿也 士之尊賢者也 非王公之尊賢也 舜尚見帝 帝館甥于貳
여식천록야 사지존현자야 비왕공지존현야 순상현제 제관생우이

室 亦饗舜 迭爲賓主 是天子而友匹夫也 用下敬上 謂之貴貴 用上
실 역향순 질위빈주 시천자이우필부야 용하경상 위지귀귀 용상

敬下 謂之 尊賢 貴貴 尊賢 其義一也
경하 위지 존현 귀귀 존현 기의일야

❀ • • • • • •

청년 피디아스는 폭군 디오니시우스의 비위를 상하게 만들어 옥에 갇혔다. 그는 죽기 전에 고향에 계신 부모님께 마지막 인사를 드리고 싶었다. 그래서 꼭 다시 돌아와 사형을 달게 받겠다며 간청했으나 왕은 비웃을 뿐이었다.

그때 그의 친구 데몬이 나서서 자신의 목숨을 담보로 친구의 청을 들어 달라고 왕께 간청했다.

왕은 목숨을 걸고 서로 신뢰하는 그들의 우정에 놀라고 감탄하여 허락하였다.

그런데 약속한 날이 되었지만 피디아스는 오지 않았다. 데몬은 사형장에 끌려나갔다.

그런데 사형이 집행되려는 순간 피디아스가 헐레벌떡 달려왔다. 그는 돌아오는 길에 풍랑을 만나 고생한 이야기를 하면서 늦을까 봐 애태운 마음을 토로했다.

이 모습을 지켜보고 있던 왕은 크게 감동하여 피디아스를 석방하고 두 사람에게 큰 상을 베풀었다.

맹자가 예물을 받는 까닭

만장이 맹자에게 물었다.

「감히 여쭤 보겠습니다. 제후들이 예물을 보내오면서 선생님과 교제하고자 하는 것은 무슨 마음에서 그러는 것입니까?」

맹자가 대답했다.

「나를 공경하는 마음에서 그러는 것이다.」

「보내준 예물을 받지 않을 만하여 받지 않았는데도 사람들은 이것을 가리켜 불공(不恭)스럽다고 말하는데 왜 그런 것입니까?」

「존귀한 사람이 예물을 주는데 속으로 이 물건이 의로운 것인가 의롭지 못한 것인가를 따지는 것 자체가 불공스러운 것이라고 말할 수 있다. 따라서 존귀한 사람이 보내온 물건은 물리치지 않는 것이다.」

「바라건대 선생님께서는 예물을 겉으로는 물리치지 않으시더라도 마음으로는 물리치셨으면 합니다. 속으로는 백성들로부터 무리하게 거두어들인 물건이려니 생각하시고, 다른 말로 적당히 둘러대서 받지 않으시면 되지 않습니까?」

「그렇게 구차스럽게 물리칠 필요는 없다. 상대방과 올바른 도로써 교제를 하고 접촉할 때로 예로써 한다면, 공자께서도 보내온 예물을 받으셨을 것이다.」

「예를 들어, 나라의 성문 밖으로 나가 행인을 해치고 강도질을 한 사람이 있다고 할 때, 그 자가 올바른 도로써 교제하기를 원하고 예를 갖추어 예물을 보내온다면, 그 자가 강도질한 물건을 받아도 괜찮겠습니까?」

「그건 안 된다. 〈서경〉 강고편에 '재물을 빼앗기 위해 사람을 죽이고서도 죽음을 두려워하지 않는 자는 모든 백성들이 증오할 것이다.' 라고 했다. 이런 사람은 임금의 명을 기다릴 필요도 없이 죽여 버릴 수 있는 자이다. 은라는 하라의 법을 물려받았고, 주나라는 은나라의 법을 물려받았다. 이 법들은 지금 더욱 그 정당성이 인정되고 있으니 그런 강도는 죽여 마땅하다. 그런데 어찌 그런 자가 보낸 물건을 받을 수 있다는 말이냐?」

「지금 제후들이 백성들에게 재물을 취하는 것은 마치 강도질하는 것이나 다름없다고 생각합니다. 그런 제후들이 단지 예를 갖추어 그럴 듯하게 예물을 보내온다면 군자도 받을 수 있다고 말씀하시니 어떤 이유에서인지 감히 여쭤 보겠습니다.」

「그대 생각으로 지금 왕자(王者)가 일어나면 그 왕자가 지금 있는 제후들이 무도하다고 해서 전부 죽일 거라고 생각하는가? 아니면 그들을 정도로써 가르쳐보다가 그래도 뉘우침이 없을 때 죽일 거라고 생각하는가?

대체로 자기 소유가 아닌 물건을 취하는 자를 도적이라고 하는 것은, 그 의미를 확대하여 극단으로 몰고 간 처사이다. 자기 물건이 아닌 것을 취하는 데도 차이가 있기 마련이니, 모두 뭉뚱그려서 도적으로 몰아버릴 수는 없다. 한 예로, 공자께서 노나라에서 벼슬을 하고 계실 때 이런 일이 있었다. 노나라 사람들은 사냥한 짐승을 비교해 보아 많고 적음에 따라 서로 빼앗아 가는 엽교라는 내기 놀이를 하였는데, 공자께서는 그 놀이가 좋지 않은 줄 알면서도 그 놀이의 규칙에 따라 하셨다. 공자께서도 엽교 같은 것을 옛날의 관습이라 하여 따라 하셨는데, 하물며 제후들이 주는 예물을 받는 것이야 무슨 허물이 되겠느냐?」

「그렇다면 공자께서 벼슬하신 것은 정도를 행하시려던 게 아니었습니까?」

「아니다. 정도를 행하시려고 했던 것이다.」

「정도를 행하시려고 했다면 왜 엽교 같은 좋지 않은 관습을 스스로 따르신 것입니까?」

「공자께서는 우선 당시의 혼란했던 제기를 정리하여 바로잡아 장부에 적어 놓으셨다. 왜 그런 일을 하셨느냐 하면, 제기를 바로잡아 놓으면 여러 가지 진기한 제물을 구하려고 애 쓰지 않아도 될 터이기 때문이었다. 즉 제사에 사용할 그릇을 꼭 필요한 것만 정리해 놓으 면 그 전까지 쓸데없이 많았던 제기들을 채우기 위해 하였던 엽교 같은 놀이는 점차 하지 않을 것이기 때문이었던 것이다.」

「그런데 엽교 같은 좋지 않은 관습이 바로잡히지 않는 것을 보시고도 공자께서는 왜 벼슬 을 버리지 않으셨나요?」

「그것은 시간을 두고 지켜보기 위해서였다. 공자께서는 그때 엽교 같은 좋지 않은 관습을 바로잡아나가겠다는 첫걸음을 떼신 것에 불과했다. 그러나 시간이 흘러 공자께서 정리해 놓은 것으로도 그런 관습은 충분히 없어질 만한데도 없어지지 않자 비로소 벼슬을 내놓고 떠나셨다. 그래서 공자께서는 어느 나라에 가시더라도 그곳에서 3년 이상 머물지 못하고 떠나셨던 것이다. 공자께서는 정도를 행할 수 있다는 가능성을 보고 벼슬에 나아가신 적 이 있었고, 임금이 예를 갖추어 후하게 대접해 주어 벼슬에 나아가신 적도 있었으며, 임금 이 현자를 기르는 예를 다해 줄 경우에도 벼슬에 나아가셨다. 이러한 예들을 들어보면, 노 나라의 무도한 대부 계환자의 경우에는 그가 도를 행할 가능성이 있다고 보셨기 때문에 벼슬에 나아가신 것이고, 위나라 영공의 경우에는 예를 갖추어 대접해 주었기 때문에 벼 슬에 나아가신 것이었으며, 위나라 효공의 경우에는 현자를 기르는 성의가 있었기 때문에 벼슬에 나아가셨던 것이다.」

萬章問曰 敢問交際 何心也 孟子曰 恭也 曰卻之 卻之爲不恭 何哉
만 장 문 왈　감 문 교 제　하 심 야　맹 자 왈　공 야　왈 각 지　각 지 위 불 공　하 재

曰尊者賜之 曰其所取之者 義乎 不義乎 而後受之 以是爲不恭 故
왈 존 자 사 지　왈 기 소 취 지 자　의 호　불 의 호　이 후 수 지　이 시 위 불 공　고

弗卻也 曰請無以辭卻之 以心卻之曰 其取諸民之不義也 而以他辭
불 각 야　왈 청 무 이 사 각 지　이 심 각 지 왈　기 취 제 민 지 불 의 야　이 이 타 사

無受 不可乎 曰其交也以道 其接也以禮 斯孔子受之矣 萬章曰 今
무 수　불 가 호　왈 기 교 야 이 도　기 접 야 이 례　사 공 자 수 지 의　만 장 왈　금

有禦人於國門之外者 其交也以道 其餽也以禮 斯可受禦與 曰不可
유 어 인 어 국 문 지 외 자　기 교 야 이 도　기 궤 야 이 례　사 가 수 어 여　왈 부 가

康誥曰 殺越人于貨 閔不畏死 凡民 罔不譈 是不待敎而誅者也 殷
강 고 왈　살 월 인 우 화　민 불 외 사　범 민　망 불 대　시 불 대 교 이 주 자 야　은

受夏 周受殷 所不辭也 於今爲烈 如之何其受之 曰今之諸侯取之於
수 하　주 수 은　소 불 사 야　어 금 위 열　여 지 하 기 수 지　왈 금 지 제 후 취 지 어

民也 猶禦也 苟善其禮際矣 斯君子 受之 敢問何說也 曰子以爲有
민 야　유 어 야　구 선 기 례 제 의　사 군 자　수 지　감 문 하 설 야　왈 자 이 위 유

王者作 將比今之諸侯而誅之乎 其敎之不改而後 誅之乎 夫謂非其
왕자작 장비금지제후이주지호 기교지불개이후 주지호 부위비기

有而取之者 盜也 充類至義之盡也 孔子之仕於魯也 魯人 獵較 孔
유이취지자 도야 충류지의지진야 공자지사어로야 로인 렵각 공

子亦獵較 獵較 猶可 而況受其賜乎 日然則孔子之仕也 非事道與
자역렵각 렵각 유가 이황수기사호 왈연즉공자지사야 비사도여

日事道也 事道 奚獵較也 日孔子先簿正祭器 不以四方之食 供簿正
왈사도야 사도 해렵각야 왈공자선부정제기 불이사방지식 공부정

日奚不去也 日爲之兆也 兆足以行矣 而不行 而後 去 是以未嘗有
왈해불거야 왈위지조야 조족이행의 이불행 이후 거 시이미상유

所終三年淹也 孔子有見行可之仕 有際可之仕 有公養之仕也 於季
소종삼년엄야 공자유견행가지사 유제가지사 유공양지사야 어계

桓子 見行可之仕也 於衛靈公 際可之仕也 於衛孝公 公養之仕也
환자 견행가지사야 어위령공 제가지사야 어위효공 공양지사야

⊗⊗ • • • • • •

당시의 제후들은 맹자와 가까이 지내고자 하는 마음의 표시로 많은 예물을 보내왔던 것 같다. 그러면 맹자는 별 거리낌없이 예물들을 받아들인 모양인데, 이에 대해 제자 만장은 의문과 불만을 갖고 있었던 것 같다.

「논어」<미자(微子)>편에 보면 '제나라에서 여자 악사들을 보냈다. 계환자가 이들을 맞아들여 사흘 동안 조회를 열지 않으며 정사를 소홀히 했다. 그러자 공자가 고국인 노나라를 떠났다.'는 내용이 나온다.

당시 공자는 대사구라는 벼슬에 있으면서 치적을 쌓아 노나라가 힘을 쌓아갈 무렵이었다. 이에 제나라는 위기감을 느껴 미녀 악사 수십 명을 뽑아 노나라 실력자인 계환자에게 보내는 미인계를 썼다. 그러자 공자는 제나라의 꾐에 빠져 정사를 게을리하는 사람 밑에서는 정치를 할 수 없다며 고국을 떠난 것이다.

관직의 고저에 따른 소임

맹자가 말했다.

「벼슬하는 것이 꼭 가난하기 때문에 하는 것만은 아니지만, 때로는 가난하기 때문에 하는 경우도 있다. 또한 아내를 얻는다는 것이 꼭 부모님을 봉양하기 위해서만 하는 것은 아니지만, 때로는 부모님을 봉양할 목적으로 결혼하는 경우도 있다.

가난해서 생활을 하기 위해 벼슬을 하는 사람이라면, 높은 벼슬은 사양하고 낮은 벼슬을 해야 하고, 후한 녹봉은 사양하고 적은 녹봉을 받아야 한다. 왜냐하면, 그가 벼슬을 하는 이유는 단지 녹봉으로 생활을 위한 것이지 한 나라의 정치를 다스려 백성들의 안위를 도모하려는 원대한 것이 아니기 때문이다.

낮은 벼슬에 적은 녹봉을 받는 벼슬 중에 어떤 것이 좋은가 하면, 그것은 문지기[포관]나 야경꾼[격탁]이 좋을 듯하다. 옛날에 공자께서는 창고 관리인인 위리(委吏)라는 벼슬을 지내셨는데, 그때 공자께서는 '재물의 들어오고 나가는 계산이 바로 되어 장부와 일치하기만 하면 내 책임은 다한 것이다.' 라고 하셨다. 또한 공자께서는 목장 관리인인 승전이라는 벼슬을 지내셨는데, 그때도 '소나 양이 살찌게 자라기만 하면 내 책임은 다한 것이다.' 라고 말씀하셨다.

벼슬자리가 낮은 데도 불구하고 국가의 대사를 논하는 것은 죄가 된다. 또한 높은 벼슬에 있으면서도 자기의 포부를 실현하지 못하는 것은 수치스런 일이다.」

孟子曰 仕非爲貧也 而有時乎爲貧 娶妻非爲養也 而有時乎爲養 爲
맹자왈 사비위빈야 이유시호위빈 취처비위양야 이유시호위양 위

貧者 辭尊居卑 辭富居貧 辭尊居卑 辭富居貧 惡乎宜乎 抱關擊柝
빈자 사존거비 사부거빈 사존거비 사부거빈 오호의호 포관격탁

孔子嘗爲委吏矣 曰會計當而已矣 嘗爲乘田矣 曰牛羊 茁壯長而已
공자상위위리의 왈회계당이이의 상위승전의 왈우양 줄장장이이

矣 位卑而言高 罪也 立乎人之本朝 而道不行 恥也
의 위비이언고 죄야 립호인지본조 이도불행 취야

동물들 세계에 전쟁이 일어났다. 호랑이가 총 대장이 되었고, 여러 동물들이 몰려들었다.

그런데 어디선가 이런 소리가 들려왔다.

"멍텅구리 당나귀는 차라리 돌아가라!"

"토끼 같은 겁쟁이는 싸움을 할 수 없다!"

"개미는 힘이 약해 어디에도 쓸모가 없다."

"코끼리는 덩치가 커서 적에게 금방 들통나고 만다!"

이때 호랑이 대장은 산이 떠나가도록 호령을 내렸다.

"시끄럽다! 모두 조용히 해라. 당나귀는 입이 길어서 나팔수로 쓸 것이다. 토끼는 걸음이 빠르니 전령으로 쓸 것이고, 개미는 작아서 눈에 안 띄니 적진에 게릴라로 파견할 것이며, 코끼리는 힘이 세니 전쟁물자를 운반하는 일을 시킬 것이다."

군자를 대우하는 예법과 명분

만장이 맹자에게 물었다.
「선비가 제후에게 몸을 의탁하지 않는 것은 무엇 때문입니까?」
맹자가 대답했다.
「감히 그렇게 할 수가 없기 때문에 그런 것이다. 왜냐하면, 제후가 나라를 잃은 후에 다른 나라 제후에게 몸을 의탁하는 것은 예에 어긋나는 일이 아니지만, 선비가 제후에게 몸을 의탁하는 것은 예가 아니기 때문이다.」
「그러면 선비가 망명한 나라의 임금이 곡식을 보내주면 받아도 되는 것입니까?」
「그때는 받아도 된다.」
「어떤 이유에서 그렇습니까?」
「임금이란 원래 다른 나라에서 망명해온 사람에 대해서는 그들을 구제한다는 명분으로 곡식을 주도록 되어 있기 때문이다.」
「그렇다면 구제해 준다는 명분이 있으면 받고, 그런 명분 없이 그냥 하사해 줄 때는 받지 않는다는 말씀입니까? 그건 왜 그렇습니까?」
「앞에서 말했던 것처럼 감히 받을 수가 없기 때문이다.」
「감히 여쭤 보겠습니다만, 왜 받으면 안 된다는 말씀이십니까?」
「예를 들어, 문지기나 야경꾼 같은 낮은 벼슬에 있는 사람들도 모두 일정한 임무를 띠고 있어, 그 일을 충실히 할 때 임금으로부터 녹봉을 받아 살아가는 것이다. 그런데 선비랍시고 아무 일도 하지 않으면서 그저 임금이 내려주는 곡식만 먹고산다면 이는 부당한 일이 되기 때문이다.」
「선생님께서는 방금 전에 선비가 망명을 한 나라의 임금이 구제를 명분으로 곡식을 보내주는 것은 받아도 된다고 하셨는데, 그렇다면 곡식을 계속하여 보내줄 경우에 그건 받아도 됩니까?」
「예를 하나 들어보겠다. 옛날에 노나라 목공이 자사를 아끼는 마음에서 자주 사람을 보내 안부를 묻고, 또한 익힌 고기를 자주 보내 주었다. 하지만 자사는 그것을 탐탁하게 여기지 않았다. 그래서 자사는 마침내 목공이 보낸 사람을 내보낸 다음 북쪽을 향해 서서 머리를 조아리고 재배하고 목공이 보낸 음식을 받지 않았다. 그런 후 말하기를 '지금에 와서야 비로소 임금이 나를 개나 말 다루듯이 기르고 있다는 사실을 알았습니다.' 라고 했다. 이처럼 목공이 보내 준 것을 자사가 거절한 후부터는 더이상 사람을 시켜 음식을 보내는 일이 없어졌다.
현자를 좋아하면서도 그를 등용하여 쓰지 못하고, 올바른 방법으로 그를 부양하지 못한다면 진정으로 현자를 좋아한다고 말할 수 없는 것이다.」
「또 한번 감히 여쭤 보겠습니다만, 임금이 군자를 부양하는 데는 어떤 식으로 해야 진정으로 부양한다고 말할 수 있는 것입니까?」
「임금의 명령으로 예물을 보내오면 맨 처음에는 두 번 큰절을 하고 머리를 조아려 그것을

받는다. 그 뒤부터는 곡식 창고 책임자는 계속하여 곡식을 대주고, 고기 창고를 맡은 책임
자는 계속하여 고기를 대주게 되는데, 그것을 임금의 명령 때문에 가지고 왔다고 말하지
않는 것이 예의이다.

그런데 목공의 경우에는 번번이 임금의 명령이라고 하면서 보내 주었다. 그래서 자사는
임금이 보내온 고기를 받을 때마다 답례의 큰절을 하는 것이 번거롭게 여겨져, 그것은 결
코 군자를 부양하는 예의가 아니라고 생각했던 것이다.

요임금께서는 순에 게 자신의 아홉 아들을 주어 섬기도록 하였고, 두 딸을 아내로 주어 시
중들게 했다. 여러 일꾼들과 많은 소와 양 등을 보내서 밭에서 일하는 순을 섬기도록 했던
것이다. 거기다가 나중에는 순을 등용하여 섭정토록 했다. 그래서 요임금을 가리켜, 임금
이 현자를 부양한 가장 모범적인 방법으로 여기고 있는 것이다.」

萬章曰 士之不託諸侯 何也 孟子曰 不敢也 諸侯失國而後 託於諸
만장왈 사지불탁제후 하야 맹자왈 불감야 제후실국이후 탁어제

侯 禮也 士之託於諸侯 非禮也 萬章曰 君饋之粟 則受之乎 曰受之
후 례야 사지탁어제후 비례야 만장왈 군궤지속 즉수지호 왈수지

受之何義也 曰君之於氓也 固周之 曰周之則受 賜之則不受 何也
수지하의야 왈군지어맹야 고주지 왈주지즉수 사지즉불수 하야

曰不敢也 曰敢問其不敢 何也 曰抱關擊柝者 皆有常職 以食於上
왈불감야 왈감문기불감 하야 왈포관격탁자 개유상직 이식어상

無常職而賜於上者 以爲不恭也 曰君饋之 則受之 不識 可常繼乎
무상직이사어상자 이위불공야 왈군궤지 즉수지 불식 가상계호

曰繆公之於子思也 亟問 亟饋鼎肉 子思不悅 於卒也 摽使者 出諸
왈무공지어자사야 기문 기궤정육 자사불열 어졸야 표사자 출저

大門之外 北面稽首再拜 而不受曰 今而後 知君之犬馬畜伋 盖自是
대문지외 북면계수재배 이불수왈 금이후 지군지견마휵급 개자시

臺無饋也 悅賢不能擧 又不能養也 可謂悅賢乎 曰敢問國君 欲養君
대무궤야 열현불능거 우불능양야 가위열현호 왈감문국군 욕양군

子如何 斯可謂養矣 曰以君命將之 再拜稽首而受 其後廩人 繼粟
자여하 사가위양의 왈이군명장지 재배계수이수 이후름인 계속

庖人 繼肉 不以君命將之 子思以爲鼎肉 使己僕僕爾亟拜也 非養君
포인 계육 불이군명장지 자사이위정육 사기복복이기배야 비양군

子之道也 堯之於舜也 使其子九男事之 二女 女焉 百官牛羊倉廩備
자지도야 요지어순야 사기자구남사지 이녀 녀언 백관우양창름비

以養舜於畎畝之中 後擧而加諸上位 故曰 王公之尊賢者也
이양순어견무지중 후거이가저상위 고왈 왕공지존현자야

열자의 집을 찾아온 어떤 사람이 열자의 궁핍한 생활을 보고 정나라의 재상 자양에게 말했다.

"열자는 아주 높은 선비인데 어떻게 그런 사람이 저토록 살림이 찌들어 궁핍하니 이는 정나라가 선비를 존중하지 않는다는 말인데 정말 그렇습니까?"

자양은 그 말을 듣고 즉시 열자에게 좁쌀 몇 섬을 보냈다.

이때 열자의 아내는 누더기를 걸치고 있는 자신의 모습을 숨기고 싶어서 얼른 방안으로 들어가서 몸을 숨긴 채 밖의 동정을 살폈다.

열자는 좁쌀을 가져온 관원에게 고맙다고 여러 차례 인사는 하였으나, 끝내 그 좁쌀은 받지 않았다.

관원들이 하는 수 없이 다시 좁쌀을 지고 돌아가자 화가 난 열자의 아내가 밖으로 뛰어나오더니 열자에게 대들었다.

"도가 있는 선비의 처자식은 편안히 먹고 잘 산다던데, 우리는 당장 먹고 살기가 이리도 막막하니 아무리 선비면 무엇하겠소 먹어야 살지, 어찌 그것을 그냥 보내신단 말입니까?"

열자는 아내의 말에 한바탕 껄껄 웃고는 이내 아내의 등을 토닥거리며 말했다.

"여보 임자, 임자는 아직 남편인 나를 잘 모르는구려. 자양이 내게 쌀을 보낸 것은 스스로 보낸 것이 아니라 남의 말을 듣고 보낸 것이라오. 그러니 언제가는 또 남의 말만 듣고 내게 죄를 덮어 씌울 수도 있지 않겠소? 그러기에 쌀을 받지 않았다오."

사람을 부를 때의 예절에 대하여

만장이 맹자에게 물었다.

「감히 여쭈어보겠습니다만, 선생님께서 제후들을 만나지 않는 까닭은 무엇입니까?」

맹자가 대답했다.

「벼슬 없이 도시에 사는 사람을 시정지신, 즉 시민이라 하고, 시골에 사는 사람을 초망지신, 즉 야인이라 한다. 이를 모두 서인, 즉 서민이라 부른다. 서민은 벼슬을 얻은 뒤 임금께 예물을 바쳐 신하가 되기 전까지 감히 제후를 만나지 않는 것이 예로부터의 예의이다.」

「서민은 임금의 명으로 부역을 맡기면 나가서 하면서도, 임금이 만나보고 싶어서 부르는데도 나가서 만나려 하지 않으니, 여기에는 무슨 까닭이 있는 것입니까?」

「서민이 부역에 종사하는 것은 의이고, 임금이 부른다고 해서 달려가는 것은 불의이다. 내가 하나 묻겠는데, 임금이 만나보고 싶어 부르는 건 무엇 때문이라고 생각하느냐?」

「만나보고 싶어하는 사람이 아는 게 많고, 또한 현자이기 때문이라고 생각합니다.」

「네 말대로 만약 그가 아는 게 많아 만나기를 원하면, 결국 스승으로 생각하여 만나려는 것이 된다. 그러면 천자도 스승은 부르지 않고 직접 만나는 법인데, 제후가 스승을 부를 수 있겠느냐? 또 현자이기 때문에 만나기를 원하는 것이라고 네가 말했으나, 현자를 만나려고 그를 불렀다는 말은 들어본 일이 없다. 노나라 목공 자사를 좋아하여 자주 만났는데, 하루는 자사에게 말하기를 '천승의 나라 임금이 선비를 벗으로 사귀었는데 멋지지 않습니까? 어떻게 생각합니까?' 라고 했다. 그러자 자사는 불쾌한 낯빛으로 '옛사람의 말에 〈섬긴다〉고 하는 말이 있지 않습니까? 왜 벗으로 사귄다고 하십니까?' 라고 비꼬아 대답했다. 자사가 한 말의 속뜻은 '지위를 따지면 당신은 임금이고 나는 신하입니다. 어찌 감히 신하인 내가 임금인 당신을 벗으로 사귈 수가 있겠습니까? 하지만 덕으로 따지면 당신은 나를 섬겨야 합니다. 그런데 당신이 어찌 나와 벗으로 사귈 수가 있겠습니까?' 라는 것이었다. 천승의 나라 임금도 벗이 되기를 원했는데도 될 수 없었는데, 그를 부를 수 있었겠느냐? 제나라 경공이 사냥을 나가서 원유를 관리하는 우인을 정기로 불렀는데 가지 않았다. 그러자 화가 난 경공이 그 우인을 죽여 버리려고 한 일이 있었다. 공자께서 이 일을 두고 우인을 칭찬하여 말하기를 '지사는 정도를 지키기 위해 자기 몸이 구렁텅이에 던져질 각오를 하고 있으며, 용자는 정의를 지키기 위해서 언제나 자기 목을 내놓고 있다.' 고 하셨다. 공자께서 우인이 한 일 가운데 어떠한 점을 칭찬하신 것 같으냐? 그것은 자기를 부르는 방법이 옳지 않기 때문에 비록 임금이 불러도 가지 않았던 점을 칭찬하신 것이다.」

「감히 여쭤 보겠습니다만, 우인을 부르려면 어떤 방법으로 해야 하는 것입니까?」

「사슴가죽으로 만든 피관을 사용하여 불러야 한다. 서민을 부를 때는 전기를 사용하고, 선비를 부를 때는 기기를 사용하며, 대부를 부를 때는 정기를 사용하는 것이다. 그런데 경공은 대부를 부르는 정기로 사냥터를 관리하는 사람을 불렀기 때문에 우인은 죽음을 각오하고 가지 않았다. 이렇듯 선비 방법으로 서민을 부르면 서민이 감히 갈 수 있겠는가? 어질지 못한 사람을 부르는 방법으로 어진 사람을 부르니 말할 나위도 없는 일 아니겠는가?

임금이 현인을 만날 때 정도를 취하지 않으면, 마치 현인이 들어오기를 바라면서 들어올 문을 닫는 것과 같다. 대개 의는 길과 같고, 예는 문과 같은데, 오직 군자만 의라는 길을 밟고 갈 수 있고, 예라는 문으로 드나들 수 있다. 〈시경〉에 '주나라의 길은 숫돌 같고 그 곧기는 화살 같다. 군자는 이 길을 밟고 다니며 소인은 이를 보고 본받는다.'고 한 것이다.」
「공자께서 임금이 부르면 수레에 탈 겨를도 없이 가셨는데, 공자께서는 잘못한 것입니까?」
「그것은 경우가 다르다. 그때 공자께서는 벼슬을 하고 계셨기 때문에 그렇게 달려가신 것이다. 그때는 임금의 신분으로 부른 것이고, 관리의 신분으로 달려갔던 것이다.」

萬章曰 敢問不見諸侯 何義也 孟子曰 在國曰市井之臣 在野曰 草
만장왈 감문불현제후 하의야 맹자왈 재국왈시정지신 재야왈 초

莽之臣 皆謂庶人 庶人不傳質爲臣 不敢見於諸侯 禮也 萬章曰 庶
망지신 개위서인 서인부전질위신 불감현어제후 례야 만장왈 서

人 召之役 則往役 君欲見之 召之 則不往見之 何也 曰往役 義也
인 소지역 즉왕역 군욕견지 소지 즉불왕현지 하야 왈왕역 의야

往見 不義也 且君之欲見之也 何爲也哉 曰爲其多聞也 爲其賢也
왕현 불의야 차군지욕견지야 하위야재 왈위기다문야 위기현야

曰爲其多聞也 則天子 不召師 而況諸侯乎 爲其賢也 則吾未聞欲見
왈위기다문야 즉천자 불소사 이황제후호 위기현야 즉오미문욕현

賢而召之也 繆公 亟見於子思曰 古千乘之國 以友士 何如 子思不
현이소지야 무공 기현어자사왈 고천승지국 이우사 하여 자사불

悅曰 古之人 有言曰 事之云乎 豈曰友之云乎 子思之不悅也 豈不
열왈 고지인 유언왈 사지운호 기왈우지운호 자사지불열야 기불

曰 以位 則子 君也 我臣也 何敢與君友也 以德 則子事我者也 奚
왈 이위 즉자 군야 아신야 하감여군우야 이덕 즉자사아자야 해

可以與我友 千乘之君 求與之友 而不可得也 而況可召與 齊景公田
가이여아우 천승지군 구여지우 이불가득야 이황가소여 제경공전

招虞人以旌 不至 將殺之 志士 不忘在溝壑 勇士 不忘喪其元 孔子
초우인이정 부지 장살지 지사 불망재구학 용사 불망상기원 공자

奚取焉 取非其招不往也 曰敢問招虞人何以 曰以皮冠 庶人以旃 士
해취언 취비기초불왕야 왈감문초우인하이 왈이피관 서인이전 사

以旂 大夫以旌 以大夫之招 招虞人 虞人死不敢往 以士之招 招庶
이기 대부이정 이대부지초 초우인 우인사불감왕 이사지초 초서

人 庶人 豈敢往哉 況乎以不賢人之招 招賢人乎 欲見賢人而不以其道
인 서인 기감왕재 황호이불현인지초 초현인호 욕현현인이불이기도

猶欲其入而閉之門也 夫義 路也 禮 門也 惟君子 能由是路 出入是門
유욕기입이폐지문야 부의 로야 례 문야 유군자 능유시로 출입시문

也 詩云 周道如底 其直如矢 君子所履 小人所視 萬章曰 孔子 君命召
야 시운 주도여지 기직여시 군자소리 소인소시 만장왈 공자 군명소

不俟駕而行 然則 孔子非與 曰孔子 當仕有官職 而以其官 召之也
불사가이행 연즉 공자비여 왈공자 당사유관직 이이기관 소지야

상우 (尙友)

맹자가 만장에게 이렇게 말했다.

「한 고을에서 착한 선비로 일컬어지는 인물이라야 다른 고을의 착한 선비와 어울릴 수 있고, 한 나라에서 착한 선비로 일컬어지는 인물이라야 다른 나라의 착한 선비와 어울릴 수 있으며, 천하에서 착한 선비로 일컬어지는 인물이라야 역시 천하가 인정한 착한 선비와 어울릴 수 있는 법이다.

천하의 착한 선비들과 벗하는 것으로도 만족하지 못한다면, 옛사람들과 논평하며 벗으로 삼는다. 옛사람의 시를 낭송하고, 옛사람이 지은 책을 읽고서도 그의 사람됨을 모른대서야 말이 되겠는가? 그렇게 하여 그 옛사람이 살던 시대를 논하게 되는 것이니, 이것이 바로 거슬러 올라가 옛사람을 만난다는 뜻이다.」

孟子謂萬章曰 一鄉之善士 斯友一鄉之善士 一國之善士 斯友一國
之善士 天下之善士 斯友天下之善士 以友天下之善士 爲未足 又尙
論古之人 頌其詩 讀其書 不知其人 可乎 是以 論其世也 是尙友也

─ 책을 통하여 옛사람을 벗으로 삼는다는 뜻의 말이 '상우(尙友)'이다.

❀ ‧‧‧‧‧‧

어느 마을의 한 과부는 행실이 바르지 못한 아들을 두어 몹시 마음아프게 지내고 있었다.

그러던 어느 날 과부는 여러 생각끝에 아들을 불러 말했다.

"내가 너에게 착한 사람이 되라고 수없이 타일렀지만 아무 소용없는 일이니 이제부터는 네 스스로 좋지 못한 일을 했다고 느낄 때마다 저 기둥에 못을 하나씩 박도록 해라."

아들은 어머니의 소원이라는데 그까짓것 그렇게 하리라 마음먹었다.

이날부터 아들은 기둥에 못을 박기 시작했고 어느덧 더이상 못을 박을 곳이 없게 되었다.

"내가 스스로 못된 짓이라고 생각한 것만도 저렇게 헤아릴 수 없을 정도로 많은데 남이 볼 때는 내가 얼마나 못된 짓을 많이 했을까?"

그리고 아들은 밤새 참회의 눈물을 흘렸다.

다음날 아침 아들은 어머니 앞에 무릎 꿇고 자신의 죄를 용서해 달라고 빌었다.

어머니는 차분한 목소리로 아들에게 말했다.

"이제 그만 눈물을 닦아라. 네가 네 죄를 뉘우쳤다면 너는 그것으로 용서를 받은 것이다. 그러니 앞으로 좋은 일만을 하도록 하고 그때마다 저 기둥의 못을 한 개씩 빼도록 하렴."

아들은 그날부터 다른 사람이 되었고, 얼마 지나지 않아서 기둥에 꽉 차 있던 못이 말끔히 다 빠졌다. 그러나 기둥의 못은 다 빠졌지만 못자국이 그대로 남아 있는 것을 보자 오히려 가슴이 더 아팠다.

그후 아들은 못자국을 볼 때마다 지난날들을 생각하며 마음속의 못자국을 지우기 위해 더욱 착한 일을 하며 지냈다.

임금의 자리란?

제라 선왕이 맹자에게 물었다.
「경의 임무에 대해서 들려주십시오.」
맹자가 다시 물었다.
「임금께서 말씀하시는 경이란 무슨 경인가요?」
「경이란 다 같은 게 아니던가요? 다른 게 있나요?」
「다 같지가 않습니다. 임금과 종친인 경이 있고, 종친이 아닌 경이 있습니다.」
「종친 관계에 있는 경에 대해 들려주시지요.」
「임금과 종친 관계에 있는 경은 임금이 큰 과오를 저지르면 간하여 바로잡으려고 노력합니다. 그러나 몇 번이고 거듭 간했는데도 고쳐지지 않으면 그 임금을 폐위시키고 덕이 있는 다른 이를 임금자리에 앉힙니다.」
선왕이 이 말을 듣자 안색이 변했다. 맹자가 말을 이었다.
「지금 한 말에 대해 이상하게 생각하지는 마십시오. 임금께서 제게 물으셨고, 저는 바른 대답을 하지 않을 수 없었기 때문에 그런 것입니다.」
그러자 선왕의 안색이 정상으로 돌아왔다. 그리고 다시 물었다.
「그럼 종친 관계가 아닌 경에 대해 들려 주시지요.」
맹자가 대답했다.
「임금과 종친 관계가 아닌 경도 임금이 큰 과오를 저지르면 역시 간하여 바로잡으려고 노력합니다. 그러나 몇 번이고 간했는데도 고쳐지지 않으면 자리를 내놓고 떠나가 버립니다.」

齊宣王 問卿 孟子曰 王 何卿之問也 王曰 卿不同乎 曰不同 有貴
제선왕 문경 맹자왈 왕 하경지문야 왕왈 경부동호 왈부동 유귀

戚之卿 有異姓之卿 王曰 請問貴戚之卿 曰君 有大過則諫 反覆之
척지경 유이성지경 왕왈 청문귀척지경 왈군 유대과즉간 반복지

而不聽 則易位 王勃然變乎色 曰王勿異也 王問臣 臣不敢不以正對
이불청 즉역위 왕발연변호색 왈왕물이야 왕문신 신불감불이정대

王色定然後 請問異姓之卿 曰君 有過則諫 反覆之而不聽 則去
왕색정연후 청문이성지경 왈군 유과즉간 반복지이불청 즉거

제 6 장·상

告子

章句·上

고자 장구·상

인의(仁義)는 인간의 본성

고자가 맹자에게 말했다.

「사람의 본성이란 이리저리 휘어지는 버드나무와 같은 것이오. 이를테면 의라는 것은 마치 기존에 있는 버드나무를 사용해서 나중에 만들어진 그릇과 같다는 말이오. 그러므로 사람의 본성이 인의라고 말하는 것도 마치 버드나무를 휘어서 만든 그릇과 같다고 할 수 있는 것이오.」

이에 맹자가 말했다.

「당신은 버드나무의 본래 성질에 따라 그릇을 만든다고 생각하는가? 아니면 버드나무 본래의 성질을 해쳐서 그릇을 만든다고 생각하는가? 만약 버드나무의 성질을 해쳐서 그릇을 만드는 것이라면 사람의 본성을 해쳐서 인의를 행한다는 말이 되니 당신의 생각은 잘못된 것이오. 당신의 그런 논리는 온 천하 사람들을 끌어다가 인의의 미덕을 해치는 결과를 가져오게 될 것이오.」

告子曰 性 猶杞柳也 義 猶桮棬也 以人性爲仁義 猶以杞柳爲桮棬
고 자 왈 성 유 기 류 야 의 유 배 권 야 이 인 성 위 인 의 유 이 기 류 위 배 권

孟子曰 子能順杞柳之性而以爲桮棬乎 將戕賊杞柳而後 以爲桮棬
맹 자 왈 자 능 순 기 류 지 성 이 이 위 배 권 호 장 장 적 기 류 이 후 이 위 배 권

也 如將戕賊杞柳 而以爲桮棬 則亦將戕賊人 以爲仁義與 率天下之
야 여 장 장 적 기 류 이 이 위 배 권 즉 역 장 장 적 인 이 위 인 의 여 솔 천 하 지

人而禍仁義者 必子之言夫
인 이 화 인 의 자 필 자 지 언 부

고자는 맹자와 같은 시대에 살았던 사람으로 묵자의 제자이다. 고는 성이고, 이름은 불해이다. 나이는 맹자보다 약간 많았으며, 맹자 못지 않은 언변을 지녔다고 한다. 고자는 사람의 본성을 태어날 때부터 지니게 되는 것이 아니라, 이미 있는 버드나무로 그릇이라는 변형품을 만들 듯이 후천적으로 지니게 되는 것으로 생각했다. 그래서 사람의 본성이란 잘 휘어지는 버드나무처럼 나중에라도 언제든지 변형될 수 있다는 관점을 가지고 있었다.

본성은 흐르는 물과 같은 것

고자가 맹자에게 말했다.

「사람의 본성은 마치 한군데서 소용돌이치고 있는 물과 같은 것이오. 동쪽을 터주면 동쪽으로 흐르고, 서쪽을 터주면 서쪽으로 흐르는 것이오. 그러므로 사람의 본성에 선과 불선의 구별이 없는 것은 마치 물 자체에는 동쪽과 서쪽의 구별이 없는 것과 같은 것이오.」

이에 맹자가 말했다.

「하기야 물 자체에는 동서의 구별이 없다고 하겠지만, 그렇다고 상하의 구별도 없는가? 즉 위에서 아래로 흐르는 구별도 없다고 생각하느냐는 말이오? 사람의 본성이 선하다는 것은 물이 낮은 데로 흐르는 성질을 가진 것과 같고, 사람의 본성에 악이 없다는 것은 물이 낮은 데로 흘러가지 않는 것이 없는 것과 같소.

만약 물을 손으로 퉁겨서 높이 튀어 오르게 하면 사람의 머리보다도 높이 올라가게 할 수 있고, 물을 막아서 역류시키면 산꼭대기에라도 올라가게 만들 수 있는 것이오. 그렇지만 그렇게 튀어 오르고 높이 역류하는 것이 어찌 물의 본래부터 지니고 있는 성질이겠소. 다만 외부에서 가해진 힘 때문에 그렇게 되는 것 뿐 아니겠소? 사람의 본성이 원래 선하면서도 나쁜 짓을 하게 되는 것은, 이처럼 바깥에 있는 욕망이라는 힘이 작용했기 때문이오.」

告子曰 性猶湍水也 決諸東方則東流 決諸西方 則西流 人性之無分
고 자 왈 성 유 단 수 야 결 저 동 방 즉 동 류 결 저 서 방 즉 서 류 인 성 지 무 분

於善不善也 猶水之無分於東西也 孟子曰 水信無分於東西 無分於
어 선 불 선 야 유 수 지 무 분 어 동 서 야 맹 자 왈 수 신 무 분 어 동 서 무 분 어

上下乎 人性之善也 猶水之就下也 人無有不善 水無有不下 今夫水
상 하 호 인 성 지 선 야 유 수 지 취 하 야 인 무 유 불 선 수 무 유 불 하 금 부 수

搏而躍之 可使過顙 激而行之 可使在山 是豈水之性哉 其勢則然也
박 이 약 지 가 사 과 상 격 이 행 지 가 사 재 산 시 기 수 지 성 재 기 세 즉 연 야

人之可使爲不善 其性 亦猶是也
인 지 가 사 위 불 선 기 성 역 유 시 야

한 천사가 이 세상에 잠시 내려왔다가 이곳에 다녀간 기념으로 무엇을 가지고 가면 좋을까 하고 생각했다. 그러다가 마침 예쁘게 꽃망울을 터뜨리는 꽃을 보고는 그 꽃을 가져가기로 했다.

"그래, 이 꽃이 좋을 것 같애."

꽃을 꺾어서 날아가던 천사는 작은 집의 들창문 안으로 아기가 방긋방긋 웃는 것이 보였다.

"그래 저 아기의 미소가 좋을 것 같애. 꽃보다도 더 아름답군."

바로 그때 아기가 오줌을 싼 듯 마구 울어대자 아기 엄마는 아기를 마른 자리로 갈아 눕히고는 아기를 바라보며 미소짓고 있었다.

"그래, 저 아기 엄마의 사랑이야말로 내가 이 세상에서 본 것 중 가장 아름다운 것 같아."

천사는 하늘로 올라가면서 세 가지의 선물을 가지고 갔다.

그런데 꽃은 가지가 꺾여서 그만 시들어 버렸고, 아기의 방긋 웃던 얼굴도 찡그린 얼굴로 변해 있었다. 그런데 놀랍게도 어머니의 미소만은 그대로 간직된 채 본래의 아름다움과 향기를 잃지 않고 있었다.

본성에 대한 시각의 차이

고자가 맹자에게 말했다.

「생명 그 자체를 성이라고 하는 것이오.」

이에 맹자가 고자에게 물었다.

「살아 있는 것을 성이라고 말하는 것은, 흰 것을 모두 희다고 말하는 것과 같다는 말이오?」

「그렇소.」

「그렇다면 흰 날개의 흰 것이 흰 눈의 흰 것과 같고, 흰 눈의 흰 것이 흰 구슬의 흰 것과 같다는 말이오?」

「그렇소.」

「그렇다면 개의 성(性)이 소의 성과 같으며, 소의 성이 사람의 성과 같다는 말이오?」

告子曰 生之謂性 孟子曰 生之謂性也 猶白之謂白與 曰然 白羽之
고 자 왈　생 지 위 성　맹 자 왈　생 지 위 성 야　유 백 지 위 백 여　왈 연　백 우 지

白也 猶白雪之白 白雪之白 猶白玉之白與 曰然 然則犬之性 猶牛
백 야　유 백 설 지 백　백 설 지 백　유 백 옥 지 백 여　왈 연　연 즉 견 지 성　유 우

之性 牛之性 猶人之性與
지 성　우 지 성　유 인 지 성 여

❀ • • • • • •

고자는 생명 자체가 사람의 본성이라고 말한 것이다. 즉 선악 같은 것을 따지기 이전에 존재하는 가장 근본적인 상태, 다른 어떤 개념도 개입하지 않은 상태가 사람의 본성이라고 본 것이다.

맹자가 말하고 있는 성(性)은 고자가 말한 '모든 생명체가 지닌 본성(性)'의 관점이 아니라, 인의예지를 가진 '인격체로서의 성'을 말하고 있다고 볼 수 있다.

인의(仁義)에 대한 논쟁

고자가 맹자에게 말했다.

「식욕과 색욕은 사람이라면 모두가 타고난 본성이오. 선생이 강조하는 인의의 관점에서 보면, 인은 사람의 내부에 포함되는 것이지 외부의 작용에 의해 생겨난 것은 아니오. 그러나 의는 외부 사정에 따라 적절히 판단하여 바르게 행동하는 것이므로 내부에서 생겨난 것이라고 보기는 힘든 것 같소.」

이에 맹자가 물었다.

「당신은 무슨 근거로 인은 내부에 있고 의는 외부에 있다고 생각하는 것이오?」

「이를테면 어떤 사람이 연장자이기 때문에 내가 그 사람을 연장자로서 존경한다고 할 때, 그것은 나한테 나이 많은 것이 내부에 있어서 그 사람을 연장자로 받드는 게 아니오. 이것은 예를 들어 상대방이 흰빛을 띄고 있어서 내가 희다고 생각하는 것과 같은 것이오. 그 흰빛은 내가 생각하는 것의 바깥에 객관적으로 존재해 있는 것이기 때문입니다. 그래서 의가 바깥에 있다고 말한 것입니다.」

「인의의 문제는 나이가 많은 연장자라는 것과 어떤 것이 희다는 것은 다른 문제요. 백마가 희다는 것과 사람의 얼굴이 희다는 것은, 희다는 점에서는 다를 바가 없소. 하지만 당신이 보기에 늙은 말을 늙은 말로서 대우해 주는 것과 노인을 노인으로 대우해 주는 것이 같다고 생각하오? 당신도 나이 많은 연장자는 존경하겠지만 말이 늙었다고 해서 존경하는 일은 없을 것 아니오?

당신은 나이가 많다는 것 자체를 의라고 생각하오, 아니면 나이 많은 사람을 존경하는 것을 의라고 생각하오?」

「대개 자기 동생은 사랑할지 몰라도 먼데 있는 진나라 사람의 동생에게는 애정이 생기지 않는 법이오. 이것은 자기 마음속에서 기쁘게 생각하느냐 그렇지 않느냐는 데 달려 있는 문제이기 때문에 인은 마음속에 내재해 있다고 말한 것이오.

그런데 이와는 달리 먼데 있는 초나라 사람이라도 연장자는 연장자로서 존경할 수 있으며, 자기 집안의 연장자도 연장자로서 존경할 수 있는 것이오. 그러므로 연장자를 연장자로서 존경하는 것, 즉 의는 외부에 있다고 말한 것이오.」

「그런 식으로 말한다면, 먼데 있는 진나라 사람이 구운 고기를 즐겨 먹는 것과 우리가 구운 고기를 즐겨먹는 것과 다를 바가 없는 것 아니오? 사물들 가운데는 이러한 것이 많이 있소. 구운 고기를 누구나 똑같이 좋아한다는 사실은 당신의 논리에 의하면 밖에 있다는 말이 아니오?」

告子日 食色 性也 仁 內也 非外也 義 外也 非內也 孟子日 何以謂
고 자 왈　식 색　성 야　인　내 야　비 외 야　의　외 야　비 내 야　맹 자 왈　하 이 위

仁內義外也 日彼長而我長之 非有長於我也 猶彼白而我白之 從其
인 내 의 외 야　왈 피 장 이 아 장 지　비 유 장 어 아 야　유 피 백 이 아 백 지　종 기

白於外也　故謂之外也　日異於白馬之白也　無以異於白人之白也　不
백 어 외 야　고 위 지 외 야　왈 이 어 백 마 지 백 야　무 이 이 어 백 인 지 백 야　불

識　長馬之長也　無以異於長人之長與　且謂長者義乎　長之者義乎　日
식　장 마 지 장 야　무 이 이 어 장 인 지 장 여　차 위 장 자 의 호　장 지 자 의 호　왈

吾弟則愛之　秦人之弟則不愛也　是以我爲悅者也　故謂之內　長楚人
오 제 즉 애 지　진 인 지 제 즉 불 애 야　시 이 아 위 열 자 야　고 위 지 내　장 초 인

之長　亦長吾之長　是以長爲悅者也　故謂之外也　日耆秦人之炙　無以
지 장　역 장 오 지 장　시 이 장 위 열 자 야　고 위 지 내 야　왈 기 진 인 지 자　무 이

異於耆吾炙　夫物則亦有然者也　然則耆炙　亦有外與
이 어 기 오 자　부 물 즉 역 유 연 자 야　연 즉 기 자　역 유 외 여

※ ● ● ● ● ● ●

　고자는 인(仁)은 마음속에 있으나, 의(義)는 마음의 바깥에 있다고 주장하
고 있다. 그러나 맹자는 인과 의가 모두 마음속에 있다고 주장한 대목이다.
결국 의(義)가 마음속에 있느냐 바깥에 있느냐를 가지고 논쟁을 한 것인데,
맹자는 연장자를 공경하는 의(義)로운 마음이 자기 마음속에 들어 있기 때
문에 존경한다는 것이고, 고자는 연장자를 공경해야 한다는 일종의 의무감
때문에 존경하게 되므로 의(義)의 대상은 자기 마음의 바깥에 있다고 주장
한 것이다.

공자의 결백함

맹계자가 맹자의 제자인 공도자에게 물었다.
「어째서 의는 마음속에 내재해 있다고 하는 것입니까?」
공도자가 대답했다.
「자기 마음속에 들어 있는 공경하는 마음을 행하는 것이기 때문에 내재해 있다고 말하는 것입니다.」
맹계자가 다시 물었다.
「만약에 동네사람 중에 자기 큰형보다 한 살 더 먹은 사람이 있다면 둘 중에 누구를 존경하겠습니까?」
공도자가 대답했다.
「그야 물론 자기 큰형이겠죠.」
「그럼 만약 내가 그 두 사람과 함께 술자리를 가졌다면 누구에게 먼저 술을 따르겠습니까?」
「그럴 때는 큰형보다 한 살 더 먹은 동네사람에게 먼저 따라야겠지요.」
「그렇다면 생각해보시오. 당신이 마음속에 존경하고 있는 것은 큰형인데, 술자리에서는 그 동네사람에게 먼저 경의를 표한다고 하니, 결국 의라는 것은 자기 마음속에 있는 게 아니라 바깥에 있다는 말이 아니오?」
이 대목에서 공도자가 대답을 못한 채 물러났고, 이 사실을 맹자에게 고했다. 그러자 맹자가 이렇게 말했다.
「맹계자에게 이렇게 물어보아라. '당신은 숙부를 존경하는가, 동생을 존경하는가?' 하고. 그러면 그는 숙부를 존경한다고 말할 것이다.
그 다음에는 '만약 그 동생이 시위에 앉아 있다면, 동생과 숙부 중에 누구를 존경하겠는가?' 하고 물으면, 그는 동생을 존경한다고 대답할 것이다. 그때 너는 '방금 숙부를 더 존경했는데 어째서 동생을 존경한다고 하느냐?'고 말하여라. 그러면 그는 동생이 시위의 자리에 앉아 있기 때문이라고 대답할 것이다.
그때 너는 이렇게 말하여라. '그 동네사람이 귀한 손님의 자리에 앉아 있기 때문에 큰형에게 먼저 술을 따르지 않은 것이다.' 라고 말이다. 즉 잠시 연장자에게 경의를 표한 것이라고 말해주라는 것이다.
공도자가 이 말을 맹계자에게 전하자 이렇게 말했다.
「맹자의 말도 숙부를 존경해야 할 때는 숙부를 존경하고, 동생을 존경해야 할 때는 동생을 존경해야 하는 것 아닙니까? 그 말은 곧 그때그때의 외적인 조건에 따라서 존경의 대상이 달라진다는 말이니, 결국 의는 안에 있는 게 아니라 바깥에 있다는 말이 아닙니까?」
이에 공도자가 말했다.
「겨울에는 따뜻한 물을 마시고 여름에는 찬물을 마시지 않소. 이것은 자기 내부에서 따뜻한 물이나 찬물을 마시고 싶다는 마음이 생겨서 그런 것이지, 외부에서 그런 작용이 일어났기 때문에 그런 것은 아니지 않습니까?」

孟季子問公都子曰 何以謂義內也 曰行吾敬 故謂之內也 鄕人 長於
맹 계 자 문 공 도 자 왈 하 이 위 의 내 야 왈 행 오 경 고 위 지 내 야 향 인 장 어

伯兄一歲 則誰敬 曰敬兄 酌則誰先 曰先酌鄕人 所敬在此 所長在
백 형 일 세 즉 수 경 왈 경 형 작 즉 수 선 왈 선 작 향 인 소 경 재 차 소 장 재

彼 果在外 非由內也 公都子不能答 以告孟子 孟子曰 敬叔父乎 敬
피 과 재 외 비 유 내 야 공 도 자 불 능 답 이 고 맹 자 맹 자 왈 경 숙 부 호 경

弟乎 彼將曰 敬叔父 曰弟爲尸 則誰敬 彼將曰 敬弟 子曰 惡在其
제 호 피 장 왈 경 숙 부 왈 제 위 시 즉 수 경 피 장 왈 경 제 자 왈 오 재 기

敬叔父也 彼將曰 在位故也 子亦曰 在位故也 庸敬在兄 斯須之敬
경 숙 부 야 피 장 왈 재 위 고 야 자 역 왈 재 위 고 야 용 경 재 형 사 수 지 경

在鄕人 季子聞之曰 敬叔父則敬 敬弟則敬 果在外 非由內也 公都
재 향 인 계 자 문 지 왈 경 숙 부 즉 경 경 제 즉 경 과 재 외 비 유 내 야 공 도

子曰 冬日則飮湯 夏日則飮水 然則 飮食 亦在外也
자 왈 동 일 즉 음 탕 하 일 즉 음 수 연 즉 음 식 역 재 외 야

이 장에서도 앞에서 맹자와 고자가 논한 의(義)에 대한 논의가 이어지고
있다. 당시에는 의(義)가 마음의 바깥에 있다고 주장한 고자의 설이 상당히
득세하고 있었던 것 같다.

결국 이 문제는, 정신이 우선인가 사물이 우선인가를 놓고 갑론을박의
논쟁을 벌이는 관념론과 유물론의 대결처럼 끝을 맺지 못하고 있다. 의(義)
가 마음의 안에 있느냐 바깥에 있느냐의 문제도 두 입장이 나름대로 타당
성을 가지고 있는데, 우리는 어떤 결론을 얻기보다는, 그들이 자기 입장에
서 펼쳐나가는 논리를 주의 깊게 따라가볼 만하다고 여겨진다.

성선설에 대한 설명

제자 공도자가 맹자에게 물었다.

「고자는 '사람의 본성은 선도 아니고 불선도 아닌 백지 같은 것이다.'라고 하였습니다. 또 어떤 사람은 '사람의 본성은 선하게 될 수도 있고 악하게 될 수도 있다. 그렇기 때문에 문왕·무왕 같은 성군이 임금자리에 있으면 백성들이 감화되어 선을 따르게 되고, 유왕·여왕과 같은 폭군이 임금자리에 있으면 백성들이 감화되어 악하게 된다.'고 말하였습니다. 또 어떤 사람은 '본성이 선한 사람도 있고 악한 사람도 있으므로 요 같은 성인이 임금으로 있어도 상 같은 무도한 자가 있었고, 고수 같은 무도한 아버지에게 효도를 한 순 같은 효자가 있었으며, 주(紂) 같은 포악한 자를 조카로 두고 임금으로 받들면서도 미자계와 비간 같은 어진 사람이 있었던 것이다.'라고 말하였습니다. 그런데 선생님께서는 사람의 본성은 선한 것이라고 말씀하시니 이들 세 사람의 말은 모두 잘못된 것입니까?」

맹자가 대답했다.

「무릇 자기가 타고난 순수한 성정에 따라서 그대로 살아가기만 하면 누구나 선을 행하는 사람이 될 수 있는 것이다. 이것이 내가 말하는 '인간의 본성은 선하다'는 주장의 근거이다. 만약 악을 저지르는 자가 있어도 그것은 그의 성정 탓은 아니다. 다만 그것은 타고난 자기 성정대로 살아가지 않기 때문에 그런 것이다.

사람이라면 누구나 남의 불행을 동정하는 측은지심과 불의와 부정을 부끄럽게 여기는 수오지심, 윗사람을 공경하는 공경지심, 옳고 그른 것을 구별하는 시비지심을 가지고 있다. 측은지심은 인에 속하고, 수오지심은 의에 속하며, 공경지심은 예에 속하며, 시비지심은 지에 해당하는 것이다. 이러한 인의예지는 밖에서부터 내 안으로 들어온 것이 아니라, 내가 본래부터 지니고 있는 것이다. 다만 사람들이 그것들을 행하려고 하지 않는 까닭은 그것을 인식하지 못하고 있기 때문이다. 그러므로 스스로 구하려고 노력하면 그러한 덕을 구할 수가 있는 것이고, 내버려두면 잃을 수밖에 없는 것이다. 그 결과 선한 사람과 악한 사람의 차이가 2배도 되고 5배도 되어 마침내는 엄청난 차이가 생기게 되는데, 이는 원래부터 자기 마음에 있는 천성을 충분히 발휘하지 못해서 생기는 현상인 것이다.

〈시경〉에 '하늘이 모든 백성을 낳았으니 사물이 있으면 반드시 법칙이 있도록 만들었다. 이와 마찬가지로 백성들은 본래 천성이 있어 이 아름다운 덕을 좋아하는 것이다.'라고 했다.

공자께서도 이 시를 찬미하시어 '이 시를 지은 사람은 도를 완벽하게 이해하고 있었던 것 같구나. 사물이 있으면 반드시 일정한 법칙이 있는 것이니, 백성들은 그 법칙에 따르는 마음을 원래부터 지녀서 아름다운 덕을 좋아한다고 노래한 것이다.'라고 말씀하셨다.」

公都子曰 告子曰 性 無善無不善也 或曰 性可以爲善 可以爲不善
공도자왈 고자왈 성 무선무불선야 혹왈 성가이위선 가이위불선

是故 文武興 則民好善 幽厲興 則民好暴 或曰 有性善 有性不善
시고 문무흥 즉민호선 유려흥 즉민호폭 혹왈 유성선 유성불선

是故以堯爲君而有象　以瞽瞍爲父而有舜　以紂爲兄之子　且以爲君
시 고 이 요 위 군 이 유 상　이 고 수 위 부 이 유 순　이 주 위 형 지 자　차 이 위 군

而有微子啓　王子比干　今日　性善　然則彼皆非與　孟子日　乃若其情
이 유 미 자 계　왕 자 비 간　금 왈　성 선　연 즉 피 개 비 여　맹 자 왈　내 약 기 정

則可以爲善矣　乃所謂善也　若夫爲不善　非才之罪也　惻隱之心　人皆
즉 가 이 위 선 의　내 소 위 선 야　약 부 위 불 선　비 재 지 죄 야　측 은 지 심　인 개

有之　羞惡之心　人皆有之　恭敬之心　人皆有之　是非之心　人皆有之
유 지　수 오 지 심　인 개 유 지　공 경 지 심　인 개 유 지　시 비 지 심　인 개 유 지

惻隱之心　仁也　羞惡之心　義也　恭敬之心　禮也　是非之心　智也　仁
측 은 지 심　인 야　수 오 지 심　의 야　공 경 지 심　례 야　시 비 지 심　지 야　인

義禮智　非由外鑠我也　我固有之也　弗思耳矣　故日　求則得之　舍則
의 례 지　비 유 외 삭 아 야　아 고 유 지 야　불 사 이 의　고 왈　구 즉 득 지　사 즉

失之　或相倍蓰而無算者　不能盡其才者也　詩日　天生蒸民　有物有則
실 지　혹 상 배 사 이 무 산 자　불 능 진 기 재 자 야　시 왈　천 생 증 민　유 물 유 칙

民之秉夷　好是懿德　孔子日　爲此詩者　其知道乎　故有物必有則　民
민 지 병 이　호 시 의 덕　공 자 왈　위 차 시 자　기 지 도 호　고 유 물 필 유 칙　민

之秉夷也　故好是懿德
지 승 이 야　고 호 시 의 덕

☺ • • • • • •

영국 웨일즈 지방의 아주 깊은 산골에 사는 한 소년이 병으로 사경을 헤
매고 있었다. 이 소년은 어머니와 단둘이 살고 있었는데 어머니의 걱정은
이루 말할 수 없었다. 돈도 없었을 뿐만 아니라 집 부근에는 병원도 없었다.
어머니는 용기를 내어 5마일이나 되는 거리를 빗속을 뚫고 병원으로 달려
가 의사를 붙들고 사정했다.

의사는 몹시 괴로웠다. 의사된 것이 원망스럽기도 했고 한편으로는 돈만
보고 의사 노릇을 할 수 없지 않는가 자문하기도 했다. 결국 그는 마지못해
빗속을 달려가 그 아이를 치료해 주었다. 다행스럽게도 치료에 큰 효험이
있어서 소년은 낫게 되었다.

그후 일상으로 돌아온 의사는 그 일을 까맣게 잊어버렸다.

수십 년이 지난 어느 날, 데이비드 로이드 조지 경이라는 영국이 낳은 유명한 정치가가 재무상으로 등단하여 축하를 받게 되었다.

축하연이 벌어진 자리에 그 의사도 참석을 하였는데, 자세히 보니 그 재무상은 옛날에 자기가 치료해 주었던 바로 그 소년이 아닌가.

의사는 정말 놀랐다. 그 당시 억지로 치료해 준 그 선한 일이 오늘날 이렇게 엄청난 결과로 나타날 줄을 상상이나 했겠는가? 이렇듯 우리의 작은 선행이 뜻밖의 결과로 나타날 때가 있다.

사람의 선함은 누구나 같다

맹자가 말했다.

「대개 풍년에는 젊은이들이 선을 행하고, 흉년에는 젊은이들이 포악한 행동을 많이 한다. 이는 하늘이 그들에게 내려준 자질이 다르기 때문이 아니라, 흉년이 되면 먹을 것이 모자라 그들의 마음을 타락시키기 때문에 일어나는 현상이다. 즉 본래의 마음이 악해서가 아니라 환경이 그들을 그렇게 만들기 때문이다.

예를 들어, 밭에다가 보리씨를 뿌리고 흙을 덮어 주었다고 하자. 만약 심은 땅도 같고 심은 시기도 같다면, 보리는 무럭무럭 자라서 하지가 되면 익을 것이다. 그런데 수확을 해보면 많고 적음의 차이가 약간 생기게 된다. 이는 비옥한 땅과 척박한 땅, 혹은 비나 이슬의 많고 적음, 또는 사람의 손질의 많고 적음에 따른 것으로, 원래는 다 똑같은 보리씨였던 것이 그 뒤의 조건에 따라 달라진 것이다. 그러므로 같은 종류의 것이라면 대개는 서로 비슷하다고 할 수 있다. 그러나 유독 사람의 경우만이 본성이 다르다고 의심할 이유가 어디 있는가? 아무리 성인이라고 해도 결국 우리와 같은 사람일 뿐이다.

옛 현인인 용자도 '발 크기를 모르고 짚신을 삼아도 삼태기처럼 크게 만들지는 않는다.'고 말했다. 그의 말처럼 짚신이 서로 비슷한 것은 천하 사람들의 발 모양이 서로 비슷하기 때문이다.

미각에 있어서도 사람들의 입에 맞는 보편적인 맛이 있다. 요리의 명인이었다는 역아는 이러한 사람들의 보편적인 입맛을 한 걸음 앞서서 발견한 데 지나지 않는다. 만약 사람들의 입맛이 제각각이었다면 천하 사람들이 역아가 만든 음식으로는 한결같은 맛을 느낄 수 없었을 것이다. 누구는 맛이 있다고 하는 반면 누구는 개나 말에게나 갖다주라며 불평했을 것이다. 하지만 음식 맛에 있어서 천하 사람들이 모두 역아의 솜씨를 인정하는 것은 그들의 입맛이 일치한다는 증거이다.

청각의 경우에도 그러하다. 음악에 대해서는 천하 사람들이 모두 사광의 소리를 듣고자 하는데, 이는 천하 사람들의 청각이 비슷하기 때문이다.

시각의 경우에도 그러하다. 천하 사람들은 모두 자도가 잘 생겼다고 생각한다. 자도가 잘 생겼다는 것을 모르는 사람은 소경이나 마찬가지라 하겠다.

그러므로 사람은 누구나 입은 미각에 대해 비슷한 기호를 가지고 있고, 귀는 소리에 대해 비슷한 감상력을 가지고 있으며, 눈은 아름다운 것에 대해 비슷한 안목을 가지고 있다.

그렇다면 어찌 마음만이 다같이 옳다고 여기는 것이 없겠는가? 마음이 옳다고 여기는 것은 이이고, 의이다. 다만 성인은 우리들이 모두 옳다고 여기는 이와 의를 우리보다 먼저 알고 있었을 뿐이다. 그러므로 이와 의가 우리들의 마음을 기쁘게 해주는 것은 흡사 돼지고기나 소고기가 우리의 미각을 즐겁게 해주는 것과 같은 것이다.」

孟子曰　富歲　子弟多賴　凶歲　子弟多暴　非天之降才爾殊也　其所以
맹자왈　부세　자제다뢰　흉세　자제다포　비천지강재이수야　기소이

陷溺其心者然也 今夫麰麥 播種而耰之 其地同 樹之時又同 勃然而
함닉기심자연야 금부모맥 파종이우지 기지동 수지시우동 발연이

生 至於日至之時 皆熟矣 雖有不同 則地有肥磽 雨露之養 人事之
생 지어일지지시 개숙의 수유부동 즉지유비교 우로지양 인사지

不齊也 故凡同類者 擧相似也 何獨至於人而疑之 聖人與我同類者
부제야 고범동류자 거상사야 하독지어인이의지 성인여아동류자

故龍子曰 不知足而爲屨 我知其不爲蕢也 屨之相似 天下之足同也
고룡자왈 부지족이위구 아지기불위궤야 구지상사 천하지족동야

口之於味 有同耆也 易牙先得我口之所耆者也 如使口之於味也 其
구지어미 유동기야 역아선득아구지소기자야 여사구지어미야 기

性與人殊 若犬馬之與我不同類也 則天下何耆 皆從易牙之於味也
성여인수 약견마지여아부동류야 즉천하하기 개종역아지어미야

至於味 天下期於易牙 是天下之口相似也 惟耳亦然 至於聲 天下期
지어미 천하기어역아 시천하지구상사야 유이역연 지어성 천하기

於師曠 是天下之耳相似也 惟目亦然 至於子都 天下莫不知其姣也
어사광 시천하지이상사야 유목역연 지어자도 천하막부지기교야

不知子都之姣者 無目者也 故曰 口之於味也 有同耆焉 耳之於聲也
부지자도지교자 무목자야 고왈 구지어미야 유동기언 이지어성야

有同聽焉 目之於色也 有同美焉 至於心 獨無所同然乎 心之所同然
유동청언 목지어색야 유동미언 지어심 독무소동연호 심지소동연

者何也 謂理也 義也 聖人先得我心之所同然耳 故理義之悅我心 猶
자하야 위리야 의야 성인선득아심지소동연이 고리의지열아심 유

芻豢之悅我口
추환지열아구

㊙ • • • • • •

　미국의 어느 젊은이가 매일 통근 기차를 타고 회사로 출근을 했다.

　기차 노선에 경사진 언덕을 오르는 곳이 있었는데 여기를 지날 때면 속
력이 떨어져 철로 옆에 있는 집의 내부가 들여다보이곤 했다.

　그런데 수많은 집들 중 어떤 한 집에 늙은 노인이 항상 침대에 누워 있는
것이 젊은이의 눈에 들어왔다.

　매일 그 모습을 본 젊은이는 가슴이 아파 무언가 도움을 주고 싶었다. 그

래서 노인의 이름과 주소를 알아내 병이 회복되기를 기원하는 카드를 보냈다.

자신의 이름은 밝히지 않고 그저 '날마다 언덕 철길을 통해 출근하는 한 젊은이가' 라고 써서 보냈다.

며칠이 지났다. 그날도 출근길에 젊은이는 그곳으로 눈길을 돌렸는데 방은 비어 있고 창가에는 램프가 켜져 있었다.

유리창에는 큰 글씨가 써진 종이가 붙어 있었다. 그 종이에는 이런 글이 선명하게 적혀 있었다.

'얼굴을 알 수 없는 그대에게 축복을!'

선을 방치하지 말고 늘 키워라

맹자가 말했다.

「예로부터 우산에는 나무는 무성하게 자라 아름다웠다. 그러나 불행하게도 우산은 제(齊) 나라 수도 임치 같은 큰 도시의 가까운 곳에 위치해 있던 탓으로 산의 나무들을 무수히 도 끼로 찍어내었다. 결국 우산은 더이상 그 아름다움을 유지할 수 없게 되어버리고 말았다. 더구나 그나마 이슬과 비 덕분에 푸르름을 유지해주던 풀들마저 사람들이 소나 양을 방목 하는 바람에 죄다 뜯겨나가 마침내는 벌거숭이산이 되어버리고 말았다.

이러한 내력을 모르는 사람들은 민둥산이 되어버린 우산을 보고, 저 산에는 옛날부터 수 목이 없었던 것으로 여겼다. 하지만 그것이 어찌 우산의 본모습이겠는가?

사람이 지니고 있는 본성도 마찬가지인데, 어찌 본래부터 인의의 마음을 가지고 있지 않 았겠는가? 어떤 사람이 자신의 양심, 즉 인의를 상실하는 것은, 바로 도끼와 나무의 관계 와 같은 것이니, 매일 나무를 베어버린다면 어찌 아름다운 숲을 유지할 수가 있겠는가?

그러나 마음도 나무와 같아서, 아무리 양심을 지키지 못하는 사람이라도 잃었던 양심이 되살아나기는 한다. 새벽의 맑고 청량한 기운에 양심이 소생하는 것이다. 그러나 그럼에 도 불구하고 인의로운 마음이 다른 사람에게 미치지 못하는 것은, 낮 동안에 행한 인의를 저버리는 행동이 간신히 회복된 양심을 갉아먹어 버리기 때문이다.

이렇듯 양심을 해치는 행위를 되풀이하게 되면, 양심이 아주 없어지게 되어 결국은 금수 와 같은 존재가 되어버리고 만다. 사람이 금수와 같은 존재가 되어버리면 사람들은 이런 자를 보고 원래부터 양심이 없던 사람이라고 여기게 된다. 하지만 이것이 어찌 그의 본성 이겠는가.

그러므로 세상의 어떠한 사물이라도 적당한 영양만 공급되면 자라지 않을 수가 없고, 영 양이 공급되지 않으면 어떠한 사물이라도 소멸하고 마는 것이다. 그래서 공자께서도 '꼭 잡고 있으면 남아 있고, 놓으면 없어진다. 드나드는 것에 일정한 때가 없어서 어디에 머물 고 있는 지 알 수 없다.' 고 하셨는데, 이것은 바로 사람의 마음에 대해 말씀하신 것이다.」

孟子曰 牛山之木 嘗美矣 以其郊於大國也 斧斤 伐之 可以爲美乎
맹자왈 우산지목 상미의 이기교어대국야 부근 벌지 가이위미호

是其日夜之所息 雨露之所潤 非無萌蘖之生焉 牛羊 又從而牧之 是
시기일야지소식 우로지소윤 비무맹얼지생언 우양 우종이목지 시

以 若彼濯濯也 人見其濯濯也 以爲未嘗有材焉 此豈山之性也哉 雖
이 약피탁탁야 인견기탁탁야 이위미상유재언 차기산지성야재 수

存乎人者 豈無仁義之心哉 其所以放其良心者 亦猶斧斤之於木也
존호인자 기무인의지심재 기소이방기량심자 역유부근지어목야

旦旦而伐之 可以爲美乎 其日夜之所息 平旦之氣 其好惡與人相近
단단이벌지 가이위미호 기일야지소식 평단지기 기호오여인상근

也者幾希 則其旦晝之所爲 有梏亡之矣 梏之反覆 則其夜氣不足以
야자기희 즉기단주지소위 유곡망지의 곡지반복 즉기야기부족이

存 夜氣不足以存 則其違禽獸不遠矣 人見其禽獸也 而以爲未嘗有
존 야기부족이존 즉기위금수불원의 인견기금수야 이이위미상유

才焉者 是豈人之情也哉 故苟得其養 無物不長 苟失其養 無物不消
재언자 시개인지정야재 고구득기양 무물부장 구실기양 무물불소

孔子曰 操則存 舍則亡 出入無時 莫知其鄕 惟心之謂與
공자왈 조즉존 사즉망 출입무시 막지기향 유심지위여

※ • • • • • • •

로크맨이라는 한 노예가 있었다. 그는 대단히 현명하였고, 또 열심히 일을 하여 주인에게 신임을 받고 있었다. 그런 로크맨을 다른 종들은 시기하여 주인에게 모함을 일삼았다.

"로크맨이 주인님 앞에서는 충성을 다하면서 뒤에서는 주인님을 욕하고 있습니다."

주인은 정말 그런가 하여 그를 시험해 보기로 하였다. 그를 불러 아주 쓴 참외를 한 개 주었는데 로크맨은 태연하게 그 참외를 받아 쩝쩝거리며 맛있게 먹어버리는 것이었다.

"아니, 어떻게 그 쓰고 구역질나는 참외를 그리 맛있게 먹느냐?"

"주인님께서 제게 좋은 것들을 많이주셨으니 주인님께서 주시는 쓴 것도 달게 받아야 마땅하지 않겠습니까?"

그 말에 감격한 주인은 그를 '자유의 몸'으로 풀어주었다.

배움에 최선을 다하라

맹자가 말했다.

「임금이 총명하지 못한 것을 이상하게 여길 필요는 없다. 아무리 잘 자라는 식물이라도 하루만 햇빛을 쐬어주고 열흘은 음지에 둔다면 잘 자라지 못할 것은 뻔한 이치이다. 내가 임금을 알현하는 기회는 적은데, 내가 물러나기만 하면 여기저기서 소인들이 달려들어 인정에 대한 의욕을 감퇴시킨다. 그러므로 양심의 싹은 텄지만 그 싹을 보호하고 키우는 일은 나로서도 어찌 할 도리가 없는 것이다.

무릇 바둑[혁]의 수란 보잘것없는 것이긴 하지만, 전력을 다해 머리를 쓰지 않으면 터득할 수 없는 것이다. 혁추라는 사람은 국수였다. 그가 두 사람에게 바둑을 가르쳤다고 하자. 한 사람은 전력을 다해 혁추가 가르쳐 주는 말만을 듣고 열심히 배웠다. 다른 한 사람은 혁추의 가르침을 듣기는 하지만 한쪽 마음으로는 '기러기가 날아올 때가 되었구나. 활에다 당겨 쏘아 맞혀야지.' 하고 생각한다면, 한 사람의 선생에게서 바둑을 배우고 있다고는 해도 상대방을 도저히 따라가지 못할 것이다. 이것은 지혜가 상대방보다 못하기 때문이어서 일까? 그렇지는 않을 것이다.」

孟子曰 無或乎王之不智也 雖有天下易生之物也 一日暴之 十日寒
맹자왈 무혹호왕지부지야 수유천하이생지물야 일일폭지 십일한

之 未有能生者也 吾見 亦罕矣 吾退而寒之者至矣 吾如有萌焉 何
지 미유능생자야 오현 역한의 오퇴이한지자지의 오여유맹언 하

哉 今夫奕之爲數 小數也 不專心致志 則不得也 奕秋 通國之善奕
재 금부혁지위수 소수야 부전심치지 즉부득야 혁추 통국지선혁

者也 使奕秋 誨二人奕 其一人 專心致志 惟奕秋之爲聽 一人 雖聽
자야 사혁추 회이인혁 기일인 전심치지 유혁추지위청 일인 유청

之 一心 以爲有鴻鵠 將至 思援弓繳而射之 雖與之俱學 弗若之矣
지 일심 이위유홍곡 장지 사원궁격이사지 수여지구학 불약지의

爲是其智弗若與 曰非然也
위시기지불약여 왈비연야

의를 위해서는 죽음도 불사함

맹자가 말했다.

「나는 생선 요리도 좋아하고, 곰 발바닥[웅장] 요리도 좋아하지만, 만약 이 두 가지 중에 한 가지를 고르라고 하면 나는 생선 요리를 버리고 곰 발바닥 요리를 택할 것이다. 이와 마찬가지로 삶도 내가 바라는 바이고, 의도 내가 바라는 바이다. 그런데 만약 두 가지를 동시에 가질 수 없는 경우가 생긴다면, 나는 삶을 버리고 의를 취할 것이다. 삶도 내가 바라는 바이지만, 삶보다 더 간절하게 바라는 것이 있기 때문이다. 그러기에 나는 구차하게 살려고는 하지 않을 것이다. 죽는다는 것 역시 나도 싫어한다. 그러나 죽음 보다 더 싫은 것이 있기 때문에 구차하게 죽음을 피하려고 하지 않는 것이다.

만약에 사람의 욕구 중에 목숨보다 더 나은 것이 없다면, 목숨을 이어나가기 위해서는 무슨 짓이라도 다하게 될 것이다. 그리고 만약 사람이 싫어하는 것 중에 죽음보다 더한 것이 없다면, 죽음을 피하는 일이라면 무슨 짓이라도 다하게 될 것이다. 그렇기 때문에 목숨을 이어나갈 수 있는 일이라도 의가 아니면 하지 않는 경우가 있고, 죽음을 피할 수 있는 일이라도 의를 위해서는 죽음을 두려워하지 않는 경우도 있는 것이다.

이처럼 생명보다 더 중요한 것이 있고, 죽음보다 더 싫어해야 할 것이 있는 것이다. 이는 비록 현자만이 그러한 마음을 갖고 있는 것은 아니고, 사람이라면 누구나 다 그런 마음을 갖고 있다. 다만 현자는 어떠한 상황에서도 그러한 마음을 잃지 않는다는 점이 보통 사람과 다를 뿐이다.

만약 어떤 사람이 한 소쿠리의 밥과 한 그릇의 국을 먹으면 살고, 먹지 못하면 굶어 죽는 절박한 상황에 놓여 있다고 하자. 이때 어떤 사람이 냅다 고함을 지르면서 경멸하듯 먹을 것을 준다면 길을 가던 굶주린 사람도 받아먹지 않을 것이다. 또한 음식을 발로 차듯이 주면 비록 몹시 굶주린 거지라도 먹지 않을 것이다.

그런데 세상 사람들은 1만종의 녹을 받는 벼슬자리라면 예의에 맞는지 안 맞는지 가려보지도 않고 받아들인다. 그러나 가만히 따져보면, 그 1만종이라는 재물은 결코 자기 자신에게는 별로 도움이 되지 않는다. 하지만 자기 집을 호화롭게 치장하거나, 처첩(妻妾)을 호강시켜주거나, 가난한 친척들을 도와주어 그들을 감격스럽게 만드는 데는 그 재물이 필요할지 모른다.

그 전에는 굶어죽어도 못 받겠다던 사람이 지금은 자기 집을 호화롭게 치장하려고 불의도 따지지 않고 받으며, 전에는 굶어죽어도 못 받겠다던 사람이 지금은 처첩을 호강시켜주기 위해 불의인데도 받으며, 전에는 굶어죽어도 못 받겠다던 사람이 지금은 가난한 친지들에게 은혜를 베풀기 위해 불의인데도 받다니, 이런 일은 좀 그만 둘 수 없는 것인가? 이런 것을 두고 본심을 잃어버렸다고 하는 것이다.」

孟子曰　魚　我所欲也　熊掌　亦我所欲也　二者不可得兼　舍魚而取熊
맹자왈　어　아소욕야　웅장　역아소욕야　이자불가득겸　사어이취웅

掌者也　生　亦我所欲也　義　亦我所欲也　二者　不可得兼　舍生而取義
장 자 야　생　역 아 소 욕 야　의　역 아 소 욕 야　이 자　불 가 득 겸　사 생 이 취 의

者也　生亦我所欲　所欲有甚於生者　故不爲苟得也　死亦我所惡　所惡
자 야　생 역 아 소 욕　소 욕 유 심 어 생 자　고 불 위 구 득 야　사 역 아 소 오　소 오

有甚於死者　故患有所不辟也　如使人之所欲　莫甚於生　則凡可以得
유 심 어 사 자　고 환 유 소 불 피 야　여 사 인 지 소 욕　막 심 어 생　즉 범 가 이 득

生者　何不用也　使人之所惡　莫甚於死者　則凡可以辟患者　何不爲也
생 자　하 불 용 야　사 인 지 소 오　막 심 어 사 자　즉 범 가 이 피 환 자　하 불 위 야

由是則生而有不用也　由是則可以辟患而有不爲也　是故　所欲　有甚
유 시 즉 생 이 유 불 용 야　유 시 즉 가 이 피 환 이 유 불 위 야　시 고　소 욕　유 심

於生者　所惡　有甚於死者　非獨賢者　有是心也　人皆有之　賢者　能勿
어 생 자　소 오　유 심 어 사 자　비 독 현 자　유 시 심 야　인 개 유 지　현 자　능 물

喪耳　一簞食　一豆羹　得之則生　弗得則死　嘑爾而與之　行道之人　弗
상 이　일 단 사　일 두 갱　득 지 즉 생　불 득 즉 사　호 이 이 여 지　행 도 지 인　불

受　蹴爾而與之　乞人　不屑也　萬鍾則不辯禮義而受之　萬鍾　於我何
수　축 이 이 여 지　걸 인　불 설 야　만 종 즉 불 변 례 의 이 수 지　만 종　어 아 하

加焉　爲宮室之美　妻妾之奉　所識窮乏者得我與　鄕爲身　死而不受
가 언　위 궁 실 지 미　처 첩 지 봉　소 식 궁 핍 자 득 아 여　향 위 신　사 이 불 수

今爲宮室之美　爲之　鄕爲身　死而不受　今爲妻妾之奉　爲之　鄕爲身
금 위 궁 실 지 미　위 지　향 위 신　사 이 불 수　금 위 처 첩 지 봉　위 지　향 위 신

死而不受　今爲所識窮乏者得我而爲之　是亦不可以已乎　此之謂失
사 이 불 수　금 위 소 식 궁 핍 자 득 아 이 위 지　시 역 불 가 이 이 호　차 지 위 실

其本心
기 본 심

영국 리버풀에 있는 워커 미술관에 콘트러라는 화가가 그린 충성이라는
그림이 있다.

옛날 폼페이라는 로마의 도시가 베수비오 화산이 폭발하여 화산재에
전부 묻혀버린 비참한 일이 있었는데, 그때의 광경을 상상해서 그린 그림
이다.

화산재와 불이 그냥 눈과 같이 서리와 같이 폼페이 성안에 내린다.

많은 사람들이 살길을 얻으려고 성문으로 그냥 조수와 같이 밀려 나간다. 그런데 그 가운데 문을 지키는 수문의 책임을 맡은 군인이 한 사람 서 있다.

이 사람은 본래 로마 사람이다. 그 성문을 지키라는 사명을 받았다. 다른 사람들은 살기 위해서 내려오는 재를 피해 성문을 빠져 자꾸만 나가지만 이 군인만은 자기의 창을 잡고 아무리 눈과 같이 재가 내리고 불이 내려도 꼼짝하지 않고 그냥 서서 죽음을 기다린다.

이것이 충성의 그림이다.

학문이란 놓친 마음을 찾는 것

맹자가 말했다.

「인은 사람의 마음이요, 의는 사람의 길이다. 그 길을 백 리고 천 리고 따라가지 않으며, 본심을 잃어버리고도 찾을 줄 모르니 슬픈 일이 아닐 수 없다. 사람들은 닭이나 개를 잃어 버리면 누구나 찾아 나설 것이다. 그런데 마음을 잃어버리고는 찾아 나서지 않는다. 학문 이란 별게 아니다. 잃어버린 마음을 찾는 것이다.」

孟子曰 仁 人心也 義 人路也 舍其路而不由 放其心而不知求 哀哉
맹자왈 인 인심야 의 인로야 사기로이불유 방기심이부지구 애재

人有鷄犬放 則知求之 有放心 而不知求 學問之道 無他 求其放心
인유계견방 즉지구지 유방심 이부지구 학문지도 무타 구기방심

而已矣
이 이 의

※ . . . . . .

미국의 철학자 존 듀이가 80세가 넘었을 때의 이야기이다.

그에게 한 젊은 학자가 찾아와 철학이 우습다는 듯이 빈정거렸다.

"그 따위 말장난이 무슨 학문입니까? 도대체 그것이 우리에게 무슨 소용이 있습니까?"

그러자 존 듀이는 조용히 웃으며 말했다.

"그건 말이야, 우리가 산에 올라가야 하는 이유와 같은 걸세."

"산을 오르다니요? 그게 무슨 말입니까?"

젊은 학자가 반문하자 존 듀이는 말했다.

"아래에 있을 때는 모르지만 산에 올라가보면 올라가야 할 다른 많은 산들이 있다는 것을 알게 된다네. 그래서 또 다른 산을 오르고, 또 오르고 그렇게 계속하는 것이지. 만일 자네가 올라가야 할 산을 보지 못하고 계속해서 산에 오르지 않는다면 자네 인생은 지금 상태에서만 만족해야 하는 것이네."

일의 경중(輕重)을 알아야

맹자가 말했다.

「지금 무명지가 구부러져서 펴지지 않는 사람이 있다고 하자. 별로 아프지도 않고 일하는 데 지장이 있는 것도 아니지만, 만약 이 손가락을 곧게 펼 수 있는 사람이 있다면 진나라나 초나라처럼 멀리에 있다 해도 찾아 갈 것이다. 그것은 손가락이 남과 다른 것을 부끄러워하고 있기 때문이다.

이처럼 손가락이 남과 같지 않은 것은 부끄러워하면서도, 마음이 남과 같지 않은 것은 부끄러워할 줄 모르니, 이것을 가리켜 일의 경중을 모른다고 말하는 것이다.」

孟子日 今有無名之指 屈而不信 非疾痛害事也 如有能信之者 則不
맹자왈 금유무명지지 굴이불신 비질통해사야 여유능신지자 즉불

遠秦楚之路 爲指之不若人也 指不若人 則知惡之 心不若人 則不知
원진초지로 위지지불약인야 지불약인 즉지오지 심불약인 즉부지

惡 此之謂不知類也
오 차지위부지류야

자기 수양에 대해 깊이 생각하라

맹자가 말했다.
「한 아름이나 되거나 한 뼘 정도 되는 오동나무나 가래나무는, 키우려고만 한다면 누구든 얼마든지 키울 수가 있다. 그런데 자신의 수양 방법에 대해서는 모르고 있다. 자기를 가꾸려는 마음이 오동나무나 가래나무를 가꾸는 것만도 못하다는 말인가? 물론 그렇지는 않을 것이지만, 생각이 너무 모자람이 안타깝구나.」

孟子曰 拱把之桐梓 人苟欲生之 皆知所以養之者 至於身 而不知所
맹자왈　공파지동재　인구욕생지　개지소이양지자　지어신　이부지소
以養之者 豈愛身 不若桐梓哉 弗思甚也
이양지자　기애신　불약동재재　불사심야

❀ ● ● ● ● ● ●

　제2차 세계대전 때에 영국 수상 윈스턴 처칠이 돈을 최고로 여기는 독신 여성과 대화를 나눈 적이 있었다. 그 여자는 자기야말로 백만장자의 아내가 될 충분한 자질이 있다고 말했다. 기가 막힌 처칠 수상이 물었다.

　"그러면 당신은 백만장자가 청혼을 하면 승낙하시겠군요?"

　그 여자는 당연하다는 듯이 말했다. 그러자 처칠이 다시 물었다.

　"만일 100불을 가진 사람이 청혼을 하면 어떻게 하시겠습니까?"

　그러자 여자가 화를 벌컥 냈다.

　"도대체 나를 어떤 여자로 보길래 그런 질문을 하죠?"

　"당신의 인격에 대해서는 이미 짐작할 수 있었구요. 이제 알고 싶은 것은 어느 정도까지 내려가나 보려는 것입니다."

　돈을 성공의 표준으로 보느냐, 인격을 성공의 표준으로 보느냐 하는 것은 삶의 질을 나타내는 것이다.

수양은 자기 몸 전체를 기르듯이

맹자가 말했다.

「사람이라면 누구나 자기 몸은 어느 부위나 다 아낀다. 다 아낀다는 것은 한결같이 기른다는 뜻이다. 즉 한 자 한 치의 살이라도 다 아낀다는 것은 한 자 한 치의 살이라도 다 기른다는 말이다. 그러나 기르는 방법에는 잘하고 잘못함이 있다. 그 방법이라는 것은 따로 있는 것이 아니라 오로지 자기 자신에게 물어보아 거기서 답을 얻을 따름이다.

사람의 몸에는 귀한 부분과 천한 부분이 있고, 큰 부분과 작은 부분이 있다. 몸을 기르는 데 있어서 천한 부분으로 귀한 부분을 해치지 말고, 작은 부분으로 큰 부분을 해치지 말아야 한다. 그리고 작은 부분을 기르는 자는 소인이 되고 큰 부분을 기르는 자는 대인이 된다.

지금 여기 나무 심는 정원을 가꾸는 정원사가 있다고 하자. 오동나무나 가래나무 같은 좋은 나무를 버리고 산대추나무나 가시나무 같은 천한 나무를 기른다면 그는 천한 정원사가 될 것이다. 또한 여기 어떤 사람이 있는데, 손가락 하나만 잘 기를 생각을 하고 어깨나 등 쪽은 기를 생각을 안 한다면 그는 결국 병에 걸려 뒤도 돌아보지 못하는 낭질인이 되고 말 것이다. 대체로 음식만을 중하게 여기는 사람은 남들이 천하게 여기는데, 이는 구복 같은 작은 몸의 부분에만 신경을 쓰고 큰 몸은 돌보지 않기 때문이다. 음식을 중히 여기는 사람이라도 자기의 도덕심 같은 큰 몸을 기르는 데 힘쓴다면, 자신이 그토록 아끼는 입과 배 같은 한 자 한 치의 작은 몸도 그 이상의 중요성을 가질 수 있을 것이다.」

孟子曰 人之於身也 兼所愛 兼所愛 則兼所養也 無尺寸之膚 不愛
맹자왈 인지어신야 겸소애 겸소애 즉겸소양야 무척촌지부 불애

焉 則無尺寸之膚 不養也 所以考其善不善者 豈有他哉 於己 取之
언 즉무척촌지부 불양야 소이고기선불선자 기유타재 어기 취지

而已矣 體有貴賤 有大小 無以小害大 無以賤害貴 養其小者 爲小
이이의 체유귀천 유소대 무이소해대 무이천해귀 양기소자 위소

人 養其大者 爲大人 今有場師 舍其梧檟 養其樲棘 則爲賤場師焉
인 양기대자 위대인 금유장사 사기오가 양기이극 즉위천장사언

養其一指 而失其肩背 而不知也 則爲狼疾人也 飮食之人 則人賤之
양기일지 이실기견배 이부지야 즉위랑질인야 음식지인 즉인천지

矣 爲其養小以失大也 飮食之人 無有失也 則口腹 豈適爲尺寸之膚
의 위기양소이실대야 음식지인 무유실야 즉구복 기적위척촌지부

哉
재

– 결국 맹자는 도덕심 같은 큰 몸도 기르고, 입과 배 같은 작은 몸도 함께 기르는 것이 수양의 이상적인 방법임을 강조하고 있다.

마음을 빼앗기지 않는 사람이 대인

공도자가 물었다.

「똑같은 사람인데도 어떤 사람은 대인이 되고, 어떤 사람은 소인이 되는데, 이건 무슨 까닭입니까?」

맹자가 대답했다.

「몸에는 큰 몸[大體]과 작은 몸[小體]이 있다. 큰 몸은 마음이고, 작은 몸은 말초신경이라고 할 수 있다. 큰 몸을 따르면 대인이 되고, 작은 몸을 따르면 소인이 되는 것이다.」

「똑같은 사람인데도 왜 어떤 사람은 도덕심에 따라 행동하고, 어떤 사람은 말초신경에 따라 행동하는 것입니까?」

「귀나 눈 같은 기관은 생각하는 기능이 없기 때문에 바깥의 사물이나 현상에 의해 지배당한다. 바깥의 사물들이 귀와 눈에 들어오면, 생각하는 힘이 없기 때문에 금방 어떤 욕구에 이끌리고 마는 것이다.

그러나 마음이라는 것은 생각할 수 있는 힘을 갖고 있다. 그 힘이 있기 때문에 바깥의 사물이나 현상에 대해 주체적으로 대응할 수 있는 것이다. 그래서 생각하면 사물의 이치를 얻을 수 있고, 생각하지 않으면 얻지 못하니, 이것은 하늘이 사람들에게 부여해준 것이다. 따라서 우선 큰 것, 즉 마음을 확고히 세워놓으면, 귀나 눈 같은 작은 것에 마음을 빼앗기지 않게 된다. 그렇게 할 수 있는 사람을 대인이라고 한다.」

公都子問曰 鈞是人也 或爲大人 或爲小人 何也 孟子曰 從其大體
공도자문왈 균시인야 혹위대인 혹위소인 하야 맹자왈 종기대체

爲大人 從其小體 爲小人 曰鈞是人也 或從其大體 或從其小體 何
위대인 종기소체 위소인 왈균시인야 혹종기대체 혹종기소체 하

也 曰耳目之官 不思而蔽於物 物交物 則引之而已矣 心之官則思
야 왈이목지관 불사이폐어물 물교물 즉인지이이의 심지궁즉사

思則得之 不思則不得也 此天之所與我者 先立乎其大者 則其小者
사즉득지 불사즉부득야 차천지소여아자 선립호기대자 즉기소자

不能奪也 此爲大人而已矣
불능탈야 차위대인이이의

코끼리는 거대한 짐승이지만 생쥐를 두려워한다. 그것은 터무니없는 것처럼 보일지 모르지만 확실히 이 거대한 짐승은 조그마한 생쥐 한 마리에게 몸을 움츠리는 것이다.

생쥐 한 마리는 이 큰 무리에게 두려움의 대상이 되어 코끼리 무리를 공포의 상태에 빠뜨리기도 한다.

코끼리란 원래 사자나 호랑이 또는 다른 천적과는 얼마든지 싸워 자신을 보호하지만 조그만 쥐와는 싸움을 하지 못한다.

쥐는 크기도 작은데다 너무 빨라서 코끼리의 발 아래 짓밟히거나 그의 코에 붙잡히지 않는다. 아무 해도 입지 않고 코끼리의 가죽 위를 애가 탈 정도로 이리저리 뛰어다닌다.

그리고 작은 것에 대해 자신이 얼마나 무력한지를 깨달은 코끼리는 어떤 동물보다도 쥐를 두려워한다.

천작(天爵)과 인작(人爵)

맹자가 말했다.

「작위에는 천작이 있고 인작이 있다. 인·의·충·신을 갖추고 선행에 대해 싫증을 내지 않는 것이 천작이다. 그리고 공·경·대부의 관직은 인작이다.

옛날 사람들은 천작을 얻고자 수양하였고, 인작은 그에 맞게 자연스럽게 주어졌다. 그런데 요즘사람들은 인작을 얻기 위해서 천작을 수양하고 있다. 그리고 인작을 얻은 후에는 천작을 버리고 마는데, 이것은 참으로 어리석은 일이다. 천작이 없으면 인작은 오래 유지될 수 없다. 결국 천작을 버린 자들은 인작도 잃게 될 것이다.」

孟子曰 有天爵者 有人爵者 仁義忠信 樂善不倦 此天爵也 公卿大
맹자왈 유천작자 유인작자 인의충신 락선불권 차천작야 공경대

夫 此人爵也 古之人 脩其天爵 而人爵從之 今之人 脩其天爵 以要
부 차인작야 고지인 수기천작 이인작종지 금지인 수기천작 이요

人爵 旣得人爵 而棄其天爵 則或之甚者也 終亦必亡而已矣
인작 기득인작 이기기천작 즉혹지심자야 종역필망이이의

스스로 귀하게 만들어야

맹자가 말했다.

「사람이라면 누구나 귀한 것을 원한다. 다만 사람들은 자기 마음속에 귀한 것을 가지고 있으면서도 그것을 생각하지 않을 뿐이다. 남이 나를 귀하게 만들어주는 것은 그리 귀한 것이 아니다. 조맹이 스스로 귀하게 만든 것은, 조맹 스스로가 다시 천하게 만들 수도 있다. 〈시경〉에 '술에 취하였고 덕에 배불렀네,' 라는 구절이 있는데, 이것은 인의와 도덕에 배가 불렀기 때문에 남이 부러워하는 고량진미를 원하지 않으며, 좋은 평판과 명성 같은 것이 이미 자신에게 갖추어져 있으니 남의 아름다운 옷에도 욕심을 내지 않는다는 뜻이다.」

孟子曰 欲貴者 人之同心也 人人 有貴於己者 弗思耳 人之所貴者
맹자왈 욕귀자 인지동심야 인인 유귀어기자 불사이 인지소귀자

非良貴也 趙孟之所貴 趙孟能賤之 詩云 旣醉以酒 旣飽以德 言飽
비량귀야 조맹지소귀 조맹능천지 시운 기취이주 기포이덕 언포

乎仁義也 所以不願 人之膏粱之味也 令聞廣譽施於身 所以不願人
호인의야 소이불원 인지고량지미야 령문광예시어신 소이불원인

之文繡也
지문수야

🔆 ● ● ● ● ● ●

　조맹은 춘추시대 진나라의 권력자인데 조맹이 귀하게 시켜준 것은 조맹이 그것을 천하게 만들 수 있다는 뜻이다.

　진실로 귀한 것은 자기 자신 안에 있는 것이고, 남이 귀하게 만들어 준 것은 남이 빼앗을 수 있다는 말이다. 그러기 위해서는 인의의 덕을 닦으면 사람들이 추켜 세워주는 것을 바라지 않게 되고 스스로 귀하게 여기게 되는 것이다.

불인(不仁)한 자의 욕심

맹자가 말했다.

「인이 불인을 이기는 것은, 마치 물이 불을 이기는 것처럼 쉬운 일이다. 그러나 지금 인을 행하는 사람들은 자신의 작은 덕으로 큰 것을 얻으라는 기대를 하고 있으니, 이는 마치 한 잔의 물로 한 수레의 나무에 붙은 불을 끄려는 욕심과 같다. 그러고는 불이 꺼지지 않는 것을 보고, 물은 불을 이길 수 없다고 억지를 부리니, 이는 오히려 불인을 부추기는 경우라 할 것이다. 그런 사람은 반드시 그나마 가지고 있는 인마저도 잃고 말 것이다.」

孟子曰 仁之勝不仁也 猶水勝火 今之爲仁者 猶以一杯水 救一車薪
맹자왈 인지승불인야 유수승화 금지위인자 유이일배수 구일차신
之火也 不熄 則謂之水不勝火 此 又與於不仁之甚者也 亦終必亡而
지화야 불식 즉위지수불승화 차 우여어불인지심자야 역종필망이
已矣
이 의

❀ • • • • • •

톨스토이의 작품 중에 나오는 이야기이다.

바흠이라는 농부는 땅을 많이 소유하고 싶은 강한 욕심을 갖고 있던 사람이다. 하루는 그에게 하늘이 준 좋은 기회가 찾아왔다. 빠시키르 족속의 추장이 땅을 팔기 위하여 내놓았는데, 계약 조건이 너무 좋은 것이었다. 1000루불만 내면 하루 동안 걸어다닌 땅을 모두 준다는 것이었다. 그러나 해지기 전에 원점으로 돌아와야 한다는 단서가 붙어 있었다.

바흠은 신이 났다. 그는 아침 일찍 일어나 추장에게 가서 1000루불을 주고 먼 지평선을 바라보며 걸어가기 시작했다.

그는 조금도 쉬지 않고 땅을 소유한다는 기쁨에 들떠 걸어갔다. 태양이 머리 위에 떠올랐다. 뒤를 돌아보니 자신이 출발한 곳은 이미 보이지 않을

만큼 멀리 와 있었다. 그는 기쁨에 환성을 질렀다.

"이 땅이 전부 내 것이구나!"

그는 신이 나서 더욱 앞을 행해 나아갔다. 그가 정신 없이 앞으로 걸어가는 동안 어느덧 태양은 서산으로 넘어가고 있었다. 그는 순간 정신이 번쩍 났다.

"큰일났구나. 해가 지기 전에 돌아가지 못하면 땅을 한 평도 얻지 못하는데!"

그는 정신 없이 뒤돌아 달리기 시작했다. 죽을 힘을 다해 원점을 향해 달려갔다. 다행히도 그는 해가 지는 순간 원점으로 돌아올 수 있었다. 그러나 그는 너무나 지쳐 피를 토하고 쓰러져 죽고 말았다. 하인은 땅을 파고 그를 묻었다.

결국 그가 차지한 땅은 그의 시체가 누운 좁은 한 평의 땅뿐이었다.

제대로 성숙된 인이라야

맹자가 말했다.
「오곡은 종자 가운데서 가장 훌륭한 것들이다. 그러나 아무리 좋은 오곡이라도 여물지 않으면 차라리 제패만도 못하다. 마찬가지로 인도 제대로 여물도록 만들어야만 비로소 훌륭하게 된다.」

孟子曰　五穀者　種之美者也　苟爲不熟　不如荑稗　夫仁　亦在乎熟之
맹 자 왈　오 곡 자　종 지 미 자 야　구 위 불 숙　불 여 제 패　부 인　역 재 호 숙 지

而已矣
이 이 의

배움과 가르침은 정도로써

맹자가 말했다.

「옛날에 명궁(名弓)이었던 예가 활 쏘는 법을 가르칠 때는 반드시 활을 충분히 당기는 데
마음을 쓰도록 하였는데, 배우는 사람도 반드시 활을 충분히 당기는 데 온 마음을 기울였
다.

또한 목수가 남을 가르칠 때는 반드시 규구를 가지고 가르쳤는데, 배우는 사람도 반드시
규구를 가지고 배웠다.」

孟子曰 羿之敎人射 必志於彀 學者 亦必志於彀 大匠 誨人 必以規
맹자왈 예지교인사 필지어구 학자 역필지어구 대장 회인 필이규

矩 學者 亦必以規矩
구 학자 역필이규구

– 가르치는 사람이나 배우는 사람 모두 제대로 된 방법에 따라 행해야 함을 강조한 말이다.

告子

章句 · 下

고자 장구 · 하

욕망보다는 예를 중히 여겨야

임나라의 어떤 사람이 맹자의 제자 옥려자에게 물었다.

「예와 식욕 중 어느 것이 더 중하다고 생각합니까?」

옥려자가 대답했다.

「그야 예가 중하지요.」

「그럼 예와 색욕 중에는 어느 것이 더 중하다고 생각하십니까?」

「그것도 물론 예가 중하지요.」

「지금 어떤 사람이 예를 지켜서 음식을 먹자면 굶주려 죽게 되고, 예를 지키지 않고 음식을 먹게 되면 배불리 먹어 살 수 있는 상황에 처해 있을 때, 과연 이 사람도 예를 지켜야 하는 것입니까? 또한 친영을 갖추어 아내를 맞이하자면 아내를 얻지 못하고, 그 예를 갖추면 아내를 맞이할 수 있는 상황에 처했을 때, 과연 이때도 예를 갖춰야 하는 것입니까?」

이 질문에 옥려자는 대답을 하지 못했다. 그래서 이튿날 추나라로 가서 맹자를 만나 그 이야기를 하자, 맹자가 말했다.

「그 정도 질문에 대답하기가 무엇이 어렵다는 말이냐. 만약 산에 있는 나무의 키를 잴 때, 밑동부터 전체의 키를 재지 않고 끝만을 가지고 따지면 한 치 밖에 안 되는 나무라도 산꼭대기에 있으면 그 산보다 키가 더 큰 경우가 된다.

또 쇠붙이가 새털보다 무겁다고 하는 사실이 어찌 혁대에 달린 쇠고리 하나와 수레에 가득 실은 새털을 비교하여 이른 말이겠느냐?

이와 마찬가지로 식욕의 가장 중요한 기능에다가 예절의 극히 지엽적인 부분을 비교한다면 물론 음식 쪽이 더 중하게 될 것이다. 또한 혼인의 중요한 부분과 예절의 지엽적인 부분을 비교할 때도 물론 혼인 쪽이 더 중하게 된다.

그러니 너는 그 사람한테 가서 이렇게 말해주어라.

'만약에 자기 형의 팔을 비틀어서 음식을 빼앗아 먹는다면 얻어먹을 수 있고, 비틀지 못하면 음식을 먹지 못할 경우라면 당신은 형의 팔을 비틀겠느냐? 또 이웃집 담을 넘어가서 그 집 처녀를 끌어안고 오면 아내를 얻게 되고, 그렇지 못하면 아내를 얻지 못하게 된다면 당신은 그 처녀 집의 담을 뛰어넘을 수 있겠느냐?' 하고 말이다.」

任人 有問屋廬子曰 禮與食 孰重 曰禮重 色與禮 孰重 曰禮重 曰
임인 유문옥려자왈 례여식 숙중 왈례중 색여례 숙중 왈례중 왈

以禮食 則飢而死 不以禮食 則得食 必以禮乎 親迎 則不得妻 不親
이례식 즉기이사 불이례식 즉득식 필이례호 친영 즉부득처 불친

迎 則得妻 必親迎乎 屋廬子不能對 明日 之鄒以告孟子 孟子曰 於
영 즉득처 필친영호 옥려자불능대 명일 지추이고맹자 맹자왈 어

答是也 何有 不揣其本而齊其末 方寸之木 可使高於岑樓 金重於羽
답시야 하유 불췌기본이제기말 방촌지목 가사고어잠루 금중어우

者 豈謂一鉤金與一輿羽之謂哉 取食之重者 與禮之輕者 而比之 奚
자 기 위 일 구 금 여 일 여 우 지 위 재　취 식 지 중 자　여 례 지 경 자　이 비 지　해

翅食重 取色之重者 與禮之輕者 而比之 奚翅色重 往應之曰 紾兄
시 식 중　취 색 지 중 자　여 례 지 경 자　이 비 지　해 시 색 중　왕 응 지 왈　진 형

之臂 而奪之食 則得食 不紾 則不得食 則將紾之乎 踰東家牆而摟
지 비　이 탈 지 식　즉 득 식　부 진　즉 부 득 식　즉 장 진 지 호　유 동 가 장 이 루

其處子 則得妻 不摟 則 不得妻 則將摟之乎
기 처 자　즉 득 처　불 루　즉　부 득 처　즉 장 루 지 호

– '고자(告子)' 하편에는 성선설에 대한 내용보다는 정치의 진퇴(進退)에 관해 많이 거론되어 있다.

누구나 성인이 될 수 있다

조교가 맹자에게 물었다.

「사람은 누구나 다 요순 같은 성인이 될 수 있다고 하는데 그것이 사실입니까?」

맹자가 대답했다.

「그렇습니다.」

「제가 듣기에 문왕은 키가 10척이고, 탕왕은 9척이었다고 합니다. 지금 저는 그 두 분 키의 중간인 9척 4촌쯤 될 만큼 키가 큰데, 요순 같은 성인은 되지 못하고 밥을 먹고사는 일 외에는 잘 하는 게 없으니 어쩌면 좋겠습니까?」

「키가 크고 작은 것이야 요순 같은 성인이 되는데 무슨 상관이 있겠습니까? 다만 그분들처럼 성인 되고자 자신이 얼마나 노력하느냐에 달려 있는 것입니다. 여기 한 사람이 있는데, 그가 병아리 하나 들어올리지 못한다면 정말 힘이 없는 사람이 되는 것이고, 만약 그가 수천 근의 물건을 들어올린다면 정말 힘이 센 사람이 되는 것입니다. 또 어떤 사람이 역사 오획이 들어올렸던 무게를 들어올린다면 그는 오획이 되는 것입니다.

즉 사람이란 자기가 하지 못하는 것을 가지고 근심할 필요가 없는 것입니다. 다만 자기가 할 수 있는 능력이 있는 데도 하지 않고 있는 것을 근심해야 하는 것입니다.

어른과 함께 걸어갈 때, 자기가 어른보다 천천히 걸어 조금 뒤쳐져 가는 것을 공손하다고 말하고, 빨리 걸어 어른보다 앞서 가는 것을 공손하지 못하다고 합니다. 그런데 빨리 가는 일이야 힘이 들어서 그렇게 하지 못할 경우가 있겠지만 천천히 걸어가는 일이야 사람이라면 누구나 할 수 있는 일 아닙니까? 다만 사람들은 하지 못해서가 아니라 하지 않을 뿐인 것입니다. 요순의 도라는 것도 엄청난 것이 아니라, 그 근본을 따지자면 효도와 공경일 따름입니다. 지금 당신이 요임금이 입었던 의복을 입고, 요임금이 말했던 인의에 따라 말하고, 요임금이 행했던 효와 공경하는 마음을 실천한다면, 당신도 요임금 같은 성인이 될 수 있는 것입니다. 반대로 지금 당신이 폭군 걸임금이 입었던 의복을 입고, 걸이 말했던 말을 하고, 걸이 행했던 행동을 한다면, 당신도 걸과 같은 폭군이 되고 마는 것입니다.」

「제가 추나라 임금을 만나보면 여기서 머물만한 숙소를 빌릴 수가 있을 것입니다. 바라건대 여기 머물며 선생님 문하에서 가르침을 받고 싶습니다만……」

「도는 탄탄한 큰길과 같은 것입니다. 그러니 어찌 도를 이해하기 어렵다고 할 수 있겠습니까? 다시 말씀드립니다만, 사람들이 모른다고 말하는 것은 스스로 알려고 하지 않기 때문입니다. 그러니 고향으로 돌아가서 스스로 도를 구하도록 하십시오. 스스로 진정으로 도를 구하고자 한다면 가르쳐 줄 스승은 도처에 얼마든지 있다는 사실을 알게 될 것입니다.」

曹交問曰 人皆可以爲堯舜 有諸 孟子曰 然 交聞文王十尺 湯九尺
조교문왈 인개가이위요순 유저 맹자왈 연 교문문왕십척 탕구척

今交九尺四寸以長 食粟而已 何如則可 曰奚有於是 亦爲之而已矣
금교구척사촌이장 식속이이 여하즉가 왈해유어시 역위지이이의

有人於此 力不能勝一匹雛 則爲無力人矣 今日擧百鈞 則爲有力人
유 인 어 차　력 불 능 승 일 필 추　즉 위 무 력 인 의　금 일 거 백 균　즉 위 유 력 인

矣 然則擧烏獲之任 是亦爲烏獲而已矣 夫人 豈以不勝爲患哉 弗爲
의　연 즉 거 오 획 지 임　시 역 위 오 획 이 이 의　부 인　기 이 불 승 위 환 재　불 위

耳 徐行後長者 謂之弟 疾行先長者 謂之不弟 夫徐行者 豈人所不
이　서 행 후 장 자　위 지 제　질 행 선 장 자　위 지 부 제　부 서 행 자　기 인 소 불

能哉 所不爲也 堯舜之道 弟孝而已矣 子服堯之服 誦堯之言 行堯
능 재　소 불 위 야　요 순 지 도　효 제 이 이 의　자 복 요 지 복　송 요 지 언　행 요

之行 是堯而已矣 子服桀之服 誦桀之言 行桀之行 是桀而已矣 日
지 행　시 요 이 이 의　자 복 걸 지 복　송 걸 지 언　행 걸 지 행　시 걸 이 이 의　왈

交得見於鄒君 可以假館 願留而受業於門 日夫道 若大路然 豈難知
교 득 현 어 추 군　가 이 가 관　원 류 이 수 업 어 문　왈 부 도　약 대 로 연　기 난 지

哉 人病不求耳 子歸而求之 有餘師
재　인 병 불 구 이　자 귀 이 구 지　유 여 사

진정한 효란?

제자인 공손추가 맹자에게 물었다.

「제나라 고자가 〈시경〉의 소변편에 나오는 시는 소인의 작품이라고 말했는데, 그렇게 보아도 좋겠습니까?」

맹자가 되물었다.

「그 시의 어떤 점을 들어 소인의 시라고 했는가?」

「자식이 아버지를 원망하고 있기 때문에 그렇다고 합니다.」

「고자가 시를 해석하는 능력은 정말 편협하기 짝이 없구나. 여기 어떤 사람이 있다고 하자. 그런데 자기와는 아무 관계도 없는 월나라의 어떤 사람이 활을 당겨 그를 쏘려고 한다면, 그는 조금 놀라 쏘지 말라고 말할 것이다. 그러나 만약 자기 친형이 그에게 활을 쏘려고 했다면, 그는 울면서 제발 쏘지 말라고 간청할 것이다. 그것은 다른 까닭이 아니라, 형은 자기의 골육지친이기 때문에 과오를 저지르지 않기를 바라는 마음에서 그러는 것이다. 즉 친애의 정이 있기 때문에 간절하게 부탁하는 것이다.

소변편의 시에서 어버이를 원망하는 정도 친애의 정 때문에 생긴 것이라는 사실을 알아야 한다. 아버지가 저지르게 될 큰 과오를 차마 볼 수가 없어 원망한 것이다. 자식이 아버지를 임금이 아닌 아버지 자체로 생각하여 마음에서 우러나온 정이기 때문에 결국 인의 발로라 할 수 있다. 따라서 고자의 시 해석은 지나치게 편협하다는 사실을 알아야 한다.」

「그러면 〈시경〉의 '개풍' 에서도 어버이의 잘못을 괴로워하고 있는데, 거기서는 왜 어버이를 원망하지 않았습니까?」

「개풍시에서는 부모의 허물이 작은 경우이고, 소변시에서는 부모의 허물이 큰 경우이다. 어버이가 큰 과실을 범하고 있는데도 원망하지 않는 것은 어버이를 소원하게 여기고 있다는 증거이므로 불효이다. 어버이의 과실이 작은데도 성을 내며 원망하는 것도 불효이다. 공자께서는 '순임금이야말로 진정한 효자였다. 나이 50이 되었을 때도 어버이를 사모하셨다.' 고 말씀하셨다.」

公孫丑問曰 高子曰 小弁 小人之詩也 孟子曰 何以言之 曰怨 曰固
공손추문왈 고자왈 소반 소인지시야 맹자왈 하이언지 왈원 왈고

哉 高叟之爲詩也 有人於此 越人 關弓而射之 則己 談笑而道之 無
재 고수지위시야 유인어차 월인 완궁이사지 즉기 담소이도지 무

他 疏之也 其兄關弓而射之 則己垂涕泣而道之 無他 戚之也 小弁
타 소지야 기형완궁이사지 즉기수체읍이도지 무타 척지야 소변

之怨 親親也 親親 仁也 固矣夫 高叟之爲詩也 曰凱風 何以不怨
지원 친친야 친친 인야 고의부 고수지위시야 왈개풍 하이불원

曰凱風 親之過小者也 小弁 親之過大者也 親之過大而不怨 是愈疏
왈개풍 친지과소자야 소반 친지과대자야 친지과대이불원 시유소

也 親之過小而怨 是不可磯也 愈疏 不孝也 不可磯 亦不孝也 孔子
야 친지과소이원 시불가기야 유소 불효야 불가기 역불효야 공자

曰 舜其至孝矣 五十而慕
왈 순기지효의 오십이모

– 「시경」의 '소아(小雅)' 소변편에 나오는 시의 내용은 이렇다. 주(周)나라 유왕(幽王)은 정실인 신후(申后)와의 사이에서 낳은 아들 의구(宜臼)가 있었는데 그가 태자였다. 그런데 그 뒤 포사(褒似)라는 요녀를 사랑해서 그 사이에서 백복(伯服)을 낳자 신후를 내쫓고 의구를 태자의 자리에서 폐했다.

옛날 어느 마을에 효자와 불효자가 살고 있었다.

마을에서는 효자에 대한 칭송이 대단했다. 반면 불효자에 대한 비난 또한 그만큼 심했다.

어느 날 꾸지람만 듣던 불효자가 나도 그 효자처럼 동네에서 칭찬을 받겠다고 마음먹었다. 그래서 그는 효자가 하는 행동을 가만히 지켜 보았다. 그런데 효자가 하는 행동은 뜻밖에도 아주 쉬웠다.

아침에 일어나면 아버지의 옷을 입고 있다가 옷이 따뜻해지면 아버지에게 내어 드리고, 밥상이 들어오면 음식이 상했나 먼저 먹어보고, 밤에는 아버지의 잠자리에 누워 잠자리를 따뜻하게 해 드리는 일 등이었다.

"뭐야, 아주 쉬운 일이잖아."

자신감을 갖고 집으로 돌아온 불효자는 효자에게서 배운 것을 그대로 행동에 옮겼다. 그런데 칭찬은 웬걸, 전보다 더한 호통을 들었다.

"이 무례한 놈아, 어디 감히 어른의 옷을 입어.", "점점 못된 짓만 하는구나.", "어른보다 먼저 수저를 들다니.", "이제는 어른보다 먼저 따뜻한 잠자리를 차지하려 드는구나.", "당장 나가거라, 이놈아!"

불효자는 겉만 보았을 뿐 그 행동에 따른 효심을 깨닫지 못했던 것이다. 이에 불효자는 말하기를, '효도도 마음이 맞아야 하는구나.' 라고 했다.

인의만이 평화로 가는 지름길

송경이 초나라로 유세를 하러 가는 길에 석구라는 곳에서 맹자를 만났다. 맹자가 물었다.
「선생은 지금 어디 가시는 길입니까?」
송경이 대답했다.
「나는 진나라와 초나라가 전쟁을 시작하려고 한다는 소문을 듣고, 초왕에게 찾아가 전쟁을 중지하도록 설득하러 가는 길입니다. 만약 초왕이 내 말을 듣지 않고 전쟁을 고집한다면, 다시 진왕을 찾아가 전쟁을 중지하도록 설득할 참입니다. 나는 초왕이나 진왕 중에 어느 한 사람이라도 내 권유에 따라 전쟁을 그만둘 것이라고 믿고 있습니다.」
「선생이 하는 일에 대해 자세히 묻고 싶지는 않습니다만, 어떤 취지의 권유를 할 것인지 대략 내용은 듣고 싶군요. 두 임금에게 어떤 말을 하여 전쟁을 중지시킬 생각입니까?」
「나는 그들이 서로 전쟁을 하는 것이 이롭지 않다는 점을 말할 생각입니다.」
「선생이 전쟁을 그만두게 하려는 뜻은 좋지만, 전쟁을 하면 이롭지 않다는 명분은 적절하지 못합니다. 만약 선생 말대로 이익을 내세워 두 나라가 전쟁을 그만두었다고 합시다. 그러면 진왕과 초왕은 이익이 된다는 말에 군대를 해산할 겁니다. 그러면 장병들은 전쟁이 중단된 것을 즐거워하고, 또한 그것이 자기들에게 이익이 되었다고 기뻐할 것입니다.
신하가 이익을 생각하여 임금을 섬기고, 자식이 이익을 생각하여 어버이를 섬기며, 아우가 이익을 생각하여 형을 섬긴다면, 군신과 부자와 형제가 인의를 버리고 이익만 생각하면서 서로 접촉하게 됩니다. 그렇게 인의를 저버리고도 망하지 않은 나라는 없었습니다.
그러나 선생께서 인의를 내세우면서 두 임금을 설득하여 전쟁을 그만두었다고 합시다. 그러면 진왕과 초왕은 인의를 실천하게 된 것을 즐거워하며 군대를 해산할 겁니다. 장병들은 전쟁이 중단된 것을 즐거워하고, 자기들도 인의를 실천하게 된 것을 기뻐할 것입니다.
신하가 인의를 생각하여 임금을 섬기고, 자식이 인의를 생각하여 어버이를 섬기며, 아우가 인의를 생각하여 형을 섬긴다면, 군신과 부자와 형제가 마침내 이익을 버리고 인의만을 생각하면서 서로 접촉하게 될 것입니다. 그렇게 이익을 버리고 인의를 취하여 천하에 군림하지 못한 왕자는 일찍이 없었습니다.
그런데 선생은 왜 이익을 명분으로 내세우려 합니까? 반드시 인의로써 설득해야 할 겁니다.」

宋牼 將之楚 孟子遇於石丘 曰先生 將何之 曰吾聞秦楚構兵 我將
송경 장지초 맹자우어석구 왈선생 장하지 왈오문진초구병 아장

見楚王 說而罷之 楚王 不悅 我將見秦王 說而罷之 二王我將有所
현초왕 설이파지 초왕 불열 아장현진왕 설이파지 이왕아장유소

遇焉 曰軻也 請無問其詳 願聞其指 說之將如何 曰我將言其不利也
우언 왈가야 청무문기상 원문기지 설지장하여 왈아장언기불리야

曰先生之志則大矣 先生之號則不可 先生 以利說秦楚之王 秦楚之
왈선생지지즉대의 선생지호즉불가 선생 이리세진초지왕 진초지

王 悅於利 以罷三軍之師 是三軍之士 樂罷而悅於利也 爲人臣者
왕   열어리   이파삼군지사   시삼군지사   락파이열어리야   위인신자

懷利以事其君 爲人子者 懷利以事其父 爲人弟者 懷利以事其兄 是
회리이사기군   위인자자   회리이사기부   위인제자   회리이사기형   시

君臣 父子 兄弟 終去仁義 懷利以相接 然而不亡者 未之有也 先生
군신   부자   형제   종거인의   회리이상접   연이불망자   미지유야   선생

以仁義說秦楚之王 秦楚之王 悅於仁義 而罷三軍之師 是三軍之士
이인의설진초지왕   진초지왕   열어인의   이파삼군지사   시삼군지사

樂罷而悅於仁義也 爲人臣者 懷仁義以事其君 爲人子者 懷仁義以
락파이열어인의야   위인신자   회인의이사기군   위인자자   회인의이

事其父 爲人弟者 懷仁義以事其兄 是君臣 父子 兄弟 去利 懷仁義
사기부   위인제자   회인의이사기형   시군신   부자   형제   거리   회인의

以相接也 然而不王者 未之有也 何必曰利
이상접야   연이불왕자   미지유야   하필왈리

- 춘추시대에 활약했던 유세가 중에 송경처럼 평화를 주장했던 사람은 많지 않았다. 싸움을 중지하
고 평화를 유지하는 게 더 이익이라는 주장은 겉보기에는 나무랄 데가 없다. 하지만 맹자가 보기에는 송
경의 주장이 불만스러웠다. 왜냐하면 그 주장이 '이익'을 추구하는 데 있었다. 전쟁을 안 하는 게 이익이
라고 해서 중지하면, 이익이 아니라고 판단될 때는 언제든지 다시 전쟁이 일어날 수 있다는 게 맹자의 주
장이었다. 그래서 맹자는 오로지 '인의'만이 전쟁을 안 하도록 만드는 유일한 수단이라고 여긴 것이다.

🧩 • • • • • •

국경을 접한 상태에서 계속 평화를 유지하고 있는 두 나라가 있었다. 남
미의 아르헨티나와 칠레이다. 두 나라는 1899년 국경분쟁으로 일촉즉발의
위기를 맞은 적이 있었다.

그때 양국의 종교 지도자들이 국민들에게 호소했다.

"사랑만이 양국의 평화를 유지하는 길입니다. 전쟁과 증오는 후손들에게
도 피와 살상을 유산으로 물려줄 뿐입니다."

국민들은 양국 지도자들의 호소에 귀를 기울였다. 그리고 대포를 녹여
양국의 국경인 안데스산맥에 그리스도의 동상을 세워 다음과 같은 글을 새
겨 놓았다.

"그는 우리의 화평이신지라 둘을 하나로 만드시느니라."

두 나라는 100년이 지난 지금도 평화를 유지하고 있다.

예의에 맞는 행동

맹자가 고국인 추나라에 있을 때, 계임이 형을 대신하여 임나라를 지키고 있었다. 어느 날 계임이 맹자에게 예물을 보내오면서 교제하기를 원하였으나, 맹자는 예물을 받기만 하고 답례를 하지 못했다.

또 맹자가 제나라의 평륙이라는 지방에 머물고 있을 때, 제나라 재상 저자가 역시 예물을 보내오면서 교제하기를 원했다.

그런데 이번에도 맹자는 감사의 답례를 하지 못했다.

훗날 맹자가 추나라에서 임나라로 갔을 때는 저자를 만나 답례를 하였지만, 평륙에서 제나라 서울로 갔을 때는 저자를 만나지 못해 답례를 하지 못했다.

그러자 맹자의 제자인 옥려자가 맹자의 처사가 앞뒤가 맞지 않는 것을 간파하고 한번 따져볼 기회가 주어졌다는 생각에 기뻐하면서 이렇게 말했다.

「선생님께서는 임나라에 가서는 계자를 만나셨는데, 제나라에 가서는 저자를 만나보지 않으셨는데, 그것은 계자가 임금을 대신하는 위치에 있었고, 저자는 그 보다 못한 재상의 자리에 있었기 때문이 아니었습니까?」

맹자께서 대답했다.

「그런 것은 아니다. 〈서경〉에 말하기를 '향은 극진한 예의를 갖추어야 한다. 만약 갖춘 예의가 예물보다 못하면 이것을 불향이라고 하는데, 예의를 갖추는 데 마음을 다 쓰지 않았기 때문에 그런 것이다.' 라고 했다. 내가 저자를 만나보지 않은 까닭은, 향에 있어서 불향을 행하였다고 생각했기 때문이다. 이것은 저자의 태도가 향례에 있어서 예의를 결한 것이나 다름없기 때문이다.」

옥려자가 맹자의 말이 무슨 뜻인지를 알아듣고 기뻐했다.

어떤 사람이 옥려자에게, 맹자가 왜 저자를 만나지 않았는지를 묻자 이렇게 대답했다.

「당시 계자는 임금을 대신하여 나라 일을 보고 있었기 때문에 자리를 비울 수 없어 선생님을 찾아갈 수 없었다. 그래서 선생님께서 찾아가신 것이다. 그리고 저자는 재상의 자리에 있었기 때문에 충분히 선생님을 찾아가 뵐 수 있었는데도 가지 않아, 선생님께서 찾아가지 않았던 것이다.」

孟子居鄒 季任 爲任處守 以幣交 受之而不報 處於平陸 儲子爲相
맹자거추 계임 위임처수 이폐교 수지이불보 처어평륙 저자위상

以幣交 受之而不報 他日 由鄒之任 見季子 由平陸之齊 不見儲子
이폐교 수지이불보 타일 유추지임 현계자 유평륙지제 불현저자

屋廬子喜曰 連得間矣 問曰 夫子之任 見季子 之齊 不見儲子 爲其
옥려자희왈 련득간의 문왈 부자지임 현계자 지제 불현저자 위기

爲相與 曰非也 書曰享 多儀 儀不及物 曰不享 惟不役志于享 爲其
위상여 왈비야 서왈향 다의 의불급물 왈불향 유불역지우향 위기

不成享也 屋廬子悅 或問之 屋廬子曰 季子 不得之鄒 儲子 得之平
불성향야 옥려자열 혹문지 옥려자왈 계자 부득지추 저자 득지평
陸
륙

🔘 • • • • • •

송나라 때 어느 재상의 이야기이다. 한 사람이 보석을 들고 재상을 찾아
갔다. 어렵게 구한 값비싼 보석을 뇌물로 바치려는 것이었다.

"이 보석은 쉽게 구할 수 없는 희귀한 보석입니다. 재상님께 드리려고 가
져왔으니 받아 주십시오."

그러자 재상은 이렇게 대답했다.

"나에게도 그에 못지 않은 보석이 있습니다. 이런 값비싼 보석을 보고도
탐낼 줄 모르는 내 마음입니다. 만약 내가 그대의 보석을 받게 되면 그대도
값비싼 보석을 잃게 되고, 나도 내 마음의 보석을 잃게 되니, 어서 도로 가
져가십시오. 나는 내가 가진 보석으로도 충분합니다."

그러고는 보석을 가지고 온 사람을 돌려 보냈다.

상황에 맞는 처세술

제나라 순우곤이 맹자에게 물었다.

「명예와 공적을 중시하는 자는 백성을 구하고자 하는 뜻이 있는 사람이고, 명예와 공적을 경시하는 자는 자기 일신만을 깨끗이 하려는 사람입니다. 선생께서는 제나라 삼경 중에 한 분으로 계시면서 위로는 임금을 바로잡지 못했고, 아래로는 백성들을 구해 주지 못하여, 결국 명예와 공적을 쌓지 못하셨는데 그냥 이 나라를 떠나려 하고 있습니다. 인자란 원래 그러해야 하는 것입니까?」

맹자가 대답했다.

「자기의 현명함을 굽혀서 어리석은 임금을 보좌하지 않은 사람이 백이였소. 그리고 성군인 탕왕과 폭군인 걸왕 사이를 번갈아 오가며 섬긴 사람이 이윤이었소. 또한 더러운 임금이라고 해서 싫어하지 않고 작은 벼슬이라도 거절하지 않는다는 신조로 산 사람이 유하혜였소. 이 세 분은 각각 처세하는 방법은 달랐으나, 결국 목적하는 바는 단 하나였소. 그 목적이라는 것은 바로 인(仁)이오. 따라서 군자란 목적하는 바가 인에 있기만 하면 그만일 뿐, 반드시 가야할 길까지 같을 필요는 없는 것 아니겠소?」

「노나라 목공 때는 학자인 공의자가 재상으로서 정무를 담당하고, 자유와 자사 같은 현인이 그 밑의 신하로 있었는 데도, 노나라는 더욱 국력이 약화되어 국토를 많이 빼앗겼습니다. 이것처럼 현인은 국가에 무익한 것입니까?」

「옛날에 우나라에서는 백리해를 쓰지 않았기 때문에 망했고, 진나라 목공은 백리해를 썼기 때문에 패자가 되었소. 현인을 등용하지 않으면 나라가 망하고 마는 법인데, 국토를 빼앗기는 것 정도로 그칠 수 있겠소?」

「옛날에 노래 잘하는 위나라 사람 왕표가 기수에 살았기 때문에 그 영향으로 황하 서쪽 사람들이 모두 노래를 잘하였고, 역시 노래 잘하는 제나라 사람 면구는 고당에 살고 있었기 때문에 그 영향으로 그 부근인 제나라 서쪽 사람들이 모두 노래를 잘 불렀다고 합니다. 또 화주와 기량의 아내는 그 남편이 전사했다는 소식을 듣고 슬퍼하여 애처롭게 곡을 한 관계로 제나라 여자들이 모두 곡을 잘하는 풍습이 생겼다고 합니다.

이처럼 속에 품은 어떤 것이 있으면 반드시 밖으로 표출되게 마련입니다. 그만한 일을 하였는데도 그에 상응하는 효과가 나타나지 않은 예는 아직까지 본 적이 없습니다. 그러므로 현재 제나라에는 현인이 없는 게 분명합니다. 만약 현인이 있다면 내가 모를 리가 없습니다.」

「예전에 공자께서 노나라 사구로 계실 때는 신임을 받지 못하였소. 그 무렵 한번은 공자께서 군주를 따라 종묘에서 제사를 지냈는데, 제사 지낸 고기를 대부들에게 나누어주는 것이 예법인 데도 불구하고 공자께서는 고기를 보내지 않았소. 그래서 공자께서는 관복을 벗을 새도 없이 총총히 노나라를 떠나셨는데, 공자를 모르는 사람들은 고기 때문에 떠나신 것이라 생각하였고, 공자를 아는 사람들은 군주가 결례를 하였기 때문에 떠나신 거라고 생각했소.

그러나 공자의 진의는 그런 것이 아니었소. 그 전부터 속으로는 떠나려는 마음이 있었는데 임금에게 허물을 돌리며 떠나고싶지 않았고, 또 아무 이유도 없이 떠남으로써 남들에게 이런저런 말을 듣고 싶지 않았던 것이오. 그런데 마침 그런 일이 생겨 그 기회에 떠나신 것이오. 군자가 하는 일은 깊은 뜻이 있어서 일반인들은 알아채기가 어려운 법이라오.」

淳于髡曰 先名實者 爲人也 後名實者 自爲也 夫子 在三卿之中 名
순 우 곤 왈　선 명 실 자　위 인 야　후 명 실 자　자 위 야　부 자　재 삼 경 지 중　명

實 未加於上下而去之 仁者 固如此乎 孟子曰 居下位 不以賢事不
실　미 가 어 상 하 이 거 지　인 자　고 여 차 호　맹 자 왈　거 하 위　불 이 현 사 불

肖者 伯夷也 五就湯 五就桀者 伊尹也 不惡汚君 不辭小官者 柳下
초 자　백 이 야　오 취 탕　오 취 걸 자　이 윤 야　불 오 오 군　불 사 소 관 자　류 하

惠也 三子者不同道 其趨一也 一者何也 曰仁也 君子亦仁而已矣
혜 야　삼 자 자 부 동 도　기 추 일 야　일 자 하 야　왈 인 야　군 자 역 인 이 이 의

何必同 曰魯繆公之時 公儀子爲政 子柳 子思爲臣 魯之削也滋甚
하 필 동　왈 노 목 공 지 시　공 의 자 위 정　자 류　자 사 위 신　노 지 삭 야 자 심

若是乎賢者之無益於國也 曰虞不用百里奚而亡 秦穆公 用之而覇
약 시 호 현 자 지 무 익 어 국 야　왈 우 불 용 백 리 해 이 망　진 목 공　용 지 이 패

不用賢則亡 削何可得與 曰昔者 王豹處於淇而河西善謳 綿駒處於
불 용 현 즉 망　삭 하 가 득 여　왈 석 자　왕 표 처 어 기 이 하 서 선 구　면 구 처 어

高唐 而齊右善歌 華周 杞梁之妻 善哭其夫 而變國俗 有諸內 必形
고 당　이 제 우 선 가　화 주　기 량 지 처　선 곡 기 부　이 변 국 속　유 저 내　필 형

諸外 爲其事而無其功者 髡未嘗睹之也 是故 無賢者也 有則髡必識
저 외　위 기 사 이 무 기 공 자　곤 미 상 도 지 야　시 고　무 현 자 야　유 즉 곤 필 식

之 曰孔子爲魯司寇 不用 從而祭 燔肉不至 不稅冕而行 不知者 以
지　왈 공 자 위 로 사 구　불 용　종 이 제　번 육 부 지　불 탈 면 이 행　부 지 자　이

爲爲肉也 其知者 以爲爲無禮也 乃孔子則 欲以微罪行 不欲爲苟去
위 위 육 야　기 지 자　이 위 위 무 례 야　내 공 자 즉　욕 이 미 죄 행　불 욕 위 구 거

君子之所爲 衆人 固不識也
군 자 지 소 위　중 인　고 불 식 야

동물의 왕인 사자가 중병에 걸리자 숲 속의 동물들이 모두 문병을 왔는데 여우만 나타나지 않았다.

평소 여우와 사이가 좋지 않았던 늑대가 속으로 쾌재를 불렀다. 그리고는 사자에게 간언을 했다.

"숲 속의 왕이시여, 여우가 문병을 오지 않은 것은 분명 대왕을 무시하는 행동입니다. 엄한 벌을 내려야 합니다."

그때 마침 여우가 도착했다.

사자는 크게 노하여 물었다.

"네 이놈, 왜 이리 늦었느냐?"

순간 여우는 늑대의 간언을 눈치채고 꾀를 냈다.

"대왕님의 병을 고칠 약을 알아보느라 이렇게 늦었습니다."

"그래 그 약이 무엇이냐?"

"늑대의 가죽을 벗겨 그것을 뒤집어쓰면 금방 낫는답니다."

사자는 코앞의 늑대를 잡아 가죽을 뒤집어썼다.

지금의 제후들이 죄인인 까닭

맹자가 말했다.

「춘추시대 5패는 3왕을 대할 때는 죄인이고, 지금의 제후들은 5패를 대할 때 죄인이며, 대부들은 지금의 제후들을 대할 때 죄인이다. 천자가 제후의 나라에 거동하여 순찰하는 것은 순수라 하고, 제후가 천자께 조현하는 것을 술직이라고 한다.

천자께서 순수하시는 데 있어서는 이러했다.

봄에는 제후국의 농민들이 밭 갈고 씨뿌리는 상황을 살펴보아 농기구나 씨앗 등이 모자라면 보충해 주시고, 가을에는 수확하는 상황을 살펴보아 일손이 부족하다든지 하면 도와주셨다. 제후의 영지에 들어가셨을 때, 토지가 잘 개간되고, 농지가 잘 정리되어 있으며, 노인을 잘 봉양하고, 현인을 존경하며, 재능 있는 인물이 조정에서 벼슬을 하고 있으면 천자는 제후에게 포상하는 의미로 영토를 늘려주었다. 반대로 제후의 영지에 들어가셨을 때, 토지가 묵어 있고, 노인을 내버려두며, 현인을 소홀히 대우하고, 가혹한 관리들이 벼슬자리에 앉아 있으면 천자는 그 제후를 엄하게 문책했다.

제후가 술직하는 데 있어서는 이러했다.

한 번도 입조하지 않으면 벌로써 그 작위를 강등시키고, 두 번 입조하지 않으면 그 영지의 일부를 깎고, 세 번 입조하지 않으면 군대를 그 제후의 영지로 보내 죄를 물었다.

윗자리에서 아래를 치는 것을 토라 하는데, 천자는 윗자리에서 제후를 토죄는 하여도 제후를 대등한 입장에서 공벌하지는 않는 것이고, 제후는 대등한 입장에서 다른 제후를 공벌은 하여도 토죄하지는 않는 것이다. 그런데 춘추시대의 5패는 일부의 제후들을 이끌고 나머지 제후들을 공벌한 자들이다. 그래서 5패는 3왕에 대해 죄인이라고 하는 것이다.

5패 가운데서는 제나라 환공의 세력이 가장 컸다. 환공이 맹주가 되어 규구라는 곳에서 천하의 제후들과 회합을 가졌을 때, 제후들은 소를 단상에 묶어 희생으로 바친 다음 그 위에 맹약서를 올려놓았다. 그런데 그때 희생 의식에서 의례적으로 행하던, 희생으로 바쳐진 동물의 피를 마시는 의식은 생략했다. 그 의식을 행하지 않았는 데도 제후들은 맹약서의 내용을 지키지 않고는 견딜 수가 없었던 것이다.

그 맹약서의 내용은 이러했다.

첫째, 불효자는 사형에 처하고, 일단 정한 세자는 바꾸지 못하고, 첩을 정실의 위치로 끌어올리지 못한다.

둘째, 현인을 존경하고, 재능 있는 인재를 육성해서 덕이 있는 인물을 빛나도록 해준다.

셋째, 노인을 공경하고 어린이를 사랑하며, 빈객과 나그네를 소홀히 대접하지 않는다.

넷째, 선비의 벼슬을 세습시키지 말고, 한 사람에게 여러 관직을 겸임시키지 않으며, 선비를 채용하는 데 있어서는 반드시 적임자를 적소에 앉히고, 대부를 함부로 죽이지 않는다.

다섯째, 곳곳에 제방을 쌓아 이웃 나라에 기근이 들면 도와주고, 이웃 나라가 수입하는 쌀을 막지 않으며, 영지를 신하들에게 나누어줄 때는 반드시 맹주에게 보고한다.

그러고는 마지막으로, 모든 여기에 서약한 동맹인들은 이후부터 우호적으로 지내야 한다고 첨부했다. 그런데 오늘날의 제후들은 모두 이 다섯 가지 금령을 누구나 어기고 있으니, 지금의 제후는 5패에 대해 죄인일 수밖에 없는 것이다.

임금의 잘못을 간하지 않고 조금 돕는 것은 그래도 죄가 가볍다고 할 수 있지만, 임금을 이끌어 악을 행하도록 부추기는 것은 그 죄가 참으로 큰 것이다. 지금의 대부들은 모두 제후를 이끌어 악을 행하도록 하고 있으니, 오늘날의 대부들이 제후들에 대해 죄인이라고 하는 것이다.」

孟子曰 五覇者 三王之罪人也 今之諸侯 五覇之罪人也 今之大夫
맹 자 왈　오 패 자　삼 왕 지 죄 인 야　금 지 제 후　오 패 지 죄 인 야　금 지 대 부

今之諸侯之罪人也 天子適諸侯 曰巡狩 諸侯朝於天子 曰述職 春省
금 지 제 후 지 죄 인 야　천 자 적 제 후　왈 순 수　제 후 조 어 천 자　왈 술 직　춘 성

耕而補不足 秋省斂而助不給 入其彊 土地辟 田野治 養老尊賢 俊
경 이 보 부 족　추 성 렴 이 조 불 급　입 기 강　토 지 벽　전 야 치　양 로 존 현　준

傑在位 則有慶 慶以地 入其彊 土地荒蕪 遺老失賢 掊克在位 則有
걸 재 위　즉 유 경　경 이 지　입 기 강　토 지 황 무　유 로 실 현　부 극 재 위　즉 유

讓 一不朝 則貶其爵 再不朝 則削其地 三不朝 則六師移之 是故
양　일 부 조　즉 폄 기 작　재 부 조　즉 삭 기 지　삼 부 조　즉 육 사 이 지　시 고

天子 討而不伐 諸侯 伐而不討 五覇者 摟諸侯 以伐諸侯者也 故曰
천 자　토 이 불 벌　제 후　벌 이 불 토　오 패 자　루 제 후　이 벌 제 후 자 야　고 왈

五覇者 三王之罪人也 五覇 桓公 爲盛 葵丘之會 諸侯 束牲載書而
오 패 자　삼 왕 지 죄 인 야　오 패　환 공　위 성　규 구 지 회　제 후　속 생 제 서 이

不歃血 初命曰 誅不孝 無易樹子 無以妾爲妻 再命曰 尊賢育才 以
불 삽 혈　초 명 왈　주 불 효　무 역 수 자　무 이 첩 위 처　재 명 왈　존 현 육 재　이

彰有德 三命曰 敬老慈幼 無忘賓旅 四命曰 士無世官 官事無攝 取
창 유 덕　삼 명 왈　경 노 자 유　무 망 빈 려　사 명 왈　사 무 세 관　관 사 무 섭　취

士必得 無專殺大夫 五命曰 無曲防 無遏糴 無有封而不告 曰凡我
사 필 득　무 전 살 대 부　오 명 왈　무 곡 방　무 알 적　무 유 봉 이 불 고　왈 범 아

同盟之人 旣盟之後 言歸于好 今之諸侯 皆犯此五禁 故曰 今之諸
동 맹 지 인　기 맹 지 후　언 귀 우 호　금 지 제 후　개 범 차 오 금　고 왈　금 지 제

侯 五覇之罪人也 長君之惡 其罪小 逢君之惡 其罪大 今之大夫 皆
후　오 패 지 죄 인 야　장 군 지 악　기 죄 소　봉 군 지 악　기 죄 대　금 지 대 부　개

逢君之惡 故曰 今之大夫 今之諸侯之罪人也
봉 군 지 악　고 왈　금 지 대 부　금 지 제 후 지 죄 인 야

- 춘추시대 5패(覇)는 제(齊)나라 환공(桓公), 진(晋)나라 문공(文公), 초(楚)나라 장왕(莊王), 송(宋)나라 양공(襄公)과 진(秦)나라의 목공(穆公)을 말한다. 여기서 송나라 양공과 진나라 목공 대신에 오(吳)나라 합려(闔閭), 월(越)나라 구천(句踐)을 넣기도 하며, 또 초나라 장왕을 빼고 오(吳)나라 부차(夫差)를 넣기도 한다.

- 3왕(王)은 하(夏)나라 우왕(禹王), 은(殷)나라 탕왕(湯王), 주(周)나라 문왕(文王).

전쟁은 불가한 일

노나라에서는 제나라의 남양 땅을 빼앗기 위해 신자를 장군으로 삼으려고 했다. 이에 맹자가 신자에게 말했다.

「백성들을 잘 교화시키려 하지 않고 전쟁터로 몰아넣는 것은 결국 백성들을 해치는 행위라고 할 수 있소. 백성들을 해치는 자는 요순의 세상에서는 용납될 수 없는 일이었소. 그러니 비록 그대가 장군이 되어 기묘한 전략으로 단 한 차례의 싸움으로 제나라를 이기고 남양 땅을 빼앗는다 하더라도 옳지 않은 일이오.」

이 말을 들은 신자가 발끈하며 불쾌한 안색을 드러내었다.

「그 말씀에 대해 나 골리는 알 바가 아닙니다.」

그러자 맹자가 다음과 같이 일러주었다.

「내가 그대에게 그 이유를 분명하게 말해주겠소. 천자의 영지가 사방 1천 리가 되는 까닭은, 사방 1천 리가 되지 않고는 제후를 거느리고 대우하기에 부족하기 때문이오. 또 제후의 영지가 사방 1백 리가 되는 까닭은, 사방 1백 리가 되지 않고는 종묘의 법도를 지키기에 부족하기 때문이오.

주공께서 처음 노나라 제후에 봉해질 때 영지는 사방 1백 리였소. 땅이 모자라서 그것밖에 주지 않은 게 아니라, 제후에게 할당된 1백 리의 한계를 넘지 않으려고 그랬던 것이오. 또한 태공망이 처음 제나라 제후에 봉해질 때도 역시 사방 1백 리였었소. 그때도 역시 땅이 모자라서 그것밖에 주지 않은 게 아니라 법에 따라 1백 리의 한계를 넘지 않은 것이오. 그런데 지금 노나라는 영토는 사방 1백 리의 땅보다 다섯 배는 많이 있소. 이는 주위의 작은 나라들을 합병한 결과인데, 만약 왕자가 새로 나타나서 천하의 질서를 바로잡는다면 노나라 영지는 지금보다 줄어들 거라고 생각하오? 아니면 늘어날 거라고 생각하오? 인자는 전쟁을 하지 않고 그저 저 나라의 영토를 빼앗아 이 나라에 준다고 하더라도 도리에 맞지 않으면 하지 않는 법이오. 그런데 당신은 하물며 전쟁을 해서 사람을 살상해 가면서까지 땅을 넓히겠다는 말이오?

군자가 임금을 섬기는 도리는, 오로지 임금에게 바른 도(道)를 간하여 행하게 하고, 인을 지향하도록 노력할 따름이오.」

魯欲使慎子 爲將軍 孟子曰 不敎民而用之 謂之殃民 殃民者 不容
노욕사신자 위장군 맹자왈 불교민이용지 위지앙민 앙민자 불용

於堯舜之世 一戰勝齊 遂有南陽 然且不可 慎子 勃然不悅曰 此則
어요순지세 일전승제 수유남양 연차불가 신자 발연불열왈 차즉

滑釐所不識也 曰 吾明告子 天子之地 方千里 不千里 不足以待諸
활리소불식야 왈 오명고자 천자지지 방천리 불천리 부족이대제

侯 諸侯之地 方百里 不百里 不足以守宗廟之典籍 周公之封於魯
후 제후지지 방백리 불백리 부족이수종묘지전적 주공지봉어노

爲方百里也　地非不足　而儉於百里　太公之封於齊也　亦爲方百里也
위방백리야　지비부족　이검어백리　태공지봉어제야　역위방백리야

地非不足也　而儉於百里　今魯　方百里者五　子以爲有王者作　則魯在
지비부족야　이검어백리　금노　방백리자오　자이위유왕자작　즉노재

所損乎　在所益乎　徒取諸彼　以與此　然且仁者　不爲　況於殺人以求
소손호　재소익호　도취저피　이여차　연차인자　불위　황어살인이구

之乎　君子之事君也　務引其君以當道　志於仁而已
지호　군자지사군야　무인기군이당도　지어인이이

　스위스의 장 앙리 뒤낭은 최초의 노벨평화상을 수상한 사람이다. 그는
스위스의 유명한 은행장이었는데, 당시 전세계적으로 유명한 프랑스의 황
제 나폴레옹을 만나고 싶은 꿈을 가지고 있었다.

　나폴레옹을 개인적으로 만나고 싶었을 뿐만 아니라 프랑스와 함께 경제
협력의 기회를 갖고 싶었기 때문이다.

　드디어 그의 꿈을 이룰 수 있게 되었다. 스위스의 경제사절로 프랑스에
가서 황제를 만날 기회가 주어진 것이다.

　그런데 뒤낭이 프랑스에 도착했을 때는 공교롭게도 프랑스와 오스트리
아 사이에 전쟁이 벌어져서 나폴레옹은 전쟁터에 가고 없었다.

　그러나 뒤낭은 실망하지 않고 전쟁터로 나폴레옹을 만나러 갔다. 그의
목적은 나폴레옹을 만나는 것이었으나, 그는 처음으로 전쟁터를 보게 되었
다. 뒤낭은 피투성이가 되어 뒹굴고 있는 수많은 시체를 보면서 전쟁의 참
혹함과 인간생명의 허무함을 깨닫게 되었다.

　전쟁은 끝이 났지만 그는 나폴레옹을 만날 생각은 하지도 않은 채 그곳
에 남아서 오랜 기간 동안 의사를 도와 부상병을 돕고 시체들을 치우는 작
업을 계속했다.

뒤낭은 나폴레옹을 만나겠다는 꿈을 잃은 대신에 새로운 꿈 하나를 간직하게 되었다. 그것은 바로 평화에 대한 꿈이다.

그는 스스로 다짐했다.

'이 세상에서 전쟁은 꼭 없어져야만 한다. 그리고 전쟁터에서 부상당한 사람들을 도와주기 위해 나는 어떤 일이든 해야 한다.'

뒤낭의 이런 생각은 항상 가슴속을 차지하였고 그는 몇몇 친구들과 함께 적극적으로 이 운동을 전개하기 시작했다.

이것이 바로 적십자사의 탄생을 가져왔다.

앙리 뒤낭은 노벨평화상의 첫 번째 수상자였고, 결국 조국 스위스에, 그리고 전세계에 평화를 이루어나가게 되었다.

훌륭한 신하의 도란?

맹자가 말했다.

「요즘 임금 섬기는 사람들은 모두 '나야말로 임금을 위해 황무지를 개간해서 조세 수입을 늘려 국고를 늘릴 수 있다' 고 장담하고 있다.

세상에서는 이러한 사람은 좋은 신하로 여기고 있는 것 같지만, 사실 옛날 같으면 그런 사람들은 백성을 잡는 도적으로 치부되었다.

임금이 성현의 도를 지향하지 않고 인정을 베풀려고 하지 않는데도, 오히려 이런 임금을 도와 부를 축적하도록 하는 것은 바로 걸왕과 같은 폭군을 부자로 만드는 행위와 마찬가지이다.

또한 요즘 임금 섬기는 사람들은 모두 '나야말로 임금을 위해 다른 나라와 동맹을 맺어 적국을 부수고 승리할 수 있다.' 고 장담하고 있다.

이에 대해서도 세상에서는 그를 좋은 신하로 여기고 있는 듯하지만, 사실은 이런 자도 옛날 같으면 도적으로 치부될 자이다.

임금이 성현의 도를 지향하지 않고 인정을 베풀려고 하지 않는데도, 오히려 이런 임금을 도와 무리하게 전쟁을 하려는 것은 마찬가지로 걸왕과 같은 폭군을 돕는 행위이다.

신하들이 이와 같은 행동을 하고 세상의 잘못된 풍속을 고치지 않는다면, 비록 임금에게 천하를 준다해도 단 하루도 편안하게 그 자리를 유지할 수 없을 것이다.」

孟子曰 今之事君者曰 我能爲君 辟土地 充府庫 今之所謂良臣 古
맹자왈 금지사군자왈 아능위군 벽토지 충부고 금지소위량신 고

之所謂民賊也 君不鄕道 不志於仁 而求富之 是富桀也 我能爲君
지소위민적야 군불향도 부지어인 이구부지 시부걸야 아능위군

約與國 戰必克 今之所謂良臣 古之所謂民賊也 君不鄕道 不志於仁
약여국 전필극 금지소위량신 고지소위민적야 군불향도 부지어인

而求爲之强戰 是輔桀也 由今之道 無變今之俗 雖與之天下 不能一
이구위지강전 시보걸야 유금지도 무변금지속 수여지천하 불능일

朝居也
조거야

한 음악가가 신곡 발표회를 하기 위해서 명성이 자자한 탈베르크에게 피아노 연주를 의뢰하러 갔다. 무슨 일이 있어도 코앞으로 다가온 신곡 발표회를 멋지게 성공시키고 싶었기 때문이다.

그러나 탈베르크의 대답은 그의 예상을 빗나갔다.

"미안하지만 거절하겠습니다. 연습할 날이 부족합니다."

"당신 같은 대가가 연습을 해야 하다니! 이런 가곡 정도야 며칠만 있으면 충분하지 않습니까?"

"아닙니다. 저는 공식 연주회에는 하루에 오십 회, 한 달에 천오백 회 이상 연습하지 않으면 출연하지 않습니다."

왜 탈베르크를 당대 최고의 피아니스트라고 하는지 그 이유를 알 것 같다. 이런 의지와 노력이 없었다면 대가라는 명성은 쌓을 수 없었을 것이다.

스승으로서의 자세

백규가 맹자에게 물었다.

「내 생각 같아서는 세율을 수확의 20분의 1로 하면 좋겠는데, 이에 대해 어떻게 생각하십니까?」

맹자가 대답했다.

「당신이 말한 것은 북방 오랑캐인 학나라의 조세법이오. 만약 1만 호 밖에 없는 나라에서 한 사람만이 옹기를 굽는다면 그래도 괜찮다고 생각하오?」

「그야 안될 말이지요. 한 사람의 도공이 굽는 도자기로는 수요를 충족할 수가 없는 일이요.」

「학나라의 땅에서는 오곡이 되지 않고 기장만이 수확되어 조세를 많이 징수할 수가 없소. 또 성곽이나 가옥 종묘와 제사에 있어서 예가 행해지지 않고 있고, 제후들끼리의 교제나 향연 등도 없으며, 각종 관청이나 관리도 없소. 그렇기 때문에 20분의 1의 조세를 거두어도 큰 지장이 없는 것이오.

그러나 지금 예의가 행해지는 중국 땅에 살면서, 만약 인륜의 예식이 거세되고 여러 관직에 있는 관리들이 없어진다면 어떻게 나라가 유지되겠소? 도자기를 굽는 사람이 모자라도 나라를 제대로 다스려나가기가 힘든데 말이오. 그러나 요순이 취한 10분의 1 세율보다 가볍게 하려는 자는, 북방 오랑캐가 큰 오랑캐라면 그는 작은 오랑캐라 할 것이며, 요순이 취한 세율보다 무겁게 하려는 자는, 폭정을 행한 걸임금이 대걸이라면 그는 소걸이라 할 것이오.」

白圭曰 吾欲二十而取一 何如 孟子曰 子之道 貊道也 萬室之國 一
백규왈 오욕이십이취일 하여 맹자왈 자지도 맥도야 만실지국 일

人陶 則可乎 曰不可 器不足用也 曰夫貊 五穀不生 惟黍生之 無城
인도 즉가호 왈불가 기부족용야 왈부맥 오곡불생 유서생지 무성

郭 宮室 宗廟 祭祀之禮 無諸侯幣帛饔飧 無百官有司 故二十取一
곽 궁실 종묘 제사지례 무제후폐백옹손 무백관유사 고이십취일

而足也 今居中國 去人倫 無君子 如之何其可也 陶以寡 且不可以
이족야 금거중국 거인륜 무군자 여지하기가야 도이과 차불가이

爲國 況無君子乎 欲輕之於堯舜之道者 大貊 小貊也 欲重之於堯舜
위국 황무군자호 욕경지어요순지도자 대맥 소맥야 욕중지어요순

之道者 大桀 小桀也
지도자 대걸 소걸야

'에밀'이란 책을 쓴 프랑스의 사상가이자 소설가인 루소는 하루종일 서재에서 보내다가 해가 지는 오후에 산책을 하곤 했다. 어느 날 루소가 산책을 하고 있는데 한 모퉁이에서 다리를 저는 남루한 꼬마가 그를 불렀다.

"선생님, 한 푼만 주세요. 배가 고파 견딜 수가 없습니다."

루소는 그 꼬마가 가엾어 주머니에서 몇푼을 꺼내어 건네주자 그 꼬마는 고맙다는 말을 하고는 이내 돌아섰다. 그후 루소는 그 꼬마를 자주 만나게 되었고 그때마다 몇푼의 돈을 주었고, 그 꼬마는 으레 루소를 만나면 돈을 받는 것으로 당연하게 생각하고 있었다.

그러던 어느 날 루소와 꼬마가 여느 때처럼 만났으나 루소가 그 꼬마에게 돈을 주려고 주머니에 손을 넣었으나 텅빈 채 돈이 한 푼도 없었다.

"꼬마야, 안 됐구나. 오늘은 내가 돈이 없구나. 내일은 꼭 돈을 주마."

그러나 그 꼬마는 무척 서운해 하는 기색이 역력했다.

루소는 생각했다.

'이러다가는 안 되겠구나. 저 꼬마가 나만 믿고 다시 살아가려는 용기를 잊어버리고 단지 몇 푼의 돈만 의지하고 있구나. 그래 내가 저 꼬마에게 주는 몇 푼의 적선이 꼬마가 스스로 일어서려는 힘을 꺾고 있구나.'

다음날 루소는 그 꼬마를 또 만났으나 돈을 주지 않았다.

그러자 꼬마가 달려와 루소를 불렀다.

"선생님, 선생님께서 오늘은 꼭 돈을 주시겠다고 하셨잖아요."

루소는 꼬마를 대하자 가슴이 아팠지만 마음을 굳게 먹고 말했다.

"이제는 돈을 주지 않기로 했다. 오늘부터는 내가 너를 참사랑으로 대하고 싶어서 그러는 거란다. 내가 너에게 돈을 자꾸 주면 너는 그것을 믿고 나에게 의지하게 될테고 그러면 너는 네 힘으로 장래를 위해 살아갈 힘을 잃지 않겠니?"

꼬마는 루소의 말을 듣고는 힘없이 고개를 끄덕이고는 돌아서서 갔다.

물을 잘 다스렸던 우임금

백규가 맹자에게 이렇게 자랑했다.

「내가 물을 다스리는 실력은, 치수로 이름난 우임금보다 낫다고 생각합니다.」

맹자가 말했다.

「당신의 말은 너무 지나친 것 같소. 우임금의 물을 다스리는 방법은 물이 흘러가는 성질을 따라 그대로 하였소. 그리하여 우임금께서는 사해를 물을 가두는 배수장으로 삼아 그리로 물길을 냈소. 그런데 당신은 지금 이웃 나라를 향해 물길을 내고 있으니 어찌 그 나라에 피해가 없겠소. 물이 역행하는 것을 강수라고 하는데, 강수란 곧 홍수를 말하는 것이오. 홍수는 어진 사람들이 싫어하는 것인데, 당신은 지금 큰 잘못을 저지르고 있는 것이오.」

白圭曰 丹之治水也 愈於禹 孟子曰 子過矣 禹之治水 水之道也 是
백규왈 단지치수야 유어우 맹자왈 자과의 우지치수 수지도야 시

故禹以四海爲壑 今吾子以隣國爲壑 水逆行 謂之洚水 洚水者 洪水
고 우 이 사 해 위 학 금 오 자 이 린 국 위 학 수 역 행 위 지 홍 수 홍 수 자 홍 수

也 仁人之所惡也 吾子過矣
야 인 인 지 소 오 야 오 자 과 의

군자의 처세술

맹자가 말했다.
「군자가 작은 신의를 지키지 않는 까닭은, 그로 인해 고집을 부리게 되는 것을 싫어하기
때문이다.」

孟子曰 君子不亮 惡乎執
맹 자 왈   군 자 불 량   오 호 집

선을 좋아했던 악정자

노나라에서 맹자의 제자인 악정자에게 정무를 맡기려 했다. 이 소식을 듣고 맹자가 역시 제자인 공손추에게 말했다.

「나는 그 소식을 듣고 하도 기뻐서 잠도 오지 않았다.」

이 말에 공손추가 맹자에게 물었다.

「악정자에게는 일을 소신껏 결행할 만한 소신이 있습니까?」

맹자가 대답했다.

「그렇지 않다.」

「그렇다면 총명하여 사리를 잘 분별할 지혜는 있습니까?」

「그렇지도 않다.」

「그렇다면 견문이 넓고 아는 게 많습니까?」

「그렇지도 않다.」

「그렇다면 선생님께서 무엇이 기뻐서 잠도 못 주무신다는 말씀입니까?」

「그의 사람됨이 선을 좋아하기 때문이다.」

「선을 좋아하는 것만으로 나라를 잘 다스릴 수 있다는 말씀이십니까?」

「선을 좋아한다면 천하를 다스리고도 남을 것이다. 하물며 노나라를 다스리는 데 무슨 문제가 있겠느냐? 만약 정치를 하는 사람이 선을 좋아하면, 사해 안의 사람들이 모두 천 리 길도 멀다 하지 않고 찾아와 그에게 선을 구하려고 할 것이다. 그러나 만약 정치를 하는 사람이 선을 좋아하지 않는다면, 사람들이 '저 사람은 자기 혼자만 아는 체 하고 남의 말은 잘 안 듣는다는 것을 나는 알고 있었다.' 며 그를 피하려 들 것이다. 아는 체 하는 태도나 말이 사람을 천리 밖으로 떼어버리는 결과가 빚어지는 것이다.

선비들이 천리 밖 떨어진 곳에서 머문 채 다가오지 않으면, 남 헐뜯기 좋아하고 아첨하는 무리들만 모여들게 될 터이니 이런 사람들에 에워싸이고 보면 나라가 잘 다스려지겠느냐?」

魯欲使樂正子 爲政 孟子曰 吾聞之 喜而不寐 公孫丑曰 樂正子 强
노욕사악정자 위정 맹자왈 오문지 희이불매 공손추왈 악정자 강

乎 曰否 有知慮乎 曰否 多聞識乎 曰否 然則 奚爲喜而不寐 曰其
호 왈부 유지려호 왈부 다문식호 왈부 연즉 해위희이불매 왈기

爲人也好善 好善 足乎 曰好善 優於天下 而況魯國乎 夫苟好善 則
위인야호선 호선 족호 왈호선 우어천하 이황노국호 부구호선 즉

四海之內 皆將輕千里而來 告之以善 夫苟不好善 則人將曰 訑訑
사해지내 개장경천리이래 고지이선 부구불호선 즉인장왈 이이

予旣已知之矣 訑訑之聲音顔色 距人於千里之外 士止於千里之外
여기이지지의 이이지성음안색 거인어천리지외 사지어천리지외

則讒諂面諛之人 至矣 與讒諂面諛之人居 國欲治 可得乎
즉 참 첨 면 유 지 인 지 의 여 참 첨 면 유 지 인 거 국 욕 치 가 득 호

※ ・・・・・・

미국의 보스턴 시에 스트로사라는 청년이 있었다. 그는 큰 꿈을 가지고 있었지만 그 꿈을 이루는데 필요한 돈이 없어서, 거부인 바턴 씨를 찾아가서 2천 달러를 빌려달라고 부탁했다.

자기에게 담보는 없지만 미래에 대한 꿈과 용기가 있으니 믿고 빌려주면 그 은혜는 잊지 않겠노라고 자신있게 말했다. 바턴 씨의 주위 사람들은 위험하다고 반대했지만 바턴 씨는 청년의 용기가 마음에 들어 모험을 걸고 2천 달러를 주었다. 과연 스트로사는 얼마 되지 않아 그 돈을 갚았다.

이 일이 있은 지 10년이 지났다. 미국에는 경제 대공황이 일어나 바턴 씨는 7만5천 달러를 빚지면서 완전히 파산될 지경에 이르렀다. 소문으로 이 사실을 알게 된 스트로사는 바턴 씨를 찾아가 7만5천 달러의 빚을 대신 갚아 주겠다고 말했다. 바턴 씨는 깜짝 놀라 말했다.

"자네가 빌린 돈은 10년 전에 갚았는데 무슨 소린가?"

그러자 스토로사는 이렇게 말했다.

"분명히 빚진 돈 2천 달러는 10년 전에 갚았지만 당신이 베풀어 준 은혜는 평생 갚지를 못합니다. 그때 빌려주신 2천 달러를 밑천으로 해서 오늘 이렇게 큰 부자가 되었습니다. 이것이 돈으로 갚아진다고 생각하는 사람은 정신 나간 사람입니다. 은혜와 사랑은 영원히 갚을 수 없는 빚입니다."

벼슬에 나아가고 물러날 때

맹자의 제자인 진자가 말했다.

「옛날에 군자는 어느 경우에 벼슬을 했습니까?」

맹자가 대답했다.

「옛날의 군자는 벼슬하러 나아가는 경우가 세 가지 있었고, 벼슬에서 물러나는 경우도 세 가지가 있었다.

첫째, 임금이 자기를 맞이하는 데 경의를 표하고, 예를 갖추어 자기의 건의를 받아들여 행하겠다고 말하면 나아가 벼슬을 한다. 그러다가 나중에 자기에 대한 임금의 예는 달라지지 않았지만, 자기의 건의가 지켜지지 않으면 벼슬에서 물러난다.

둘째, 임금이 자기의 건의를 받아들여 행하겠다고 하지는 않지만, 자기를 맞이하는 데 경의를 표하고 예를 갖추면 나아가 벼슬을 한다. 그러다가 나중에 임금의 예가 달라지면 벼슬에서 물러난다.

셋째, 아침도 먹지 못하고 저녁도 먹지 못해 굶주려 문밖에도 나서지 못하는 것을 임금이 듣고 '나는 크게는 그의 도를 행하지 못하고, 그의 건의를 받아들일 수도 없다. 그러나 내 땅에서 그를 굶어죽게 하는 것은 나의 수치이다.' 라고 하며 먹여 살려 준다면 벼슬에 나아간다. 그러나 이 경우에는 죽음을 면하는 정도에서 그쳐야 한다.」

陳子曰 古之君子 何如則仕 孟子曰 所就三 所去三 迎之致敬 以有
진자왈 고지군자 하여즉사 맹자왈 소취삼 소거삼 영지치경 이유

禮 言將行其言也 則就之 禮貌未衰 言弗行也 則去之 其次 雖未行
례 언장행기언야 즉취지 례모미쇠 언불행야 즉거지 기차 수미행

其言也 迎之致敬以有禮 則就之 禮貌衰則去之 其下 朝不食 夕不
기언야 영지치경이유례 즉취지 례모쇠즉거지 기하 조불식 석불

食 飢餓不能出門戶 君聞之曰吾 大者 不能行其道 又不能從其言也
식 기아불능출문호 군문지왈오 대자 불능행기도 우불능종기언야

使飢餓於我土地 吾恥之 周之 亦可受也 免死而已矣
사 기아어아토지 오치지 주지 역가수야 면사이이의

하늘이 내려주는 시련

맹자가 말했다.

「순임금은 밭에서 농사를 짓다가 요임금에게 발견되어 기용되었고, 부열은 성벽 쌓는 인부로 일하다가 은나라 고종 무정에게 발견되어 재상이 되었으며, 교격은 난리를 만나 생선과 소금 따위를 파는 장사를 하다가 주나라 문왕에게 발견되어 등용되었다.

그리고 관중은 노나라의 감옥에 잡혀 있는 신세로 있다가 포숙아의 추천으로 제나라 환공(桓公)에게 발탁되어 재상이 되었고, 손숙오는 바닷가에 숨어살다가 초나라 장왕(莊王)에 의해 등용되었으며, 백리해는 시장바닥에서 진나라 목공에 의해 발탁되어 재상이 되었다. 이러한 예로 보아, 하늘이 어떤 사람에게 큰일을 맡기는 명을 내릴 때는, 반드시 먼저 그들의 마음을 괴롭히고, 그들의 살과 뼈를 지치게 만들며, 그들의 육체를 굶주려 마르게 하고, 그들의 생활을 궁핍하게 하여, 하는 일마다 그들의 뜻과는 어긋나게 만들어 역경에 빠트린다. 이것은 그들의 마음을 분발하게 만들고 성질을 참게 하여 자기가 해내지 못한 것을 더 많이 할 수 있도록 해주기 위해서 그런 것이다.

대부분의 사람들은 잘못을 저지른 뒤에야 고칠 수가 있고, 마음속으로 번민을 하고 근심을 많이 하고 난 다음이라야 분발하여 일을 하게 되며, 그리고 번민한 끝의 괴로움이 얼굴 표정과 목소리에까지 나타나게 된 뒤에야 마음으로부터 우러나오는 도리를 바로 깨우치게 되는 것이다.

나라의 경우에도, 안으로는 법도를 잘 지켜 나라를 올바로 이끌어나가는 세가와 임금을 보좌하는 현인이 없고, 밖으로는 대적하는 나라와 외환이 없다면 그 나라는 망하게 된다. 그런 뒤에라야 괴로움 속에서는 살 수 있어도, 안일함에 빠져 있으면 오히려 멸망하게 된다는 사실을 알게 되는 것이다.」

孟子曰　舜發於畎畝之中　傅說　舉於版築之間　膠鬲　舉於魚鹽之中
맹자왈　순발어견무지중　부열　거어판축지간　교격　거어어염지중

管夷吾　舉於士　孫叔敖　舉於海　百里奚　舉於市　故天將降大任於是
관이오　거어사　손숙오　거어해　백리해　거어시　고천장강대임어시

人也　必先苦其心志　勞其筋骨　餓其體膚　空乏其身　行拂亂其所爲
인야　필선고기심지　로기근골　아기체부　공핍기신　행불란기소위

所以動心忍性　曾益其所不能　人恒過　然後　能改　困於心　衡於慮　而
소이동심인성　증익기소불능　인항과　연후　능개　곤어심　형어려　이

後作　徵於色　發於聲　而後喻　入則無法家拂士　出則無敵國外患者
후작　징어색　발어성　이후유　입즉무법가필사　출즉무적국외환자

國恒亡　然後　知生於憂患而死於安樂也
국항망　연후　지생어우환이사어안락야

투지와 불굴의 여성 이야기이다. 그녀는 안나 엘리너 루스벨트이다. 어렸을 때 몹시 수줍음을 타고 구식을 좋아하여, 그녀의 어머니는 그녀에게 할머니라는 별명을 붙여 줄 정도였다.

엘리너 루스벨트는 수줍음을 없애기 위하여 일부러 모르는 사람을 만나려고 애썼고, 또한 고달픔을 이기는 인내심을 기르기 위해 노력하면서 자신의 운명을 개척해 갔다.

일찍이 어머니를 여의고 할머니 밑에서 자라면서도 약한 마음을 이기고, 프랑스로 건너가 교육을 받던 중 그곳에서 프랭클린 루스벨트를 만나 결혼을 했다. 결혼 후 남편이 소아마비 증세로 절름발이가 되어 8년간을 고생하는 동안 그녀는 남편을 뒷바라지하며 남편 대신 이리 뛰고 저리 뛰며 남편의 정치적 야망을 북돋아 주었다.

환경을 극복하고 이겨내려는 강인한 의지와 총명한 지혜를 가지고 남편을 밀어 준 결과, 남편은 고난의 병석을 박차고 일어나서 마침내 1932년 미국의 32번째 대통령에 당선되었다.

그리하여 엘리너 루스벨트는 불구의 남편에게 팔과 다리가 되는 것은 물론 백악관의 안주인으로 활동하게 되었다.

나아가 미국의 여성 사회운동가이자 정치가로 여성문제, 인권문제 등 폭넓은 분야에서 활약하였다.

인은 자기 의지에 달렸다

맹자가 말했다.
「가르치는 데는 여러 가지 방법이 있다. 내가 탐탁찮게 여겨 가르치지 않는 것, 이 또한 가
르치는 방법 중의 하나이다.」

孟子曰 敎亦多術矣 予不屑之敎誨也者 是亦敎誨之而已矣
맹자왈 교역다술의 여불설지교회야자 시역교회지이이의

– 가르치지 않음으로써 스스로 반성하고 분발하게 하는 것도 일종의 가르침이라는 말이다.

제 7 장 · 상

盡心

章句 · 上

진심 장구 · 상

천명에 순종하는 삶

맹자가 말했다.
「자기의 마음을 궁극적인 데까지 발전시켜 가는 사람은, 인간의 본성이 사단이라는 사실
을 알게 된다. 이러한 인간의 본성을 이해하면 그것을 하늘이 부여했다는 사실, 즉 천명임
을 깨닫게 된다. 그리하여 이러한 마음을 보존하고 그 본성을 기르는 일은 하늘을 섬기는
일이 된다. 그리고 인간의 수명은 길고 짧음이 정해져 있으니 의심하지 않고 수양에만 힘
쓰며 명이 다하길 기다리는 것은 부여받은 천명에 순종하는 일이다.」

孟子曰　盡其心者　知其性也　知其性　則知天矣　存其心　養其性　所以
맹자왈　진기심자　지기성야　지기성　즉지천의　존기심　양기성　소이
事天也　夭壽不貳　脩身以俟之　所以立命也
사천야　요수불이　수신이사지　소이립명야

🏵 • • • • • •

　슈바이처는 세계적으로 유명한 독일의 선교사요 철학 · 신학 · 음악 · 의
학박사이다. 그는 아프리카 밀림지대에서 부인과 같이 흑인들의 상처를 싸
매주고 수술을 해주고 일생을 선교하고 도와주었다. 슈바이처가 독일 안에
서 대학 교수 자리를 마다하고 아프리카로 간 이유는 무엇일까?

　한번은 어떤 공원을 지나갈 때에 거기 흑인 동상이 하나 있었다. 그 흑인
동상을 볼 때 과거 100년간 백인들이 아프리카에서 흑인들에게 지은 죄악
이 생각났다. 그 사람들을 무지하다고 잡아다가 종으로 팔았다. 그뿐 아니
라 현지에 가서는 그들을 학대했다. 짐승처럼 대하고 착취해서 모은 돈으
로 자기 나라에서 잘 살았다.

　'내가 어떻게 하면 과거 백년 동안 백인들이 아프리카에 가서 흑인들에
게 지은 죄를 만분지 일이라도 보상할 수 있을까?'

　백인들이 저지른 죄악을 갚기 위해서 슈바이처는 아프리카로 간 것이다.

운명에 대하여

맹자가 말했다.

「모든 일이 운명[天命] 아닌 게 없으니, 올바로 살아서 하늘의 운명을 받아들일 수 있도록 노력해야 한다. 자신이 올바로 살지 않아서 겪게 되는 운명은 하늘의 운명이 아니기 때문이다. 그러므로 천명을 아는 사람들은 곧 무너져 내릴 것 같은 담장 밑 같은 데는 서지 않는다. 최선을 다해 도(道)를 다하다가 죽는 사람은 하늘이 내려준 운명을 따르는 것이고, 형벌을 받아 죽는 사람은 하늘이 내려준 자기 운명을 따르지 못한 것이다.」

孟子曰 莫非命也 順受其正 是故 知命者 不立乎巖墻之下 盡其道
맹자왈 막비명야 순수기정 시고 지명자 불립호암장지하 진기도

而死者 正命也 桎梏死者 非正命也
이사자 정명야 질곡사자 비정명야

🐝 ● ● ● ● ● ●

링컨이 국회의원 시절 하루는 시간이 늦어 바삐 가고 있는데 어느 집 앞에서 한 소녀의 울음 소리가 들렸다. 링컨은 그냥 지나칠 수가 없어서 소녀에게 다가가 우는 이유를 물어보니 가족들이 짐을 가지고 역에 나갔는데, 나머지 짐을 운반할 인부가 시간이 되어도 오지 않아서 운다는 것이다.

링컨은 즉시 그 짐을 메고 소녀를 데리고 역으로 나갔다. 가족들은 딸이 나온 것을 크게 기뻐하면서 그 인부를 보니 당대에 유명한 국회의원 링컨임을 알고 놀랐다.

어느 때는 국회로 가는 도중에 돼지 새끼가 진흙탕에 빠져 발버둥치는 것을 보고 그것을 건져 주느라 양복을 더럽히고 시간이 늦어진 적도 있다.

이런 마음이 자라서 후에 흑인 노예들을 해방시킨 것이다.

구해야 할 것, 버려야 할 것

맹자가 말했다.
「구하려고 하면 얻어지고 포기하면 잃어버리게 되는 경우에는 적극적으로 구하는 것이 도움이 된다. 그 까닭은 인의예지 등 내 몸 안에 있는 것을 얻으려 하였기 때문이다. 반대로 구하는 데는 일정한 방식이 있고 그것을 얻고 못 얻는 게 운명에 달려 있을 경우에는 구하지 않는 것이 좋다. 그 까닭은 부귀 영화 등 얻으려는 것이 내 몸 밖에 있기 때문이다.」

孟子曰 求則得之 舍則失之 是求有益於得也 求在我者也 求之有道
맹 자 왈　구 즉 득 지　사 즉 실 지　시 구 유 익 어 득 야　구 재 아 자 야　구 지 유 도

得之有命 是求無益於得也 求在外者也
득 지 유 명　시 구 무 익 어 득 야　구 재 외 자 야

❀ • • • • • •

스웨덴의 화학자 알프레드 노벨은 인류 역사상 최초로 다이나마이트를 만들어서 많은 돈을 벌고 사람들의 관심과 촉망을 받는 명사가 되었다.

1888년 어느 날 아침 잠에서 깨어 언제나 하던 버릇처럼 신문을 펴든 순간 그는 깜짝 놀랐다. 자기가 죽었다는 기사가 실려 있었기 때문이다.

그 신문 기사는 이렇게 씌어 있었다.

<세계 최초로 다이나마이트를 발명한 유명한 알프레드 노벨이 죽다.>

기사를 읽는 그는 큰 충격을 받았다. 사실 죽은 사람은 동생인 루드비히 노벨인데 혼돈하여 그가 죽은 것으로 보도했던 것이다.

그러나 자신의 사망 기사 앞에서 노벨은 강한 도전을 받았다.

'내가 수많은 사람을 죽일 수 있는 폭탄을 만들어서 재물과 명성을 얻었지만 결국 인생의 마지막이 이렇게 끝나고 마는 것은 아닐까? 그래. 많은 사람들을 한꺼번에 죽일 수 있는 폭탄을 만든 제조업자는 이제 죽은 거야.'

그는 새로운 삶을 살겠다고 결심했다.

내 몸 안에 있는 사물의 이치

맹자가 말했다.

「모든 사물의 이치는 다 내 몸 안에 갖추어져 있다. 그러므로 스스로 자신을 반성하여 성실하다면 나의 즐거움이 한없이 커지게 된다. 그리고 자신의 마음을 미루어서 남을 대할 때 자기처럼 대한다면, 이것이 바로 가까이에서 인(仁)을 구하는 방법이다.」

孟子曰 萬物皆備於我矣 反身而誠 樂莫大焉 强恕而行 求仁莫近焉
맹 자 왈   만 물 개 비 어 아 의   반 신 이 성   락 막 대 언   강 서 이 행   구 인 막 근 언

※ ● ● ● ● ● ●

에이브러햄 링컨의 다음 두 진술은 전쟁으로 찢긴 미국을 지도하는 그의 성실성을 말하고 있다.

"내가 이 행정부의 일을 수행함으로써 결국 내가 이 자리에서 물러났을 때 이 세상의 모든 친구를 잃게 된다 하더라도, 적어도 한 친구만은 남아 있을 것입니다. 그 친구는 바로 내 마음 안에 남을 겁니다."

"나는 내가 방법을 아는 한, 또 내가 할 수 있는 한 최고의 성의로 일할 것입니다. 그리고 끝까지 그 일을 수행할 것입니다. 하지만 만일 결과가 좋으면 누구도 나를 뭐라 말하지 않지만 결과가 나쁘게 되면 그때는 일개 군단의 천사들이 내가 옳았다고 말해 줘도 결코 소용이 없을 겁니다."

사단을 자각 못하는 자들이 많다

맹자가 말했다.

「사단의 마음을 행하면서도 그것이 무엇인지 분명하게 알지 못하고, 되풀이 행하여 습관이 되었는데도 분명하게 알지 못하며, 죽도록 그것을 행하면서도 그것의 진정한 도리를 모르는 사람들이 많다.」

孟子曰 行之而不著焉 習矣而不察焉 終身由之而不知其道者 衆也
맹자왈 행지이부저언 습의이불찰언 종신유지이부지기도자 중야

진정한 부끄러움

맹자가 말했다.

「사람은 부끄러운 줄 알아야 한다. 부끄러워하는 마음이 없다는 것을 부끄러워한다면, 마침내 부끄러워할 게 없어진다.」

孟子曰 人不可以無恥 無恥之恥 無恥矣
맹자왈　인불가이무치　무치지치　무치의

부끄러움을 아는 자

맹자가 말했다.

「부끄러워하는 마음은 사람에게 매우 중요하다. 임시변통의 기교를 부리는 사람은 부끄러움을 모르는 사람이다. 다른 사람과 같지 못하다는 것을 부끄러워하지 않는다면, 무엇이 다른 사람과 같겠는가.」

孟子曰 恥之於人 大矣 爲機變之巧者 無所用恥焉 不恥不若人 何
맹자왈 치지어인 대의 위기변지교자 무소용치언 불치불약인 하

若人有
약인유

어진 이는 도를 즐긴다

맹자가 말했다.

「옛날 어진 임금은 선을 좋아하여 권세는 잊어버리고 도를 즐기며 살았다. 옛날의 어진 선비인들 어찌 그렇지 않았겠는가? 선비들도 도를 즐기고, 권세를 얻기 위해 자기를 굽히지 않았다.

그러므로 아무리 임금이라도 현자에게 경의를 표하고 예로써 대하지 않으면 그들을 만나보기조차 어려웠다. 그들을 만나는 것조차 마음대로 안 되는데, 그들을 신하로 삼는 일이야 더욱 어렵지 않았겠는가?」

孟子曰 古之賢王 好善而忘勢 古之賢士 何獨不然 樂其道而忘人之
맹자왈 고지현왕 호선이망세 고지현사 하독불연 락기도이망인지

勢 故王公不致敬盡禮 則不得亟見之 見且猶不得亟 而況得而臣之乎
세 고왕공불치경진례 즉부득기견지 견차유부득기 이황득이신지호

유세가의 처신에 대하여

맹자가 송구천에게 말했다.

「당신은 유세하기를 좋아합니까? 내가 유세에 대해 한마디 해주겠소. 유세하는 사람은 남이 자기의 말을 알아주어도 마음을 느긋하게 가져야 하고, 혹 알아주지 않더라도 역시 마음을 느긋하게 가져야 하는 것이오.」

송구천이 맹자에게 물었다.

「어떻게 해야 마음을 느긋하게 가질 수 있습니까?」

맹자가 대답했다.

「덕을 존중하고 의를 즐기면 자연히 마음을 느긋하게 가질 수 있소. 그러므로 그런 선비는 아무리 곤궁한 처지에 놓이더라도 의를 잃지 않고, 몸이 영화를 누리더라도 도리를 잃지 않는 것이오. 아무리 곤경에 처하더라도 의를 잃지 않기 때문에 자기 본성을 온전히 유지할 수 있는 것이고, 몸이 영화를 누리더라도 도리를 잃지 않기 때문에 백성들이 그에게 실망을 느끼지 않는 것이오.

옛날 현자들은 뜻을 이루어 천하에 나아가 도를 행하면 온 백성들에게 골고루 그 은혜를 입혔고, 뜻을 이루지 못해 천하에 나아가지 못할 경우에는 자기 도를 닦는 데 정진하여 세상에 그 덕행을 나타나게 했소. 다시 말해, 몸이 궁하여 곤란한 경우에는 세상에 나아가지 않고 자신의 도를 닦는 데만 전념하였고, 몸이 영화를 누리게 되면 천하의 백성들과 함께 선을 행했다는 말이오.」

孟子謂宋句踐曰 子好遊乎 吾語子遊 人知之 亦囂囂 人不知 亦囂
맹자위송구천왈 자호유호 오어자유 인지지 역효효 인부지 역효

囂 曰 何如斯可以囂囂矣 曰 尊德樂義 則可以囂囂矣 故士 窮不失
효 왈 하여사가이효효의 왈 존덕락의 즉가이효효의 고사 궁불실

義 達不離道 窮不失義 故士得己焉 達不離道 故民不失望焉 古之
의 달불리도 궁불실의 고사득기언 달불리도 고민불실망언 고지

人 得志 澤加於民 不得志 修身見於世 窮則獨善其身 達則兼善天下
인 득지 역가어미 부득지 수신현어세 궁즉독선기신 달즉겸선천하

🪙 • • • • • •

카인스 장관의 겸손한 생활 자세에 대한 많은 일화가 있다.

그는 다른 사람과 함께 어느 방에 들어갈 때에나 단상에 오를 때에 언제나 먼저 단에 오르는 법이 없었다.

그는 언제나 하는 말이 "먼저 들어가십시오. 저는 다음에 가겠습니다."라고 하였다.

한번은 그가 어떤 사람과 함께 단상에 오르게 되었는데 수많은 사람들의 환영의 박수갈채가 굉장하였다.

그는 늘 하는 대로 다른 사람을 먼저 단상에 오르게 하고 그의 뒤를 따르게 되었는데, 그가 단에 오르자 다시 한번 요란한 박수소리가 울려왔다.

카인스 장관에 대한 환영의 박수갈채라고는 꿈에도 생각하지 않고 아마 다른 분을 환영하는 박수일 거라고 생각하였다고 한다.

스스로 행하는 선

맹자가 말했다.
「주나라 문왕 같은 성군이 나온 뒤에야 비로소 분발하여 선을 행하는 자는 평범한 사람이다. 뛰어난 선비는 문왕이 나오기 전이라도 스스로 분발하여 선을 행한다.」

孟子曰 待文王而後 興者凡民也 若夫豪傑之士 雖無文王 猶興
맹 자 왈　대 문 왕 이 후　흥 자 범 민 야　약 부 호 걸 지 사　수 무 문 왕　유 흥

　　20세기의 태양이라고 불리우는 알버트 슈바이처 박사가 미국 시카고를 방문했을 때의 일이다.
　　시장을 비롯한 유명 인사들이 슈바이처 박사를 환영하기 위하여 열차의 도착을 기다리고 있었다. 드디어 열차가 도착하고 슈바이처 박사는 열차에서 내려 환영식을 향해 걸어가고 있었다.
　　그때 슈바이처 박사를 향해서 한 할머니가 힘겹게 가방을 들고 오는 것이었다. 그는 그쪽으로 뛰어가 할머니의 가방을 받아 들고 기차 안으로 들어가 할머니의 짐을 적당한 곳에 내리고 좌석번호를 찾아 앉혀 드린 후 내려와서 시장 앞으로 갔다.
　　"시장님, 미안합니다. 평소의 버릇 때문에 실수를 했습니다."
　　그 일이 있은 후 모든 신문은 노파의 가방을 들고 가던 슈바이처의 사진과 함께 그의 섬김의 자세를 상세히 보도하였다. 참된 성공이나 위대함이란 섬기는 삶에서 찾아야 한다.

부에 집착하지 말아라

맹자가 말했다.
「한씨와 위씨의 재산을 다 준다고 해도 만족해하지 않고 담담해 한다면 남보다 훨씬 뛰어난 사람이다.」

孟子曰 附之以韓魏之家 如其自視欿然 則過人遠矣
맹 자 왈 부 지 이 한 위 지 가   여 기 자 시 감 연   즉 과 인 원 의

백성을 위하는 일에는 불만이 없다

맹자가 말했다.
「백성들을 편안하게 살도록 해주기 위해 부역 등의 일을 시키면, 백성들은 비록 힘들어도 이를 원망하지 않는다. 또한 만백성들을 살리기 위해 어쩔 수 없이 일부의 백성들의 목숨을 희생한다면, 죽어 가는 자는 자신을 죽게 한 사람을 원망하지 않는다.」

孟子曰 以佚道使民 雖勞不怨 以生道殺民 雖死不怨殺者
맹 자 왈   이 일 도 사 민   수 로 불 원   이 생 도 살 민   수 사 불 원 살 자

– 예를 들어 도적이 들끓어 모든 백성들이 불안에 떨고 있을 때 나라에서 토벌대를 구성하여 나아갔다가 싸움터에서 죽어 가는 경우, 죽은 자가 나라를 원망하지 않는다는 말이다. 만백성들의 안위를 위한 전쟁이었기 때문이다.

패자(覇者)와 왕자(王者)의 차이

맹자가 말했다.

「패자의 휘하에 있는 백성들은, 패자가 눈에 띄는 혜택을 베풀기 때문에 기쁨에 들떠 있지만 그것이 오래 가지는 않는다. 그러나 왕자의 휘하에 있는 백성들은, 왕자가 넓은 덕과 인자함으로 백성들을 교화시켜 나아가기 때문에, 부득이 목숨을 뺏어야 할 경우가 생겨도 원망하지 않고, 생활을 풍요롭게 해주어도 왕자가 공을 내세우지 않기 때문에 그 공을 잘 느끼지 못한다. 또한 백성들의 선행이 나날이 진보하지만 그것이 왕자의 은혜를 입어서 그렇게 되어간다는 사실을 느끼지 못한다.

그리하여 군자가 지나가는 곳의 백성들은 그 덕에 감화되고, 군자가 머물러 있는 곳은 그 교화의 힘이 신묘하기 그지없어 측량할 길이 없을 정도이다. 그러니 어찌 패자가 베푸는 잠깐 동안의 알량한 덕에 비교하겠는가.」

孟子曰　覇者之民　驩虞如也　王者之民　皥皥如也　殺之而不怨　利之
맹 자 왈 　패 자 지 민 　환 우 여 야 　왕 자 지 민 　호 호 여 야 　살 지 이 불 원 　리 지

而不庸　民日遷善而不知爲之者　夫君子　所過者化　所存者神　上下與
이 불 용 　민 일 천 선 이 부 지 위 지 자 　부 군 자 　소 과 자 화 　소 존 자 신 　상 하 여

天地同流　豈曰小補之哉
천 지 동 류 　기 왈 소 보 지 재

🕸 • • • • • •

　　2차 세계대전이 일어나자 미국의 청년들에게도 군대 소집명령이 떨어졌다. 미국 각지의 청년들이 조국의 명예를 걸고 사랑하는 가족 곁을 떠났다. 청년들은 지역별로 집합한 다음 대도시로 집결했고 그곳에서 한데 모여 다시 기차를 타고 훈련소로 떠났다.

　　정부에서는 청년들을 이동시키는 방법을 고심하다가 국민들이 불안감을 느끼지 않도록 밤 시간을 이용해 이동하기로 결정했다. 그럼에도 워싱턴의 기차역 광장은 밤만 되면 수천 명의 인파로 북적거렸다.

그때 웅성거리는 사람들 사이를 뚫고, 절룩거리는 늙은 노인이 바쁘게 다니고 있었다. 노인은 다리가 불편했지만, 손에는 따뜻한 코코아가 든 컵을 가득 담은 쟁반을 들고 있었다. 노인은 그 코코아를 전쟁터로 떠나는 젊은이들에게 권하며, 그들의 어깨를 쓰다듬고 있었다.

그때 무심코 코코아 잔을 받아들던 젊은이가 그 노인을 유심히 쳐다 보았다.

"……저어, 실례지만…… 어디서 뵌 듯한데…… 기억이 잘 나지 않는군요."

청년의 말에 노인은 말없이 빙긋 웃었다.

청년은 노인의 웃음을 바라보다가 자리에서 벌떡 일어났다.

"아니, 대통령 각하께서……."

청년은 놀란 입을 다물지 못 했다. 그날 전쟁터로 떠나는 젊은이들에게 따뜻한 코코아를 건네던 노인은 바로 당시 대통령이었던 프랭클린 루스벨트였던 것이다.

선정(善政)과 선교(善敎)

맹자가 말했다.
「인자한 말은, 인자하다는 소문이 백성들의 가슴속으로 파고드는 것만 못하다. 잘 하는 정치는, 백성들을 잘 교화시켜나가는 정치보다 못하다. 선정(善政)을 베풀면 그 제도와 법령 등을 어기게 될까 봐 백성들이 더 두려워하고, 선한 가르침을 펼치면 백성들이 위정자들을 사랑하게 된다. 선정을 베풀면 백성들을 위해 쓸 재정이 풍족하게 걷히고, 선한 가르침을 펼치면 백성들의 마음을 얻는다.」

孟子曰 仁言 不如仁聲之入人深也 善政 不如善敎之得民也 善政民
맹자왈 인언 불여인성지입인심야 선정 불여선교지득민야 선정민
畏之 善敎民愛之 善政得民財 善敎得民心
외지 선교민애지 선정득민재 선교득민심

천하에 인과 의가 통하게

맹자가 말했다.
「사람이 배우지 않고서도 어떤 일을 할 수 있는 경우, 이것을 양능이라고 하고, 생각하지 않고서도 어떤 것을 아는 경우, 이것을 양지라고 한다.
어린아이들도 자기 부모를 사랑할 줄 모르는 경우는 없으며, 조금 커서는 자기 형을 공경할 줄 모르는 경우도 없다. 어버이를 친애하는 것은 인이고, 어른들을 공경하는 것은 의다. 중요한 것은, 이 인과 의를 천하에 다 통할 수 있도록 만드는 일이다.」

孟子曰 人之所不學而能者 其良能也 所不慮而知者 其良知也 孩提
맹자왈 인지소불학이능자 기량능야 소불려이지자 기량지야 해제
之童 無不知愛其親也 及其長也 無不知敬其兄也 親親 仁也 敬長
지동 무부지애기친야 급기장야 무부지경기형야 친친 인야 경장
義也 無他 達之天下也
의야 무타 달지천하야

성인의 다른 점

맹자가 말했다.

「옛날에 순임금께서 깊은 산 속에서 계실 때는 나무나 돌과 함께 사셨고, 사슴이나 멧돼지와 함께 노니셨기 때문에 야인이나 다름 없었다.

그러나 한 마디의 착한 말을 듣거나, 한 차례의 선한 행동을 보시면, 스스로 꼭 실행에 옮기셨는데, 그것을 따라하고자 하는 마음이 마치 황하를 터놓은 물살 같이 맹렬했다.」

孟子曰 舜之居深山之中 與木石居 與鹿豕遊 其所以異於深山之野
맹자왈 순지거심산지중 여목석거 여록시유 기소이이어심산지야

人者 幾希 及其聞一善言 見一善行 若決江河 沛然莫之能禦也
인자 기희 급기문일선언 견일선행 약결강하 패연막지능어야

페르시아의 왕이 세 사람의 현자에게 물었다.

"세상을 살면서 가장 괴로운 일이 무엇이냐?"

한 사람이 이렇게 대답했다.

"뭐니뭐니 해도 늙어서 가난하게 되는 것입니다. 젊어서는 가난해도 상관없지만, 늙어서 가난해지면 참으로 비참합니다."

또 한 사람은 이렇게 말했다.

"사람에게는 한계가 있는데 가장 견디기 어려운 고통이 주어질 때에 그것에 한계를 느끼고 제일 괴로운 것입니다."

세 번째 사람은 이렇게 대답했다.

"아무 선행도 없이 임종을 맞는 것입니다."

그제야 왕은 "네 말이 맞다."라고 말했다.

세상에서 잘 살고 못 살고가 뭐 그리 대단한 일이겠는가. 아무리 생각해 봐도 착한 일이라고는 한 번도 한 적이 없는 후회와 뉘우침밖에 없는 그 시간에 임종을 맞게 된다면 이보다 더 고통스러운 일은 없을 것이다. 아마도 그것이 진리일 것이다.

무리하게 하지 않는 게 군자의 도

맹자가 말했다.
「하지 말아야 될 일은 하지 말고, 욕심부려서는 안될 일은 욕심 부리지 말아라. 군자의 도란 이렇게 하는 것뿐이다.」

孟子曰 無爲其所不爲 無欲其所不欲 如此而已矣
맹 자 왈   무 위 기 소 불 위   무 욕 기 소 불 욕   여 차 이 이 의

월남 이상재 선생은 80평생을 청빈하게 살았다. 그는 일생을 집 한 칸 없이 물질에는 욕심이 없었다. 어느 날 한 청년이 선생댁을 찾았다. 추운 겨울이었는데 선생이 계신 방은 얼음장 같았다. 청년은 선생께서 추위에 너무 고생하시는 것 같아 가지고 있던 약간의 돈을 내놓으며, "이것으로 나무나 좀 사십시오." 하니 선생은 그저 "고마우이." 하시며 그 돈을 받았다.

조금 있다가 어떤 학생 하나가 찾아와서 학비가 궁색함을 호소하자, 선생은 또 거침없이 그 돈을 학생에게 주시면서 "공부나 잘하라."고 말했다.

이윽고 학생과 청년이 나간 다음 이를 보고 있던 손님이 걱정하였다.

"선생님, 그 돈을 학생에게 주시면 나무는 어떻게 합니까?"

그러자 선생은 빙긋이 웃으며 말했다.

"사정을 아는 사람이 또 주겠지."

결국 사정을 아는 사람이란, 그 광경을 본 자기밖에 없음을 깨달은 손님은 가지고 있던 얼마의 돈을 내놓았다.

이같이 선생은 물질에 욕심이 없었거니와 자신이 아쉬운 사정임에도 불구하고 남을 먼저 도와주는 일이 흔히 있었다.

어려움 속에 깃들어 있는 도

맹자가 말했다.

「사람의 덕과 지혜, 기술과 지식을 늘 환난을 겪고나서야 깨닫게 된다. 그러므로 임금에게 버림받은 외로운 신하나, 아버지의 사랑을 못 받는 얼자들이 항상 마음을 졸이고 재난에 대한 걱정을 많이 하기 때문에 사리에 통달하게 되는 것이다.」

孟子曰 人之有德慧術知者 恒存乎疢疾 猶孤臣孼子 其操心也危 其
맹 자 왈 인 지 유 덕 혜 술 지 자 항 존 호 진 질 독 고 신 얼 자 기 조 심 야 위 기

慮患也深 故達
려 환 야 심 고 달

대인(大人)에 대하여

맹자가 말했다.

「임금을 섬기는 신하란, 아첨하기를 좋아하여 임금을 기쁘게만 해주는 사람이다. 사직(社稷)을 편안하게 하는 신하란, 나라를 안정시키는 일을 자기의 기쁨으로 삼는 사람이다. 하늘의 순리에 따르는 천민(天民)이란, 천하에 도를 행할 수 있다고 믿은 후에 비로소 행하는 사람이다. 가장 큰 인물인 대인(大人)이란, 자기를 바르게 함으로써 그에 감화시켜 사물과 다른 사람까지도 바르게 하는 사람이다.」

孟子曰 有事君人者 事是君則爲容悅者也 有安社稷臣者 以安社稷
맹 자 왈 유 사 군 인 자 사 시 군 즉 위 용 열 자 야 유 안 사 직 신 자 이 안 사 직

爲悅者也 有天民者 達可行於天下而後 行之者也 有大人者 正己而
위 열 자 야 유 천 민 자 달 가 행 어 천 하 이 후 행 지 자 야 유 대 인 자 정 기 이

物正者也
물 정 자 야

군자삼락(君子三樂)

맹자가 말했다.

「군자에게는 세 가지 즐거움이 있다. 다만 천하의 왕자로 군림하는 것 따위는 이 세 가지에 포함되지 않는다.

첫째, 부모가 살아 계시고, 형제가 모두 무고한 것.

둘째, 하늘을 우러러보아 부끄럽지 않고, 땅을 굽어보아도 사람에게 부끄럽지 않은 것.

셋째, 천하의 영재를 얻어 가르치는 것.

다시 한번 말하지만, 군자에게는 이 같은 세 가지의 즐거움이 있으나, 천하의 왕자로 군림하는 것 따위는 이 세 가지에 포함되지 않는다.」

孟子曰 君子有三樂 而王天下 不與存焉 父母俱存 兄弟無故 一樂
맹 자 왈　군 자 유 삼 락　이 왕 천 하　불 여 존 언　부 모 구 존　형 제 무 고　일 락

也 仰不愧於天 俯不怍於人 二樂也 得天下英才 而敎育之 三樂也
야　앙 불 괴 어 천　부 부 작 어 인　이 락 야　득 천 하 영 재　이 교 육 지　삼 락 야

君子有三樂 而王天下 不與存焉
군 자 유 삼 락　이 왕 천 하　불 여 존 언

군자의 본성은 인의예지

맹자가 말했다.

「군자도 넓은 영토와 많은 백성을 원하기는 하지만, 이것을 기쁨으로 여기지는 않는다. 천하의 가운데에 서서 사해의 백성들을 편안하게 살도록 해주는 일은 군자의 기쁨이기는 하지만, 이것을 본성으로 지니고 있는 것은 아니다. 군자가 본성으로 지니고 있는 것은, 아무리 나라에 큰 도가 행해져 부귀가 베풀어진다 해도 자기에게는 보탬이 되지 않고, 아무리 궁하게 산다 해도 덜어낼 것이 없는 상태의 마음이다. 그것은 군자는 나면서부터 하늘에서 내려준 분수가 있기 때문이다. 군자가 본성으로 지니고 있는 것은 인의예지이다. 그것은 마음속에 깊이 뿌리를 내리고 있다. 이러한 인의예지가 용모에 뻗어나가면 표정이 윤택해지고, 등에 풍만한 너그러움이 깃들며, 또 이것이 두 팔과 두 다리로 뻗어나가면 말을 하지 않아도 몸이 저절로 깨닫게 되는 것이다.」

孟子曰　廣土衆民　君子欲之　所樂　不存焉　中天下而立　定四海之民
맹자왈　광토중민　군자욕지　소락　부존언　중천하이립　정사해지민

君子樂之　所性　不存焉　君子所性　雖大行　不加焉　雖窮居　不損焉
군자락지　소성　부존언　군자소성　수대행　불가언　수궁거　불손언

分定故也　君子所性　仁義禮智　根於心　其生色也睟然見於面　盎於
분정고야　군자소성　인의예지　근어심　기생색야수연견어면　앙어

背　施於四體　四體不言而喩
배　시어사체　사체불언이유

🧧 • • • • • •

링컨은 스무 살 때 상점의 점원으로 일하고 있었다. 하루는 물건을 팔고 돈을 세어 보니 3센트가 남았다. 곰곰이 생각해 보니 물건을 사고 8달러 3센트를 지불하고 간 부인의 것이었다. 링컨은 곧 문을 닫고 부인이 사는 집을 찾아 나섰다. 그리고 그 부인을 만난 링컨은 이를 돌려주었다.

"대단히 죄송합니다. 제가 그만 3센트를 더 받았으니 도로 받으십시오."

또 어느 날은 어떤 부인에게 차를 팔면서 분량을 조금 덜 준 것이 생각났다. 그는 20리나 되는 길을 달려가서 부족한 분량을 갖다 주었다.

노인을 공경하는 정치를 한 문왕

맹자가 말했다.

「백이는 폭군인 주왕을 피해 북해의 바닷가로 가서 살다가 문왕께서 선정을 편다는 소문을 듣고 '내가 어찌 찾아가지 않겠는가. 문왕께서는 나 같은 노인을 잘 부양해주신다고 들었다.' 며 찾아갔다. 또한 태공망도 주왕의 폭정을 피해 동해 해변가에 가서 살고 있었으나 문왕께서 선정을 편다는 소식을 듣고 백이처럼 '내가 어찌 찾아가지 않겠는가. 문왕께서는 나 같은 노인을 잘 부양해주신다고 들었다.' 며 찾아갔다. 천하에 노인을 잘 공경하는 사람이 있으면 천하의 어진 선비들도 그곳을 자기들이 몸을 의탁해도 좋을 곳으로 생각하고 찾아가게 된다. 5묘의 택지 담 밑에다가 뽕나무를 심고 한 여인이 누에를 치면, 그 집 노인이 넉넉히 비단 옷을 입을 수 있을 것이며, 5마리의 암탉과 2마리의 암퇘지를 번식기를 잘 알아서 기르면 그 집 노인이 고기를 못 먹는 일은 생기지 않을 것이다. 또한 1백묘의 밭을 어느 농부가 경작하면 8식구의 집안이 굶주리지 않고 살 수 있을 것이다.

이른바 서백이 노인을 잘 공양했다는 것은, 그가 백성들의 밭과 택지의 면적을 제대로 나누어주고, 뽕나무 심는 법과 가축 기르는 법을 가르쳐주어 그들의 처자로 하여금 노인을 잘 봉양하도록 하였다는 것을 말한다. 사람은 50대의 나이가 되면 비단 옷이 아니면 따뜻해지지 않고, 70살쯤 되면 고기를 먹지 않으면 배가 부르지 않게 되는 법이다. 따뜻하지 않고 배부르지 않은 것은, 다시 말해 얼고 굶주린다는 말이다. 따라서 문왕의 백성들 가운데 얼고 굶주린 노인이 하나도 없었다는 말은, 문왕이 앞에서 말한 방법대로 백성들을 다스렸다는 말과 같은 것이다.」

孟子曰 伯夷辟紂 居北海之濱 聞文王作興 曰 盍歸乎來 吾聞西伯
맹자왈 백이피주 거북해지빈 문문왕작흥 왈 합귀호래 오문서백

善養老者 太公 辟紂 居東海之濱 聞文王作興 曰盍歸乎來 吾聞西
선양로자 태공 피주 거동해지빈 문문왕작흥 왈합귀호래 오문서

伯 善養老者 天下有善養老 則仁人 以爲己歸矣 五畝之宅 樹墻下
백 선양로자 천하유선양로 즉인인 이위기귀의 오묘지택 수장하

以桑 匹婦蠶之 則老者足以衣帛矣 五母鷄 二母彘 無失其時 老者
이상 필부잠지 즉노자족이의백의 오모계 이모체 무실기시 노자

足以無失肉矣 百畝之田 匹夫耕之 八口之家可以無饑矣 所謂西伯
족이무실육의 백무지전 필부경지 팔구지가가이무기의 소위서백

善養老者 制其田里 敎之樹畜 導其妻子 使養其老 五十非帛不煖七
선양로자 제기전리 교지수혹 도기처자 사양기로 오십비백불난칠

十非肉不飽 不煖不飽 謂之 凍餒 文王之民 無凍餒之老者 此之謂也
십비육불포 불난불포 위지 동뇌 문왕지민 무동뇌지로자 차지위야

어느 날 공자가 제자인 자공과 자로를 데리고 길을 떠났다. 얼마쯤 가다 보니 길을 잘못 들어선 것을 깨닫고는 공자가 제자에게 말했다.

"자공, 자로야, 우리가 길을 잘못 들어선 것 같으니 저기 불빛이 보이는 초가에 가서 하루 묵고 가기로 하자."

공자와 제자가 초가로 가서 문을 두드리자 백발의 할머니가 나와서 사정을 듣더니 쾌히 승낙했다.

노파는 공자와 두 제자를 방으로 안내한 후 좁쌀죽을 끓여와서는 먹기를 권하고 방을 나갔다,

공자는 좁쌀죽을 맛있게 한 그릇을 다 비웠다.

그런데 자공과 자로는 좁쌀죽을 쳐다본 채 먹지 않고 공자에게 말했다.

"스승님, 스승님께서는 어찌 그렇게 맛있게 드실 수가 있습니까? 저 노인의 더러운 손과 생전 세수 한 번 하지 않은 것 같은 얼굴, 그리고 땟국물이 흐르는 대접하며 온통 모든 것이 더러워서 도저히 저희는 이 좁쌀죽을 먹을 수가 없습니다."

공자는 한동안 아무 말도 하지 않고 있다가 한참만에야 입을 열었다.

"나그네에게 음식을 대접하는 것은 주인의 진심에서 우러나오는 친절이다. 그런 친절을 고맙게 생각하지는 못할망정 그것을 트집잡으면 쓰겠느냐?"

자공과 자로는 고개를 들 수가 없었다.

공자가 계속해서 말했다.

"나는 지금까지 이렇게 맛있는 음식을 먹어 본 적이 없구나."

노인의 지저분한 모습이나 더러운 그릇을 생각하기에 앞서 노인의 친절하고 따뜻한 마음씨를 생각했기 때문이다.

의식주를 풍족하게 해주어야

맹자가 말했다.

「백성들이 농사를 잘 짓도록 해주고, 세금을 가볍게 해주면 만백성을 부유하게 만들 수 있다. 제철에 나는 것을 먹고, 예법에 맞게 재물을 쓰면 가진 것을 이루 다 쓸 수 없을 것이다. 대개 백성들은 물과 불이 아니면 살아가지 못하는데, 저녁때가 되어 누군가가 문을 두드리며 물과 불을 빌려달라고 할 때 서슴지 않고 내주는 것은 물과 불이 넉넉하기 때문이다. 성인이 천하를 다스리면 백성들이 곡식을 마치 물과 불처럼 넉넉하게 쓸 수 있을 것이다. 곡식을 물과 불 같이 넉넉하게 쓰는 백성들 치고 어질지 않을 자가 어디 있겠는가?」

孟子曰 易其田疇 薄其稅斂 民可使富也 食之以時 用之以禮 財不
맹자왈 역기전주 박기세렴 민가사부야 식지이시 용지이례 재불

可勝用也 民非水火 不生活 昏暮 叩人之門戶 求水火 無弗與者 至
가승용야 민비수화 불생활 혼모 고인지문호 구수화 무불여자 지

足矣 聖人 治天下 使有菽粟 如水火 菽粟 如水火 而民 焉有不仁
족의 성인 치천하 사유숙속 여수화 숙속 여수화 이민 언유불인

者乎
자호

🏵 • • • • • •

프랑스의 한 왕에게는 세 아들이 있었는데 그 세 아들은 모두 용맹하고 똑똑했다. 그러나 세 아들 중의 한 왕자에게 왕좌를 물려 주어야 했으므로 왕은 무척 고심하고 있었다. 왕은 생각끝에 감자 세 자루를 준비하여 아들 셋을 불러들였다.

"내가 너희들에게 각자 감자 한 자루씩을 줄 터이니 잘 보관했다가 앞으로 일 년 후에 내게 가지고 오너라."

일 년이란 세월이 흐른 뒤 왕은 세 아들을 불러 감자자루를 가지고 오라고 명했다.

첫째 왕자는 감자가 썩지 않도록 광 속에 잘 보관해 두었다가 그대로 가지고 왔다.

둘째 왕자는 감자 한 자루를 팔아서 돈으로 가지고 있다가 그 돈으로 감자 두 자루를 사가지고 왔다.

그런데 셋째 왕자는 빈손으로 왔던 것이다.

왕이 물었다.

"셋째야. 너는 어찌하여 빈손으로 왔느냐?"

셋째 왕자는 대답했다.

"예, 지금 저는 가지고 올 것이 없습니다. 그러나 아바마마 저와 함께 밖으로 나가셨으면 합니다."

밖으로 나와 본 왕과 첫째 둘째 왕자는 놀라지 않을 수 없었다.

"아바마마께서 주신 감자로 이렇게 밭을 일구었습니다. 지금 이렇게 잘 자라고 있으니 얼마 후에 감자를 수확하게 되면 이 모두를 돌려드리도록 하겠습니다."

한 단계씩 다가간 성인의 도

맹자가 말했다.

「공자께서는 동산에 올라 노나라가 작다는 것을 아셨고, 태산에 올라 천하가 작다는 것을 아셨다.

이와 마찬가지로 바다를 본 사람은 강물 따위의 물은 물로 여기지도 않고, 성인의 문하에서 배운 사람은 다른 사람의 말을 귀담아 듣지 않게 된다.

물의 많고 적음을 볼 때는 방법이 있으니, 그 소용돌이치는 모습을 살펴보아야 한다. 해와 달은 빛이 있어서 모든 것을 다 비추되, 반드시 작은 틈새까지 다 비추게 된다. 흐르는 물은 바다를 향해 나아가되, 반드시 작은 웅덩이들을 하나씩 다 채운 뒤에야 이르게 된다. 군자가 도(道)에 이르기 위해 노력하는 방법도 이와 마찬가지여서, 한 단계 한 단계씩 이루어 나아가지 않고서는 성인의 경지에 다다를 수 없는 것이다.」

孟子曰 孔子 登東山而小魯 登太山而小天下 故觀於海者 難爲水
맹자왈 공자 등동산이소로 등태산이소천하 고관어해자 난위수

遊於聖人之門者 難爲言 觀水有術 必觀其瀾 日月 有明 容光 必照
유어성인지문자 난위언 관수유술 필관기란 일월 유명 용관 필조

焉 流水之爲物也 不盈科 不行 君子之志於道也 不成章 不達
언 유수지위물야 불영과 불행 군자지지어도야 불성장 부달

❀ • • • • • •

미국의 방송인으로 유명한 에디 칸토는 성공을 위해 정신없이 질주하는 전형적인 미국인이었다. 그는 앞뒤 가리지 않고 성공을 위해 숨가쁘게 달려가는 인생을 살았다.

그런데 어머니가 보낸 짤막한 한 줄의 편지에 큰 충격을 받았다. 그리고 그후에 인생관이 바뀌어 훨씬 풍요로운 삶을 살게 됐다. 어머니의 편지는 다음과 같았다.

"내 아들 에디야, 너무 빨리 달리지 말거라. 그렇게 달리면 주변의 좋은

경치를 하나도 보지 못하고 그냥 지나치게 된단다."

에디 칸토는 어머니의 편지를 받고 자신의 수첩에 네 가지 질문을 적어
놓고 한평생 이 질문을 스스로에게 던지면서 살았다.

1) 내가 하는 일이 과연 가치 있는 일인가?

2) 누구를 위해 일하고 있는가?

3) 인생의 참다운 보물을 추구하고 있는가?

4) 이웃에게 어떤 공헌을 할 것인가?

성인과 도적의 차이

맹자가 말했다.
「아침에 닭이 울면 일어나서 부지런히 선을 행하는 자는 순임금의 무리이고, 아침에 닭이 울면 일어나서 이(利)를 추구하는 자는 도척의 무리이다.
순임금과 도척을 구별하는 데는, 그가 이익을 얻기에 애쓰는가, 선을 행하기 위해 애쓰는 가를 알아보면 된다.」

孟子曰 鷄鳴而起 孶孶爲善者 舜之徒也 鷄鳴而起 孶孶爲利者 蹠
맹 자 왈　계 명 이 기　자 자 위 선 자　순 지 도 야　계 명 이 기　자 자 위 리 자　척

之徒也 欲知舜與蹠之分 無他 利與善之間也
지 도 야　욕 지 순 여 척 지 분　무 타　리 여 선 지 간 야

영국의 작가 윌리엄 서머셋 몸의 대표작에 <달과 6펜스>가 있다.

이 작품은 화가 폴 고갱을 모델로 한 이야기이다. <달과 6펜스>는 영국인에게 대조적인 느낌을 주는 단어이다. 6펜스란 영국 은화 중 최저 금액이다. 따라서 달은 고상한 것의 대표이고 6펜스는 저속한 것의 대명사로 사용된 것이다.

이 작품에서 주인공이 순수하게 추구하는 예술을 달로 표현했고 명예나돈을 인생의 최고로 삼는 세속적인 인간의 이상을 6펜스로 비유하고 있다.

달의 사람이 되느냐 6펜스짜리 인생을 살 것이냐 하는 선택은 누구나 해야 하는 결정이다.

양자 · 묵자 · 자막을 비판함

맹자가 말했다.

「양자는 오직 자기만을 위한다는 위아설을 주장하여, 자기 몸에서 털 하나를 뽑아 천하를 이롭게 하는 일이 있다 해도 그렇게 하지 않았다.

묵자는 널리 사랑하라는 겸애설을 주장하여, 머리 꼭대기에서부터 발꿈치까지 다 닳아 없어지더라도 천하를 이롭게 하는 일이라면 무엇이건 나서서 했다.

자막은 이들과 달리 중도를 주장했다. 그렇지만 중도를 주장하는 것이 도에 가깝다고는 하겠으나, 중도에 집착해서 융통성이 없고 보면 특정한 어느 하나를 주장하는 것과 마찬가지이다.

내가 특정한 어느 하나를 고집하는 것을 미워하는 까닭은, 그것이 도를 해치기 때문이다. 그 하나의 고집으로 다른 백 가지의 유익한 것들을 막아버릴 소지가 있기 때문이다.」

孟子曰 楊子 取爲我 拔一毛而利天下 不爲也 墨子 兼愛 摩頂放踵
맹자왈 양자 취위아 발일모이리천하 불위야 묵자 겸애 마정방종

利天下 爲之 子莫 執中 執中 爲近之 執中無權 猶執一也 所惡執
리천하 위지 자막 집중 집중 위근지 집중무권 유집일야 소오집

一者 爲其賊道也 擧一而廢百也
일자 위기적도야 거일이폐백야

빈천으로 마음이 흔들리지 않음

맹자가 말했다.

「배고픈 사람은 달게 먹고, 목마른 사람은 달게 마신다. 그러나 그 음식이 지니고 있는 고유의 맛은 모른다. 배고픔과 목마름, 즉 기갈(飢渴)이 고유의 맛을 해쳤기 때문이다.

이러한 기갈의 해로움이 어찌 입과 배에만 있겠는가? 사람의 마음에도 이 같은 기갈의 해로움이 있다. 사람이 배고픔과 목마름의 해로 인해서 마음의 해를 받지 않는다면, 남보다 못한 것에 대해 근심하지 않을 것이다.」

孟子曰 饑者甘食 渴者甘飲 是未得飲食之正也 饑渴害之也 豈惟口
맹 자 왈　기 자 감 식　갈 자 감 음　시 미 득 음 식 지 정 야　기 갈 해 지 야　기 유 구

腹有饑渴之害 人心亦皆有害 人能無以饑渴之害 爲心害則不及人
복 유 기 갈 지 해　인 심 역 개 유 해　인 능 무 이 기 갈 지 해　위 심 해 즉 불 급 인

不爲憂矣
불 위 우 의

위정자들의 지조 없음을 개탄

맹자가 말했다.

「유하혜는 삼공 같은 큰 벼슬에도 자기의 지조를 바꾸지 않았다.」

孟子曰 柳下惠不以三公易其介
맹 자 왈　류 하 혜 불 이 삼 공 역 기 개

끝까지 정진해야

맹자가 말했다.
「하고자 하는 뜻을 가지고 있는 사람은, 마치 우물을 파는 일에 비유할 수 있다. 우물을 파기 시작해서 아홉 길까지 파내려 갔다 해도, 마지막 한 길을 파지 못하고 그친다면, 우물을 파는 일을 포기하는 것이나 마찬가지라 할 수 있다.」

孟子曰 有爲者辟若掘井 掘井九軔而不及泉 猶爲棄井也
맹 자 왈   유 위 자 피 약 굴 정   굴 정 구 인 이 불 급 천   유 위 기 정 야

⁂ • • • • • •

어떤 사람이 배를 타고 가다가 물 속에 진주를 빠뜨렸다. 이 사람은 배가 육지에 닿자마자 큰 바가지로 바닷물을 떠서 버리기 시작했다. 그가 사흘 동안을 끈기 있게 물을 퍼내고 있을 때 물 속에서 거북이가 나와서 물었다.

"당신은 무얼 하려고 물을 퍼내고 있는 겁니까?"

"바닷물 속에 빠뜨린 진주를 찾으려고 물을 퍼내고 있습니다."

"그런데 그 일은 언제까지 할 생각입니까?"

"이 바닷물을 다 퍼낼 때까지 할 겁니다."

이 말을 들은 거북이는 깜짝 놀라 물 속으로 급히 들어가서 진주를 찾아다가 그 사람에게 돌려주었다.

자기가 체득해야만 자기 것

맹자가 말했다.

「요순임금께서는 인의를 행하는 데 있어서 본성에 따라 하셨다. 탕왕과 무왕께서는 요순의 그것을 본받아 행하여 체득하셨지만, 5패는 요순의 그것을 빌린 것이다. 오랫동안 빌리기만 하고 돌려주지 않는다면, 자기가 진정으로 가지고 있는 게 아니라는 사실을 어떻게 알겠는가?」

孟子曰　堯舜　性之也　湯武　身之也　五覇　假之也　久假而不歸　惡知
맹자왈　요순　성지야　탕무　신지야　오패　가지야　구가이불귀　오지

其非有也
기 비 유 야

⊛ · · · · · ·

　한 불우한 소녀가 있었다. 그녀는 너무 가난했으며 아사 직전 이웃에게 발견돼 겨우 목숨을 건진 적도 있었다. 심지어 제2차 세계대전이 터져 굶주림에 허덕였다. 그때 한 구호단체가 그녀에게 구호품을 전달했다. 그 단체는 국제연합아동기금(UNICEF)이었다.

　소녀는 구호품으로 전달된 빵을 먹으며 위기를 극복했다. 그리고 성장하여 세계적인 영화배우가 되었다. 그 소녀의 이름은 오드리 헵번으로, 그녀는 영화계 은퇴 이후 세상에 사는 그날까지 유니세프 대사로서 전 세계를 다니며 굶주린 어린이들을 도왔다.

　그녀는 늘 이렇게 말하곤 했다.

　"절망의 늪에서 나를 구해 준 분들을 위해 이제 내가 봉사할 차례다."

위정자는 사심이 없어야

공손추가 맹자에게 물었다.

「이윤이 '나는 정도에 따르지 않는 것을 보고 있을 수만은 없다.'고 말한 뒤 태갑을 동 땅으로 쫓아버리자 백성들이 기뻐하였다고 합니다. 그후 태갑이 어진 사람이 되어 다시 돌아오자 또한 백성들이 기뻐하였다고 합니다. 이처럼 어진 신하는 임금이 현명하지 못하면 자리에서 쫓아낼 수도 있는 것입니까?」

맹자가 대답했다.

「이윤과 같이 이기적인 마음이 없는 사람이라면 그렇게 할 수 있다. 그러나 이윤과 같지 않은 사람이 그런 일을 한다면, 그것은 왕위를 찬탈하는 행위가 된다.」

公孫丑曰 伊尹曰 予不狎于不順 放太甲于桐 民大悅 太甲賢 又反
공 손 추 왈　이 윤 왈　여 불 압 우 불 순　방 태 갑 우 동　민 대 열　태 갑 현　우 반

之 民大悅 賢者之爲人臣也 其君不賢 則固可放與 孟子曰 有伊尹
지　민 대 열　현 자 지 위 인 신 야　기 군 불 현　즉 고 가 방 여　맹 자 왈　유 이 윤

之志 則可 無伊尹之志 則簒也
지 지　즉 가　무 이 윤 지 지　즉 찬 야

🦋 • • • • • •

이윤은 탕임금을 도와 걸왕을 치고 은나라를 세운 어진 재상이었다. 탕임금이 죽고 그의 손자인 태갑이 왕의 자리를 물려받았는데, 정도에서 어긋난 정치를 했다.

이에 이윤은 태갑을 탕왕의 무덤이 있는 동 땅으로 내쫓고 3년 동안 자신이 섭정을 하면서 제후들의 조회를 받았다.

그후 태갑은 3년 동안 동 땅에 머물면서 자기 잘못을 뉘우치고 새 사람이 되어 돌아와 다시 왕의 자리에 앉았다.

실리적인 예법은 따르리라

공손추가 맹자에게 물었다.

「〈시경〉에 '일하지 않고는 먹지도 말아라.'고 하였는데, 군자가 농사도 짓지 않으면서 먹고사는 까닭은 무엇입니까?」

맹자가 대답했다.

「군자가 어느 나라에 머물고 있을 때, 그 나라의 임금이 군자를 등용하면 나라가 편안해지고 부유해지며 번영하게 된다. 그리고 그 나라의 자제들이 군자를 따라 배우게 되면 부모에게 효도하고 어른을 공경하며 나라에 충성하게 된다.

일하지 않고는 먹지 말라고 하였지만, 이보다 더 큰 공로가 어디 있겠는가.」

公孫丑曰 詩曰 不素餐兮 君子之不耕而食 何也 孟子曰 君子居是
공 손 추 왈　시 왈　불 소 찬 혜　군 자 지 불 경 이 식　하 야　맹 자 왈　군 자 거 시

國也 其君用之 則安富尊榮 其子弟從之 則孝弟忠信 不素餐兮 孰
국 야　기 군 용 지　즉 안 부 존 영　기 자 제 종 지　즉 효 제 충 신　불 소 찬 혜　숙

大於是
대 어 시

인에 살고 의롭게 행동하는 선비

제나라 왕자 점이 맹자에게 물었다.

「관리든 농부든 다 하는 일이 있는데 선비는 무슨 일을 하는 사람입니까?」

맹자가 대답했다.

「뜻을 고상하게 갖고 있는 일을 하지요.」

「뜻을 고상하게 갖고 있다는 말은 무슨 뜻입니까?」

「인의를 따른다는 말입니다. 한 사람이라도 죄가 없는 사람을 죽이는 것은 인을 어기는 일이고, 마땅히 차지해야 할 자기의 것이 아닌데도 취하는 것은 의를 어기는 일입니다.

선비들이 살아야 할 곳이 어디인가 하면, 그곳은 바로 인입니다. 그리고 선비들이 가야할 길이 어디인가 하면, 그곳은 바로 의입니다. 항상 인에 살고 의에 따라 행동한다면, 그것으로 대인(大人)의 할 바가 다 갖추어졌다고 할 수 있는 것입니다.」

王子墊問曰 士何事 孟子曰 尙志 曰何謂尙志 曰仁義而已矣 殺一
왕 자 점 문 왈　사 하 사　맹 자 왈　상 지　왈 하 위 상 지　왈 인 의 이 이 의　살 일

無罪 非仁也 非其有而取之 非義也 居惡在 仁是也 路惡在 義是也
무 죄　비 인 야　비 기 유 이 취 지　비 의 야　거 오 재　인 시 야　로 오 재　의 시 야

居仁由義 大人之事 備矣
거 인 유 의　대 인 지 사　비 의

🏵 • • • • • •

비행기를 타고 최초로 하늘을 날았던 라이트 형제는 어떤 만찬에 초청받아 갔다가 친구로부터 핀잔을 들었다. 그 만찬에서 처음으로 비행한 사람은 라이트 형제가 아니라 랭글리 교수였다고 주장하는 사람들이 있는데, 라이트 형제가 이에 대해 아무런 말도 하지 않자 비난한 것이다.

"자네는 입이 너무 무거워 말이 없는 것이 탈이야. 자네는 자신의 권리를 충분히 주장하지 않고 있어. 자네 자신을 더 많이 선전해야 할 걸세. 이 사

람아 어서 말을 해봐!"

라이트는 친구의 독촉에 못 이겨 조용하게 한마디했다.

"여보게, 새들 가운데서 가장 말은 잘하지만 제일 날지 못하는 것은 앵무새라네."

진중자의 어긋난 청렴함

맹자가 말했다.

「중자는 청렴결백해서 의롭지 않으면 제나라를 준다해도 받지 않을 것이라고 사람들은 알고 있다. 그러나 내가 생각하기에 그는 한 그릇의 밥과 한 그릇의 국을 받지 않는 대수롭지 않은 의를 지키는 것에 불과하다.

사람은 친척과 군신과 상하 관계의 의리를 끊어버리는 것보다 더 큰 죄가 없다. 그런데 진중자가 청렴한 사람이라고 해서 모든 일을 미루어 짐작해서야 되겠는가?」

孟子曰 仲子 不義與之齊國而弗受 人皆信之 是舍簞食豆羹之義也
맹 자 왈　중 자　불 의 여 지 제 국 이 불 수　인 개 신 지　시 사 단 사 두 갱 지 의 야

人莫大焉 亡親戚 君臣 上下 以其小者 信其大者 奚可哉
인 막 대 언　망 친 척　군 신　상 하　이 기 소 자　신 기 대 자　해 가 재

⊛ • • • • • •

진중자는 제나라의 녹을 먹고 있는 명문 집안에서 태어난 사람인데, 그의 형인 대는 합이라는 영지에서 1만 종이나 되는 녹을 받던 사람이다.

그런데 진중자는 그의 형이 받는 녹이 의롭지 못한 녹이라 하여 먹지 않고, 또한 형의 집이 의롭지 못한 집이라 하여 살지도 않으며, 형을 피하고 어머니를 떠나서 살았다.

맹자는 부모형제의 천륜을 중시하는 유가의 전통을 들어 진중자가 부모형제를 버리고 밖에 나가 사는 것은 옳지 못하다고 생각하여 이렇게 평가한 것이다.

순임금의 효성에 대하여

맹자의 제자인 도응이 물었다.

「만약에 순임금께서 천자가 되시고, 고요가 법을 집행하는 형관으로 있었다면, 순임금의 아버지인 고수가 살인을 했을 때 고요는 과연 어떻게 처리했을까요?」

맹자가 대답했다.

「법에 따라 체포했을 것이다.」

「그러나 순임금께서 천자의 자리에 앉아 계시니, 자신의 아버지에게 형 집행을 하지 말라고 하지 않았을까요?」

「고요에게도 마땅히 행해야 할 임무가 주어져 있는데, 순임금인들 어떻게 막을 수가 있었겠느냐.」

「그럼 순임금께서는 어떻게 처리하셨을까요?」

「그럴 경우 순임금께서는 천자의 자리를 마치 헌 짚신 버리듯 한 뒤 아버지를 없고 도망쳤을 것이다. 그리고 어느 바닷가로 가서 아버지와 함께 즐겁게 살면서 지난날에 천자의 자리에 있었던 기억 같은 것은 까맣게 잊어버렸을 것이다.」

桃應問日 舜爲天子 皐陶爲士 瞽瞍殺人 則如之何 孟子日 執之而
도응문왈　순위천자　고요위사　고수살인　즉여지하　맹자왈　집지이

已矣 然則舜不禁與 日夫舜惡得而禁之 夫有所受之也 然則舜 如之
이의　연즉순불금여　왈부순오득이금지　부유소수지야　연즉순　여지

何 日舜視棄天下 猶棄敝蹝也 竊負而逃 遵海濱而處 終身訢然 樂
하　왈순시기천하　유기폐사야　절부이도　준해빈이처　종신흔연　락

而忘天下
이망천하

🎴 • • • • • •

어느 마을에 고부간의 갈등이 큰 가정이 있었다. 이런 가정에서는 아내의 남편으로 그리고 어머니의 아들로 살아가는 가장이 아내와 어머니 둘 사이에서 겪는 정신적인 피곤함이 클 것이다.

그는 고심 끝에 아내를 불러서 말했다.

"어머니를 돌아가시도록 합시다. 가정의 행복을 위해서 할 수 없소."

그러면서 아내에게 하얀 가루를 내밀었다.

"앞으로 백일 동안 이 독약을 푼 물에 달걀을 삶아서 어머니가 잡수시게 하면 됩니다. 그런데 주의할 것이 하나 있는데 아주 정성스럽게 갖다 드려서 당신의 속 마음을 감춰야 될게요. 어머니도 눈치가 빠른 분이니 사랑으로 대하는 듯해야만 속으실 겁니다."

이 말을 듣고 며느리는 너무나 기뻤다. 그녀는 하루도 거르지 않고 어머니께 갖다 드렸다. 어머니가 눈치채지 못하도록 온갖 정성을 기울였다.

처음에는 의심하던 어머니도 시간이 지나면서 며느리를 좋아하게 되었다. 이제 두 사람 사이에 웃음이 피었다. 99일째 되던 날 아내가 서럽게 울면서 남편에게 말했다.

"어머니는 좋으신 분이세요. 내일이면 이제 돌아가실터인데 어떻게 살릴 수 있는 방법이 없습니까?"

그러자 남편이 말했다.

"걱정 말아요. 사실은 독약이 아니라 밀가루였소."

환경의 중요성

맹자가 제나라의 범읍에서 수도인 임치로 갔을 때, 임금의 아들을 멀리서 바라보고 감탄하면서 말했다.

「사는 환경이 그 사람의 기질을 바꾸고 식생활 습관이 체질을 바꾼다더니, 과연 환경이란 참으로 중요한 것이구나. 누구나 다 사람의 아들이 아니겠는가만은, 왕자(王子)의 기상은 어찌 저리도 돋보인단 말이냐.」

맹자가 이어서 말했다.

「왕자의 거실이라든가 거마, 의복 등은 보통 사람과 비슷한데, 왕자가 저리도 훌륭해 보이는 것은 다름 아닌 환경이 그렇게 만들기 때문이다. 하물며 드넓은 천하를 자기의 거처로 삼고 있는 어진 인물이야 어찌 훌륭해 보이지 않겠는가.

일전에 노나라 임금이 송나라에 갔을 때, 송나라의 질택이라는 성문이 닫혀 있어서 열라고 소리친 일이 있었다. 그때 문지기가 말하기를 '우리 임금이 아닌데 목소리는 어찌 그리도 우리 임금을 닮았는가.' 라고 했다. 문지기가 그렇게 말한 까닭은, 노나라 임금이 거처하는 환경이 송나라 임금이 거처하는 환경과 비슷하였기 때문에 목소리까지도 비슷해졌기 때문이다.」

孟子 自范之齊 望見齊王之子 喟然嘆曰 居移氣 養移體 大哉居乎
맹자 자범지제 망견제왕지자 위연탄왈 거이기 양이체 대재거호

夫非盡人之子與 孟子曰 王子宮室 車馬 衣服多與人同 而王子若彼
부비진인지자여 맹자왈 왕자궁실 차마 의복다여인동 이왕자약피

者 其居使之然也 況居天下之廣居者乎 魯君之宋 呼於垤澤之門 守
자 기거사지연야 황거천하지광거자호 노군지송 호어질택지문 수

者曰 此非吾君也 何其聲之似我君也 此無他 居相似也
자왈 차비오군야 하기성지사아군야 차무타 거상사야

현자는 공경해주어야

맹자가 말했다.
「단순히 먹을 것만 주고 사랑하지 않는 것은 돼지를 기르는 것이나 마찬가지이고, 사랑하지만 공경하지 않는다면 애완용 동물을 기르는 것이나 마찬가지이다.
임금이 군자를 공경하는 마음이란, 군자에게 예물을 보내기 전부터 갖고 있어야 한다. 군자에게 예물을 보내 겉으로는 공경하지만 군자의 건의를 받아들이지 않는 등 존중해주지 않으면 군자는 머물러 있지 않게 된다.」

孟子曰 食而弗愛 豕交之也 愛而不敬 獸畜之也 恭敬者 幣之未將
맹 자 왈 사 이 불 애 시 교 지 야 애 이 불 경 수 흑 지 야 공 경 자 폐 지 미 장
者也 恭敬而無實 君子不可虛拘
자 야 공 경 이 무 실 군 자 불 가 허 구

천성을 지키는 일은 성인이라야

맹자가 말했다.
「사람의 형체와 안색은 하늘이 내려준 천성이라고 할 수 있다. 오직 성인이라야 그 형체와 안색을 유지하며 살아갈 수 있는 것이다.」

孟子曰 形色 天性也 惟聖人 然後可以踐形
맹 자 왈 형 색 천 성 야 유 성 인 연 후 가 이 천 형

상복(喪服)과 효의 기본

제나라 선왕이 3년상이 너무 길다고 생각했다.

그러자 맹자의 제자 공손추가 맹자에게 물었다.

「3년상은 너무 길다고 하니 기년상으로 하는 것이 안 하는 것보다는 낫지 않겠습니까?」

맹자가 대답했다.

「그것은 마치 어떤 사람이 자기 형의 팔을 비트는 것을 보고 아프니까 살살 비틀라고 말하는 것과 마찬가지이다. 이런 경우에는 팔을 비튼 사람에게 효도와 우애가 무엇인지를 가르쳐주어 스스로 깨달아 그만두게 해야 한다.」

그 뒤 어떤 왕자의 친어머니가 세상을 떠났는데, 그 어머니는 후궁이었다. 왕자의 사부는 왕자에게 몇 달간이라도 상복을 입게 해주려고 왕에게 청했다.

이에 공손추가 맹자에게 물었다.

「이런 경우에는 어떻게 해야 합니까?」

맹자가 대답했다.

「그 왕자의 경우에는 자기 어머니의 3년상을 치르고 싶어도 서자(庶子)이기 때문에 치를 수 없는 경우이다. 진심으로 상을 치르고 싶으면 하루만이라도 상을 치르는 것이 안 하는 것보다야 낫기는 할 것이다. 앞서 말한 경우는 3년상을 금하지도 않는데 하지 않은 것을 말한 것이다.」

齊宣王欲短喪 公孫丑曰 爲朞之喪 猶愈於已乎 孟子曰 是猶或紾其
제 성 왕 욕 단 상　공 손 추 왈　위 기 지 상　유 유 어 이 호　맹 자 왈　시 유 혹 진 기

兄之臂 子謂之姑徐徐云爾 亦敎之孝弟而已矣 王子有其母死者 其
형 지 비　자 위 지 고 서 서 운 이　역 교 지 효 제 이 이 의　왕 자 유 기 모 사 자　기

傅爲之請數月之喪 公孫丑曰 若此者 何如也 曰是欲終之而不可得
부 위 지 청 수 월 지 상　공 손 추 왈　약 차 자　하 여 야　왈 시 욕 종 지 이 불 가 득

也 雖加一日 愈於已 謂夫莫之禁而弗爲者也
야　수 가 일 일　유 어 이　위 부 막 지 금 이 불 위 자 야

각자의 자질에 맞는 교육법

맹자가 말했다.

「군자가 가르치는 방법에는 5가지가 있다.

첫째, 제때에 내린 비로 인해 초목이 저절로 무성하게 자라는 것처럼 스스로 계발하도록 해주는 방법이다.

둘째, 그 사람의 본래부터 지니고 있는 덕성에 따라 덕을 길러주는 방법이다.

셋째, 그 사람이 본래부터 지니고 있는 재능에 따라 재능을 길러주는 방법이다.

넷째, 그 사람이 묻는 말에 대답을 해줌으로써 지혜를 길러주는 방법이다.

다섯째, 직접 가르치지 않고 스스로 덕을 닦아 수련하도록 간접적으로 도와주는 방법이다.

이 5가지가 군자가 남을 가르치는 방법이다.

孟子曰 君子之所以敎者五 有如時雨化之者 有成德者 有達財者 有
맹 자 왈 군 자 지 소 이 교 자 오   유 여 시 우 화 지 자   유 성 덕 자 유 달 재 자 유

答問者 有私淑艾者 此五者 君子之所以敎也
답 문 자 유 사 숙 예 자 차 오 자 군 자 지 소 이 교 야

배우는 목표는 높이 있어야

공손추가 맹자에게 물었다.

「선생님의 도는 지극히 높고 아름답습니다. 그러나 마치 하늘에 올라가는 것처럼 너무 높고 아득하여 저희들이 도저히 다다를 수가 없을 것 같습니다. 선생님께서는 왜 도를 조금 낮추어 누구나 매일 조금씩 다다름으로써 희망을 갖게 하지 않으시는지요?」

맹자가 대답했다.

「훌륭한 목수는 재주가 무딘 제자 목수를 위해 먹줄을 고치거나 없애는 법이 없고, 활을 잘 쏘았던 예는 소질이 없는 제자를 위해 활 당기는 방법을 바꾸지 않았다.

군자가 남을 가르치는 방법은, 마치 활을 법도에 맞게 당겨 아직은 쏘지 않은 상태로 똑바로 서 있는 것을 남들이 보고 배우는 것과 같다. 능력 있는 사람은 그것을 보고 따라 배울 것이고, 능력이 없는 사람은 배우지 못할 것이다.」

公孫丑曰　道則高矣　美矣　宜若似登天然　似不可及也　何不使彼　爲
공손추왈　도즉고의　미의　의약사등천연　사불가급야　하불사피　위

可幾及而日孶孶也　孟子曰　大匠　不爲拙工　改廢繩墨　羿不爲拙射
가기급이일자자야　맹자왈　대장　불위졸공　개폐승묵　예불위졸사

變其彀率　君子引而不發　躍如也　中道而立　能者從之
변기구율　군자잉이불발　약여야　중도이립　능자종지

❀ ● ● ● ● ● ●

슈바이처가 아프리카 가봉에서 병원을 세울 때 일이다.

처음에 그는 직접 벽돌을 찍고 나무를 베고 다듬는 등 모든 잡일을 도맡아 했다. 그런데 그 모습을 한 흑인청년이 물끄러미 쳐다보고 서 있자 슈바이처가 그 흑인청년에게 말했다.

"그냥 서 있지 말고 나와 함께 일합시다."

그러자 흑인청년이 대답했다.

"나는 공부를 한 사람이라 그런 노동은 하지 않습니다."

슈바이처가 청년에게 말했다.

"나도 학생 때는 그런 말을 했지만 공부를 많이 한 후에는 가리지 않고 아무 일이나 한다오."

이렇게 슈바이처가 가봉에 병원을 세우고 흑인들을 위해 선교사업을 펴고 바쁜 나날을 보낼 때, 1952년 노벨평화상 시상자로 수상식에 참석하여 달라는 통지를 받았다.

그는 자기가 세상에 알려지는 것을 꺼리면서 이렇게 말했다.

"병원의 많은 일거리를 두고 훈장을 받으러 갈 시간을 어떻게 낼 수 있겠는가."

정도의 시행에 따른 현자의 진퇴

맹자가 말했다.

「천하에 정도가 행해지고 있을 때는 그 도에 자기 몸을 따르게 하고, 천하에 정도가 행해지지 않을 때는 자기 몸을 피해 정도에 따르도록 하여야 한다. 사람이 되어 가지고 도덕을 어기면서 남이 하는 대로 따라서 행동을 한다는 말은 지금까지 들어본 적이 없다.」

孟子曰 天下有道 以道殉身 天下無道 以身殉道 未聞以道殉乎人者也
맹 자 왈　천 하 유 도　이 도 순 신　천 하 무 도　이 신 순 도　미 문 이 도 순 호 인 자 야

천하에 정도가 행해지면 나아가 정치에 참여하고, 정도가 행해지지 않으면 물러나 스스로 자기 덕을 쌓는 데 힘쓰라는 말이다.

배움을 청할 때는 겸손하게

맹자의 제자 공도자가 물었다.
「등갱이 임금의 동생이라는 신분에도 불구하고 선생님의 문하에 와 있을 때는 예로써 대해주실 만했던 것 같은데, 왜 그의 물음에 대답도 해주지 않으셨는지요?」
맹자가 대답했다.
「자기의 신분이 귀하다는 것을 내세우며 물어오거나, 잘난 재주가 있음을 내세우며 물어오거나, 나이가 많다는 것을 내세우며 물어오거나, 자기의 공적이 있음을 내세우며 물어오거나, 안면이 있다는 것을 내세우며 물어오는 경우에는 모두 대답하지 않는 것이다. 등갱은 이 가운데 귀함과 잘남 두 가지를 가지고 있었다.」

公都子曰 滕更之在門也 若在所禮 而不答 何也 孟子曰 挾貴而問
공도자왈 등갱지재문야 약재소례 이부답 하야 맹자왈 협귀이문

挾賢而問 挾長而問 挾有勳勞而問 挾故而問 皆所不答也 滕更有二焉
협현이문 협장이문 협유훈로이문 협고이문 개소부답야 등갱유이언

🏵 ‧ ‧ ‧ ‧ ‧ ‧

이탈리아의 시인 알리기에리 단테의 〈신곡〉에 나오는 이야기이다.

연옥에 가서 구경을 했더니 한쪽 구석에서 여러 사람들이 잔등에다가 무거운 돌을 가득히 지고 서 있다. 이상한 생각이 들어서 물어보았다.

"아니 저 사람들은 왜 저렇게 무거운 돌을 지고 서 있습니까?"

그때 이런 대답이 들려왔다.

"저 사람들은 세상에 살 때에 너무 교만해서 허리를 한 번도 굽혀 본 적이 없어요. 그런데 낙원에 올라가는 문은 낮아서 허리를 굽혀야 되기 때문에 그 연습을 하느라고 저렇게 하고 있습니다."

이는 세상에서 겸손하지 못한 사람들을 일깨워주기 위한 말인 것 같다.

정도에 따른 중용을 지켜야

맹자가 말했다.
「그만두어서는 안 될 때 그만두는 자는 그만두지 않는 것이 없을 것이며, 후하게 해야 할 때 박하게 하는 자는 박하게 하지 않는 것이 없을 것이다.
앞으로 나아가는 것이 빠른 사람은 뒤로 물러나는 것도 빠르다.」

孟子曰 於不可已而已者 無所不已 於所厚者薄 無所不薄也 其進
맹 자 왈   어 불 가 이 이 이 자   무 소 불 이   어 소 후 자 박   무 소 불 박 야   기 진

銳者 其退速
예 자   기 퇴 속

친족 · 백성 · 만물의 순서로 사랑함

맹자가 말했다.
「군자는 만물에 대해서는 사랑은 하지만 인애(仁愛)하지는 않으며, 백성들에 대해 인애는 하지만 친애(親愛)는 하지 않는다. 다만 친족을 친애하는 마음으로 백성들을 인애하고, 백성들을 인해하는 마음으로 만물을 사랑하는 것이다.」

孟子曰 君子之於物也 愛之而弗仁 於民也 仁之而弗親 親親而仁民
맹 자 왈   군 자 지 어 물 야   애 지 이 불 인   어 민 야   인 지 이 불 친   친 친 이 인 민

仁民而愛物
인 민 이 애 물

먼저 힘써야 할 일을 해야

맹자가 말했다.

「지혜로운 사람은 모든 일에 대해 모르는 것이 없겠지만, 마땅히 먼저 힘써야 할 것을 잘 가려내어 정진해야 할 것이다. 인자한 사람은 사랑하지 않는 것이 없겠지만, 현자와 친해지는 일을 서둘러야 할 것이다.

요순의 지혜로도 사물을 두루 다 알지 못하였던 것은, 먼저 힘써야 할 일을 서둘러 행하느라 시간이 없었기 때문이다. 요순의 인자함으로도 현자들을 두루 다 사랑하지 못하였던 것은, 먼저 현자와 친해지는 일을 서둘러 행하느라 시간이 없었기 때문이다.

만약 부모의 3년상을 제대로 지키지도 못하는 사람이 3개월 동안 입는 상복과 5개월 동안 입는 상복을 자세하게 살핀다거나, 밥을 먹을 때 마구 퍼먹고 국물도 후루룩거리며 마시면서 육포를 이빨로 끊어먹는 짓을 하지 말라고 시비를 거는 사람이 있다면, 그는 먼저 힘써야 할 일이 무엇인지를 모르는 사람이다.」

孟子曰 知者無不知也 當務之爲急 仁者無不愛也 急親賢之爲務 堯
맹자왈 지자무부지야 당무지위급 인자무불애야 급친현지위무 요

舜之知而不徧物 急先務也 堯舜之仁不徧愛人 急親賢也 不能三年
순지지이불편물 급선무야 요순지인불편애인 급친현야 불능삼년

之喪 而緦小功之察 放飯流歠 而問無齒決 是之謂不知務
지상 이시소공지찰 방반류철 이문무치결 시지위부지무

🦋 • • • • • •

미술계에 입문한 지 얼마 안 된 청년 화가가 있었다. 그는 자신의 작품을 사람들이 잘 알아주지 않자 원로작가를 찾아가 어떻게 하면 화가로 성공할 수 있겠느냐고 물어보았다.

"선생님, 저는 2, 3일 걸려 한 작품을 완성합니다. 그런데 제 그림이 팔리려면 2, 3년이나 걸린다고 화상들이 말합니다."

그러자 이 원로화가가 청년의 어깨를 두드리며 말했다.

"여보게. 한 작품을 2, 3년 걸려 완성해 보게. 그러면 2, 3일 내에 팔릴 걸세."

제 7 장 · 하

盡心

章句 · 下

진심 장구 · 하

양혜왕의 불인함

맹자가 제자 공손추(公孫丑)에게 말했다.

「양혜왕은 참으로 불인한 사람이구나. 어진 사람은 자기가 사랑하는 사람을 대하는 마음을 사랑하지 않는 사람에게까지 미치도록 하고, 인자하지 못한 사람은 자기가 사랑하지 않는 사람을 대하는 마음을 사랑하는 사람에게까지 미치도록 한다.」

공손추가 맹자에게 물었다.

「무슨 말씀을 하시는 것인지 들려주십시오.」

「양혜왕은 남의 영토를 빼앗으려고 전쟁을 일으켰다가 백성들을 피투성이를 만들고는 결국 패했다. 그런데도 반성을 하지 못하고 다시 보복을 위해 싸움을 하였으나, 전세가 불리해지자 자신이 사랑하는 아들 신까지 싸움터에 내보냈다가 결국 잃고 말았다. 양혜왕의 이러한 경우를 두고 자기가 사랑하지 않는 사람을 대하는 마음을 사랑하는 사람에게까지 미치도록 한다고 하는 것이다.」

孟子曰 不仁哉 梁惠王也 仁者 以其所愛 及其所不愛 不仁者 以其
맹자왈 불인재 양혜왕야 인자 이기소애 급기소불애 불인자 이기

所不愛 及其所愛 公孫丑曰 何謂也 梁惠王以土地之故 糜爛其民而
소불애 급기소애 공손추왈 하위야 양혜왕이토지지고 미란기민이

戰之 大敗 將復之 恐不能勝故 驅其所愛子弟 以殉之 是之謂以其
전지 대패 장부지 공불능승고 구기소애자제 이순지 시지위이기

所不愛 及其所愛也
소불애 급기소애야

정의에 입각한 전쟁

맹자가 말했다.

「춘추시대에는 정의에 입각한 전쟁이 없었다. 이 싸움보다 저 싸움이 조금 낫다는 사례는 있었으나 역시 의롭다고 할 수는 없는 것이었다. 무릇 천자가 제후의 나라를 치는 것을 정벌이라고 한다. 대등한 관계에 있는 제후국끼리 싸우는 것은 정벌이라고 말하지 않는다.」

孟子曰 春秋 無義戰 彼善於此 則有之矣 征者 上伐下也 敵國 不
맹자왈 춘추 무의전 피선어차 즉유지의 정자 상벌하야 적국 불

相征也
상정야

– 춘추시대에는 무수히 많은 전쟁이 치러졌지만, 그 많은 전쟁 중에 천자의 명령에 의해 못된 제후국을 치는 정의로운 전쟁은 없었다는 말을 하고 있는 것이다.

역사를 취하는 태도

맹자가 말했다.

「〈서경〉에 오해의 소지가 있는 부분이 많으므로 그대로 다 믿으면 그 책은 차라리 없는 게 더 낫다. '무성편' 같은 데 보면 두세 개의 글만 취할 수 있을 뿐 나머지에 대해서는 믿지 못하겠다. 거기에 보면 무왕이 폭군 주왕을 정벌한 글이 있는데, 싸움터에서 죽어간 사람이 얼마나 많은지 피가 냇물을 이루며 흘러 절구공이를 떠내려보냈다는 대목이 나온다.」

孟子曰 盡信書 則不如無書 吾於武成 取二三策而已矣 仁人 無敵
맹자왈 진신서 즉불여무서 오어무성 취이삼책이이의 인인 무적

於天下 以至仁 伐至不仁 而何其血之流杵也
어천하 이지인 벌지불인 이하기혈지류저야

– 주나라 무왕과 같은 성군이 아무리 폭군을 벌한다 하여도 사람을 그렇게 많이 죽여가면서까지 정벌을 했을 리는 없다는 말이다. 그러므로 역사의 기록도 잘 가려서 읽어야 한다는 경고하고 있다.

전쟁을 할 필요가 없다

맹자가 말했다.

「어떤 사람이 '나는 진을 잘 치고, 전쟁도 잘한다.' 라고 말한다면, 그 죄는 대단히 큰 것이다. 대개 임금이 인을 좋아한다면 천하에 대적할 자가 없기 마련이다.

옛날에 은나라 성군 탕왕께서 남쪽을 정벌하면 북쪽의 오랑캐가 원망하였고, 동쪽을 정벌하면 서쪽의 오랑캐가 '왜 우리 쪽은 뒤로 미루시나.' 하면서 원망했다.

또한 주나라 무왕께서 은나라 폭군 주왕을 정벌하실 때 전차가 3백 대, 군사가 3천 명에 불과했다. 그때 무왕께서는 백성들에게 '우리가 왔다고 하여 두려워하지 말아라. 너희들을 편안하게 해주려고 온 것이다. 너희들은 적이 아니다.' 라고 말씀하셨다. 그러자 은나라 백성들은 무너지듯 머리를 조아려 복종했다.

본디 정이란 바로잡는다는 뜻인데, 백성들이 모두 바로잡아주길 원하는데 전쟁 같은 것은 할 필요가 어디 있겠는가?」

孟子曰 有人曰 我善爲陳 我善爲戰 大罪也 國君 好仁 天下 無敵
맹자왈 유인왈 아선위진 아선위전 대죄야 국군 호인 천하 무적

焉 南面而征 北狄怨 東面而征 西夷怨 曰奚爲後我 武王之伐殷也
언 남면이정 북적원 동면이정 서이원 왈해위후아 무왕지벌은야

革車三百兩 虎賁三千人 王曰 無畏 寧爾也 非敵百姓也 若崩厥角
혁차삼백량 호분삼천인 왕왈 무외 령이야 비적백성야 약붕궐각

稽首 征之爲言正也 各欲正己也 焉用戰
계수 정지위언정야 각욕정기야 언용전

🈂 • • • • • •

어느 사나이가 산길을 가고 있는데 땅바닥에 참외만한 돌멩이가 떨어져 있었다.

"웬 돌멩이가 내 앞길을 막느냐!"

사나이는 그렇게 외치며 돌멩이를 발로 걷어찼다. 그러자 이게 웬일인가. 그 돌멩이가 갑자기 두 배로 커지는 것이었다.

사나이는 이상한 느낌이 들어 다시 그 돌멩이를 한 번 더 걷어찼다. 그러자 돌멩이는 더욱 커졌다.

"참으로 괴상한 돌멩이로군!"

사나이는 화가 나 이번에는 들고 있던 지팡이로 돌멩이를 힘껏 내리쳤다. 그랬더니 돌멩이는 더욱 크게 부풀어올랐다.

지팡이로 마구 두드리자 돌멩이는 마침내 거대한 바위가 되어 아예 길을 딱 막아버리고 말았다.

"아이쿠, 이게 웬일이야!"

사나이는 깜짝 놀라 뒤로 넘어졌다.

그때 어디선가 우렁찬 목소리가 들려왔다.

"그 돌멩이를 왜 건드렸느냐! 그 돌멩이의 이름은 바로 '싸움'이다. 그 돌멩이는 애초에 상대하지 않고 내버려두면 처음 모습 그대로 있지만 그것과 맞서 계속 상대하면 점점 더 커져서 결국 너의 인생까지도 망치게 하는 것이다."

학문은 스스로 터득하는 것

맹자가 말했다.

「목수나 수레를 만드는 장인(匠人)은 남에게 규구(規矩)를 사용하는 법을 가르쳐줄 수는 있지만, 기술이 좋아지도록 해줄 수는 없다. 기술은 스스로 배워 터득해야 하는 것이다.」

孟子曰 梓匠輪輿 能與人規矩 不能使人巧
맹 자 왈   재 장 륜 여   능 여 인 규 구   불 능 사 인 교

순임금의 부동심

맹자가 말했다.
「순(舜)임금께서는 가난하게 사실 때 마른밥과 푸성귀를 평생 드실 것 같더니, 나중에 천자(天子)가 되셔서는 비단옷을 입고 거문고를 타는 두 여인의 시중을 받으셨다. 그러나 환경이 그렇게 바뀌었어도 본래 가난했을 때처럼 아주 자연스럽게 행동하셨다.」

孟子曰　舜之飯糗茹草也　若將終身焉　及其爲天子也　被袗衣　鼓琴
맹자왈　순지반구여초야　약장종신언　급기위천자야　피진의　고금

二女果　若固有之
이녀과　약고유지

복수는 결국 자해(自害)일 뿐

맹자가 말했다.
「나는 이제야 비로소 남의 어버이를 살해하는 것이 중대한 일임을 알았다. 남의 어버이를
살해하면, 어버이를 잃은 그 사람도 자기 어버이를 살해하고 말 것이다. 또한 남의 형제를
살해하면, 형제를 잃은 그 사람이 자기 형제를 살해하고 말 것이다. 그러므로 자기 손으로
어버이와 형제를 죽이지 않았을 뿐, 결과는 큰 차이가 없게 되는 것이다.」

孟子曰 吾今而後 知殺人親之重也 殺人之父 人亦殺其父 殺人之兄
맹 자 왈　오 금 이 후　지 살 인 친 지 중 야　살 인 지 부　인 역 살 기 부　살 인 지 형

人亦殺其兄 然則非自殺之也 一間耳
인 역 살 기 형　연 즉 비 자 살 지 야　일 간 이

한 어린 아들이 아버지에게 질문을 했다.

"아빠, 전쟁은 무서운데 어른들은 왜 전쟁을 시작하나요?"

"얘야, 네가 알아듣기는 참으로 어려운 이야기다. 그러나 한가지 예를 들
면, 1914년에 일어났던 세계전쟁은 독일이 벨기에를 공격하면서 시작되었
단다."

그러자 옆에서 듣고 있던 아내가 남편의 말을 가로막았다.

"여보, 아이에게 가르치려거든 진실되게 바로 알려줘야죠. 그 전쟁은 처
음에 누군가가 살해되어 복수하고 또 복수하다가 시작된 거죠."

화가 난 남편은 아이에게 적절하게 전해 주어야 한다고 주장했고 아내는
반대하여, 서로 언성을 높이다가 아내가 먼저 문을 쾅 닫고 나가버렸다.

이 모습을 본 아이는 고개를 끄덕거리며, 전쟁이 왜 시작되는지 이제야
알 것 같다고 말했다.

포악해진 관문(關門)의 용도

맹자가 말했다.
「옛날에는 관문(關門)을 만드는 이유가 포악한 짓을 미리 막기 위해 만든 것이었는데, 오늘날 관문을 만드는 이유는 포악한 짓을 하기 위해서이다.」

孟子曰 古之爲關也 將以禦暴 今之爲關也 將以爲暴
맹자왈 고지위관야 장이어포 금지위관야 장이위포

🐝 ‥‥‥‥

　과거의 관문은 강도 등의 불순분자를 색출할 목적으로 설치하였으나, 시간이 지나면서 그 목적이 와전되어 관문을 드나드는 사람들에게 세금을 매기고 있음을 개탄하며 한 말이다.

자기부터 도리에 맞아야

맹자가 말했다.
「자신이 스스로 바른 도리를 실천하지 않으면 가장 가까이 있는 처자식에게도 받아들여지지 않을 것이며, 남을 부리는 데 있어서도 바른 도리로써 하지 않으면 처자식조차도 움직이지 않을 것이다.」

孟子曰 身不行道 不行於妻子 使人不以道 不能行於妻子
맹 자 왈　신 불 행 도　불 행 어 처 자　사 인 불 이 도　불 능 행 어 처 자

🪷 ‧ ‧ ‧ ‧ ‧ ‧

아래 글은 웨스트민스터 사원의 지하 묘지에 있는 한 영국 성공회 주교의 무덤 앞에 적혀 있는 글이다.

내가 젊고 자유로워서 상상력에 한계가 없을 때, 나는 세상을 변화시키겠다는 꿈을 가졌다. 좀더 나이가 들고 지혜를 얻었을 때 나는 세상이 변하지 않으리라는 걸 알았다.

그래서 내 시야를 약간 좁혀 내가 살고 있는 나라를 변화시키겠다고 결심했다. 그러나 그것 역시 불가능한 일이었다.

황혼의 나이가 되었을 때 나는 마지막 시도로, 나와 가장 가까운 내 가족을 변화시키겠다고 마음을 정했다. 그러나 아무도 달라지지 않았다.

이제 죽음을 맞이하기 위해 누운 자리에서 나는 문득 깨닫는다. 내 자신을 먼저 변화시켰더라면, 그것을 보고 내 가족이 변화되었을 것을, 또한 그것에 용기를 얻어 내 나라를 더 좋은 곳으로 바꿀 수 있었을 것을, 그리고 누가 아는가, 세상까지도 변화되었을지……

덕은 사악한 세상도 이긴다

맹자가 말했다.
「이익만을 추구하는 자는 흉년도 그를 굶겨 죽일 수가 없고, 덕이 높은 사람은 아무리 사악한 세상도 그를 어지럽히지 못한다.」

孟子曰 周于利者 凶年不能殺 周于德者 邪世不能亂
맹자왈 주우리자 흉년불능살 주우덕자 사세불능란

예루살렘에는 히틀러에게 학살된 동포들을 기념하기 위해 만든 야드바셈 홀로코스트 박물관 뜰에는 사랑하는 제자들을 두 팔로 꼭 껴안고 있는 야누슈 코르착 선생님의 동상이 세워져 있다.

폴란드의 조그만 마을에서 있던 일이다. 독일군들이 고아원에 침입하여 유태인 어린아이들을 마구잡이로 끌어내어 수용소로 보내려고 하였다.

앞으로 끌려나온 유태인 아이들은 두려움에 떨며 그의 선생님인 코르착 선생님을 꼭잡고 매달려 떨고 있었다. 선생님은 그런 아이들이 너무도 가여워 두 팔로 꼭 끌어 안아 주었다.

곧이어 트럭 한 대가 운동장으로 들어오자 독일군 병사들은 아이들을 선생님으로부터 떼어 내어 트럭에 실으려고 하였으나 그럴수록 아이들은 더욱 선생님한테 매달렸다.

선생님은 흐르는 눈물을 닦으며 아이들에게 말했다.

"무서워 할 것 없단다. 기도를 드리면 마음이 좀 평안해질 거야."

독일군은 막무가내로 아이들을 끌어내자 선생님이 군인들을 막아서며
말했다.

"아이들을 가만두시오. 나도 이 아이들과 함께 가겠소."

그러고는 선생님이 아이들에게 말했다.

"자, 우리 함께 가자. 선생님이 함께 가면 무섭지 않지?"

"예, 선생님과 같이 가면 무섭지 않아요."

코르착 선생님도 아이들과 함께 끌려가 트레블링카 수용소 가스실에서
생을 마감했다.

선생님 자신은 유태인이 아니면서도 사랑하는 제자들의 두려움을 조금
이라도 덜어주기 위해 아이들과 함께 생을 마감했던 것이다.

군자는 명예를 존중한다

맹자가 말했다.

「진정으로 자기의 명예를 존중할 줄 아는 사람은 천승의 나라라도 사양하지만, 자기의 명예를 존중할 줄 모르는 사람은 한 그릇의 밥과 한 그릇의 국 같은 하찮은 것에도 그것을 아까워하는 빛을 얼굴에 드러낸다.」

孟子曰 好名之人 能讓千乘之國 苟非其人 簞食豆羹見於色
맹 자 왈   호 명 지 인   능 양 천 승 지 국   구 비 기 인   단 사 두 갱 현 어 색

❀ • • • • • •

　1974년 2월 28일 영국 총선거가 실시되었다. 이들은 돈보다는 권력을
얻으려는 사람들이었다. 선거에 당선된 의원의 연봉은 고작 4천5백 파운드
정도이며 이 액수는 대개 회사간부 월급만도 못했다.

　당선된 635명의 정치가들이 새로이 의회를 구성하기 위해 모였다. 그들
중 많은 사람들이 자신들의 생활수준을 낮추지 않으면 안 될 처지가 되는
것이다.

　에드워드 히스 수상도 영국에 있는 보통 회사의 사장들보다 작은 집에서
살고 있다. 수상은 한 해에 2만 파운드의 수입을 올리는 사람이었지만 당선
된 몇 주 내로 직업을 잃게 되어 65세까지 고작 연금 7천5백 파운드를 받는
자리에 앉아 있었다. 아마도 그들에게는 명예가 그 어느 것보다도 중요했
던 것이다.

원칙을 지키는 사회

맹자가 말했다.

「인자(仁者)와 현자(賢者)를 신임하지 않아 등용하지 않으면 나라가 공허해지고, 예의가
없으면 상하의 질서가 문란해지며, 정사(政事)에 원칙이 없으면 재정이 부족해진다.」

孟子曰 不信仁賢 則國空虛 無禮義 則上下亂 無政事 則財用不足
맹 자 왈 불 신 인 현 즉 국 공 허 무 례 의 즉 상 하 란 무 정 사 즉 재 용 부 족

천자(天子)의 자격

맹자가 말했다.
「인자하지 않은 사람이 나라를 얻은 적은 있었어도, 인자하지 않은 자가 천하를 얻은 적은 없었다.」

孟子曰 不仁而得國者 有之矣 不仁而得天下 未之有也
맹자왈 불인이득국자 유지의 불인이득천하 미지유야

❀ • • • • • •

미국의 대통령인 조지 워싱턴은 뛰어난 전략가이며 정치가이자 군인이었으며, 초대 대통령으로 8년간 재임했다.

그가 대통령으로 당선된 직후 어머니가 계시는 고향을 방문하게 되었다. 수행원들은 그의 고향에 도착하자마자 너무도 조용함에 놀라지 않을 수 없었다. 성대한 파티와 수많은 사람들로 붐빌 거라고 예상했는데 환영하는 사람들은 하나도 눈에 띄지 않았고, 다만 대통령의 어머니만이 평소의 소박한 차림으로서 아들을 반길 뿐이었다.

어머니는 대통령이 된 아들을 보고 웃으며 말했다.

"그동안 정말 고생이 많았구나. 동네 사람들이 나와서 환영파티를 한다는 것을 내가 말렸단다. 섭섭하냐? 자, 시장하겠구나. 여기 오신 분들하고 우리집으로 가자. 내가 맛있는 음식을 준비했단다."

워싱턴은 그러한 어머니의 모습을 보고 더없이 기쁜 표정으로 그의 일행을 보고 말했다.

"자, 여러분. 저희 어머니 음식솜씨를 함께 맛봅시다."

이윽고 일행은 한자리에 같이 했고, 워싱턴은 일하시는 어머니의 모습을 뵙고 조용히 어머니에게 말했다.

　"어머니, 이젠 이런 고생 하지 마시고 사람을 쓰세요. 그리고 여행도 좀 다니시구요."

　"아니다. 나는 아직 젊단다. 그러니 일을 해야지. 만약에 내가 너에게 방해가 된다면 차라리 대통령어머니 자리를 그만 두겠다. 너는 네 일에 충실하고 나는 또 내 일에 충실하면 되지 않겠니?"

나라의 근본은 백성

맹자가 말했다.

「나라에 있어서는 백성이 가장 귀중하고, 사직이 그 다음이며, 임금이 가장 가벼운 존재이다. 이런 까닭으로 백성에게 신임을 얻으면 천자가 될 수 있고, 천자에게 신임을 얻으면 제후가 되며, 제후에게 신임을 얻으면 대부가 되는 것이다.

만일 제후가 사직을 위태롭게 하면 다른 인물을 세운다. 또한 사직에 제사를 지낼 때 희생은 살찐 것으로 준비하고, 제사에 올릴 곡식은 정결한 것으로 준비하여서.제때에 제사를 지냈는데도 가뭄이 들고 홍수가 나면 사직의 단을 다른 장소에다 마련한다.」

孟子曰 民爲貴 社稷次之 君爲輕 是故得乎丘民而爲天子 得乎天子
맹 자 왈　민 위 귀　사 직 차 지　군 위 경　시 고 득 호 구 민 이 위 천 자　득 호 천 자

爲諸侯 得乎諸侯爲大夫 諸侯危社稷 則變置 犧牲旣成 粢盛旣潔
위 제 후　득 호 제 후 위 대 부　제 후 위 사 직　즉 변 치　희 생 기 성　자 성 기 결

祭祀以時 然而旱乾水溢 則變置社稷
제 사 이 시　연 이 한 건 수 일　즉 변 치 사 직

성인은 백대(百代)의 스승

맹자가 말했다.
「성인은 백대의 스승이다. 바로 백이와 유하혜가 그런 분이다. 그래서 백이의 기풍을 본받은 사람은 탐욕스런 사람도 청렴결백해지고, 나약한 사람도 뜻을 굳게 세우게 된다. 유하혜의 기풍을 본받은 사람은 박한 사람도 후해지고, 속이 좁은 사람도 너그러워진다.
이처럼 백대 전에 분발하여 훌륭한 행적을 남기게 되면, 백대 후에 그 기풍을 듣는 것만으로도 감동하여 본받게 되는 것이다. 이 같은 일을 성인이 아니고서야 할 수 있겠는가? 하물며 성인에게 직접 가르침을 받은 사람들이야 얼마나 큰 감동을 받았겠는가?」

孟子曰 聖人 百世之師也 伯夷 柳下惠是也 故聞伯夷之風者 頑夫
맹자왈 성인 백세지사야 백이 류하혜시야 고문백이지풍자 완부

廉 懦夫有立志 聞柳下惠之風者 薄夫敦 鄙夫寬 奮乎百世之上 百
렴 나부유입지 문류하혜지풍자 박부돈 비부관 분호백세지상 백

世之下 聞者莫不與起也 非聖人而能若是乎 而況於親炙之者乎
세지하 문자막불흥기야 비성인이능약시호 이황어친자지자호

어느 신문기자가 강철왕 카네기에게 성공 비결이 무엇이냐고 물었다. 그러자 카네기는 서슴지 않고 이렇게 대답했다.

"성공의 첫 번째 비결은 가난한 집안의 아들로 태어나는 것입니다. 나는 항상 가난을 한탄하는 부모님의 한숨소리를 들으며, 부모님을 근심시키는 가난이란 놈을 퇴치시키겠다고 다짐했습니다. 그래서 남보다 부지런히 일할 수 있었던 것이지요. 두 번째 비결은 어떤 직업이라도 좋으니 항상 제1인자가 되자는 것입니다. '분발'과 '제일주의'가 성공의 비결입니다."

인 (仁)은 곧 인도(人道)

맹자가 말했다.
「인이라는 것은 곧 사람[人]이 행하는 것이니, 이것을 합쳐서 도라고 하는 것이다.」

孟子曰 仁也者 人也 合而言之 道也
맹 자 왈   인 야 자   인 야   합 이 언 지   도 야

장소에 따른 중용의 도

맹자가 말했다.
「공자께서 고국인 노나라에 계실 때 말씀하시기를 '내 발걸음이 잘 떨어지지 않는구나.'
라고 하셨으니, 이것은 부모의 나라를 떠날 때의 도리이다. 또한 공자께서 제나라에 계실
때는 밥을 지으려고 씻어놓은 쌀을 건져가다시피 황급히 떠나셨으니, 이는 다른 나라를
떠날 때의 도리이다.」

孟子曰 孔子之去魯 曰遲遲吾行也 去父母國之道也 去齊 接淅而行
맹 자 왈   공 자 지 거 로   왈 지 지 오 행 야   거 부 모 국 지 도 야   거 제   접 석 이 행
去他國之道也
거 타 국 지 도 야

공자의 곤경에 대해

맹자가 말했다.

「공자께서 진나라와 채나라 사이에서 곤경을 치른 것은, 난세로 인해 위아래로 접촉할만한 사람이 없었기 때문이었다.」

孟子曰 君子之戹於陳蔡之間 無上下之交也
맹 자 왈 군 자 지 액 어 진 채 지 간 무 상 하 지 교 야

군자는 비난도 받는 법

맥계라는 사람이 맹자에게 이렇게 하소연했다.

「저는 사람들에게 심한 비난을 받고 있는데 어쩌면 좋겠습니까?」

맹자가 말했다.

「그런 것은 상심할 것 없다. 선비는 원래 더 많은 비난을 받는 법이다. 〈시경〉에 '괴로운 마음이여, 뭇소인배들에게 비난을 받는구나.' 라는 구절이 있는데, 이는 바로 공자께서 당하신 경우이다. 역시 〈시경〉에 '그들의 비난을 물리치지는 못하였으나, 명성도 잃지는 않았다.' 고 한 대목은 문왕을 두고 한 말이다.」

貉稽曰 稽大不理於口 孟子曰 無傷也 士憎茲多口 詩云 憂心悄悄
맥 계 왈 계 대 불 리 어 구 맹 자 왈 무 상 야 사 증 자 다 구 시 운 우 심 초 초

慍于群小 孔子也 肆不殄厥慍 亦不隕厥問 文王也
온 우 군 소 공 자 야 사 불 진 궐 온 역 불 운 궐 문 문 왕 야

자신부터 덕을 쌓은 후라야

맹자가 말했다.
「옛부터 현자는 자신의 밝은 덕으로 남을 밝게 비추어주었는데, 오늘날에는 자신의 흐릿한 덕으로 남을 비추어주려고 하고 있다.」

孟子曰 賢者以其昭昭 使人昭昭 今以其昏昏 使人昭昭
맹 자 왈   현 자 이 기 소 소   사 인 소 소   금 이 기 혼 혼   사 인 소 소

학문은 중단하면 안 된다

맹자가 고자에게 말했다.
「산골짜기 오솔길도 사람이 다니면 길이 나지만, 사람 발길이 조금 뜸하면 길은 없어지고 풀로 덮이고 만다. 네 마음은 지금 풀로 꽉 막혀 있다.」

孟子謂高子曰　山徑之蹊間　介然用之而成路　爲間不用　則茅塞之矣
맹 자 위 고 자 왈　산 경 지 혜 간　개 연 용 지 이 성 로　위 간 불 용　즉 모 색 지 의

今茅塞子之心矣
금 모 색 자 지 심 의

헬렌 켈러는 보지도 듣지도 말하지도 못하는 삼중고에 시달리는, 어찌 보면 나무토막 같은 사람이었다. 그런 그녀를 전 세계를 놀라게 한 위대한 사람으로 만든 사람이 있었다. 그 사람은 헬렌 켈러의 스승인 앤 설리번이다.

헬렌 켈러를 가르치는 것은 오직 하나, 감각 기관밖에 없었다. 설리번은 헬렌 켈러의 손바닥에 손가락으로 상징적인 터치를 하며 가르쳤다. 그런 고난 끝에 결국 헬렌 켈러는 말하는 법을 배우게 되었다. 그리고 열심히 공부해서 박사도 되고, 많은 사람들에게 영감을 주는 위대한 인물이 되었다.

헬렌 켈러를 이렇게 키운 앤 설리번은 헬렌 켈러에게 늘 다음과 같은 말을 되풀이했다.

"시작하고 실패하는 것을 계속해라. 실패할 때마다 무엇인가 성취할 것이다. 네가 원하는 것은 성취하지 못할지라도 무엇인가 가치있는 것을 얻게 될 거야. 그러니 시작하는 것과 실패하는 것을 계속해라."

겉모습만으로 판단하지 말라

고자(高子)가 맹자에게 말했다.

「우(禹)임금의 음악은 문왕(文王)의 음악보다 훌륭했다고 생각합니다.」

그러자 맹자가 물었다.

「무슨 이유로 그렇게 말하는 것인가?」

「우임금께서 연주하던 쇠북에 매단 줄이 거의 끊어질 정도로 닳았기 때문에 그렇게 생각한 것입니다.」

「그 정도로 어찌 그런 평가를 할 수 있겠는가? 예를 들어 성문 밑에 난 수레바퀴 자국이 깊이 났다고 해서 그것이 꼭 두 마리의 말이 끄는 수레 때문이라고 할 수 있겠는가? 우임금의 쇠북은 세월이 많이 흘렀기 때문에 끈이 닳은 것이다.」

高子曰 禹之聲 尙文王之聲 孟子曰 何以言之 曰以追蠡 曰是奚足
고자왈 우지성 상문왕지성 맹자왈 하이언지 왈이퇴려 왈시해족

哉 城門之軌 兩馬之力與
재 성문지궤 양마지력여

🈁 • • • • • •

　미켈란젤로 부오나로티는 몇 대에 걸쳐 은행업을 해온 집안에서 자랐지만 예술가의 길을 걸었다. 다방면에 뛰어난 재주를 가졌지만 그중에서도 미켈란젤로를 매혹시켰던 장르는 조각이었다.

　하루는 미켈란젤로에게 작업 의뢰가 들어왔다. 베네치아에 사는 어느 귀족이 자신의 흉상을 만들어 달라고 제안을 했던 것이다.

　그날부터 그는 거의 모든 시간을 흉상 만드는 일에 쏟아부었다.

　빵 한 조각, 와인 한 잔으로 허기와 피로를 풀며 잠자리에 들어서도 그의 마음은 온통 흉상에 가 있었다. 심지어는 자다가도 벌떡 일어나서 촛불을

컨 채 대리석을 다듬었다. 그렇게 고생을 거듭하길 10일. 드디어 작품이 완성되었다.

미켈란젤로는 귀족에게 작품의 대가로 금화 50개를 청구했다. 그러자 귀족은 부당하다는 듯 얼굴을 찌푸리더니 불만 어린 표정으로 말했다.

"겨우 10일 동안에 만들어낸 작품치고는 너무 비싸지 않소?"

그러자 미켈란젤로는 정색한 얼굴로 귀족을 똑바로 쳐다보며 말했다.

"흉상을 10일 만에 만들어낼 수 있었던 건, 내가 30년 동안 조각에 바쳐온 노력이 있었기 때문이오."

일시적인 인기를 외면하라

제나라에 기근이 들었다. 그때 맹자의 제자 진진이 물었다.
「백성들은 모두 선생님께서 임금께 말씀드려서 지난번에 그러셨던 것처럼 당읍(棠邑)의 곡식 창고를 열어 구제해주기를 바라고 있습니다. 하지만 제 생각에 선생님께서 이번에는 그렇게 하지 않으실 것 같습니다만 어떠신지요?」
맹자가 대답했다.
「내가 그 일을 다시 한다면 풍부 같은 인간의 흉내를 내는 꼴이 되고 말 것이다. 풍부는 진나라 사람인데 맨손으로 범을 때려잡기를 좋아했다. 어느 날, 그는 난폭한 짓을 그만두고 선한 사람이 되어 들판에 나갔는데, 그때 마침 여러 사람들이 범을 쫓고 있었다. 그런데 범이 벼랑을 등진 채 도사리고 있자 아무도 가까이 다가가지 못했다. 사람들은 마침 수레를 타고 나타난 풍부를 보고 달려가서 그에게 사정을 이야기했다. 그랬더니 풍부는 수레에서 내리며 팔을 걷어붙였다. 그때 범을 쫓던 사람들은 기뻐하였으나, 지각 있는 선비들은 그를 비웃었다.」

齊饑 陳臻曰 國人皆以夫子將復爲發棠 殆不可復 孟子曰 是爲馮婦
제 기   진진왈   국인개이부자장부위발당   태불가복   맹자왈   시위풍부

也 晉人有馮婦者 善搏虎 卒爲善士 則之野 有衆逐虎 虎負嵎 莫之
야   진인유풍부자   선박호   졸위선사   즉지야   유중축호   호부우   막지

敢攖 望見馮婦 趨而迎之 馮婦攘臂下車 衆皆悅之 其爲士者笑之
감영   망견풍부   추이영지   풍부양비하차   중개열지   기위사자소지

운명과 운명이 아닌 것

맹자가 말했다.

「입이 맛있는 것을 먹으려 하고, 눈이 아름다운 것을 보려 하며, 귀가 좋은 소리를 들으려 하고, 코가 향기로운 냄새를 맡으려 하며, 사지가 편안한 것을 바라는 게 사람의 본성이긴 하지만, 그것이 뜻한 대로 이루어지고 안 이루어지는 것은 운명에 속한다. 그러므로 군자는 이런 것을 사람의 본성이라고 여기지 않으며, 억지로 그것을 구하려고 하지도 않는다. 그러나 부자간의 인이나, 군신간의 의, 주인과 손님간의 예, 현자의 지, 그리고 성인의 천도에 대해서는 다르다. 이런 것들도 역시 운명이기는 하지만, 여기에는 사람의 본성이 있으므로 군자는 그저 마음대로 안 되는 운명이라고 제쳐두지 않고 그 본성을 최대한 넓혀 나가려고 노력한다.」

孟子曰 口之於味也 目之於色也 耳之於聲也 鼻之於臭也 四肢之於
맹자왈 구지어미야 목지어색야 이지어성야 비지어취야 사지지어

安佚也 性也 有命焉 君子不謂性也 仁之於父子也 義之於君臣也
안일야 성야 유명언 군자불위성야 인지어부자야 의지어군신야

禮之於賓主也 智之於賢者也 聖人之於天道也 命也 有性焉 君子不
례지어빈주야 지지어현자야 성인지어천도야 명야 유성언 군자불

謂命也
위명야

🐝 • • • • • •

이 글은 일시적인 인기에 부합하여 자신의 뜻이 아닌데도 행하는 일은 군자의 행할 바가 아니라는 뜻의 말이다.

즉 사람 마음대로 언제 어느 때나 그 감각들을 충족하게 할 수 없다는 말이다.

악정자에 대하여

호생불해라는 제나라 사람이 맹자에게 물었다.

「악정자는 어떤 사람입니까?」

맹자가 대답했다.

「착하고 성실한 사람이오.」

「착하다는 것은 무엇이고 성실하다는 것은 무엇입니까?」

「사람의 본성에 따라 욕구대로 하는 것을 착하다고 하는 것이며, 그 착한 것을 몸에 지니는 것을 성실하다고 하는 것이며, 그렇게 몸에 지니고 있는 것을 충실하게 행하는 것을 아름답다고 하는 것이다. 그리고 그 충만하게 채워져 있는 것이 겉으로 드러나 빛나는 것을 위대하다고 하는 것이고, 위대하여 남을 감화시키는 것을 성스럽다고 하며, 성스러워 남이 알 수 없는 것을 신령스럽다고 하는 것이오. 악정자는 앞의 두 가지는 가지고 있지만 뒤의 네 가지는 가지고 있지 않다는 말이오.」

浩生不害問曰 樂正子 何人也 孟子曰 善人也 信人也 何謂善 何謂
호생불해문왈　악정자　하인야　맹자왈　선인야　신인야　하위선　하위

信 曰可欲之謂善 有諸己之謂信 充實之謂美 充實而有光輝之謂大
신　왈가욕지위선　유저기지위신　충실지위미　충실이유광휘지위대

大而化之之謂聖 聖而不可知之之謂神 樂正子 二之中 四之下也
대이화지지위성　성이불가지지지위신　악정자　이지중　사지하야

결국 돌아올 곳은 유가

맹자가 말했다.

「묵자의 겸애설이 맞지 않다고 생각하여 뛰쳐나온 사람은 반드시 위아설을 주장하는 양주에게로 돌아가고, 또 양주의 학파를 떠난 사람은 반드시 유가의 인의를 찾아가게 된다. 유가에서는 이유를 따지지 않고 찾아오면 받아들일 뿐이다. 그런데 양자와 묵자를 신봉했던 사람들은, 마치 우리를 뛰쳐나간 돼지를 뒤쫓는 것 같다. 그리고 일단 돼지가 우리를 뛰쳐나가면 그것으로 그만인데, 그들은 뛰쳐나가는 게 밉다고 발을 묶어두려 하고 있다.」

孟子曰 逃墨必歸於楊 逃楊必歸於儒 歸 斯受之而已矣 今之與楊墨
맹자왈 도묵필귀어양 도양필귀어유 귀 사수지이이의 금지여양묵

辯者 如追放豚 旣入其苙 又從而招之
변자 여추방돈 기입기립 우종이초지

세법에 대하여

맹자가 말했다.

「세법에는 천을 징수하는 것, 곡물을 징수하는 것, 노역으로써 세를 대신하는 것 등 세 가지가 있다. 그 세 가지 중에 한 가지를 징수하면 남은 두 가지는 징수하지 않는 것이 군자의 도이다. 한꺼번에 두 가지를 징수하게 되면 백성들이 굶어죽고, 한꺼번에 세 가지를 징수하게 되면 백성들이 부모 형제와 뿔뿔이 흩어지게 된다.」

孟子曰 有布縷之征 粟米之征 力役之征 君子用其一 緩其二 用其
맹자왈 유포루지정 속미지정 력역지정 군자용기일 완기이 용기

二而民有殍 用其三而父子離
이이민유표 용기삼이부자리

제후가 보배로 여기는 세 가지

맹자가 말했다.

「제후가 보배롭게 여기는 세 가지가 있다. 토지와 백성과 정사(政事)가 그것이다. 주옥(珠玉)을 보배롭게 여기는 제후가 있다면, 그는 반드시 몸에 재앙이 들 것이다.」

孟子曰 諸侯之寶三 土地 人民 政事 寶珠玉者 殃必及身
맹자 왈 제후지보삼 토지 인민 정사 보주옥자 앙필급신

재주보다는 도를 알아야

분성괄이라는 사람이 제나라로 가서 벼슬을 살게 되자, 맹자가 말했다.
「분성괄은 머지않아 죽게 되었구나.」
그 후 과연 분성괄이 피살당했다. 그때 문인 한 사람이 맹자에게 물었다.
「선생님께서는 장차 분성괄이 피살되리라는 것을 어떻게 아셨습니까?」
맹자가 대답했다.
「그 사람 됨됨이를 보니 재주가 조금 있기는 하지만, 군자의 대도(大道)에 대해서는 들어
보지도 못한 터라, 그 때문에 그는 장차 자기 몸을 죽이기에 충분했던 것이다.」

盆成括 仕於齊 孟子曰 死矣 盆成括 盆成括 見殺 門人 問曰 夫子
분성괄 사어제 맹자왈 사의 분성괄 분성괄 견살 문인 문왈 부자

何以知其將見殺 曰其爲人也 小有才 未聞君子之大道也 則足以殺
하 이 지 기 장 견 살 왈 기 위 인 야 소 유 재 미 문 군 자 지 대 도 야 즉 족 이 살

其軀而已矣
기 구 이 이 의

제자들에 대한 교육 방침

맹자가 등나라에 갔을 때, 임금의 별궁에서 머물렀다. 그때 숙소의 창 위에 삼다 만 신이 하나 놓여 있었는데, 별궁지기가 그것을 찾아보았으나 찾지 못했다. 그러자 어떤 사람이 맹자에게 말했다.

「어떻게 그런 짓을 할 수가 있단 말입니까? 선생님을 따라온 자 중에 누군가가 숨겨놓은 게 아닌가요?」

맹자가 말했다.

「당신은 내가 신을 훔치려고 그 사람들을 데려왔다고 생각하는가?」

「물론 그런 생각을 하시진 않았겠죠.」

「나는 일정한 교과를 설정해놓고 제자를 받아들이는데, 가는 사람은 붙들지 않고, 오는 사람은 거절하지 않았네. 진실로 배우고자 하는 마음을 갖고 오면 나는 그를 받아들였을 뿐이네.」

孟子之滕 館於上宮 有業屨於牖上 館人 求之弗得 或問之日 若是
맹 자 지 등　관 어 상 궁　유 업 구 어 유 상　관 인　구 지 불 득　혹 문 지 왈　약 시

乎 從者之廋也 日子以是 爲竊屨來與 日 殆非也 夫子之設科也 往
호　종 자 지 수 야　왈 자 이 시　위 절 구 래 여　왈　태 비 야　부 자 지 설 과 야　왕

者不追 來者不拒 苟以是心至 斯受之而已矣
자 불 추　래 자 불 거　구 이 시 심 지　사 수 지 이 이 의

인텔사의 앤디 그로브는 실리콘밸리에서 제일 가는 악바리 경영자다. 세계 PC의 85%는 인텔의 마이크로 칩으로 움직여진다.

PC 본체 앞에는 으레 '인텔 인사이드'가 붙는다. 거꾸로 '인사이드 인텔'은 곧 그로브로 통한다. 그가 이렇게 성공한 이유는 자신의 책 <미친 듯이 집착한 자만이 살아남는다>에서 밝히고 있다.

첫째, 미친 듯 자신의 일에 집착했기 때문이다.

둘째, 마음과 몸을 젊게 하면서 사업 본능을 더욱 뾰족하게 다듬었기 때

문이다.

셋째, '지금도 배우고 있다'를 좌우명으로 내세우며 자신을 성장시키고 있기 때문이다. 그로브는 최고 경영자는 그 기업을 둘러싸고 있는 환경이 어떻게 변하고 있는지를 배우고 또 배워 중대한 변화들을 미리 경고하고 예고할 수 있어야 한다고 강조한다.

넷째, 그는 중간 간부들에게 끊임없이 귀를 땅에서 떼지 않도록 경각심을 일깨우고 있다.

고객의 사소한 불평, 제품 제조과정에서의 조그만 누수현상, 종업원들의 불평과 루머 등 나쁜 뉴스들을 지나쳐 버리지 말라고 권고하고 있다.

인의(仁義)를 키우는 방법

맹자가 말했다.

「사람이라면 누구나 측은해서 차마 볼 수 없는 마음, 즉 동정심이 있다. 이것을 지금까지 동정심을 느끼지 않았던 일에까지 확장시켜 나가면, 그것이 바로 인이 된다. 또한 사람이라면 누구나 도의적으로 차마 할 수 없는 일이 있는데, 이것을 지금까지 도의에 벗어나 함부로 행동하던 일에까지 확장시켜 나가면, 그것이 의가 된다.

그러므로 남을 해치고 싶지 않은 마음을 길러나간다면, 다 쓸 수 없을 만큼의 인이 쌓일 것이다. 또한 남의 집 벽을 뚫거나 담을 뛰어넘어 도둑질을 하지 않겠다는 마음을 길러나간다면, 다 쓸 수 없을 만큼의 의가 쌓일 것이다. 만약 남에게 '이놈 저놈' 하는 멸시를 받지 않는 사람이라면, 그러한 점을 확장시켜 어떠한 처지에 놓여도 의를 잃어버리는 일이 없을 것이다.

그리고 선비가 말할 상황이 아닌데도 말하는 까닭은, 말을 해서 남의 의사를 떠보려고 하는 것이고, 꼭 말을 해야 할 상황인데도 말하지 않는 까닭은, 말을 하지 않고 남의 의사를 떠보려는 것이다. 이런 행위는 모두 남의 집 벽을 뚫거나 담을 뛰어넘는 일에 다름 아니다.」

孟子曰 人皆有所不忍 達之於其所忍 仁也 人皆有所不爲 達之於其
맹자왈 인개유소불인 달지어기소인 인야 인개유소불위 달지어기

所爲 義也 人能充無欲害人之心 而仁 不可勝用也 人能充無穿踰之
소위 의야 인능충무욕해인지심 이인 불가승용야 인능충무천유지

心 而義 不可勝用也 人能充無受爾汝之實 無所往而不爲義也 士未
심 이의 불가승용야 인능충무수이여지실 무소왕이불위의야 사미

可以言而言 是以言餂之也 可以言而不言 是以不言餂之也 是皆穿
가이언이언 시이언첨지야 가이언이불언 시이불언첨지야 시개천

踰之類也
유지류야

임마누엘 칸트의 아버지가 본국인 살레시아로 가는 도중에 강도들과 마주치게 되었다. 그는 자신의 것을 모두 주었다. 그 강도들은 물건을 뺏은 후 그를 그냥 보냈다.

그가 안전한 곳까지 가게 되었을 때 그의 옷의 가장자리에 무언가 단단한 것이 만져졌다. 그것은 금이었는데 안전을 위해 거기에 꿰매 두었던 것으로 두렵고 당황한 나머지 그는 그것을 아주 잊어버렸던 것이다. 즉시 그는 돌아가서 강도들을 찾아갔다.

그리고 온순히 말을 하였다.

"나는 당신들에게 거짓을 말했다오. 그것은 고의적이 아니었는데 나는 너무 무서워 생각을 못했던 거요. 여기 내 옷 속에 금이 있소."

그러자 놀랍게도 아무도 그의 금을 가져가려 하지 않았다. 그리고 그 강도들은 그에게 빼앗은 것을 모두 돌려주고 서서히 뒷걸음을 쳤다.

좋은 말과 좋은 도란?

맹자가 말했다.

「말이 가까우면서 뜻이 먼 것이 선한 말이다. 지키기를 엄격히 하고 베풀기를 넓게 하는 것이 선한 도이다. 군자의 말은 일상적인 말이되 도가 내재해 있고, 군자의 실천은 자기 몸을 수양하는 것이되 천하가 화평해지는 것이다. 하지만 보통 사람의 병폐는 자기 밭을 내버려두고 남의 밭에 김을 매는 데 있다. 이것은 남에게 요구하는 것은 중히 여기고, 자기의 할 도리는 다하지 않는 데서 생기는 병폐이다.」

孟子曰　言近而指遠者　善言也　守約而施博者　善道也　君子之言也
맹자왈　언근이지원자　선언야　수약이시박자　선도야　군자지언야

不下帶而道存焉　君子之守　脩其身而天下平　人病　舍其田而芸人之
불하대이도존언　군자지수　수기신이천하평　인병　사기전이운인지

田　所求於人者重　而所以自任輕也
전　소구어인자중　이소이자임자경

🞛 ● ● ● ● ● ●

막 출발하려는 기차에 간디가 올라탔다. 그 순간 그의 신발 한 짝이 벗겨져 플랫폼 바닥에 떨어졌다. 기차가 이미 움직이고 있었기 때문에 간디는 신발을 주울 수가 없었다.

그러자 간디는 얼른 나머지 신발 한 짝을 벗어 그 옆에 떨어뜨렸다. 함께 동행하던 사람들은 간디의 그런 행동에 놀라지 않을 수 없었다. 이유를 묻는 한 승객의 질문에 간디는 미소를 지으며 말했다.

"어떤 가난한 사람이 바닥에 떨어진 신발 한 짝을 주웠다고 생각해 보십시오. 그에게는 그것이 아무런 쓸모가 없을 겁니다. 하지만 이제는 나머지 한 짝마저 갖게 되지 않았습니까?"

본성에 따라 사는 삶

맹자가 말했다.

「요임금과 순임금은 원래 지니고 있는 본성에 따라 사신 분이고, 탕임금과 무왕은 수양을 거듭하여 본성을 되찾아 사신 분이다.

본성에 따라 산다는 것은 이런 것이다. 몸가짐이 저절로 예법에 맞는 것은 성덕의 극치이 며, 죽은 사람을 위해 곡을 하는 것은 산 사람에게 잘 보이려고 그러는 것이 아니라 스스로 마음에서 우러나와 자연스럽게 이루어지는 것이다. 또한 덕을 행하는 데도 어긋나지 않는 것은 작록을 구하려고 겉으로만 그런 행동을 하는 것이 아니며, 말에 반드시 믿음이 들어 있는 것도 스스로 마음에서 우러나왔기 때문이지 남에게 인정을 받기 위해 그렇게 하는 것이 아니다.

군자는 자기가 행하는 모든 말과 행동을 법도에 따라 행할 뿐, 그 밖의 요소들은 천명에 맡겨둔다.」

孟子曰 堯舜 性者也 湯武 反之也 動容周旋 中禮者 盛德之至也
맹 자 왈　요 순　성 자 야　탕 무　반 지 야　동 용 주 선　중 례 자　성 덕 지 지 야

哭死而哀 非爲生者也 輕德不回 非以干祿也 言語必信 非以正行也
곡 사 이 애　비 위 생 자 야　경 덕 불 회　비 이 간 록 야　언 어 필 언　비 이 정 행 야

君子 行法 以俟命而已矣
군 자　행 법　이 사 명 이 이 의

유세에 임하는 맹자의 기개

맹자가 말했다.

「임금이나 고관 같은 대인들을 설득하려고 할 때는 우선 그들을 얕잡아보고 들어가야 하는데, 결코 그들의 권위에 눌려 주눅이 들어서는 안 된다.

비록 그들은 천장 높이가 여러 길이나 되고 서까래 굵기가 수 척이나 되는 크고 웅장한 집에 살지만, 나는 나중에 출세를 하더라도 그런 집에서는 살지 않을 것이다. 그리고 그들은 사방 열 자나 되는 식탁에 음식을 차려놓고 먹지만, 나는 나중에 출세를 하더라도 그런 짓은 하지 않을 것이다. 또한 그들은 호사스럽게 술을 마시며 놀고 천승의 거마를 이끌고 사냥을 하러 다니지만, 나는 나중에 출세를 하더라도 그런 위세는 부리지 않을 것이다.

그들이 지금 가지고 있는 것은 모두 내가 바라는 것이 아니다. 내게는 옛 선왕들께서 보여주신 올바른 법도들을 가지고 있다. 따라서 내가 그들을 두려워할 이유가 하나도 없다.」

孟子曰 說大人 則藐之 勿視其巍巍然 堂高數仞 榱題數尺 我得志
맹자왈 세대인 즉묘지 물시기외외연 당고수인 최제수척 아득지

弗爲也 食前方丈 侍妾數百人 我得志 弗爲也 般樂飲酒 驅騁田獵
불위야 식전방장 시첩수백인 아득지 불위야 반락음주 구빙전렵

後車千乘 我得志 弗爲也 在彼者 皆我所不爲也 在我者 皆古之制
후거천승 아득지 불위야 재피자 개아소불위야 재아자 개고지제

也 吾何畏彼哉
야 오하외피재

욕심을 버릴 것

맹자가 말했다.
「사람이 지니고 있는 본성을 수양해 나아가는 데 있어서 가장 좋은 방법은 욕심을 적게 하는 것이다.
욕심이 적으면, 비록 잠시 본성에 어긋나는 행동을 해도 그 선함을 잃는 것이 그리 많지 않다. 하지만 욕심이 많으면, 한번 본성에 어긋나는 행동을 하면 그 선함을 유지할 수 있는 자가 별로 없을 것이다.」

孟子曰　養心　莫善於寡欲　其爲人也寡欲　雖有不存焉者　寡矣　其爲
맹자왈　양심　막선어과욕　기위인야과욕　수유부존언자　과의　기위

人也多欲　雖有存焉者　寡矣
인야다욕　수유존언자　과의

매우 시장했던 여우가 어떤 농부가 큰 나무 틈바구니에 맛있는 음식을 두고 가버린 것을 보았다.

여우는 그냥 지나갈 수가 없었다. 너무 배가 고파서 우선 맛있는 음식을 먹자는 생각에 나무 틈바구니로 쏜살같이 달려 들어가서 음식을 모조리 먹어버렸다.

이렇게 해서 시장기는 면했으나 너무 배가 불러서 밖으로 도로 나갈 수가 없게 되었다. 그도 그럴 것이 시장할 때는 배가 홀쭉해서 나무 틈바구니에 들어갈 수 있었지만 맛있는 음식을 실컷 먹고 나니 배가 뚱뚱해져서 옴짝 달싹할 수 없게 된 것이다.

여우는 나무 틈 사이를 빠져나가지 못해서 매우 안타까웠다. 당초부터 다른 여우들이 있었지만 시장했던 여우는 다른 동료들이 먹을 것을 같이

나누어 먹자고 할까 봐 모른 체했던 것이다. 이제 배가 부른 여우는 하는 수 없이 비명을 질렀다.

그제서야 다른 동료 여우들이 달려와서 까닭을 물었다.

배부른 여우의 딱한 사정을 다 들은 동료 여우가 말했다.

"그 정도는 간단하지 않아? 자네가 처음 그 속으로 들어갈 때처럼 배가 홀쭉해질 때까지 참고 있으면 될 것 같은데."

동료 여우들은 이렇게 말하고 슬금슬금 그 자리를 뜨고 말았다.

증자의 효성에 대한 일화

증자의 아버지 증석은 생전에 대추를 좋아했다. 그래서 증자는 대추를 입에도 대지 않았다고 한다. 이것을 두고 공손추가 맹자에게 물었다.

「회나 구운 고기하고 대추 중에 어느 것이 더 맛있습니까?」

맹자가 대답했다.

「물론 회나 구운 고기가 더 맛이 있겠지.」

「그런데 증자가 회나 구운 고기는 먹으면서 왜 대추는 먹지 않았던 것입니까?」

「일반적으로 회나 구운 고기는 많은 사람들이 좋아하지만 대추 같은 것은 일부 사람들이 특수하게 좋아하는 음식이었기 때문이다. 다시 말하여 부모의 이름은 특수하여 부르기가 껄끄러워 부르지 않지만 성은 많은 사람들에게 공통된 것이기 때문에 그냥 불러도 크게 껄끄럽지 않은 것과 같다. 증자는 대추를 아버지가 매우 좋아하였기 때문에 먹지 않았던 것이다.」

曾晳 嗜羊棗 而曾子不忍食羊棗 公孫丑問曰 膾炙與羊棗 孰美 孟
증 석　기 양 조　이증자불인식양조　공손추문왈　회자여양조　숙미　맹

子曰 膾炙哉 公孫丑曰 然則曾子何爲食膾炙而不食羊棗 曰膾炙 所
자 왈　회자재　공손추왈　연즉증자하위식회자이불식양조　왈회자　소

同也 羊棗 所獨也 諱名不諱姓 姓所同也 名所獨也
동 야　양조　소독야　휘명불휘성　성소동야　명소독야

향원(鄕原)은 도덕의 적이다

제자 만장이 맹자에게 물었다.

「공자께서 진나라에 계실 때에 '내가 어찌 고국인 노나라로 돌아가지 않으리요. 내 고향에 남아 있는 문인들은 포부는 원대하지만 실천하는 데는 소홀하고 거칠며, 문장은 찬란하지만 그 쓰임새에 대해서는 알지 못하기 때문이다.'고 하셨는데, 당신의 몸은 진나라에 계시면서 왜 노나라의 문인들을 그토록 생각하셨던 것입니까?」

맹자가 대답했다.

「공자께서는 '중용의 도를 아는 제자를 가르치지 못할 바에는, 차라리 과격하고 고집이 센 자를 가르치겠다. 왜냐하면 과격한 자는 진취적이기 때문에 선을 행하고자 할 것이고, 고집이 센 자는 지조가 강하여 결코 나쁜 일은 하지 않을 것이기 때문이다.'라고 말씀하셨다. 공자께선들 왜 중용의 길을 걷는 사람을 가르치고 싶지 않으셨겠는가. 하지만 그런 인물을 얻을 수가 없었기 때문에 그 다음 가는 뜻이 높은 사람을 생각하셨던 것이다.」

「감히 여쭤 보겠습니다만, 어떤 사람이 뜻이 높은 사람이라고 할 수 있는지요?」

「금장·증석·목피 같은 사람들이 공자께서 말씀하신 뜻이 높은 사람이라고 할 수 있다.」

「그들의 어떤 점을 들어 뜻이 높다고 한 것입니까?」

「그 사람들의 포부는 엄청나게 커서, 옛날의 어떤 분은 이런 말씀을 하시고, 또 어떤 분은 저런 말씀을 하셨다, 하며 수많은 성현들의 언행을 들먹인다. 하지만 그들의 실제 행동은 입으로 하는 말과 일치되지 않는다. 그래서 그 사람들을 가리켜 뜻만큼은 크다고 하였던 것이다. 그런데 이처럼 뜻이 큰 사람들조차도 얻어 가르칠 수 없을 경우, 차선책으로 불의를 보고 참지 못하는 고집 센 사람들을 얻어 가르치게 되는 것이다.」

「공자께서는 '내 집 앞을 지나면서도 나를 찾아주지 않아도 별로 유감스럽게 생각되지 않는 사람들은 오직 향원일 뿐이다. 향원은 덕을 해치는 자들이다.'라고 말씀하셨습니다. 어떤 경우에 향원이라고 칭하게 되는 것입니까?」

「향원이란 이러한 사람들이다. 뜻이 높은 사람들을 비방하여 '그들은 왜 뜻만 높이 갖고 있으면서 말과 행동이 틀리는가. 자기가 한 말은 돌아보지도 않고 행동을 제멋대로 하고 있으니 참 한심하구나.'라고 말하는 사람들이다. 또한 고집이 센 사람들을 비방하여 '그들은 왜 사람들이 다가가 친해질 수 없을 정도로 쌀쌀맞게 구는가. 어차피 세상에 태어났으면 세상 사람들에게 사이좋게 지내면서 선한 사람이라는 말을 들으면 그게 좋은 것 아닌가.'라고 말하면서 자기의 본심을 숨기고 세상과 사람들에게 아부하면서 살아가는 비겁한 사람들, 이런 자들이 바로 향원이다.」

「한 고을에서 근엄하고 후덕한 원인이라고 한다면 어디를 가거나 그런 사람으로 대접받지 않을까요? 그런데 공자께서는 오히려 그런 자를 덕을 해치는 도적이라고 하셨는데, 왜 그렇게 생각하신 것입니까?」

「향원이란 위선적인 사람이다. 그래서 그들을 비난하려 해도 이렇다하게 비난할 게 없고, 공격을 하려고 해도 자기를 숨기고 있기 때문에 공격할 게 없다. 추잡한 일이라도 그저 세상과 영합하여 살아가고 있기 때문이다.

그래서 그들을 겉으로 보면 충직하고 신용 있는 것 같고, 행동하는 것도 언뜻 보면 청렴결백한 것 같다. 그 때문에 많은 사람들은 그를 짜르게 되고, 또한 스스로도 자기가 옳다고 생각하고 있는 것이다. 그러나 사실은 그러한 가식적인 사람과는 도저히 요순의 도에 함께 들어갈 수가 없는 것이다. 그래서 향원을 덕을 해치는 도적이라고 하신 것이다.

공자께서 말씀하시기를 '참된 것 같으면서도 참되지 않은 것, 즉 사이비한 것을 증오한다. 내가 잡풀을 미워하는 까닭은 곡식의 싹을 어지럽힐 것이 두려워서이고, 말을 잘 둘러대는 사람을 미워하는 까닭은 그가 의를 어지럽힐 것이 두려워서이며, 말솜씨가 좋은 사람을 미워하는 까닭은 그가 신용을 어지럽힐 것이 두려워서이다. 또한 내가 음란한 정(鄭)나라의 음악을 미워하는 까닭은 그것이 정악을 어지럽힐 것이 두려워서이고, 자주색을 미워하는 까닭은 그것이 붉은 원색을 어지럽힐 것이 두려워서이며, 향원을 미워하는 까닭은 그들이 덕을 어지럽게 만들어 놓을까봐 그런 것이다.' 라고 하셨다.

군자는 인의예지의 본성, 즉 상도로 돌아갈 따름이다. 상도가 바로잡히게 되면 일반 백성들도 이에 감화되어 선한 기풍이 일어나게 되고, 선한 기풍이 일어나게 되면 세상에서 사악한 자들이 사라지게 되는 것이다.」

萬章問曰 孔子在陳曰 盍歸乎來 吾黨之士 狂簡 進取 不忘其初 孔
만장문왈 공자재진왈 합귀호래 오당지사 광간 진취 불망기초 공

子在陳 何思魯之狂士 孟子曰 孔子 不得中道而與之 必也狂獧乎
자재진 하사노지광사 맹자왈 공자 부득중도이여지 필야광견호

狂者 進取 獧者 有所不爲也 孔子豈不欲中道哉 不可必得故 思其
광자 진취 견자 유소불위야 공자기불욕중도재 불가필득고 사기

次也 敢問何如 斯可謂狂矣 曰如琴張 曾皙 牧皮者 孔子之所謂狂
차야 감문하여 사가위광의 왈여금장 증석 목피자 공자지소위광

矣 何以謂之狂也 曰其志嘐嘐然 曰古之人 古之人 夷考其行而不掩
의 하이위지광야 왈기지교교연 왈고지인 고지인 이고기행이불엄

焉者也 狂者 又不可得 欲得不屑不潔之士而與之 是獧也 是又其次
언자야 광자 우불가득 욕득불설불결지사이여지 시견야 시우기차

也 孔子曰 過我門而不入我室 我不憾焉者 其惟鄕原乎 鄕原 德之
야 공자왈 과아문이불입아실 아불감언자 기유향원호 향원 덕지

賊也 曰何如 斯可謂之鄕原矣 曰何以是嘐嘐也 言不顧行 行不顧言
적야 왈여하 사가위지향원의 왈하이시교교야 언불고행 행불고언

則曰 古之人 古之人 行何爲踽踽凉凉 生斯世也 爲斯世也 善斯可
즉왈 고지인 고지인 행하위우우량량 생사세야 위사세야 선사가

矣 閹然媚於世也者 是鄕原也 萬章曰 一鄕 皆稱原人焉 無所往而
의 엄연미어새야자 시향원야 만자왈 일향 개칭원인언 무소왕이

不爲原人 孔子以爲德之賊 何哉 曰非之無擧也 刺之無刺也 同乎流
불위원인 공자이위덕지적 하재 왈비지무거야 자지무자야 동호류

俗 合乎汚世 居之似忠信 行之似廉潔 衆皆悅之 自以爲是 而不可
속 합호오세 거지사충신 행지사렴결 중개열지 자이위시 이불가

與入堯舜之道 故曰 德之賊也 孔子曰 惡似而非者 惡莠 恐其亂苗
여입요순지도　고왈　덕지적야　공자왈　오사이비자　오유　공기란묘

也 惡佞 恐其亂義也 惡利口 恐其亂信也 惡鄭聲 恐其亂樂也 惡紫
야　오녕　공기란의야　오리구　공기란신야　오정성　공기란악야　오자

恐其亂朱也 惡鄕原 恐其亂德也 君子反經而已矣 經正 則庶民興
공기란주야　오향원　공기란덕야　군자반경이이의　경정　즉서민흥

庶民興 斯無邪慝矣
서민흥　사무사특의

❀ ‧ ‧ ‧ ‧ ‧ ‧

「논어」 <양화>편 13에 '순박한 시골사람들에게 점잖은 체하는 자는 덕을 해치는 도둑과 같다.' 라는 말이 나온다.

대부분의 시골사람들은 순박하므로 겉으로 보아 후덕한 사람은 그 속까지 후덕한 것으로 평가한다. 따라서 사실은 덕이 없으면서도 덕이 있는 체하는 사람, 즉 향원을 공자는 마치 도둑과 같다고 말한 것이다.

향원이란, 어느 한 향리의 인정을 눈치껏 살펴서 적당히 아부하고 영합함으로써 훌륭하다는 말을 듣고 있거나, 들으려고 애쓰는 사람을 말한다.

공자는 그런 향원들을 가리켜 덕지적야, 즉 덕을 해치는 도둑이라고 평가한 것이다.

공자의 말씀을 전하는 게 내 소임

맹자가 말했다.

「요순의 시대에서 탕왕의 시대 사이에는 오백 년의 간격이 있다. 우임금이나 고요 같은 분은 요순의 덕을 직접 보고 배웠을 것이나, 탕왕께서는 세월이 많이 떨어져 있으므로 누군가에게 들어서 그 덕을 배웠을 것이다.

그리고 탕왕의 시대에서 문왕(文王)의 사이에도 오백 년의 간격이 있다. 탕왕의 현신인 이윤이나 내주 같은 분은 탕왕의 덕을 직접 보고 배웠을 것이나, 문왕께서는 세월이 많이 떨어져 있는 관계로 누군가에게 들어서 그 덕을 배웠을 것이다.

또한 문왕의 시대에서 공자의 사이에도 역시 오백 년의 간격이 있다. 문왕의 현신인 태공망이나 산의생 같은 분은 문왕의 덕을 직접 보고 배웠을 것이나, 공자께서는 세월이 많이 떨어져 있는 관계로 누군가에게 들어서 그 덕을 배웠을 것이다.

그런데 공자께서 사셨던 시대와 지금 내가 살고 있는 시대는 백 년 정도의 간격이 있을 뿐이다. 옛날에 오백 년의 간격을 두고 성인 나타나셨던 것에 비하면 아직 백 년 밖에 지나지 않았기 때문에 갈 길이 멀다. 이처럼 공자께서 돌아가신 지가 백 년 밖에 안 되었고, 또한 공자께서 사시던 노나라와 내가 태어난 추나라는 지리적으로 가까운 곳에 있다. 그런데도 지금 공자의 말씀을 보고들은 사람이 없다고 한다면, 뒤에 성인이 나타날 때까지 누가 공자의 말씀을 전한단 말인가.」

孟子曰 由堯舜至於湯 五百有餘歲 若禹 皐陶 則見而知之 若湯 則
맹자왈 유요순지어탕 오백유어세 약우 고요 즉견이지지 약탕 즉

聞而知之 由湯至於文王 五百有餘歲 若伊尹 萊朱則見而知之 若文
문이지지 유탕지어문왕 오백유어세 약이윤 래주즉견이지지 약문

王 則聞而知之 由文王至於孔子 五百有餘歲 若太公望 散宜生 則
왕 즉문이지지 유문왕지어공자 오백유여세 약태공망 산의생 즉

見而知之 若孔子 則聞而知之 由孔子而來 至於今 百有餘歲 去聖
견이지지 약공자 즉문이지지 유공자이래 지어금 백유여세 거성

人之世 若此其未遠也 近聖人之居 若此其甚也 然而無有乎爾 則亦
인지세 약차기미원야 근성인지거 약차기심야 연이무유호이 즉역

無有乎爾
무유호이